JN433770

영화와 미술로 읽는 성서

김선정·정승우 지음

청송미디어

영화와 미술로 읽는 성서

2024년 8월 31일 초판 1쇄 발행

지은이 김선정, 정승우 **펴낸곳** 청송미디어 **주소** 서울시 서대문구 연세로 50 **전화** 02)2123-3380~2
팩스 02)2123-8673 **등록** 2016년 5월 9일 (제25100-2016-37호) **인쇄** 화신문화(주)
ISBN 979-11-89042-16-5(03230)

값 28,000원

http://press.yonsei.ac.kr ysup@yonsei.ac.kr

청송미디어는 **연세대학교 출판문화원**의 패밀리브랜드입니다.

머리말

인류 역사상 성서만큼 강력한 권위와 영향력을 행사한 책은 별로 없을 것이다. 5세기 로마 제국의 국교가 된 기독교는, 성서를 신성불가침의 경전으로 인정하였다. 이후 중세를 거쳐 현대사회에 이르기까지 성서는 서양인들의 삶에 커다란 파급력을 미쳐왔다. 18세기 영국의 정치가, 윌버포스(William Willberforce, 1759-1833)는 기독교 정신에 의거하여 노예무역 폐지 법안을 통과시켰고, 19세기 독일의 사회학자, 막스 베버(Max Weber, 1864-1920)는 개신교의 윤리로 인해 자본주의의 발흥이 가능했다고 주장했다. 지금도 미국에서는 대통령이 취임할 때 성서 위에 손을 올려놓고 선서를 한다. 이처럼 2천년 동안 성서는 서양인들의 삶의 규범과 문화의 근간으로 작동했다. 한편 성서는 기독교의 경전인 동시에, 서양문화와 예술에 심대한 영향을 끼쳐온 고전(Classic)이라 할 수 있다. 수많은 서양 문학 작품들이 성서로부터 영감을 받았다. 가령, 단테의 『신곡』, 괴테의 『파우스트』, 위고의 『레미제라블』, 도스또예프스끼의 『카라마조프가의 형제들』과 같은 위대한 문학들은, 죄와 벌, 그리고 구원과 같은 성서적 주제를 다루고 있다. 또한 중세에 건설된 고딕 성당들과 로마의 바티칸, 파리의 노틀담 성당, 바르셀로나의 성가족 교회 등은 성서에 등장하는 수많은 이야기와 인물들로 장식되어 있다. 런던의 내셔날갤러리, 파리의 루브르, 그리고 상트페테르부르크의 에르미타시 박물관이 소장하고 있는 미켈란젤로, 카르바조, 루벤스, 렘브란트 등의 작품들 속에는 모세, 다윗, 바울, 그리고 예수와 같은 성서 속 인물들의 이야기가 묘사되어 있다. 또한, 서양 클래식 음악의 기원은 기독교 예배 음악으로 시작된다. 중세의 그레고리안 성가로부터, 바흐와 헨델, 베토벤, 그리고 현대의 로이드 웨버의 뮤지컬에 이르기까지 수많은 작곡가들이 성서의 이야기를 다루고 있다. 더욱이 현대 예술의 총화라고 할 수 있는 영화는 무성영화 시대부터 빈번하게 성서의 서사와 등장인물들을 소재로 삼아 왔다. 가령 할리우드가 제작한 <벤허>, <십계>, <쿼바디스>, <패션 오브 크라이스트>, <다빈치코드> 등, 열거할 수 없을 만큼 많은 영화들이 성서에 등장하는 이야기들을 직접적으로 다루었다. 이처럼 성서는 서양의 역사와 문화의 근원적 뿌리로 작동하였고, 서양인들의 도덕과 윤리, 그리고 세계관에 막대한 영향을 미쳤다고 할 수 있다.

성서의 영향력은 비단 서양역사와 문화로 그치지 않는다. 구한말에 본격적으로 조선에서 선교를 시작한 개신교는 20세기 초부터 한글성서 번역 작업을 착수하였고, 한글을 대중화시키는데 큰 공헌을 했다. 특히 개신교는 한국인들에게 근대적 시설인 학교나 병원, 고아원과 같은 시설을 제공했고, 근대적 계몽의식과 민주주의, 그리고 인권의식을 보급했다. 우리나라의 독립운동가 중에서 유달리 기독교인이 많은 것도 이와 연관된다. 도산 안창호, 백범 김구와 같은 독립운동가들도 기독교로부터 근대적 의식을 배웠던 인물들이었다. 이처럼 기독교는 한국의 근현대사 속에서 봉건의 질서를 타파하고 일본 제국주의를 극복하는 새로운 사회, 역사 발전의 동력을 제공한 종교라고 할 수 있다. 이런 관점에서 보면, 성서를 공부한다는 것은 한국인들의 근대의식의 기원을 탐색하는 일이 될 수 있다.

이 책은 성서를 기독교의 경전으로 접근하기보다는, 인류의 정신 문화유산에 심대한 영향을 미친 고전으로 이해하고자 한다. 이를 위해 성서의 역사적 기원과 문화적 배경 등을 살피고, 성서에 속한 66권의 메시지를 인문학적 전망에서 살펴볼 것이다. 특히 성서에 등장하는 주제와 서사, 그리고 인물들을 소재로 삼은 영화와 미술을 소개하고자 한다. 이를 통해 성서를 보다 친근하게 이해하고자 시도할 것이다. 그리고 다양한 예술 매체를 통해 성서의 이야기가 어떻게 시대마다 재해석되고 재현될 수 있는가를 살필 것이다. 이를 통해 성서가 현대사회가 직면한 다양한 문제(환경, 사회정의, 여성, 경제적 불평등)에 어떤 유의미한 답변을 제공할 수 있는지를 성찰하고자 한다.

이 책은 모두 12장으로 구성되어 있으며, 1장은 성서의 기원과 지리적, 역사적 배경, 성서, 번역의 역사, 그리고 영화적 전망에서 성서를 이해하는 방법 등을 제시한다. 2장부터 5장까지는 히브리 성서(구약성서)에 포함된 다양한 책들의 역사적 배경과 문학적 특징, 그리고 주요 메시지들을 최근의 연구성과에 의거하여 간략하게 소개한다. 그리고 6장부터는 신약성서의 역사적 기원과 문학적 구조, 그리고 주요 메시지를 다룬다. 특별히 7장에서는 신앙의 대상으로서의 예수가 아닌, 2천 년 전 갈릴리 호수를 중심으로 활동하다가 예루살렘에서 최후를 마친 역사적 인물로서의 예수를 탐색한다. 다시 말해 2천 년 동안 서구교회가 교리적으로 화석화한 예수의 생애와 사상을 당대의 역사, 사회, 문화적 환경을 배경으로 살펴본다. 8장에서는 신약성서에 포함된 4권의 복음서가 지닌 특징적인 예수 이야기를 알아본다. 9장은 지난 2천년간 서양 회화가 묘사하고 있는 대표적인 예수 이미지의 변천사를 다루고 있다. 1장에서 영화 속에 나타난 성서의 주제들을 살피는 방법을 알아보았다면, 9장에서는 각 시대의 신앙 이데올로기가 어떻게 예수 이미지에 영향을 미쳤는가를 분석해 본다. 10장, 11장은 사도행전과 기독교를 세계화한 장본인, 바울의 생애와 사상, 그리고 그의 친필 편지들을 그가 활동했던 1세기 그레코-로만 세계를 배경으로 살펴본다. 마지막 12장에서는 제 2바울 서신과 목회서신, 공동서신, 그리고 요한계시록의 주요 메시지를 대략 살펴보고, 이러한 문헌들이 지닌 역사적 의의를 성찰해 본다.

이 책은 성서에 속한 문헌들의 역사적 기원과 중심 메시지를 단순히 알아보는 것에 그치지 않는다. 성서는 현대사회가 직면한 문제들에 대해 여전히 의미 있는 답변을 줄 수 있는 인류의 위대한 고전이다. 이런 관점에서 성서를 소재로 삼은 영화와 미술 작품을 통해 성서가 지닌 보편적 의미를 성찰해 볼 것이다. 예를 들어, 창세기 1-2장에 등장하는 창조이야기가 지닌 생태적 의미를 살피기 위해, 15세기 이탈리아의 화가, 지오토의 그림과 <나무를 심은 사람>과 같은 애니메이션을 이용할 것이다. 독자들은 이 책 속에서 서양의 유명 화가들의 작품들이 어떻게 성서의 주제들과 연동되고 있는지를 살필 수 있을 것이다. 또한, 할리우드가 제작한 수많은 영화 속에서 성서의 서사, 상징, 그리고 등장인물들이 어떻게 재해석되고 재현되는가를 깨닫게 될 것이다. 그리고 각 장의 마지막에는 함께 토론할 수 있는 문제와 참고문헌을 소개할 것이다.

이 책은 지난 20년간 필자들이 대학에서 가르치며 학생들과 토론했던 내용들이 반영되어 있다. 김선정 교수는 신약성서와 복음서에 관한 부분을 집필했고, 정승우 교수는 히브리성서와 그리고 바울에 관한 부분을 썼다. 그러나 필자들은 토론과 논의를 통해 각 장들이 유기적으로 연관되도록 노력했다. 이 책은 대학에서 20년 이상 강의한 필자들의 경험을 반영한 공동 집필의 결과라 할 수 있다. 수업시간에 인상적인 발표와 뜻깊은 토론을 통해 미처 감지하지 못했던 성서의 의미를 일깨워준 학생들에게 감사를 전한다. 진정한 앎이란 고독한 골방에서 이루어지는 것이 아니라, 넓은 광장에서 열린 대화 속에 가름된다는 것을 가르쳐 준 빛나는 눈동자들에게 이 책을 바친다.

Veritas vos liberabit (진리가 너희를 자유롭게 하리라)

차례

차례

6장

신약성서 새로운 약속

7장

역사적 예수 생애와 사상

차례

차례

12장

제2 바울서신 목회서신, 공동서신 요한계시록

1

성서란 무엇인가

1장

성서란 무엇인가

성서는 어떻게 기록되기 시작했을까? 성서는 언제부터 누구에 의해서 기록 되었을까? 성서의 원본은 존재하는가? 사실 성서의 기원을 둘러싼 이러한 질문들은 쉽게 답변될 수 없는 문제들이다. 왜냐하면 성서는 수천 년의 역사를 통해 수많은 사람들의 입과 손으로 전해진 고대 신화와 설화, 역사, 그리고 문학들의 집적물이기 때문이다. 성서의 원본 또한 아직까지 발견되었다고 보고된 적이 없다. 고대에는 종이가 없었기 때문에 바위나 돌에 문자를 기록하였다. 기원전 18세기에 제작된 고대 바벨론의 함무라비 법전은 돌에 기록되어 있다. 그리고 고대 이집트의 상형문자도 대부분 돌에 새겨졌다. 그러다 점차 양피지와 같은 동물가죽에 문자를 기록하였으나, 가격이 비쌌기 때문에 고대 이집트인들은 나일강에서 자라는 갈대로 파피루스라는 재질을 발명하게 된다. 가장 오래된 성서 사본들은 파피루스에 기록된 것들이 많다. 12세기 실크로드를 따라 종이가 서양에 전해지기까지 성서는 주로 양피지와 송아지 가죽, 그리고 파피루스에 기록되었는데, 이들 재질은 오래되면 벌레가 갉아 먹거나 곰팡이가 피어서 부식하게 된다. 이러한 재질들의 물리적 한계로 인해 고대 문서들은 오래 보관되기 어려운 단점을 안고 있다. 그럼에도 불구하고 현재 성서는 수많은 사본들이 존재하고 있어서 성서 원본을 추정하는데 큰 도움을 주고 있다. 성서에 포함된 66권 모두가 기록된 가장 오래된 사본은 기원후 5세기 정도이며, 고대 사본들은 대부분 조각 사본들만 현존한다. 중세 이전에 기록된 사본들은 대문자로 기록되었고, 띄어쓰기도 없어서 읽기가 힘들다.

성서에 관한 고정관념

성서에 관한 가장 큰 오해는, 단일 저자에 의한 일정한 시기에 쓰여진 한 권의 책이라는 생각이다. 그러나 성서는 수천 년의 역사적 배경을 지닌, 다양한 저자들이 다양한 장르로 기록한 수많은 책들의 문집(collection)이다. 성서는 오랜 구전(oral tradition)과정을 거쳐 특정한 역사적 시기에 문서로 기록된 문헌들로 구성되어 있다. 기독교인들이 구약성서라고 부르는 히브리 성서에 포함된 39권의 책들은, 주후 1세기 유대교 랍비들이 자신들에게 전해져 내려오는 수많은 문헌들 중에서 선정한 것이다. 그리고 신약성서는 예수 사후에 150년간 그의 추종자들이 쓴 수많은 문서 중에서 27권을, 4-5세기경에 신약성서란 이름하에 초기 기독교 지도자들이 확정한 것이다. 신약성서는 히브리 성서보다 비교적 짧은 시기에 형성된 책들의 모음집이다. 이렇게 성서에 포함될 책들을 선별하는 과정을 정경화 과정(process of Canonization)이라고 한다. 다시 말해 수많은 책 중에서 정경(正經)으로, 즉 올바른 경전으로 간주할 수 있는 책을 선별하는 과정을 의미한다. 정경에서 배제된 책들은 외경(外經), 즉 경전 밖의 책이라고 부르며, 위경(僞經)은 거짓 경전이라는 뜻이다. 가령, 솔로몬의 지혜서, 에녹서와 같이 정경에서 배제된 책들을 외경이라 부르며, 도마복음서, 베드로 행전과 같은 책들을 위경으로 분류한다.

성서의 역사적 배경은 매우 방대하다. 성서는 역사 이전의 시대와 고대 이집트, 메소포타미아에서 발흥한 고바벨론, 아시리아, 신바벨론, 페르시아, 그리스, 로마 제국을 역사적 배경으로 한다. 성서의 저자들도 왕, 제사장, 예언자, 서기관, 목동, 의사, 묵시가 등 무척 다양하다. 성서에 포함된 66권의 문학적 장르도 다채로운데, 신화, 역사, 시문학, 소설, 판타지, 지혜문학, 격언, 자서전, 편지, 등 다양한 장르로 이루어져 있다. 이 때문에 성서를 읽을 때, 각각의 문헌들이 지닌 장르적 특징을 고려하면서 독해하는 것이 중요하다. 왜냐하면 장르들의 성격에 따라 성서의 문헌들이 지향하는 바가 다르기 때문이다. 가령 역사 문헌과 판타지 문학, 그리고 시문학은 기록 목적과 문학적 기능이 다르다. 따라서 성서의 신앙적 진술이나 시적 진실을 역사적 사실로 받아들이는 일종의 장르 착각의 어리석음을 범하지 않는 것이 필요하다.

성서는 고대 언어로 기록되어 있다. 고대 히브리어, 아람어, 그리스어 등으로 기록되어 있다. 그런데 성서의 언어를 신비화하는 사람들이 존재했는데, 이들은 마치 성서의 언어가 비의적 의미를 갖고 있다는 편견으로 성서의 문자들을 신성화한다. 그런데 성서를 기록한 히브리어와 헬라어는 당대 사람들이 통상적으로 사용하던 언어였다. 특히 신약성서를 기록한 코이네 헬라어(Koine Greek)는 1세기 지중해 세계의 일반 대중들이 사용하던 언어였다. 언어는 인간 간의 약속으로, 일종의 기호(sign)라 할 수 있다. 비트겐슈타인(Wittgenstein, 1889-1951)은 인간의 언어를 의사전달을 위한 일종의 게임과 약속이라고 생각했다. 그는 오염된 언어 사용을 지적했는데, 알 수 없는 것에는 침묵하라고 말하기도 했다. 성서는 초월을 경험한, 즉 종교 체험을 한 사람들이 당대의 언어로 자신의 신앙적 경험을 기록한 문서라고 할 수 있다. 그런데 문제는 언어가 인간의 초월 경험을 완벽하게 표현할 수 없다는 데 있다. 선불교에는 불립문자(不立文字)라는 말이 있다. 인간의 종교적 깨달음을 문자로 완벽하게 표현할 수 없다는 뜻이다. 그래서 종교는 비유와 은유, 그리고 상징적 언어를 사용한다. 가령, 예수는 '하나님의 나라'를 겨자씨에, 부처는 자신의 깨달음을 연꽃에 비유했다. 언어는 진리를 가리키는 손가락일 뿐이다. 종교의 언어는 초월과 깨달음을 가리키는 손가락과 같다. 그렇기 때문에 성서의 언어 자체를 신비화하고, 신성하게 간주하는 것은 주객이 전도된 일이다. 중요한 것은 언어라는 인간의 한정된 도구에 담겨 있는 의미와 뜻을 묻는 것이다. 성서학자들은 성서의 언어를 절대화하는 것을 비블리시즘(Biblicism)이라고 비판한다. 성서는 궁극적 존재에 대한 인간의 경험과 반응을 인간의 언어로 기록한 책이기 때문이다.

성서 언어의 특징

성서뿐만 아니라, 모든 종교 경전의 언어는 고백적인 특징을 지니고 있다. 종교 경전들은 신과 궁극적 진리를 객관적으로 또는 과학적으로 입증하기 위해 기록된 책들이 아니다. 가령, 성서의 맨 앞에 등장하는 창세기의 첫 문장은 이렇게 시작한다. "태초에 하나님이 천지를 창조하시니라." 이 문장을 쓴 창세기의 저자는 신이 천지를 창조하는 현장을 목격하며 객관적 관찰자의 입장에서 기록한 것일까? 제3의 관찰자로서 인간이 창조의 순간을 보고 기록하는 것은 애초에 불가능한 일이다. 신약성서는 "하나님은 사랑이십니다"라고 고백한다. 이 말은 과학적으로 입증가능한 언어일까?

인간은 크게 두 가지 종류의 언어를 사용하며 살아간다. 첫 번째는 고백적 언어(confessional language)이다. 사랑하는 연인이 별이 가득한 밤하늘을 가리키며, "너를 사랑하는 내 마음은 저 하늘의 별보다 더 커"라고 말한다고 생각해 보자. 이런 종류의 말을 고백적 언어라고 할 수 있다. 자신의 사랑이 밤하늘의 별보다 크다는 것을 결코 우리는 과학적으로 입증하지는 못한다. 그러나 이 말은 사실(fact)은 아니지만, 진실(truth)을 담고 있을 수 있다. 이것이 바로 고백적 언어가 지니는 특징이다. 고백의 언어는 객관적으로 사건과 사물, 그리고 사태를 입증하지 못하지만, 삶과 인생의 진실을 은유적으로 포착할 수 있다. 그러나 인간은 고백적 언어만으로는 살아 갈 수 없다. 그래서 필요한 것이 과학적 언어(scientific language)이다. "삼각형의 내각의 합은 180도 이다"와 같이 객관적으로 증명할 수 있는 언어이다. 즉 주관적 믿음을 필요로 하지 않는 언어이다. 역사적 사실이나 자연법칙을 합리적으로 설명하는(explain) 언어라 할 수 있다. 기독교인이든, 불교도든, 이슬람교도든, 삼각형의 내각의 합은 180도이다. 그러나 과학의 언어는 우리에게 객관적 지식을 넘어, 신앙과 믿음을 주지는 않는다. "나는 삼각형의 내각의 합이 180도인 게 너무 은혜로워"라는 고백을 들어본 적이 있는가? <레미제라블>에 등장하는 장발장을 회심시킨 언어는 고백의 언어였지, 과학의 언어가 아니었다. 인간을 심판하는 냉정한 법률의 언어를 구사하던 자베르 경감은 구원받지 못했다. 오히려 사랑과 자비라는 고백의 언어를 깨달은 장발장은 구원에 이르게 된다. 균형잡힌 삶을 위해서는 고백의 언어와 과학의 언어가 동시에 필요하다. 그러나 이성의 한계에 봉착한 인간에게 필요한 것은 고백의 언어가 아닐까? 성서와 같은 종교 경전들은 고백의 언어를 선호한다.

폴 틸리히(P. Tillich, 1886-1965)는 종교적 언어의 특징에 대해서 "신에 대한 구체적인 주장은 상징적일 수밖에 없다"고 말하였다. 왜냐하면 신에 대한 구체적인 주장은 유한한 경험의 조각들을 사용한 것이기 때문이다. 신에 대한 주장은 이 조각의 내용을 내포하기도 하지만 그것을 초월한다. 유한한 경험의 조각들이 신에 대한 것을 포함하고 있기도 하지만 그것을 넘어서기도 하기 때문에 상징적으로 설명할 수밖에 없다는 것이다. 또한 그에 따르면, 종교적 상징들은 실재의 차원을 드러내준다고 한다. 그것이 아니면, 숨겨져서 드러나지 않을, 실재의 심연, 모든 차원과 심연의 토대가 되는 그런 실재의 차원을 드러내준다는 것이다. 삶의 모든 것처럼, 종교는 모호성의 법칙 아래 있는데, 이 모호성이란 창조적이기도 하고, 파괴적이기도 하다고 말한다. 종교적 언어는, 인간의 유한한 경험 속에 내재하는 동시에 그것을 넘어서는(초월하는) 세계를 설명하고자 한다. 이러한 역설적 성격을 담아낼 수 있는 상징성과 모호성을 가지고, 종교적 언어는 깊이 감추어져 있는 실재의 심연을 드러내고자 한다는 것이다. 과학적 언어나 문학적 언어처럼 종교적 언어 또한 자신의 독특한 특성을 가지고 있다는 것을 이해할 필요가 있다.

성서의 다양성과 통일성

성서에는 동일한 인물과 사건에 대해, 다양한 평가와 해석이 공존한다. 예를 들어, 이스라엘의 위대한 군왕, 다윗에 관한 평가가 열왕기와 역대기에서 다르게 나타난다. 열왕기는 다윗의 불륜과 아들과의 권력 투쟁을 아주 솔직히 보도한다. 그러나 역대기는 다윗의 잘못들에 대해 침묵하며 신앙심이 출중한 이상적인 군주로 묘사한다. 또한 신약성서는 예수의 일생에 관한 네 가지 다른 버전을 남겨 놓았다. 마태복음은 예수의 유대적 정체성을 부각시키며, 마가복음은 예수의 인간적 수난을 강조한다. 누가복음은 예수의 선교 행적을 부각시키고, 요한복음은 예수의 신성을 강조한다. 바울의 편지들은 믿음을 강조하지만 야고보서는 선행을 강조한다. 복음서의 예수는 조건없는 사랑을 가르치지만, 요한계시록의 예수는 자비없는 심판을 이야기한다. 이처럼 성서에 등장하는 다양한 전망들은 신약성서의 저자들이 처해있던 역사, 사회적 상황들이 달랐기 때문이다. 역사적 예수가 직면한 상황과 바울이 봉착한 정황들은 서로 달랐다. 예수는 갈릴리 촌락에 살았던 민중들을 상대로 임박한 하나님 나라를 선포했다면, 바울은 로마와 고린도와 같은 그레코-로만의 대도시들에 살고 있던 다양한 계층의 사람들을 상대해야만 했다. 특히 바울은 당시 상인들의 후원 속에서 활동했던 인물이었다. 따라서 무소유와 같은 급진적 윤리 명령을 내렸던 예수와는 달리, 바울은 가정교회의 존속을 위한 미덕을 강조한다. 우리는 이처럼 성서에 나타난 다양한 신앙의 관점들을 존중해야 한다. 역사적 사실도 사관(史觀)에 따라 다양하게 해석될 수 있는 것처럼, 성서의 이야기들은 각 시대의 다양한 신앙적 관점으로 서술된 사건들이라는 것을 명심해야 한다.

성서에 대한 시대착오적 해석

성서는 현대인들이 이해하기 힘든 각종 기적과 신비로운 이야기들로 가득 차 있다. 성서에 포함된 책들은 현대인들과는 전혀 다른 우주관과 세계관, 가치관을 지닌 고대인들이 작성한 문서들이기 때문에 현대인의 사고방식을 성서에 강요해서는 안 된다. 성서에 등장하는 인물들이 현대인과 동일한 세계관과 가치관을 가지고 활동했던 것처럼 생각할 수 없다. 예를 들면 예수 시대의 유대인들은 돈보다 신 앞에서의 정결(Clean)이라는 가치를 더 중요하게 여겼다. 유대교는 신 앞에서 정결해지기 위해 수많은 종교 조항들을 만들었는데, 한 사례로 돼지고기나 비늘이 없는 생선은 부정한 음식으로 간주하여 절대로 먹지 않았다. 히브리 성서의 레위기에서는 다양한 방식으로 정결한 음식과 부정한 음식을 구분하고 있다. 또한 예루살렘 성전은 정결한 사람 순으로 출입할 수 있는 구역이 나눠져 있었다. 신 앞에 가장 정결한 대제사장만이 성전의 가장 안쪽 지성소에 들어갈 수 있었고, 다음으로 일반 제사장들만 출입하는 구역이 있었다. 그 다음으로 유대인 남성의 뜰과 여성의 뜰, 그리고 이방인의 광장으로 구분되어 있었다. 고대 유대인들은 유대교의 율법과 규례를 지키지 않는 이방인들을 더러운 돼지와 개에 비유하곤 했다. 예수 시대의 유대교도들은 정결과 부정(unclean)의 기준으로 사람들을 구분했다. 따라서 성서를 읽을 때, 이러한 고대인들의 사회적 습속을 감안해야 한다. 그렇지 않으면 마치 고대인들이 현대인들의 가치 기준에 따라 행동했던 것처럼 생각하게 되는, 시대착오적 해석을 하게 된다.

고대 사회는 집단주의 문화가 지배하던 사회였다. 그래서 개인의 정체성은 가족이나 공동체의 구성원으로 규정되었다. 신약성서 맨 앞에 등장하는 마태복음은 예수의 족보를 장황하게 이야기하고 있다. 예수는 아브라함과 다윗의 계보에 속한다고 소개하고 있는데, 이는 가부장을 중심으로 하는 집단주의 문화의 반영이라고 할 수 있다. 따라서 고대 사회는 개인의 구원보다 집단과 공동체의 구원을 우선시 했다. 오늘날처럼 개인적으로 예수를 믿어 구원받는다는 개념은 희박했다. 개인주의 문화는 18세기 계몽주의 이후의 산물이라 할 수 있다. 고대인들은 개인보다는 자신이 소속된 혈통이나 공동체가 더 중요했기 때문에, 히브리 성서는 유대 민족이라는 집단의 구원을 말한다. 또한 신약성서도 예수를 믿는 새로운 계약 공동체의 구원, 즉 크리스천 그룹의 집단적 구원을 주로 이야기한다. 이런 관점을 고려하면, 성서를 개인 구원만을 위한 종교 문헌으로 읽는 것은 부적절하다.

성서는 정교분리, 즉 정치와 종교가 분리되기 이전에 쓰여진 고대 문헌들이다. 정치와 종교를 구분한 것은 18세기 미국의 제헌 헌법으로 시작되었다. 고대 사회는 왕이 정치권력과 동시에 제사장권, 즉 종교권력을 동시에 지닌 제정일치 사회였다. 로마의 황제들은 막시무스(Pontifex Maximus)라는 제사장권을 정치권력과 동시에 가지고 있었다. 예수 시대의 팔레스타인은 산헤드린(Sanhedrin)이라는 종교의회가 모세 율법에 의거해 유대인들을 통치했다. 이런 배경을 간과하고 성서를 정치와 무관한 종교적인 책으로만 읽는 것은 곤란하다. 히브리 성서의 예언자들과 예수는 신의 정의와 평화를 파괴하고 사회적 약자를 억압하는 권력자들을 비판한다. 성서는 고통당하는 사람들에 대해 민감하게 공감하며, 사회적 정의와 공의에 대해서 깊은 관심을 보인다. 히브리인의 신, 야웨(Yahweh)는 고통당하는 자들의 외침을 외면하지 않고, 정의와 공평의 신이라고 고백된다. 예를 들면, 예언자 아모스는 공정한 법과 정의가 예배와 같은 종교행위 보다 중요하다고 말한다. 예수는 불의한 정치세력들 간의 공모로 로마의 정치범 처형도구인 십자가에서 죽임을 당했다.

19세기 미국에서 태동된 기독교 근본주의(fundamentalism)는 인간의 개인 구원을 강조했다. 19세기 후반 한국에 전파된 개신교는 이러한 미국 근본주의의 영향 때문에 성서를 주로 개인 구원의 관점에서 읽어왔다. 그러나 성서는 개인의 구원보다는 사회와 역사의 통전적 구원을 이야기한다. 출애굽기는 이집트에서 노예살이 하던 히브리 사람들의 사회적, 역사적 구원에 초점을 맞추고 있으며, 엘리야와 호세아 같은 히브리 예언자들은 사회 정의를 강조한다. 또한 예수가 선포한 하나님 나라는 죽은 후에 가는 천국이라기보다는 신의 정의가 실현되는 것과 깊은 관련이 있다.

성서는 우리와는 다른 고대 사회의 문화와 종교적 관습을 배경으로 형성되었기 때문에, 성서의 이야기는 조심스럽게 현대 사회에 적용해야 한다. 성서에 등장하는 이야기와 가르침을 문자적으로만 받아들여, 그것을 현대 사회에 적용하려고 하면 자칫 위험한 일이 발생할 수 있다. 예를 들어, 고대 이스라엘 사회에서는 전쟁에서 승리하면 다른 신을 섬기는 부족을, 어린 아이와 짐승까지 섬멸하는 헤렘법(heremy, 전멸법)이 신의 이름으로 자행되어졌다. 그러나 현대 사회에서는 이런 일을 금지하고 있다. 따라서 성서를 현대 사회의 사회적, 윤리적 맥락에서 새롭게 이해하는 것이 매우 중요하다. 성서의 이름으로 국가 폭력이나 여성 차별, 노예제, 그리고 침략 전쟁이 합리화되어서는 안 되고, 성서는 인간의 자유와 해방, 그리고 정의를 위해 사용되어야 한다. 성서를 인간 억압과 자연 착취를 합리화하는 책으로 읽는 과오를 범해서는 안 될 것이다.

성서는 언어라는 세속적 기호로, 초월의 경험을 담고 있기 때문에 문자적으로만 이해할 때 오류를 범할 수 있다. 성서에 속한 문헌들이 기록되던 당시의 역사와 사회, 문화적 맥락을 섬세하게 고려해야 한다. 만일 이러한 과정이 누락된다면 코에 걸면 코걸이, 귀에 걸면 귀걸이라는 식으로 자의적 해석을 할 가능성이 높아진다. 인간의 언어는 역사적으로나 문화적으로 그 뜻이 한정되어 있지만, 때로는 초월의 경험을 매개할 수 있다. 마치 교회에서 떡과 포도주가 예수의 몸과 피를 상징하듯이, 성서의 언어는 인간의 신비한 종교 경험을 담아낼 수 있다. 또한 성서 해석이 누구에게 유리하게 작용하는가를 인식할 필요가 있다. 사탕수수 농장에서 일하는 가난한 노동자들이 좋아하는 성서 본문과 뉴욕 월가의 억만장자들이 좋아하는 성서 구절은 다를 수밖에 없다. "부자가 천국에 들어가는 것은 낙타가 바늘귀를 통과하는 것보다 어렵다"는 예수의 말씀을 놓고 가난한 사람과 부유한 사람의 해석이 같을 수는 없을 것이다. 이렇듯 성서 해석에는 윤리적 결단이 뒤따르기 마련이다. "누구의 해방과 자유를 우선시할 것인가"라는 선택적 해석의 기로에 설 수밖에 없기 때문이다. 다른 한편, 성서의 메시지는 모든 사람과 모든 시대에 열려져 있도록 해석해야 한다. 특정 인종이나 성, 그리고 특정계급을 옹호하는 배타적 해석이 아니라, 모든 종교와 문화에 열려 있는 해석을 지향해야 한다. 예수의 가르침은 기독교인만의 것이 아니다. 인도의 독립 영웅인 마하트마 간디(1869-1948)는 독실한 힌두교인이었지만 마태복음에 나오는 예수의 산상설교에서 비폭력 저항 운동의 아이디어를 배웠다고 고백한 적이 있다.

성서는 죽은 후에 천국 가는 방법만을 알려주는 책이 아니다. 우리가 살아서 어떻게 신과 이웃 앞에 의미 있게, 존엄하게 살 수 있는가를 가르쳐 주는 책이다. 성서는 우리가 사는 차안의 세계를 신의 선물로, 축복으로 간주하고 우리에게 주어진 소중한 시간들을 신의 은혜를 느끼며 보람 있게 살라고 가르친다. 예수는 제자들에게 들에 핀 한 송이 백합화, 하늘을 나는 작은 새 속에서 신의 은총을 깨달으라고 가르쳤으며, 보리떡 다섯 개와 생선 두 마리를 가난한 이웃과 함께 나누는 식탁이 '하나님의 나라'라고 말씀했다. 이 세상을 진정 사랑하지 않는 자는, 저 세상을 사랑할 수 없는 법이다.

기독교의 기원, 유대교

모든 종교는 다른 종교와의 상호작용 속에서 형성된다. 고대 그리스와 로마의 다신교 신앙은 이집트와 메소포타미아에서 기원한 것이고, 불교는 힌두교로부터 커다란 영향을 받았다. 또한 중국의 선불교는 노장사상과의 통섭을 통해 형성된 것이다. 그렇다면 기독교는 어떻게 시작되었을까? 기독교에 영향을 준 종교는 없었을까? 기독교의 시작을 알린 인물은 누굴까? 일반적으로 예수라는 인물을 기독교의 창시자로 생각하는 경향이 있다. 그러나 예수는 평생 유대교 신앙을 그 나름대로 준수했고, 부와 권력으로 타락한 유대교 지도층들을 비판했다. 예수는 고대 이스라엘 왕정시대에 활동했던 예언자들처럼 타락하고 부패한 지배층을 비판했다. 이런 점에서 역사적 예수(historical Jesus) 연구자들은 예수를 유대교를 개혁하려고 했던 변혁 운동가로 이해하기도 했다. 유대교의 지도자들은 예수의 언행이 자신들의 권력을 위협한다고 생각하여, 빌라도와 공모하여 그를 십자가에 처형한다. 그러나 사흘 후 예수의 부활을 목격한 제자들이 결집하면서 기독교란 종교가 비로소 시작된다. 따라서 기독교는 예수 사후에 발생한 종교라고 할 수 있다. 예수는 유대인이었으며, 그의 사상과 가르침은 유대교에 기반한 것이었다. 한편 성서의 앞부분이 유대교의 경전, 즉 히브리 성서로 채워진 것은 기독교가 유대교의 주요한 사상을 계승하고 있다는 것을 보여준다.

유대교의 가장 중요한 특징은 유일신교(monotheism)라는 것이다. 고대 그리스와 고대 근동 국가들, 즉 이집트와 바벨론은 다신교(polytheism) 국가였다. 고대 그리스의 도시국가들은 제우스를 중심으로 올림푸스 산의 12명의 다양한 신을 숭배하였다. 이에 반해 유대교와 기독교는 야웨라는 신만을 유일한 신으로 간주하였다. 흥미로운 것은 다신교 종교들은 시각적 특징을 지니는 데 반해, 유일신 종교들은 청각적 특징을 지닌다는 점이다. 고대 그리스와 이집트 같은 다신교적 특징을 가진 나라들은 신의 모습을 조각이나 그림으로 형상화했다. 그러나 유일신 종교들은 신의 말씀을 듣는 것을 강조한다. 유대교는 "쉐마 이스라엘", 즉 "이스라엘아! 신의 말씀을 들어라"라고 이야기한다. 그리고 기독교도 예수의 말씀을 듣는 복음(good news)을 강조하고 있다.

또한 유대교는 신이 거하는 예루살렘 성전(Jerusalem Temple)을 중요시 했다. 기원전 11세기에 솔로몬은 자신의 아버지, 다윗 왕의 영지에 성전을 건립한다. 고대 유대인들은 성전을 야웨가 임재하는 중요한 장소로 생각했다. 성전의 제일 깊숙한 곳을 지성소라고 부르는데, 야웨의 임재를 상징하는 법궤(Ark)가 안치되어 있었다. 이곳은 1년에 한 번 욤 키푸르(Yom Kippour)라는 대속죄일에 대제사장만이 출입할 수 있는 거룩한 장소였다. 솔로몬이 지은 예루살렘 성전은 기원전 6세기 바벨론 제국에 의해 함락될 때까지 고대 이스라엘 왕국의 구심점 역할을 한다. 고대 유대인들은 종교적 절기마다 예루살렘 성전에서 야웨를 예배해야만 했다. 훗날 이러한 관습에 따라 예수는 유월절(Passover)에 예루살렘 성전을 방문했다가 체포되어 십자가 처형을 당하게 된다. 예수가 방문했던 예루살렘 성전은 기원전 1세기 헤롯 대왕(73-4B.C)에 의해서 증축된 두 번째 건물이었지만, 이것도 기원후 70년에 로마 제국에 의해서 파괴된다. 현재 유대인들에게 통곡의 벽이라 불리우는 곳은 당시 로마에 의해 파괴되고 남은 유일한 예루살렘 성벽의 흔적이다.

유대교는 책의 종교라는 특징을 가지고 있는데, 그들은 신의 말씀을 책으로 기록해서 후손들에게 전승했다. 특별히 기원후 70년에 로마군에 의해 예루살렘이 함락되자, 벤 자카이(Yohanan ben Zakkai, 30BC-AD90)라는 랍비가 제자들과 탈출해서 얍니아라는 작은 시골 마을에서 유대교 경전 편찬 작업을 시작한다. 벤 자카이는 예루살렘이라는 구심점이 사라지자, 히브리 성서를 중심으로 유대교를 재건하고자 했던 것이다. 이것이 현재 기독교인들이 사용하는 구약성서에 해당한다.

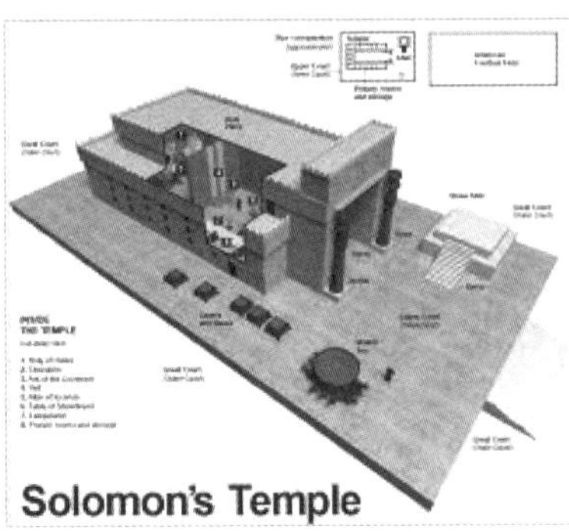

통곡의 벽

유대교는 고대 그리스와 이집트 문화가 지닌 순환적인 역사관과는 달리. 직선적 역사관을 지니고 있다. 다시 말해 역사의 전개가 신의 시간표에 의해서 과거, 현재, 미래로 진행된다는 것이다. 그리고 역사의 마지막에는 신의 심판에 따른 역사의 종말이 있다고 생각한다. 이러한 유대교의 시간관은 기독교를 통해 계승되었고, 그래서 성서는 우주의 시작을 말하는 창세기로 시작해서, 역사의 종말을 예언하는 요한계시록으로 마감이 된다.

유대교의 또다른 특징으로는 메시아 사상을 들 수 있다. 메시아(מָשִׁיחַ, Messiah)는 구원자라는 뜻인데, 고대 유대인들은 역사 속에서 끊임없이 강대국들에게 침입을 받았고, 이러한 고난의 역사에서 자신들을 구원해줄 메시아를 기다렸다. 메시아라는 히브리말은 원래 "(올리브) 기름을 부음 받은 자"라는 뜻이다. 고대 유대인들은 민족을 구원하기 위해서 신의 선택을 받은 사람들, 즉 왕이나 종교 지도자들의 머리에 올리브 기름을 부었다. 즉 신의 선택을 받았다는 상징적인 퍼포먼스인데, 이 메시아라는 말이 그리스어로 크리스토스(Xristos) 다시 영어로 Christ로 번역이 되었다. 예수 그리스도(Jesus Christ)라는 말은, 예수가 유대인들이 기다리던 메시아, 즉 구원자라는 말이다. 기독교는 십자가에 죽임을 당하고 사흘 만에 부활한 예수를 히브리 성서가 예언한 메시아라고 믿는다.

기독교와 유대교의 가장 큰 차이는, 예수를 메시아(구원자)로 인정하느냐 인정하지 않느냐에 달려 있다. 기독교는 예수를 히브리 성서가 예언한 메시아(구세주)라고 고백한다. 그리고 예수는 신이 육신으로 온 존재라는 성육신의 교리를 주장한다. 4세기에 기독교가 로마의 국교가 되자, 소위 삼위일체 교리를 채택하는데, 즉 성부 하나님, 성자 예수, 그리고 성령(Holy Spirit)을 동일한 위격을 지닌 존재로 간주한다. 이후 기독교 역사에서 삼위일체 교리를 부정한 기독교 분파들은 이단으로 파문 당한다. 4세기 후반, 기독교는 유대교의 경전과 상응하는 자신들의 경전 체계를 27권으로 확정해서 신약성서(New Testament)라고 명명한다. 그리고 유대교의 경전인 히브리 성서(Hebrew Bible)를 구약성서(Old Testament)라는 이름으로 받아들인다.

히브리 성서(구약성서)의 구성

성서에 포함된 문헌들은 모두 66권이다(개신교 기준). 성서는 크게 두 부분으로 나누어진다. 첫 번째가 히브리 성서(Hebrew Bible)라고 하는데, 기독교인들은 이것을 구약성서(Old Testament)라고 부른다. 히브리 성서는 유대교의 경전으로, 모두 39권이며 히브리어로 기록되었다. 두 번째는 신약성서(New Testament)로, 모두 27권으로 그리스어(Koine Greek)로 쓰였다. 성서에 포함된 66권의 저작 시기와 저자는 매우 다양하다. 히브리 성서의 시대적 배경은 고대 이집트로부터 기원전 2세기 그리스 시대를 배경으로 한다. 신약성서는 1-2세기 로마가 지중해를 지배하였던 시기에 기록되었다. 그리고 신구약성서는 다양한 저자들에 의해 다채로운 문학적 장르로 기록된 일종의 문집(collection)이라 할 수 있다.

먼저 히브리 성서의 구성을 살펴보자. 39권으로 구성된 히브리 성서는 크게 네 가지 범주로 구분할 수 있는데, 첫 번째는 오경(五經, Pentateuch)이다. 이는 그리스어의 다섯을 의미하는 penta와 두루마리(scroll)를 뜻하는 teuchos가 합쳐진 말이다. 유대인들은 토라(Torah, 가르침이라는 뜻)라고 부른다. 토라는 우주의 기원, 인간과 이스라엘 민족의 기원을 다루는 창세기(Genesis)와 이집트에서 탈출한 이야기를 기록한 출애굽기(Exodus)가 있으며, 고대 유대교의 종교적 규례와 관습을 기록한 레위기(Leviticus)가 있는데, 원래 레위(Levi)라는 말은 고대 이스라엘의 열두 부족 중에서 종교 제의를 집전하였던 레위인들에게서 유래한 것이다. 토라의 네 번째 책은 민수기(Numbers)인데, 모세가 이집트를 탈출한 히브리 사람들의 인구를 조사한 내용으로 되어 있다. 마지막으로 신명기(Deuteronomy)는 이집트를 탈출한 히브리 사람들을 향한 모세의 설교들을 중심으로 구성된 책이다. 이집트를 탈출한 히브리 사람들에게 과거에 사로잡히지 말고 새로운 신앙(유일신 신앙)과 선민으로서의 각오를 다지게 만드는 교육적 내용이 강하다.

히브리 성서의 두 번째 범주는 역사적 성격을 지닌 책들로 구성된다. 여기에 속하는 책들은 고대 이스라엘의 역사를 신앙적 관점에서 기술한 책이다. 여호수아서(Joshua)는 모세의 후계자 여호수아가 어떻게 모세가 죽은 후에 성공적으로 가나안 땅을 점령하였는지 보여주는 책이다. 사사기(Judges)는 이스라엘이 왕정 체제가 형성되기 전에 사사(士師, *shophetim*)라는 카라스마적 지도자들의 이야기를 기술한 민담적 성격이 강한 책이다. 특히 삼손이라는 비극적인 영웅의 이야기가 유명하다. 그 다음으로 등장하는 사무엘서(1, 2 Samuel)는 왕이 없던 시절에 활동했던 종교 지도자 사무엘의 이야기를 기록한 책이다. 또 열왕기서(1, 2 Kings)와 역대기서(1, 2 Chronicles)는 역대 이스라엘 왕들의 이야기를 기록한 책들이며, 에스라(Ezra), 느헤미야(Nehemiah), 에스더(Esther)는 나라를 구한 고대 이스라엘의 전설적인 신앙 지도자들의 이야기를 기록한 책들이다.

다음으로 세 번째 범주의 책들로 시가 문학이 있다. 시가 문학서들은 문학적 성격이 강한 책들이다. 욥기(Job)와 시편(Psalms)은 운율이 있는 시인데, 욥기는 의인의 고난을 다룬 책이고, 시편은 150편에 이르는 고대 이스라엘의 찬송가 가사집이다. 또 잠언(Proverbs)과 전도서(Ecclesiastes)는 고대인들의 격언과 지혜를 담고 있는 책이다. 아가서(Song of Solomon)는 고대 이스라엘 청춘남녀의 사랑 노래를 묶은 책으로, 청춘 남녀의 사랑이 알레고리적으로 신과 인간의 사랑을 표현한다고 생각해서 히브리 성서에 포함되었다.

마지막으로 구약성서의 네 번째 범주는 예언서(Prophecy)인데, 고대 이스라엘 예언자들의 메시지와 행적을 다룬 책들로 구성된다. 책의 이름은 모두 고대 이스라엘에서 활동했던 예언자들의 이름으로 되어 있다. 고대 이스라엘이 왕정 체제로 변화하자, 예언자들은 하나님의 이름으로 부패한 권력자들을 비판했다. 예언자는 히브리 말로 나비(Nabi)라고 불렸는데, 신의 말씀을 대신 전하는 대언자들을 일컫는 단어였다. 주로 사회 정의가 그들의 주요 메시지였다.

한편 유대인들은 히브리 성서를 타낙(TaNaK)이라고 부르는데, 이는 토라의 첫 문자 T와 예언서를 히브리어로 부르는 느비임(Neviim)의 첫 문자 N, 그리고 성문서를 부르는 케투빔(Kethuvim)의 K를 합성해서 만든 단어이다. 지금도 정통 유대인들은 자신들의 바이블을 타낙이라고 부르며, Old Testament, 즉 구약성서라고 부르지 않는다.

성서의 지리적, 역사적 배경

히브리 성서는 고대 근동에서 발생한 이야기들을 다루고 있다. 창세기에 등장하는 에덴동산은 메소포타미아 즉, 유프라테스와 티그리스 강의 발원지에 존재했다고 한다. 이스라엘의 조상, 아브라함은 갈대아 우르(Ur) 출신으로, 지금의 이라크 남부, 당시에는 메소포타미아 남부에 위치한 고대의 문명 도시이다. 아브라함은 신의 명령에 따라 가나안 땅으로 이동하는데, 지금의 팔레스타인 지역이다. 고대 근동지역에서는 이집트의 삼각주 지역과 팔레스타인의 지중해 연안 지역부터 메소포타미아 지역까지, 마치 반월형 초생달처럼 생긴 지역에만 사람이 거주할 수 있다. 나머지는 사막 지역이라서 사람이 이동하거나 거주할 수 없었다. 이집트 나일강 삼각주부터 팔레스타인 서해안을 따라 시리아를 거쳐 메소포타미아 남부지역까지는 고대부터 무역로가 형성되어 있었다. 따라서 이 지역의 중간에 위치한 팔레스타인에서 고대 이집트 문명과 메소포타미아 문명이 자주 격돌하였다. 가나안 땅, 즉 팔레스타인 지역은 바로 두 문명의 교차로에 위치하고 있어서 전쟁이 그치지 않았다. 이스라엘은 고대로부터 이집트, 앗시리아, 바벨론, 페르시아, 메대, 그리스, 나중에는 로마 제국의 침입으로 나라를 빼앗기는 숱한 고난의 역사를 이어간다. 이러한 역사를 배경으로 히브리 성서가 기록된 것이다.

오른쪽 지도는 히브리 성서의 지리적 배경을 보여주는 고대 근동지역(Ancient Near East) 지도이다. 왼쪽이 지중해고, 아래에 보이는 이집트의 나일 강이 북부를 관통해서 지중해로 흘러 들어가고 있다. 오른쪽에 있는 두 강은 바로 유프라테스 강과 티그리스 강이다. 이 두 강 사이를 메소포타미아라고 하는데, 메소(messo)라는 말은 영어로 between, 즉 사이라는 뜻이다. 즉 메소포타미아는 강 사이에 있는 지역이라는 말이다. 기원전 5천년부터 메소포타미아 지역에서 도시국가들이 형성되면서 강 사이의 풍요로운 땅으로부터 농업혁명이 일어났으며, 인류 최초의 도시국가들이 형성된다. 이스라엘을 지배한 바벨론과 앗시리아 제국도 메소포타미아 지역에서 발흥한 고대의 대제국들이었다. 창세기 12장에 등장하는 유대인들의 선조, 아브라함은 바로 메소포타미아 지역에서 가장 발전한 우르(Ur)라는 도시국가 출신이었다 (창 11:31). 아브라함은 하란을 거쳐 가나안 땅으로 이주한다. 이후 가나안 땅은 히브리 성서의 지리적 배경이 된다. 그러나 가나안 땅은 고대 이집트와 메소포타미아에서 발흥한 앗시리아, 바벨론, 그리고 페르시아 제국의 지배를 받게 된다. 히브리 성서에 기록된 고대 이스라엘의 이야기는 이들의 지배와 항전의 역사로 점철되어 있다.

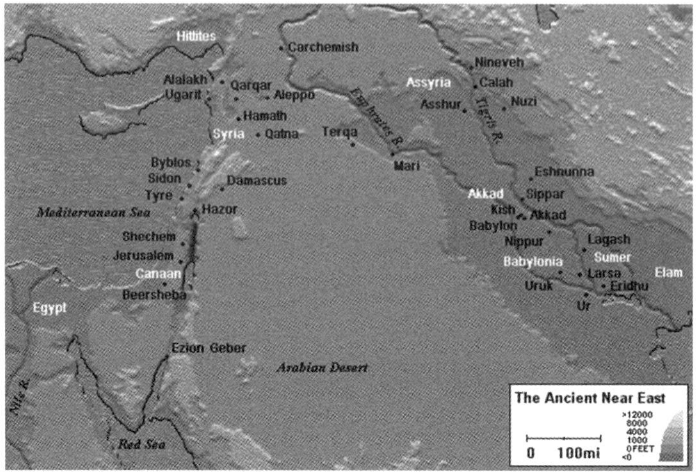

간단하게 히브리 성서에 나타난 고대 이스라엘의 역사를 살펴보면, 역사로 보기 힘든 신화적인 이야기가 창세기 1장부터 11장에 등장하는데, 이를 전역사(pre-history)라고 한다. 이후 아브라함이라는 이스라엘 조상과 그의 후손들의 이야기가 등장하는데, 국가를 형성하기 이전의 부족들의 이야기를

다루고 있기에, 이를 족장사(Patriarchal history)라고 부른다. 그리고 고대 이집트 왕국의 노예로 전락한 히브리 사람들의 이야기가 출애굽기에 등장한다. 그들은 모세와 여호수아라는 지도자에 의해 이집트를 탈출하여, 40년을 방황한 끝에 가나안 땅에 정착한다.

사사기라는 책에는 청동기 시대의 12지파 부족 연맹체를 카리스마적 리더십으로 다스리던 영웅들의 이야기가 기록되어 있다. 사사는 왕이 없던 시기에 백성들을 다스렸던 카리스마적 지도자들을 말한다. 이들은 평화 시에는 백성들의 송사를 담당했던 재판관의 역할을, 전쟁 시에는 군사 지도자로 활약했던 인물들이었다. 그러나 기원전 13세기경 철기문화를 소유한 블레셋의 본격적인 침입으로 왕정국가로 변모한다. 이후 사울(Saul)왕을 시작으로 이스라엘은 왕정국가 시대를 열게 된다.

사울의 뒤를 이은 다윗(David)의 군사적 활동과 솔로몬의 외교 정책으로 고대 이스라엘은 안정적인 국가의 면모를 갖추는 듯 싶었지만, 솔로몬의 유대지파 편중 정책으로 그의 사후, 즉 주전 10세기 북왕국 이스라엘과 남왕국 유다로 분열된다. 이후 북왕국은 지속적인 군사 구테타로 인한 정치적 분열로 결국 앗시리아 제국에 의해 주전 722년에 멸망당하고, 잔존하던 남왕국은 586년에 바벨론의 침입으로 예루살렘이 함락된다. 이 당시 수많은 지도층들이 바벨론의 포로로 끌려간다. 히브리 성서의 에스겔서와 다니엘서는 바벨론의 포로 시기를 배경으로 한다. 그러나 바벨론 제국도 538년 페르시아 제국에 의해 정복당한다. 페르시아의 고레스 황제(Cyrus the Great, BC456-529?)는 포로로 잡혀 온 유대인들을 석방시켜 고국으로 귀환시킨다. 그러나 주전 4세기 마케도니아의 알렉산더 대왕에게 패배한 페르시아는 결국 팔레스타인을 그리스 제국에게 넘겨주고 만다. 주전 2세기경 로마는 그리스로부터 지중해의 패권을 빼앗아 오게 되고, 결국 주전 63년에 예루살렘은 로마의 폼페이우스 장군에 의해 점령당하게 된다. 예수는 로마의 지배하에서 활동했던 인물이었다. 그의 탄생을 기점으로 서양의 역사는 기원전(BC, Before

Christ)과 기원후(AD, Anno Domine)로 나뉜다.

신약성서는 2천 년 전 지중해를 지배한 로마 제국의 역사를 배경으로 하고 있다. 기원전 1세기 로마는 팔레스타인을 자신의 식민지로 복속시킨다. 누가복음에 따르면 예수는 로마 제국의 첫 번째 황제, 아우구스투스(31 BC-AD 14) 시절에 태어난 것으로 되어 있다.

그 때에 아우구스투스 황제가 칙령을 내려서 온 세계가 호적등록을 하게 되었는데, 이 첫 번째 호적등록은 구레뇨가 시리아의 총독으로 있을 때에 시행한 것이다. 모든 사람이 호적등록을 하러 저마다 자기 동네로 갔다. 요셉은 다윗 가문의 자손이므로, 갈릴리의 나사렛 동네에서 유대에 있는 베들레헴이라 하는 다윗의 동네로, 자기의 약혼자인 마리아와 함께 등록하러 올라갔다. 그 때에 마리아는 임신 중이었는데, 그들이 거기에 머물러 있는 동안에, 마리아가 해산할 날이 되었다. (누가 2:1-6)

예수가 살던 당시 팔레스타인은 시리아주에 속해 있었고, 시리아에 주둔하던 로마 총독의 정치, 행정 권력에 영향을 받았다. 누가복음은 예수의 탄생 시기를 시리아의 총독, 구레뇨의 재임 시기라고 기록한다. 복음서에 따르면, 예수의 활동은 팔레스타인으로 국한되었던 것으로 보인다. 그것도 갈릴리 호수 근방에 산재되어 있던 작은 농촌 마을들이었다. 1-3년 정도의 짧은 활동기 막바지에 예수는 자신의 제자들을 이끌고 당시 팔레스타인의 정치적, 종교적 중심지였던 예루살렘으로 이동한다. 결국 이곳에서 예수는 신성모독과 반로마 혐의로 기소되어 당시 유다 지역의 총독이었던 빌라도에 의해 십자가에 처형당하게 된다. 그러나 제자들은 예수의 부활을 체험하게 되고, 그의 가르침을 로마 제국의 전역에 전파하기 시작한다. 신약성서 다섯번째 책, 사도행전은 예수 제자들의 선교활동이 어떻게 예루살렘에서 로마까지 확대되었는가를 신앙적 관점에서 기록한 문헌이다. 이후 기독교의 거점이 로마 제국의 도시들로 확대되면서, 이 도시들에 새롭게 생겨난 기독교 공동체들이 주고받은 편지들이 신약성서의 대부분을 차지하게 된다.

출처:성경지명사전 KCM

왼쪽의 지도는 1세기 지중해 세계를 보여주는데, 예수가 활동하던 2천 년 전에는 로마가 지중해를 지배하고 있었다. 로마는 기원전 2세기부터 지중해 지역을 효율적으로 지배하기 위해 도로를 건설했는데, 이탈리아 반도를 관통하는 비아 아피아(Via Appia), 그리스 북부를 관통하는 비아 이그나티아(Via Egnatia), 또 소아시아를 관통하는 비아 세바스테(Via Sebaste)라는 군사, 상업 도로들을 건설했다. 그리고 로마의 황제, 아우구스투스는 지중해의 해적들을 소탕해서 안전한 해상무역로를 확보하였다. 이러한 도로들을 통해서 이집트에서 수확한 밀이 2주만에 로마에 도착했다고 한다. 예수의 제자들은 이러한 로마의 도로와 무역로를 통해 로마 제국 전 지역에 신속하게 기독교를 전파할 수 있었다. 그리스 남부의 항구 도시 고린도와 소아시아의 에베소, 로마, 그리고 시리아의 안디옥은 초기 기독교의 중요한 거점 도시들이었다. 신약성서에는 이 도시들이 수시로 등장한다. 특히 바울이 남긴 편지들은 이러한 지역에 세워진 초기 기독교 공동체들에게 보내진 것들이었다.

성서 번역의 역사

히브리 성서(구약성서)는 고대 히브리어, 신약성서는 그리스어로 기록되었다. 지난 2300년 동안 성서는 수많은 언어로 번역됐는데, 성서 번역의 역사는 서양의 언어발달사와 긴밀한 관련이 있다. 기원전 3세기에 이집트의 알렉산드리아에서 히브리 성서가 그리스어로 번역되는데, 이것을 셉투아진타(Septuaginta, LXX, 70인역)라고 부른다. 셉투아진타라는 말은 70명이 번역을 했다는 뜻으로, 『아리스테아스의 편지』에 기록된 이야기에서 유래했다. 당시 이집트의 파라오, 프톨레마이오스 2세 필라델포스는 히브리 성서를 번역할 만한 학자들을 예루살렘 성전 당국에게 요청하였다. 이에 이스라엘의 12지파에서 각각 6명씩 선발된 72명의 유대인 학자들이 알렉산드리아에서 72일간 히브리 성서를 헬라어로 번역했다고 한다. 후대에 번역자 숫자가 72에서 70명으로 기억되면서, 헬라어로 번역된 히브리 성서를 통상적으로 70인역, 즉 셉투아진타라고 부르게 된다. 현재 가톨릭교회와 정교회는 셉투아진타의 전통에 따른 구약성서를 채택하고 있다.(Alexanderia Canon 전통) 반면에 개신교회는 그리스어 번역이 아닌 히브리어로 된 구약성서를 채택하고 있다.(Palestinian Canon 전통) 이러한 정경 전통의 차이가 가톨릭교회, 정교회, 개신교회의 경전 목록의 차이를 가져오고 있는 것이다.

기독교가 로마의 국교가 된 이후에, 제롬(Eusebius Sophronius Hieronymus, 347-420)은 구약성서와 신약성서를 모두 로마 제국의 언어인 라틴어로 번역했는데, 이를 불가타(Vulgate)라고 부른다. 불가타는 중세 기독교의 절대적인 표준 성경이었고, 지금도 로마 바티칸은 불가타를 공식적으로 사용한다. 중세 시대에는 라틴어로 된 불가타 성서를 다른 언어로 번역하는 것을 엄격하게 금지했다. 당시 진보적인 학자들이 자기 나라말로 번역을 해서 중세 가톨릭교회로부터 이단 심판을 받기도 했다. 대표적인 인물이 체코의 얀 후스(Jan Hus, 1372-1415)였다. 프라하 광장에는 그의 동상이 세워져 있다.

불가타 성서를 자국의 언어로 번역할 수 있게 된 것은, 독일의 종교개혁자, 마틴 루터(1483-1546)의 공헌이 크다. 그는 1517년 비텐베르크 대학 재직 시절에 당시 로마 교황청이 팔고 있던 면죄문 판매를 비판하는 95개조의 반박문을 발표한다. 이후 루터는 프로테스탄트 운동의 상징적인 인물이 되었다. 루터는 라틴어 성경만을 고집하는 가톨릭 교회에 반대하여, 독일 사람들이 읽을 수 있게 성서를 번역한다. 지금도 독일의 루터교회는 루터가 번역한 독일어 성서를 여전히 사용하고 있다.

옆의 사진은 루터가 번역한 독일어 성서 초판본이다. 루터는 당시 르네상스의 사상가, 에라스무스(Erasmus, 1466-1536)의 그리스어 신약 제2판을 대본으로 해서 신약성서를 먼저 번역했고, 구약성서는 브레스키아 히브리어 성서(the Brescia Hebrew Bible, 1494)를 사용했다. 그 이후에는 1534년에서 1546년까지 열한 번의 개정을 거듭했으며, 마지막 판은 루터의 사후에 출판되었다. 루터는 자신의 사상이 담긴 팜플렛이나 소책자, 판화뿐만 아니라, 독일어 성서를 구텐베르크(Gutenberg, 1398-1468)가 발명한 금속활자를 이용하여 출판함으로써 신속하게 유럽인들에게 전달할 수 있었다.

루터의 독일어 성서 번역은 유럽의 다른 국가들에게 엄청난 반향을 불러일으켰다. 유럽의 다른 국가들도 경쟁적으로 자국의 언어로 성서를 번역하기 시작했다. 그런데 사실 자국어로 성서를 번역한 사람이 루터만 있었던 것은 아니었다. 루터보다 150년 전에 영국 옥스퍼드 대학의 위클리프(John Wycliff, 1320-1384)에 의해서 영어로 최초의 신구약성서 완역본(1382)이 출판되었다. 그런데 이는 활자본이 아니라, 손으로 쓴 성서였기 때문에, 아쉽게도 위클리프의 영어 성서는 대중적인 관심을 받지는 못했다.

15세기에 이르러 영어가 영국의 공식 언어로 자리 잡았지만, 지식인들은 여전히 라틴어나 프랑스어를 사용했으며, 1540년대까지 대학에서 학문의 언어로 라틴어를 사용했다. 이러한 분위기 속에서 1525년 캠브리지 대학의 틴데일(William Tyndale, 1494-1536)이 위클리프의 뒤를 이어 영어로 성서를 번역했지만, 이단 혐의로 화형을 당하고 만다. 그러나 독일의 종교개혁으로 자극을 받은 영국왕, 헨리 8세(1491-1547)는 자신의 이혼을 반대하는 가톨릭 교회와 결별하고, 국왕이 수장이 되는 성공회로 종교개혁을 단행하게 된다. 이후 1611년 영국 왕 제임스 1세(1566-1625)에 의해 유명한 흠정역(King James Versions)이 탄생하게 된다. 이 흠정역은 영국 문학사에서도 가장 유명한 번역 책으로 수려한 표현과 문장으로 된 영어 성서로 평가받고 있다.

그렇다면 우리말, 즉 한글 성서는 언제, 어떻게 번역되어서 우리에게 전해졌는지 살펴보자. 최초의 한글 번역 성서는 학자들이 아닌, 함경도 의주에서 인삼을 팔던 상인들에 의해 번역되었다. 대원군의 쇄국정책 때문에 서양 선교사들이 조선에 들어 올 수 없었던 시절, 함경도 의주에서 인삼을 팔던 이응찬, 서상륜 등은 압록강을 건너 중국 만주로 가서 인삼을 팔았다. 그런데 어느 날 서상륜(1848-1926)이 병에 걸려 만주의 한 여인숙에서 앓아누웠는데, 그때 이곳을 지나던 스코틀랜드 출신의 영국 목사 존 로스(1842-1915)가 병들어 있는 서상륜을 서양 의술로 치료해 준다. 이것이 인연이 되어 존 로스 목사는 서상륜과 함께 1882년 중국에 있는 영국성서공회에서 <예수셩교 누가복음전>을 출판하게 된다. 이것이 한글로 된 최초의 성서가 되는데, 성서 전체가 아니라 누가복음만을 번역한 것이다. 이것을 '쪽 복음서'라고 불렀다. 이후 지게에 책을 짊어지고 조선팔도를 누비는 책장사들에 의해서 한글 쪽복음이 관군의 눈을 피해 조선 사람들에게 팔려나가기 시작한다. 이런 한글 성서를 읽고 한국인들 스스로 교회를 세우게 되는데, 그것이 황해도 솔내에 세워진 한국 최초의 개신교회, 솔내교회이다.

한편, 1884년에 일본에서 이수정(1842-1886)이라는 젊은 선비가 최초로

<마가복음>을 한글로 번역한다. 원래 이수정은 갑신정변을 일으킨 김옥균의 문하에 있던 인물인데, 개화파였던 김옥균은 이수정을 일본의 유명한 농경제학자인 쯔다에게 유학을 보낸다. 그런데 공교롭게도 쯔다는 기독교인이었고, 이수정도 쯔다를 따라 기독교인이 된다. 이수정은 일본 유학생활 중에 복음서 중에서 가장 짧은 마가복음을 한글로 번역하게 된다. 이 와중에 후일 연세대학교의 창립자가 되는 언더우드(Horace Grant Underwood, 1859-1916)가 태평양을 건너 조선으로 오다가, 일본에 약 2개월간 체류를 할 때, 한글을 가르쳐 줄 사람을 찾다가 이수정을 만나게 된다. 이 때 언더우드는 이수정이 한글로 번역한 <마가복음>을 건네받고 매우 기뻐했다고 한다. 1885년 언더우드는 조선에 들어올 때, 이수정의 한글판 <마가복음>을 가지고 들어온다. 이후 언더우드는 성서 전체를 한글로 번역할 계획을 세우게 된다. 아래에 있는 사진은 1904년 성서 번역 위원들의 모습인데, 이창직, 김명준, 김정삼, 레이놀스, 게일, 그리고 정중앙에 언더우드의 모습이 보인다.

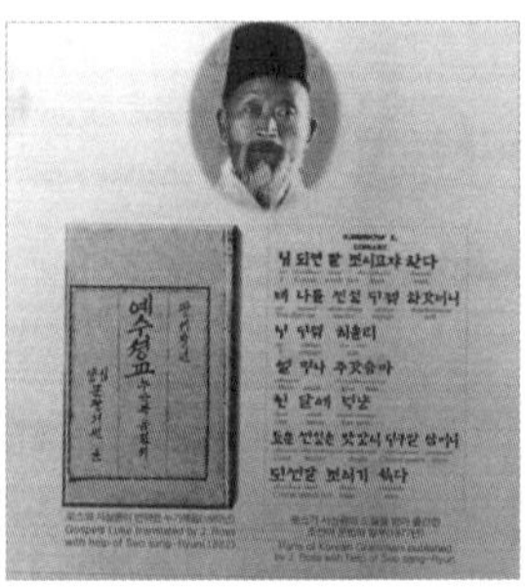

왼쪽 사진은 서상륜이 번역한 한글 <예수셩교 누가복음전>이다. 출판 일자가 고종황제의 연호로 되어 있다는 점이 흥미롭다. 본문을 보면 지금은 사용하지 않는 한글의 아래 하가 보이고, 종결 어미도 현재의 한글과 다른 것을 볼 수 있다. 한글 성서는 대중들에게 한글을 보급하는데 커다란 영향을 미쳤다. 주시경(1876-1914)과 최현배(1894-1970) 같은 한글 연구자들은 모두 교회를 중심으로 한글을 가르치기 시작했다. 당시 조선총독부는 학교에서 한글사용을 엄격하게 금지시켰다. 그러나 주시경의 제자인 최현배와 김윤경(1894-1969)은 연희전문에서 한글을 몰래 가르쳤다. 이들의 제자가 바로 우리말로 아름다운 시를 남긴 민족시인, 윤동

주(1917-1945)이다. 연세대학교는 이러한 한글 사랑의 전통을 지니고 있는 우리나라의 사학 명문이다. 연세대학교의 창립자인 언더우드의 한글 성서번역 작업을 시작으로, 최현배와 김윤경, 그리고 윤동주로 이어지는 한글의 전통을 연세대학교가 지켜왔다고 할 수 있다. 필자들은 오래 전에 대학을 다닐 때, 김찬국 교수(1927-2009)에게 히브리 성서를 배운 적이 있었다. 교수님은 학생들에게 보고서를 원고지에 써서 제출하게 하였다. 한글 띄어쓰기와 맞춤법을 지키기가 힘들어서 불평을 하면, 김찬국 교수는 이렇게 말씀하셨다. "여러분! 원고지에 글을 쓴다는 것이 어렵다는 것은 저도 압니다. 그러나 연세는 목숨을 걸고 한글을 지켜온 선배들의 자랑스러운 전통이 있는 학교입니다. 여러분이 원고지에 글을 쓰면서 잠시라도 이러한 선배들의 정신을 배우기를 기대합니다." 필자들은 평생 이 수업을 잊을 수가 없다.

영화/미술로 성서보기

성서는 서양문화 형성에 근원적 역할을 해왔다. 서양의 박물관과 미술관을 차지하는 수많은 조각과 미술, 고딕 성당의 스테인드글라스는 성서의 이야기와 인물, 그리고 사상들을 주요한 소재로 삼고 있다. 특별히 고딕 성당의 스테인드글라스는 예술적인 목적보다는, 라틴어를 읽을 수 없었던 중세의 대중들에게 시각적으로 성서를 교육하기 위해 제작되었다. 한편 바로크 시대에 작곡된 바하의 <마태수난곡>과 헨델의 <메시아>는 예수의 수난 이야기를 노래극으로 재현한 것들이다. 이처럼 성서의 스토리는 서양 예술의 원천으로 작용하며, 근원적 서사(proto-narrative)로서의 역할을 했다. 수많은 예술가들은 성서의 서사와 메시지를 자신들의 시대정신으로 재해석했다. 그리고 다양한 예술형식으로 재구성하고, 다채로운 방식으로 재현시켰다. 영화산업에서도 예외는 아니었다. 100여 년 전 프랑스의 루미에르 형제가 영사기를 발명한 이후, 성서의 이야기는 영화의 단골 소재가 되어 왔다. 특히 무성영화 시대부터 예수의 이야기는 할리우드의 단골 소재가 되어왔다. 예를 들어, D. W. 그린피스가 제작한 <인톨러런스(Intolerance)> 영화에는 요한복음 8장에 등장하는 예수와 간음한 여인의 이야기가 등장한다. 이 영화는 인류의 역사 속에 나타난 비관용적인 사건들을 다루고 있는 무성 영화로 예수와 간음한 여인의 에피소드, 고대의 바빌론 제국의 이야기 등 네 가지 이야기로 구성되어 있다. 그린피스의 작품을 시작으로 할리우드는 복음서에 등장하는 예수의 이야기를 소재로 영화를 만들어 왔다. 모세의 이야기를 다룬 <십계 Ten Commendsment>를 만든 세실 B. 드밀 감독은 예수의 생애를 다룬 <왕중왕 King of Kings>을 1927년 발표했다. 이후 할리우드는 성서의 이야기와 인물들을 소재로 한 많은 작품들을 제작했다. <벤허>, <쿠오바디스>, <그리스도 최후의 유혹>, <패션 오브 크라이스트> 등과 같은 영화들이 대표적이다. 그러나 이러한 영화들이 성서의 이야기를 단순하게 재현한 것이라고 볼 수 없다. 20세기 중, 후반 미국인들이 가지고 있던 정치, 문화, 그리고 신앙적 이데올로기를 통해서 재해석된 영화들이라고 할 수 있다. 1970년대에 발표된 <지저스 크라이스트 슈퍼스타 Jesus Christ Superstar>는 앤드류 로이드 웨버의 동명 뮤지컬을 원작으로 한 작품이다. 이 영화는 복음서의 예수 이야기를 단순히 재현한 것이 아니라, 60년대 히피 세대의 저항 문화의 관점에서 예수를 재해석한 작품이다. 예수는 가롯 유다와 갈등하며, 사랑과 평화라는 히피의 메시지를 전달한다. 또한 2004년에 개봉한 멜 깁슨의 <패션 오브 크라이스트>는 가톨릭의 관점에서 예수의 수난 이야기(Passion story)를 재해석한 것이다. 이 영화는 예수의 어머니, 마리아의 관점이 중요하게 부각된다. 그리고 성만찬에 관한 가톨릭의 '화체설(Transubstantiation, 성찬에서 떡과 포도주가 각기 예수의 몸과 피로 바뀐다는 카톨릭의 교리)'의 입장에서 예수의 피와 몸에 과도하게 집중한다. 이처럼 예수에 관한 할리우드 영화들은 당대의 문화적 전망이 투영된 해석의 결과라고 할 수 있다.

그렇다면 어떻게 2천 년 전에 형성된 성서의 이야기가 서양 회화와 현대의 대중 영화와 만나서 대화할 수 있을까? 즉 해석학적 문제를 살펴보자. 우선 성서는 현대인과는 다른 역사/사회/문화 환경 속에서 형성된 고대 문헌이다. 성서에는 현대인들이 쉽게 이해할 수 없는 고대인들의 사고 방식이 반영된 이야기들이 포함되어 있다. 우주와 인간과 죄의 기원 그리고 이스라엘 민족의 형성을 역사적 인과 관계로 설명하기 보다는 신화적인 (신화를 의미하는 영어의 myth란 말은, 이야기를 뜻하는 그리스어 *mythos*에서 유래했음) 방식으로 기술한다. 따라서 18세기 이후에 형성된 합리주의적 관점으로 성서를 독해하는 것은, 일종의 장르 착각을 불러온다. 그래서 쥬윗(R. Jewett)은 성서라는 고대의 문헌을 우리 시대의 영화와 소통시키기 위해서는 일종의 해석학적 아치(interpretive arch)가 필요하다고 말한다. 그에 따르면, 해석학적 아치란 성서라는 고대의 텍스트와 영화라는 현대에 만들어진 텍스트 각각의 상황들 사이에 있는 유비들을 찾아내는 것을 의미한다. 즉 아치의 한쪽은 고대인들의 세계관을 반영하고 있는 성서가 있고, 다른 쪽에는 현대인들의 사회문화적 컨텍스트가 반영되어 있는 영화가 자리하고 있다. 이러한 양쪽의 아치를 합류시키면 새로운 이해의 지평이 형성될 수 있다는 것이다.

체니(Marvin L. Chaney)는 2천 년 전에 형성된 성서의 메시지를 현대 사회에 의미있게 전달하기 위해서는 역동적 유비 해석학(dynamicanalogy hemeneutics)이 필요하다고 지적한다. 비록 고대 문헌인 성서와 현대의 매체인 영화에는 뚜렷한 차이가 존재하지만, 이 둘 사이에는 인간의 구원과 삶의 의미에 관한 일반적인 유사점 또한 상존한다. 성서와 영화/미술 사이의 쌍방향의 대화를 통해 우리는 양자 모두에게 유익한 성찰들을 얻어 낼 수 있다. 가령 레오다르도 다빈치와 렘브란트의 그림들은 성서를 보다 생생하게 느낄 수 있는 다양한 시각적 통찰들을 제공할 수 있다. 반대로 성서는 <다빈치 코드>와 <레미제라블>과 같은 영화에 담겨있는 종교적이고 신학적 메시지를 더욱 풍성하게 느낄 수 있도록 하는 역할을 할 수 있다.

그러나 성서의 이야기나 주제, 그리고 인물들을 다룬 영화를 분석할 때 유의해야 할 점이 있다. 영화가 지닌 매체적 특징이다. 현대 영화는 철저하게 상업적인 매체이다. 따라서 관객들이 선호할 만한 이야기들을, 그것도 시대의 취향과 정서를 철저하게 계산해서 시나리오를 만들고, 위험을 최소화하는 방식으로 영화를 제작한다. 따라서 성서적 소재를 다룬 영화라고 해도 성서의 이야기가 어떻게 현대인의 입맛에 맞추어 재해석되고 재현되는 가를 면밀하게 살펴야 한다. 그리고 현대 영화가 지니는 이데올로기적 성격을 이해해야 한다. 영화는 대중들이 선호하는 매체이기 때문에 지배자들은 자신들의 정치적 이념을 곧잘 영화를 통해 선전한다.

히틀러나 김정일이 영화를 통해 자신들의 지배이념을 선전했다는 것은 잘 알려진 사실이다. 이들 뿐만 아니라 할리우드도 영화를 통해서 미국의 패권주의를 알게 모르게 전파한다. 윗쪽 왼편에 있는 포스터는 러시아의 볼세비키 혁명을 선전하기 위해 제작된 유명한 영화 <전함 포템킨>인데, 당시 레닌 정권은 자신들의 혁명을 선전하는 수단으로 이 영화를 제작했다고 한다. 한편 오른쪽 영화 <300>은 고대 스파르타의 전사들을 소재로 제작한 할리우드 영화이다. 그런데 이 영화가 이란에서 상영 금지가 되었다고 한다. 이 영화가 은연 중에 이란인들의 자랑스러운 선조, 페르시아인들을 모욕했기 때문이다. <300> 속에서 서양의 문명적 기원으로 간주되는 그리스인들은 용맹하고 도덕적으로 묘사되고 있는데 반해, 페르시안들은 무도한 야만

인으로 그려지고 있다는 것이다. 따라서 이 영화는 서양인들의 전형적인 오리엔탈리즘(orientalism)이 드러난 영화라고 비판받았다.

한편 영화는 사회적으로도 중요한 기능을 수행한다. 영화는 사회화의 기관이라고 할 수 있다. 사회화(socialization)란 타인과의 상호작용을 통해 한 사회의 가치와 규범, 그리고 공통의 신념을 내면화하는 것을 뜻한다. 영화를 통해 사람들은 특정 사회의 가치관, 규범 등을 무의식적으로 받아들이는 경향이 있다. 특히 주인공과 등장 인물들의 언행을 통해 표출된 특정한 가치와 신념 등을 무비판적으로 모방한다. 영화 속 인물들은 '의미 있는 타자'로서 사람들의 행동과 신념에 중요한 영향을 미친다. 과거에는 부모나 교사가 청소년들에게 의미 있는 타자에 속했다면, 오늘날에는 유명인들이 그러한 역할을 하고 있는 듯하다.

그럼, 이제 성서적 관점(Biblical perspectives on Film)에서 영화를 보는 법에 대해 살펴보자. 앞서 살펴 본대로 영화는 철저하게 세속적인 매체지만, 성서는 기독교의 경전으로 신자들이 매우 신성하게 간주하는 책이다. 그렇다면 성서와 영화는 어떻게 대화할 수 있을까? 사실 성서의 내용은 인간이 추구하는 보편적이며 궁극적 가치들을 다루고 있다. 즉 해방, 구원, 사랑, 지혜, 자기희생, 용서, 믿음 등에 관한 이야기라고 할 수 있다. 이러한 주제들을 실현하기 위해, 성서에는 다양한 인물들이 만들어 내는 다채로운 서사(narrative)들이 등장한다. 따라서 무성영화 시대부터 성서의 이야기들은 매우 인기 있는 소재였다. 성서의 이야기들은 영화 속에서 단순하게 시각화만 되는 것이 아니다. 중요한 것은 성서의 이야기와 인물이 영화 속에서 어떻게 변주되고, 재해석되는지를 살펴보는 것이다. 즉 영화적 변형의 배후에 자리하고 있는 해석의 관점에 주목해야 한다. 가령 세실 드멜이 만든 <십계>와 크리스퍼 놀란이 만든 <엑소더스>는 히브리 성서의 <출애굽기>에 등장하는 모세의 이야기를 소재로 삼은 것이지만, 주인공의 캐릭터와 홍해의 기적 이야기를 전혀 다른 관점에서 해석하고 있다. <십계>가 근본주의자들의 보수적인 해석을 반영하고 있다면, <엑소더스>는 합리적이고 역사적인 입장에서 모세의 이야기를 현대적으로 다루고 있다. 이 때문에 영화가 지니고 있는 다양한 기능과 의미들을 재고해 볼 필요가 있다.

영화는 단순한 엔터테인먼트의 기능을 넘어 다양한 사회적, 심리적 기능을 지닌다. 관객들은 영화를 통해 일상 속에서 체험하지 못한 다른 세상을 엿보게 된다. 영화를 통해 미지의 나라나 문화를 간접적으로 체험할 수 있다. 우리는 손쉽게 할리우드 영화와 미드를 통해 미국 사회의 대중문화와 역사를 접하게 된다. 이때 영화는 일종의 창문의 기능을 수행한다(film as a window). 다시 말해 관객들은 영화라는 창문을 통해 자신이 접하지 못한 새로운 시공간을 엿볼 수 있다. 또한 관객들은 영화 속에 등장하는 인물들에 자신의 심리를 투사하며 공감한다. 이 때 영화는 강력한 정서적 매체로서 관객들의 감정과 정서에 큰 영향을 미친다. 그리스의 철학자, 아리스토텔레스는 시학(詩學, Περὶποιητικῆς)에서 비극의 기능으로 카타르시스(Catharsis)를 언급한 바 있다. 카타르시스란, 일종의 억눌린 감정의 배설을 의미한다. 관객들은 주인공의 숭고하고 비극적 운명에 공감하며, 함께 울고 웃으며 억눌린 자신의 감정을 해소하게 된다. 이는 영화가 지닌 심리적 기능이라 할 수 있다. 관객들은 주인공의 이야기에 감정을 이입하며, 대리만족을 통해 카타르시스를 느낀다. 즉 자신의 감정을 주인공에게 투사하는 것이다. 이런 점에서 영화는 관객들의 심리를 비추어 주는 거울의 기능을 한다고 볼 수 있다 (film as a mirror). 또한 영화는 한 시대의 집단적 욕망을 의식적으로 또는 무의식적으로 반영한다. 가령, <기생충>은 한국 사회가 지닌 집단적 욕망의 단면을 보여주는 영화라 할 수 있다. 이 영화는 한국 사회의 소외 계층들의 욕망과 그들 사이에 존재하는 소외와 갈등을 중층적으로 보여주고 있다.

영화는 현실뿐만 아니라, 우리가 가보지 못한 과거나 미래 사회의 모습을 재현해 주기도 한다. <터미네이터>와 <승리호>와 같은 SF 영화들은 미래 사회가 봉착할 수 있는 문제들을 보여 준다. 인공지능과 기후변화가 지닌 문제들이 미래 사회를 어떻게 변모시킬 수 있는지를 비판적으로 보여준다. 이때 영화는 미래 사회를 보여주는 망원경의 역할을 해 준다(film as a telescope). 영화를 통해 관객들은 미래 사회가 봉착한 다양한 모습과 문제들을 내다 볼 수 있게 된다. 그렇다면 영화의 사회적, 심리적 기능을 넘어, 영화가 종교적 기능을 할 수 있을까? 다시 말해 세속적이고 상업적인 매체인 영화가 인간들을 초월과 구원의 세계로 안내할 수 있을까? 미국의 성서학자, 로버트 쥬잇(Robert Jewett)은 자신의 책, 『영화로 돌아온 사도 바울』(*St. Paul Returns to the Movies*)에서 현대의 영화들을 통해 기독교인들이 미처 깨닫지 못한 성서의 내용을 훨씬 깊게 이해할 수 있다고 주장한다. 예를들면 <레미제라블>을 통해 (율)법 보다는 은총으로 구원받는다는 <로마서>와 <갈라디아서>의 내용을 쉽게 이해할 수 있다. 영화는 시각과 청각적 방법을 통해 문자 텍스트가 미처 전달하지 못한 내용을 대중들에게 입체적이고 손쉽게 표현하고 전달할 수 있다. 이미 중세의 성당들은 스테인드글라스와 그레고리안 성가를 통해 문자 매체에서 소외된 대중들에게 성서의 메시지를 다양한 방식으로 전달했다. 한편 영화를 통해 성서의 이야기와 주제들을 현대적으로 재현하기 위해서는 양방향의 대화가 중요하다. 래리 크라이처(Larry Kreitzer)는 성서 텍스트에서 영화로 가는 이해의 과정보다는, 그 반대 방향 즉 영화에서 성서 텍스트로 나아갈 것을 제안한다. 이것은 영화가 성서에 종속되는 일방적인 입장에서 벗어나서, 영화의 관점에서 성서의 의미를 새롭게 확장할 수 있는 계기가 마련될 수 있기 때문이다.

종교학자 엘리아데(Mircea Eliade, 1907-1986)는 성(聖)스러운 것은 속(俗)된 것 속에 나타난다고 주장했다. 즉 나무나 돌과 같은 속된 것 속에 성스러운 존재가 나타날 수 있다는 것이다. 루돌프 오트(Rudolf Otto) 또한 인간은 익숙한 사물이나 사람을 통해 현시되는 성스러움을 경험할 수 있다고 주장했다. 마치 모세가 호렙산의 불타는 떨기나무를 통해 신의 현현(theophany)을 체험했듯이, 베드로와 요한이 갈릴리 목수, 예수에게서 신의 현존을 보았듯이, 관객들은 영화를 통해 초월을 경험할 수 있다. 다시 말해 언어로 표현될 수 없는 신적 실재와 궁극적 가치를 영화가 상징적으로 보여줄 수 있다는 것이다. 사실 영화는 대단히 세속적인 매체이다. 영화 산업이라는 말은 영화가 지닌 자본주의적 속성을 보여준다. 그러나 영화는 때때로 종교적 경험이나 신학적 성찰을 촉발하는 매개로 작용할 수 있다.

기독교 신학에서 말하는 성육신(incarnation) 사상은, 속된 인간의 육신에 신의 성스러운 실재가 임재하였다는 것을 의미한다. 복음서의 예수는 다양한 비유를 통해 하나님 나라라는 궁극적이고 초월적인 가치를 상징적으로 이야기한다. 비유의 이야기 속에서 갈릴리 농부들이 일상 속에서 흔하게 만날 수 있는 겨자씨, 포도나무, 누룩 등이 하나님 나라를 암시하는 상징으로 등장한다. 예수는 비유를 통해 청중들의 초월적 상상력을 자극했다. 이런 점에서 비유는 일종의 그림 언어라고 할 수 있다. 영화도 유사한 기능을 할 수 있다. 다시 말해 영화를 통해 관객들은 일상 속에서 느끼지 못했던 숭고한 종교적 감정과 신학적 메시지를 체험할 수 있다. 예를 들어, 일본 에도 시대의 가톨릭 박해를 다룬 <침묵>이나, 넬라 판타지아의 멜로디로 널리 알려진 영화 <미션>은 기독교적 주제와 가치를 관객들에게 감동적으로 보여준다. 이런 점에서 영화는 관객들에게 간접적으로 초월의 경험을 제공할 수 있다. 이런 면에서 영화는 초월을 매개하는 비유적 기능을 지닌다고 할 수 있다(film as a parables).

영화는 일상에서 느끼지 못하는 신성한 시공간을 제공할 수 있다. 이와 관련하여 스코틀랜드의 셀틱 기독교에서 사용하는 독특한 용어가 있다. 바로 씬 플레이시스(thin places)라는 말이다. 이 말은 신과 만나는 시간, 장소, 경험, 사건, 인물 등을 의미한다. 다시 말해 일상 속에서 느끼지 못하는 초월의 감정을 경험할 수 있는 다양한 시공간을 의미한다. 고대 유대교에서 예루살렘 성전은 야웨를 만나는 공간이었다. 유럽의 오래된 고딕 성당은 천국의 지상적 구현이었다. 중세의 신자들은 화려하고 웅장한 성당에서 천국을 예비체험(pre-experience)할 수 있었다고 한다. 극장은 관객들에게 잃어버린 종교적 감정을 되찾게 만들 수 있다. 어쩌면 인간의 종교성을 가장 잘 경험할 수 있는 곳은, 이제 성당이나 절과 같은 종교적 건물이 아니라 세속적인 영화관일 수 있다. 물론 영화는 조작된 연출과 편집으로 만들어진 상품이라는 사실을 모르는 관객들은 없다. 그러나 영화는 동시에 새로운 세계로 관객들을 인도한다. 관객들은 영화라는 창조된 세계 속에서 일상과는 전혀 다른 시공간을 체험한다. 마치 '나니아의 세계'로 인도하는 벽장 속의 문처럼 관객들은 영화가 창조한 새로운 세계로 입장한다. 관객들은 영화가 창조한 시공간 속에서 잃어버린 자신의 종교성을 감지하기도 한다. 이를 잘 보여주는 영화가 있어 소개한다.

웨인 왕 감독이 만든 <스모크(smoke)>라는 영화이다. 영화의 배경은 뉴욕의 브루클린 빈민가 담배 가게이다. 이 곳의 주인, 오기는 취미로 아침마다 가게 앞에서 거리의 풍경을 사진으로 찍는다. 어느 날 단골손님, 폴이 담배를 사러 와서는 계산대 위에 놓인 낡은 사진기를 발견한다. 그런데 폴이란 인물은 거리에서 벌어진 갱들의 총격전으로 사랑하는 아내를 잃고 실의에 빠진 이류 소설가였다. 문득 오기의 사진에 관심이 생긴 폴은 그의 사진을 보고 싶다고 말한다. 토요일 오후 오기의 낡은 아파트를 방문한 폴은 그가 찍은 낡은 사진들을 보게 된다. 그런데 이게 뭔가! 오기가 찍은 사진은 똑같은 풍경만을 보여주고 있었다. 오기는 매일 가게에 출근한 후, 동일한 시간에 똑같은 거리의 풍경만을 매일 찍었던 것이다. 마치 일기를 쓰듯이... 심드렁한 폴에게 오기는 말한다. "자세히 봐! 조금씩은 다를 거야." 사진을 자세히 들여다보던 폴은 미세한 변화들을 발견한다. 매일 같은 거리풍경을 찍은 사진이지만 계절에 따라 변하는 빛의 밀도, 거리의 풍경, 행인들의 모습과 옷차림이 달라지는 것을 깨닫게 된다. 그런데 갑자기 사진을 보던 폴이 눈물을 흘리기 시작한다. 어느 날 오기가 무심하게 찍은 사진 속에 그 거리를 지나던 폴의 아내가 포착되어 있었던 것이다. 사진 속 이 장면이 바로 폴에게는 죽었던 아내가 현존하는 'thin place' 인 것이다. 영화는 관객에게 폴과 유사한 경험을 제공할 수 있다. 망각 속에 잠겨있던 추억들이, 경이의 순간들이, 그리고 초월의 감정들이 영화를 통해 되살아 날 수 있다. 이런 의미에서 영화는 관객에게 초월적 시공간을 제공할 수 있는 것이다(film as a thin places). 마치 폴의 시선이 사랑하는 아내를 낡은 사진 속에서 포착했듯이, 이 책은 영화와 서양 회화 속에 숨어있는 씬 플레이시스를 성서적 전망에서 포착할 것이다.

토론주제 ··①

01.

<성서>와 타종교의 경전, <금강경>, <코란> 등과 비교해 보자.

02.

성서의 형성 과정에 대해서 토론해 보자.

03.

일신교와 다신교의 차이점을 살펴보고,
장단점에 대해서 토론해 보자.

참고문헌 ··· ①

1. 김용옥, 『기독교 성서의 이해』. 서울: 통나무, 2007.

2. 존 바턴 / 박규태 옮김, 『성서의 역사』. 서울: 비아토르, 2023.

3. 김호경, 『씬(scene)과 함께』. 서울: CBS Books, 2019.

2

오경
창조, 구원, 언약

창세기 1-2장과 고대근동의 창조신화
바벨탑과 지구라트
이집트의 창조신화
그리스의 창조신화
히브리의 창조신화
창세기의 선악과 이야기
생태적 삶을 실천한 인물들
출애굽과 십계명의 의미
모세와 하나님의 이름
10가지 재앙과 유월절의 유래
십계명과 함무라비 법전
법궤와 인디아나 존스
십계명의 의미
<토론주제 2>
<참고문헌 2>

2장

오경
창조, 구원, 언약

토라(Torah)는 히브리 성서중에서 가장 중요한 부분으로 간주되며, 창세기, 출애굽기, 레위기, 민수기, 신명기 등, 5권의 책으로 구성된다. 토라의 첫 번째 책인 창세기(Genesis)는 기원적인 이야기를 다루고 있다. 우주의 기원, 죄의 기원, 문명의 기원, 그리고 이스라엘 민족의 기원인 족장들(아브라함, 이삭, 야곱, 요셉)의 이야기가 등장한다. 이들은 자손과 땅을 놓고 야웨라는 신과 계약들이 맺게 된다. 가령 창세기 15장에는 아브라함과 야웨의 계약 장면을 묘사하고 있다. 두 번째 책, 출애굽기(Exodus)는 이집트 땅에서 노예로 전락한 아브라함의 후손들의 탈출이야기를 기록하고 있다. 이 이야기의 정점은 모세가 시내산에서 야웨부터 받은 십계명이라 할 수 있다. 10개의 계명이 적힌 십계명은 히브리 사람들과 야웨와의 계약을 상징하는 것이다. 토라의 세 번째 책, 레위기(Leviticus)는 유대교의 다양한 제사와 종교법을 기록하고 있는데, 12부족 중에 하나인 레위 부족에서 그 이름이 유래한다. 네 번째 책인 민수기(Numbers)는 광야에서 모세가 시행한 인구조사 이야기를 중심으로 다룬 책이다. 이집트를 탈출한 히브리 사람들은 전쟁에 동원할 수 있는 건장한 남성들의 숫자를 파악하는 것이 필요했다. 토라의 마지막 책인 신명기(Deuteronomy)는 히브리 사람들이 가나안 땅에 도착하기 전에 모세가 이들에게 행한 가르침을 담고 있는 책이다. 이 책은 모세의 죽음을 언급하면서 끝난다. 이번 장에서는 창세기 1-2장에 등장하는 창조 이야기와 출애굽기와 신명기에 등장하는 십계명 이야기를 살펴볼 것이다. 그리고 이러한 이야기들이 현대사회에 전하는 메시지들을 성찰할 것이다.

창세기 1-2장과 고대근동의 창조신화

히브리 성서의 맨 앞에 등장하는 책의 제목은 창세기(Genesis)라고 하는데, 창세기는 모든 기원에 관한 이야기라고 할 수 있다. 현대인들은 우주의 기원과 인간의 기원을 천체물리학과 진화 생물학 등을 통해 과학적으로 설명한다. 그러나 고대인들은 우주와 인간의 기원을 과학적으로 설명할 수 있는 합리적인 전망이 없었다. 그들은 신화적인 방식으로 만물의 기원을 이야기했다. 사실 우주와 세상에 대해 합리적 이성(cogito)으로 설명하기 시작한 것은 인류 역사에서 고작 300년이 채 되지 않는다. 계몽주의 이전의 사람들은 신화적인 방식으로 우주의 기원과 의미, 그리고 삶의 의미를 상징적인 이야기, 즉 신화(myth)로 이야기했다. 신화로 번역한 myth라는 영어 단어는 원래 그리스어, 미토스(mythos)에서 유래한 것인데, 미토스는 이야기(stroy)라는 뜻이다. 창세기는 미토스의 방식으로 우주의 기원과 인간의 탄생, 죄의 발생 그리고 인간의 타락을 유일신론의 관점에서 이야기한다. 창세기 1-2장에 등장하는 창조 이야기는 일종의 근원 신화로서 고대문명 국가에서도 이와 유사한 이야기들을 발견할 수 있다. 가령 고대 바벨론 제국에도 에누마 엘리쉬(Enuma elish)라는 창조 이야기가 존재한다.

토판문서에 기록된 바벨론 창조 신화

앞쪽 사진은 고대 바벨론 왕궁터에서 발견된 토판문서이다. 종이가 없던 고대 근동지역에서는 진흙판에 문자를 기록했다. 19세기 서양의 고고학자들은 고대 바벨론의 왕, 앗수르바니팔의 궁중 도서관을 발굴했는데, 이곳에서 일곱 개의 토판문서가 발견되었다. 쐐기문자로 기록된 토판문서의 내용은 세상의 창조를 다룬 이야기였다. 창조 이전 상태의 원시 바다에 압수라는 남성신과 티아맛이라는 여신이 살았는데, 이들 사이에 뭄무라는 아들이 태어났다. 뭄무는 우리말로 수증기 혹은 안개라는 뜻이다. 에누마 엘리쉬는 기원전 18세기 함무라비 대왕의 정치적 부상을 신화적으로 합리화하기 위해 기록한 것으로 추정된다. 고대의 왕들은 모두 신의 자손이라는 신성불가침의 의미를 건국신화를 통해 강화하는 것이 일반적이었다. 파리의 루브르 박물관에는 신으로부터 법전을 부여받는 함무라비 왕의 모습이 상단에 조각되어 있는 함무라비 비석이 전시되어 있다.

루브르 박물관에 전시된 함무라비 비석, 기원전 18세기

고대 바벨로 토판문서에 그려진 티아맛과 마르둑

오른쪽 벽화에 새겨진 날개 달린 괴물이 에뉴마 엘리쉬에 등장하는 티아맛(Tiamat)이라는 여신이다. 티아맛은 첫 번째 남편 압수와 두 번째 남편 킹구가 있었는데, 둘과의 관계를 통해 만물을 창조한다. 흥미로운 것은 바벨론 뿐만 아니라 고대근동 지방의 신화들을 살펴보면, 남성신보다 여성신이 먼저 등장한다. 인류학자들은 이를 모계사회가 부계사회보다 먼저 등장했기 때문이라고 설명한다. 즉 여신들이 모계사회를 반영한다는 것이다.

티아맛의 두 남편들은 젊은 신들과의 전쟁에서 모두 패배하고, 죽임을 당한다. 이에 분노한 티아맛은 젊은 신들과 전면 전쟁에 나서게 되지만, 젊은 신의 대표 마르둑(Marduk)에게 패배하고 만다. 오른쪽 벽화에서는 남성신 마르둑이 번개를 가지고 티아맛을 살해하는 장면이 묘사되어 있다. 마르둑은 티아맛의 시체를 찢어서 우주를 창조한다. 그리고 티아맛의 킹구의 피를 진흙과 섞어서 인간을 만든다. 우주와 인간의 창조 방식이 굉장히 잔인하게 묘사된다. 티아맛의 시체를 찢어서 우주를 만들었다는 것에서 고대 바벨론 사람들의 부정적 우주관과 자연관을 엿볼 수 있다. 우주와 자연은 인간이 범접할 수 없는 무시무시한 것이라는 인식이 반영되어 있다. 또 신의 노예로 삼기 위해, 킹구의 피와 진흙으로 인간을 창조했다는 이야기는 부정적인 인간관을 반영한다. 티아맛을 제거한 마르둑의 이야기가 담고 있는 에뉴마 엘리쉬는, 농촌을 기반한 모계사회가 도시를 기반한 남성적 부계사회에 의해 해체되었다는 것을 상징적으로 보여준다.

바벨탑과 지구라트

우르에서 발견된 지구라트

옆의 사진은 고고학자들이 아브라함의 고향 우르(Ur)에서 발견한 고대 바벨론의 지구라트(Ziggurat)라는 제단이다. 고대 바벨론 사람들은 지구라트 위에서 마르둑에게 제사를 지냈는데, 고고학자들은 이 지구라트가 바벨탑의 원형이라고 주장하기도 한다. 창세기 11장에는 바벨탑 이야기가 기록되어 있다. 에덴동산에 쫓겨난 아담의 후손들이 신에게 도전하기 위해 거대한 탑을 건설한다. 인간의 오만한 문명을 경고하기 위해 신은 인간의 언어소통을 방해하여 탑 건설이 실패로 돌아갔다는 이야기이다. 바벨탑 이야기는 오만한 인간 문명에 대한 경고의 메시지로 읽힐 수 있다.

위 그림은 피터 브뤼겔이 16세기에 그린 바벨탑의 모습인데, 신과 자연을 거스르는 오만한 인간문명의 비극

Pieter Brueghel the Elder, The Tower Babel, 1563

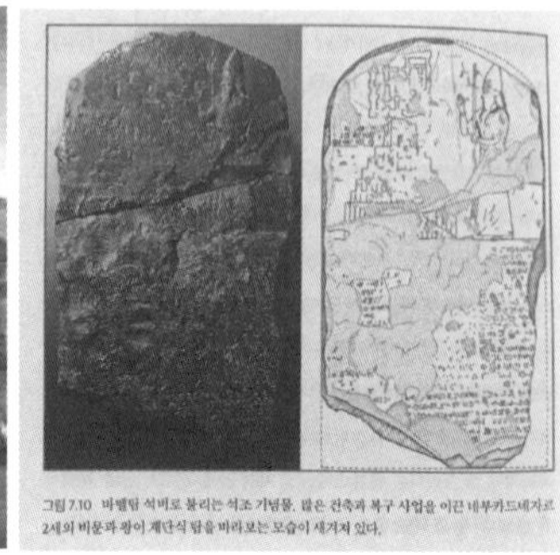

적 운명을 상징적으로 보여주고 있다. 오랫동안 사람들은 바벨탑이 그냥 전설적인 이야기라고 생각했다. 그런데 얼마 전에 바벨탑 석비가 발견되어 화제가 되었다. 위의 탁본 오른쪽을 자세히 보면 거대한 인물이 서 있다. 바벨론의 왕, 마네부카드네자르 2세이다. 그는 7층으로 된 바벨탑을 건설한 인물로 알려져 있다. 왼편에는 수메르 문자로 "에 테멘 앙기", 즉 "하늘과 땅의 기초가 되는 집"이라고 쓰여 있다. 바벨탑의 최상층부는 바벨론의 주신, 마르둑의 신전이었다. 그리고 수메르어로, "카 딩기 라키"라고 쓰여 있는데, 이 문장은 바벨탑을 지칭한다. 이 석비는 창세기 11장에 등장하는 바벨탑 이야기가 바벨론의 마르둑 신화와 밀접한 관련이 있다는 사실을 보여준다. 이처럼 창세기에 등장하는 이야기들은 고대 근동국가들의 신화와 역사, 그리고 문화와 밀접하게 교류하면서 형성된 이야기들이라는 것을 알 수 있다.

이집트의 창조신화

고대 이집트의 창조 신화를 표현한 고대 벽화

고대 근동의 창조신화들은 다신교를 배경으로 하고 있다. 에뉴마 엘리쉬뿐만 아니라, 이집트의 창조신화도 다신교를 배경으로 한다. 고대 이집트 신화에 따르면 '누트'라는 하늘신(남성신)과 '게브'라는 땅의 신(여성신)이

교접해서 만물을 낳았다고 한다. 왼편 그림을 보면, 위에 엎드려 있는 신이 누트이고, 땅에 누워있는 신이 게브이다.

아래 그림은 이집트 신화에 등장하는 다양한 신들의 모습이다. 왼쪽에서 두번째, 머리에 태양을 달고 있는 신이 태양신, '라'(La)이다. 고대 이집트의 통치자, 파라오가 '라'의 아들로 간주 되었다는 것은 널리 알려져 있다. 그리고 4, 5번째는 오시리스와 이시스라는 부부신인데, 살해당한 남편 오시리스를 부활시킨 여신이 바로 이시스이다.

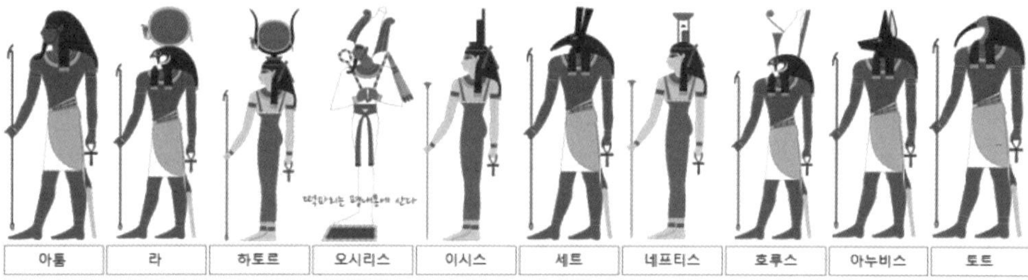

고대 이집트 신화에 등장하는 주요한 신들

기독교의 부활사상은 독자적인 것이 아니라, 일찍이 고대 이집트인들도 지니고 있었던 사후세계와 관련된 보편적 관념이었다. 이집트인들이 미이라를 만드는 것도 죽음 이후의 내세를 믿었다는 증거라고 볼 수 있다. 죽음의 세계를 지배하는 신이 오시리스였고, 그의 아내이자 누이였던 이시스는 죽음을 자유롭게 통제하는 힘을 부여받은 생명을 관장하는 여신으로 간주되었다. 아래 그림은 죽은 사람의 미이라 속에 내세 여행을 위한 일종의 죽음 안내서인 <사자의 서, the book of the dead>에 등장하는 내용을 그려 놓은 것이다. 몇 년 전에 개봉한 <신과 함께>라는 영화에서도 망자가 사후세계를 안내자와 함께 여행하는 모습을 볼 수 있었다. 이와 유사한 생각을 <사자의 서>에서도 확인할 수 있다. 고대 이집트인들은 사람이 죽으면 그 영혼이 오시리스 앞에서 심판받는다고 생각했다고 한다. 아래 그림을 보면 죽음의 사자가 죽은 사람의 영혼을 심판하고, 그 영혼의 무게를 달아보는 장면이 등장한다.

오른쪽 끝에 흰 옷을 입고 왕좌에 앉아 있는 인물이 바로 이집트의 저승 사자, 오시리스이다. 그리고 중간에 따오기 머리를 한 토트가 죽은 자의 심장을 천칭에 달고 있다. 천칭의 오른쪽에는 죽은 자의 심장이, 그리고 반대편에는 진리와 지혜를 상징하는 타조 깃털이 올려져 있다. 만일 죽은 자의 심장이 반대편의 타조 깃털보다 가볍다면 그는 내세에 들어갈 자격이 있는 자로 인정된다. 그러나 그 반대일 경우 오시리스의 심판을 받게 된다. 훗날 기독교에서는 죽은 자의 심판을 오시리스가 아니라, 부활한 예수로 교체되고, 죽은 자의 구원 여부는 마아트(*maat*, 진리 혹은 지혜)가 아니라 믿음(faith)이라는 항목으로 변경된다.

고대 이집트의 사후세계의 심판을 묘사하는 벽화

고대 이집트인들은 다양한 신들을 숭배했다. 그런데 주전 14세기에 아크나톤(Akhnaton)이라는 파라오가 등장해서 오직 태양신인 라(Ra)만을 숭배하는 일종의 유일신 혁명을 일으킨다. 아래 벽화에서 태양을 향해 두 손을 들고 있는 인물이 바로 아크나톤이다. 그러나 이크나톤이 죽은 후에 이집트는 사제들의 반발로 다시 다신교 숭배로 돌아간다. 심리학자 프로이트(Sigmund Freud, 1856-1939)는 여든세 살에 출판한『모세와 일신교』라는 책에서 아크나톤의 종교개혁과 관련된 흥미로운 주장을 한다. 유대교의 창립자, 모세가 바로 아크나톤의 태양신 사제였다는 것이다. 프로이트에 따르면, 모세는 히브리인들을 이집트에서 해방시키고, 태양신 숭배라는 일신론적 종교로 개종시키려고 했지만 결국 살해당했다고 한다.

아크나톤의 태양신 숭배를 묘사한 벽화

모세가 살해된 후 몇 세대가 지나고 양심의 가책을 느낀 히브리 사람들이 새롭게 지도자로 선출된 인물에게 모세라는 이름을 부여했고, 새로운 지도자가 제2의 모세가 되어서 야웨 종교, 즉 유대교를 수립했다는 것이다. 이러한 프로이트의 주장은 아버지 살해라는 오이디푸스 콤플렉스를 모세의 이야기에 투영시킨 것처럼 보인다. 종교학자들과 성서학자들은 이러한 프로이트의 주장을 받아들이지는 않지만, 태양신 숭배가 고대 이집트에서 매우 중요한 역할을 했다는 것은 인정하고 있다.

이집트의 태양신 숭배가 이집트를 탈출한 히브리인들의 유일신 사상과 어떤 관련성에 있는지에 대해서는 논란의 여지가 많다. 세상의 기원에 대해서 다루고 있는 성서의 창세기에는 유일신이 단독으로 이 세상을 창조한 것으로 서술되어 있다. 그런데 흥미로운 것은 지혜문학에 해당하는 잠언이라는 책에서 히브리인들의 신이 '지혜'(히브리어로 호크마)와 파트너십을 이루면서 세상을 창조했다는 이야기가 등장한다. 잠언에 등장하는 지혜라는 개념은 고대 이집트에서 유래한 것으로 학자들은 추정한다. 기원전 10세기 솔로몬은 활발한 외교정책을 수행하는 과정에서 고대 이집트의 지혜 사상을 받아들였다는 것이다. 솔로몬이 지혜의 왕으로 불리는 것도 이 때문이라고 한다. 고대 이집트 신들 중에 지혜의 여신으로 간주 되는 것이 바로 마아트(*Maat*)라는 여신이다. 아래 그림에서 왼쪽에 날개를 펼치고 있는 여신이 지혜의 여신 마아트이고, 오른쪽에 앉아 있는 인물이 이시스이다. 이시스는 살해당한 자신의 남편 오시리스를 나일강에서 부활시킨 장본인이다. 흥미로운 것은 고대세계에서 지혜의 신은 모두 여성으로 묘사된다는 점이다. 예를 들어 고대 그리스의 지혜의 여신, 아테나(Athena)도 여성으로 묘사된다. 서양인들은 지혜를 소피아(sophia)라고 하는데, 소피아는 여성형 명사이다. 왜 고대인들은 지혜를 여성으로 의인화한 것일까?

아마도 파괴와 폭력으로 점철된 남성의 문화보다는 조화와 질서를 추구하는 여성적 삶이 지혜로운 세상을 만들 수 있다는 깨달음 때문이지 않았을까?! 노자의 <도덕경>에서도 가장 지혜로운 삶은 물과 같이 다투지 않고 조화롭게 아래로 흐르는 삶이라고 말하고 있다.

고대 이집트 벽화에 나타난 마아트와 이시스

그리스의 창조신화

이제 이집트와 더불어 고대 지중해 문명을 지배한 그리스 사람들의 창조이야기를 살펴보자. 사실 우리가 알고 있는 그리스 신화는 그리스인들의 독창적인 상상력에서 나온 것만이 아니다. 그리스의 신화나 문명은 고대 이집트로부터 커다란 영향을 받았다. 그리스의 역사가 헤로도토스(484-425 B. C.)의 기록에서도 알 수 있듯이 고대 지중해 세계에서 이집트의 문명은 실로 대단한 것이었다. 아래 그림에서 볼 수 있듯이 고대 이집트 여신 '네이트'와 그리스의 아테나이 여신이 닮아있다. 미국 코넬대학의 마틴 버날 교수는 최근에 『블랙 아테나』라는 책을 출판했는데, 그는 이 책에서 그리스의 문명과 종교가 이집트로부터 커다란 영향을 받았다는 사실을 입증하려고 시도한다.

이집트 네이트 여신

그리스 아테나상

Raffaello, The School of Athens, 1509-1511

르네상스 3대 화가 중 하나인 라파엘(Raffaello Sanzio, 1483-1520)이 그린 <아테네 학당>이라는 유명한 그림이 있다. 이 그림 속에는 수많은 그리스의 철학자와 수학자, 천문학자들이 등장하는데, 정 중앙에 있는 플라톤은 손가락으로 하늘을 가리키고 있고, 그 옆의 아리스토텔레스는 땅을 가리키고 있다. 학당의 기둥 오른편에는 아폴론이 왼편에는 창과 방패를 들고 있는 아테나 여신이 조각되어 있다. 그리스 사람들이 숭배하는 올림푸스 산의 12명의 신들 중에서 학문과 관련 있는 두 명의 신을 조각해 놓은 것이다.

고대 그리스 사람들은 신들의 가계도를 인간의 가계도와 유사하게 상상했는데, 올림푸스의 12신들은 모두 같은 뿌리를 지닌 형제와 자매, 그리고 그들의 자식으로 구성되어 있다. 고대 그리스 사람들은 인간과 유사한 성정을 지닌 신들을 상상했다. 이것을 종교학에서는 신인동형론(anthropomorphism)이라고 부른다. 즉 인간들은 자신과 매우 유사하게 신의 이미지를 상상했다는 것이다. 그런데 유대교와 기독교, 그리고 이슬람에서는 신의 모습을 인간의 이미지로 표현하는 것을 철저하게 금지했다. 모세가 시내산에서 받은 십계명의 두 번째 계명은 신들의 형상을 우상으로 간주하고 있다.

그렇다면 고대 그리스 사람들은 우주의 탄생과 기원을 어떻게 생각했을까? 이에 대해서는 플라톤이 남긴 『티마이오스, *Timaios*』라는 저서에서 찾아볼 수 있다. 기원전 4세기에 들어서면서 그리스의 자연철학자들은 신화를 비판하고, 합리적인 방식으로 우주의 탄생과 기원을 설명하려고 시도한다. 티마이오스에 따르면, 우주에는 보이지 않는 영역과 보이는 영역이 있었다고 한다. 즉, 가시적인 물리적 영역과 그 물리적 영역의 배후에 보이지 않는 영역이 존재했다고 이야기한다. 예를 들어, <아테나 학당>에서 플라톤이 손으로 하늘을 가리키고 있는데, 진정한 실체는 하늘에 있는 이데아라는 것이다. 플라톤의 '동굴의 우화'는 이 세상에서 눈에 보이는 것들은 이데아의 그림자에 불과하다는 것을 암시한다. 따라서 이 세상의 물질계는 이데아(Idea)보다 하등한 것이다. 티마이오스에 따르면, 이 세상에 존재하는 물질적인 것들은 데미우르고스(Demiurgos)라는 하등신이 창조했다. 아래쪽 그림이 데미우르고스의 모습인데, 그는 불, 공기, 물, 흙과 같은 네 가지 원소로 세상을 창조한다. 그리고 세계영혼을 주입해서 지구와 별들이 움직이게 만들었다. 또한, 밤하늘의 별들이 운동하는 것은 그 속에 세계영혼이 있기 때문이다. 다시 말해 세계영혼은 생명과 운동의 원리를 관장한다는 것이다.

데미우르고스는 이 세계영혼으로 인간의 영혼을 창조하고, 그것을 별 안에 두었다고 한다. 흥미로운 점은 이러한 우주관이 서양의 점성술을 발전시켰으며, 별의 운동과 인간의 운명이 연결되어 있다는 유기적인 우주관을 형성한다. 성서에도 점성술과 관련된 이야기가 많이 등장한다. 가령, 예수가 탄생할 때 동방박사들이 별을 보고 베들레헴으로 예수를 찾아온다. 고대 유대인들은 천사들을 별과 연관시켰는데, 타락한 천사를 라틴말로 루시퍼(Lucifer)라고 부른다. 루시퍼라는 말은 '떨어진 별(falling star)'이라는 뜻이다. 티마이오스에 따르면, 별들의 신이 인간을 창조하는데, 남성의 몸에는 영혼을 넣었지만, 여성의 몸에는 영혼을 넣지 않았고 한다. 여기서 고대 그리스 사람들의 가부장적 사고방식을 엿볼 수 있다. 고대 그리스의 도시국가들은 수많은 전쟁을 통해 국가의 부를 축적하는 상무사회였기 때문에 건장한 남성이 중요했다. 이 때문에 여성은 남성의 종속적인 존재로 간주 되었고, 고대 신화도 이것을 합리화하는 이야기를 생산한 것이다.

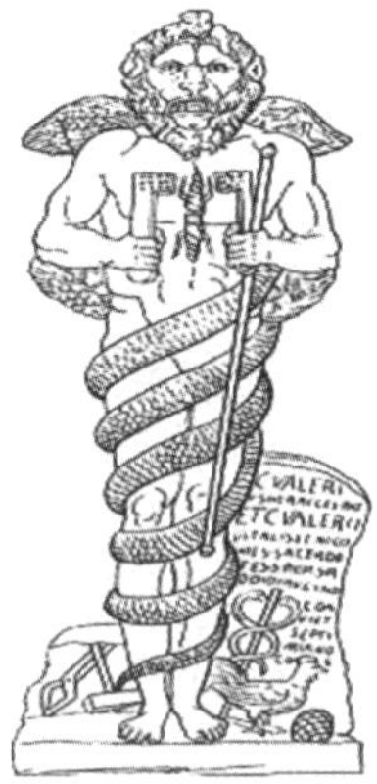

히브리의 창조신화

지금까지 고대 근동의 바벨론과 이집트, 그리고 그리스의 창조신화를 간략하게 살펴보았다. 그렇다면 성서의 창세기 1장부터 2장에 등장하는 창조 이야기와는 이들 신화는 어떤 유사점과 차이점이 있을까? 바벨론의 창조신화, <에누마 엘리쉬>는 신들의 전쟁으로 인해 혼란스럽게 우주가 창조됐다고 이야기한다. 이에 비해 창세기는 엘로힘(Elohim,영어로 gods)이라는 신이 6일 동안 질서 있게 세상을 창조했다고 고백한다. 또한, 고대 근동의 창조신화가 어떻게(how)라는 관점에서 우주와 인간의 창조를 말하고 있다면, 창세기는 누구(who)라는 관점에서 창조 이야기를 서술하고 있다. 즉 태초에 '엘로힘'이라는 신이 우주를 창조했다는 진술의 이면에는 인간과 인격적으로 교류하는 신이 우주와 자연을 창조했기 때문에, 인간은 자연을 통해 신의 손길을 느낄 수 있다는 의미가 자리하고 있다. 고대 유대인들의 찬송가 가사집인 시편 8편과 104편에서는 인간이 우주와 자연을 통해 신의 섭리를 느낄 수 있다고 노래한다. "하늘은 하나님의 영광을 드러내고, 창공은 그의 솜씨를 알려준다."

고대 근동과 그리스의 창조신화는 자연을 신성화한다. 다시 말해 자연은 인간이 관여할 수 없는 두려운 존재라는 것이다. 이에 비해 창세기는 자연은 신의 피조물이고, 인간도 신의 피조물이라는 사실을 강조한다. 다시말해 자연 자체가 신이 아니라, 신의 피조물이라는 것이다. 따라서 인간은 자연과 교류하고 자연을 이용할 수 있다는 생각이 반영되어 있다. 이 때문에 창세기는 인간을 자연의 청지기로 간주하는데, 즉 인간은 자연과 더불어 자연을 가꾸고, 소중히 지켜야 할 소명을 지니고 있다는 것이다.

고대 근동의 신화들은 인간을 신의 종속적인 존재로 간주한다. 그러나 창세기는 인간을 신의 형상으로 창조했다고 기록한다. "하나님이 당신의 형상대로 사람을 창조하셨으니, 곧 하나님의 형상(image of God)대로 사람을 창조하셨다"(창 1:27). 이 말은 인간의 외형이 신을 닮았다는 뜻이 아니라, 인간은 본질적이고, 존재론적 차원에서 신을 닮았다는 것을 의미한다. '하나님의 형상'이라는 말은 라틴어로 이마고 데이(*imago Dei*)라고 한다. 이 말은 인간 안에는 신성(divinity)이 있다는 뜻이다. 이 때문에 인간을 해치거나 살해한다는 것은 신의 형상을 모욕하는 것이다. 이 때문에 모세의 십계명에도 "살인하지 말라"는 계명이 명시되어 있다. 예수는 심지어 이웃을 욕하는 행위도 신을 모욕하는 것이라고 가르친다. 이처럼 창세기의 인간 창조이야기에는 인간의 선천적 존엄성을 강조하고 있다. 히브리 성서에 등장하는 야웨는 인간과 계약을 맺는 신이다. 즉 인간을 자신과 동등한 권리와 의무를 지닌 계약상대자로 인정한다. 고대근동과 그리스의 신들은 인간들에게 일방적인 명령과 복종을 요구한다. 그런데 유대인들의 신, '야웨' 하나님(Yahweh God)은 히브리 사람들을 계약의 상대자로 부르며 인정한다 (참고: 고대 유대인들이 숭배하는 유일신의 이름은 야웨이다. 그러나 신의 이름을 부르는 것을 불경하게 여긴 유대인들은 야웨라는 이름 대신 adonai라고 불렀는데, 이는 나의 '주님'이라는 뜻이다. 창세기 1장에 등장하는 엘로힘이라는 영어로 소문자 gods를 의미할 뿐, 실질적인 이름이 아니다). 창세기에 등장하는 노아와 아브라함은 야웨와 계약을 체결한다. 다음에 살펴볼 모세도 이집트를 탈출한 다음에 히브리 사람들을 대표하여 야웨와 계약을 맺는데, 그 계약의 징표가 십계명이라고 할 수 있다. 신구약성서 전체를 관통하는 핵심적인 키워드가 계약 (covenant)이라고 할 수 있는데, 구약, 신약성서할 때 사용하는 영어의 testament라는 말도 계약의 의미가 있다. 즉 구약(舊約)은 오래된 계약, 신약(新約)은 새로운 계약이라는 뜻이다.

그럼, 창세기 1장에서 2장에 등장하는 이야기들이 무엇을 의미하는지 살펴보자. 히브리성서의 첫 번째 책, 창세기는 이렇게 시작된다. "태초에 하나님이 천지를 창조하셨다." 이 문장에서 가장 중요한 단어는 무엇일까? 하나님이라는 번역된 엘로힘(*Elohim*)이라는 단어라 할 수 있다. 고대 히브리 사람들은 세상은 창조주(creator), 엘로힘의 산물이라고 고백했다. 그리고 창세기 1장 3절에서 엘로힘이 세상을 '말씀'으로 창조했다는 사실을 강조한다. 말씀은 그리스말로 로고스(*logos*)라고 한다. 신약성서에 있는 요한복음은 예수를 로고스라고 표현하는데, 예수는 말씀으로 하나님 나라를 선포한다. 여기서 우리는 고대 유대인들의 사고방식을 엿볼 수 있는데, 바로 언어의 중요성이다. 이들은 신의 말씀을 듣고 기록하는 히브리 성서라는 매체를 생산하였다. 이러한 전통이 기독교까지 계승되면서 복음(福音, Good News) 즉, 신의 기쁜 소식을 전파하게 된다. 따라서 유대교와 기독교는 신의 말씀을 듣고, 전파하는 청각적 매개를 매우 중요하게 생각한다. 이 때문에 기독교는 서양의 소리

문화에 중요한 기여를 한다. 가령, 중세부터 시작된 성가, 그레고리안 찬송가는 서양음악의 모태가 된다. 창세기에서 엘로힘은 소리로 명령하면서 세상 만물을 하나씩 창조한다. 빛, 물, 땅과 바다, 풀과 채소, 별, 동물, 그리고 마지막 여섯 번째 날에 인간을 창조한다. 창조의 맨 마지막 순간에 인간을 창조한 것은 인간이 창조의 절정이라는 뜻이다. 이는 인간이 모든 창조물에 대한 책임적 존재라는 사실을 의미한다. 특이한 것은 창조주, 엘로힘의 어법인데, 창세기 1장에서는 "하나님이 이르시되…이 있으라 하사니…"라는 어투가 반복적으로 나타난다. 여기서 "…있으라"라는 표현은 일상 언어가 아닌, 고대 유대인들의 예배 양식에서 나타나는 제의적 명령과 관련이 있다.

고대 유대인들은 새해가 시작되던 날 야웨 앞에서 새로운 날을 축하하기 위해 예루살렘 성전에 모여 신년 축제를 거행했다. 이때 대제사장이 백성을 대표해서 축문을 낭송했다. 이때 낭송한 것이 바로 창세기 1장에 등장하는 창조 이야기인데, 이는 시간을 비롯한 세상의 모든 것들이 야웨의 창조물이라는, 피조물로서의 인간의 겸허한 신앙고백이라고 할 수 있다. 또 흥미로운 지점은 "보시기에 좋았다"라는 후렴구의 반복이다. 엘로힘은 세상 만물을 창조하는 순간마다 "보기에 좋았다"라는 찬탄을 한다. 이는 무슨 의미일까? 이 말은 세상의 창조물 속에 신의 선한 의지(good will)가 내재되어 있다는 고대 히브리 사람들의 자연관을 반영한 것이라고 해석할 수 있다. 다시말해 자연 안에 신의 섭리와 은총이 내재되어 있다는 뜻이다. 바벨론의 창조신화 <에누마 엘리쉬>는 죽은 신의 시체를 찢어서 우주를 만들었다고 이야기한다. 이러한 우주가 아름답고, 선하게 보일 수는 없을 것이다. 우주에 관한 두려움과 공포를 반영한 자연관이라고 할 수 있다. 그러나 이와 달리 창세기는 신의 선한 의지로 창조된 우주와 자연, 그리고 인간에 관한 긍정적인 생각을 보여주고 있다.

창세기의 선악과 이야기

Hheronimus Bosch, The Garden of Earthly Delights, c1500

Masaccio, The Explasion from the Garden of Eden, 1427-1428

창세기 1-2장에 등장하는 이야기 중에서 가장 유명한 것은 에덴동산의 이야기이다. 아래 왼쪽 그림은 15세기 플랑드르의 화가, 보쉬가 그린 에덴동산의 모습이다. 그림 왼쪽 하단에 선악과가 묘사되어 있다. 그 옆에 붉은 옷을 입은 하나님, 아담, 그리고 이브의 모습이 보인다. 창세기 1장 27절은 하나님이 자기의 형상대로 인간을 창조했다고 이야기한다. 에덴동산에서 아담에게는 모든 것들이 허용되었으나, 딱 한 가지, 선악과를 따먹는 것만 금지되었다. "동산에 있는 모든 나무의 열매는, 네가 먹고 싶은 대로 먹어라. 그러나 선악을 알게 하는 나무의 열매만은 먹어서는 안된다. 그것을 먹는 날에는, 너는 반드시 죽을 것이다."(창 2:16-17). 모든 문화에는 일종의 금기와 터부가 존재한다. 모든 문화권 안에는 공동체의 질서와 생존을 위해 종교적으로 포장된 금도가 있는 법이다. 그러나 아담은 금지된 일을 저지르고 만다. 결국, 아담과 이브는 에덴동산에 추방되고 한다. 이 장면을 15세기 이탈리아의 화가 마사초가 그렸다. 오른쪽 아래 그림에서 아담과 이브가 통곡하며 추방당하는 장면이다. 창세기 2장은 바로 이 같은 이야기로 구성되어 있는데, 신과 인간, 그리고 자연의 조화로운 세상이 어떻게 인간의 죄로 인해 파괴되는가를 상징적으로 서술하고 있다.

흥미로운 점은 아담과 이브의 추방 이유를 창세기 3장 22절은 다음과 같이 말하고 있다. "보아라, 이 사람이 우리 가운데 하나처럼, 선과 악을 알게 되었다. 이제 그가 손을 내밀어서, 생명나무의 열매까지 따서 먹고, 끝없이 살게 하여서는 안된다." 보쉬가 그린 에덴동산의 호수 위에 호리병처럼 생긴 것이 생명의 나무인데, 이 열매를 따먹고 아담이 영생을 얻을까봐 추방을 했다는 것이다. 이후 생명나무의 정체에 대해서 수많은 의견들이 분분하였다. 훗날 초기 기독교는 생명나무를 예수의 십자가를 상징하는 것으로 해석하기도 한다.

아담과 이브는 선악을 알게 하는 나무의 열매를 따 먹고 신의 소유를 사유화한다. 그런데 이들이 선악과를 따 먹고 맨 처음 벌어진 사태를 창세기 3장 7절은 이렇게 기록하고 있다. "그러자 두 사람의 눈이 밝아져서, 자기들이 벗은 몸인 것을 알고, 무화과나무 잎으로 치마를 엮어서, 몸을 가렸다." 여기서 "눈이 밝아졌다"는 것은 무슨 뜻일까? 심층심리학자들은 선악과 이야기를 인간의 인지발달에 관한 상징적인 이야기로 이해하기도 한다. 즉 눈이 밝아졌다는 것을 자아의 형성에 관한 상징적 표현으로 이해한다. 자아라는 것은 자신을 성찰할 수 있는 내 안의 또 다른 나가 형성되었다는 것을 의미한다. 인간은 자아가 있어야 자신을 대상화할 수 있다. 다시말해 수치심은 자아가 있어야 느낄 수 있는 감정이다. 아담과 이브가 선악과를 따 먹고 자신들이 벌거벗은 걸 인식했다는 것은 자아가 있어야 가능한 것이다. 인지발달 심리학에 따르면 유아들은 두 살 정도에 자아가 형성되기 시작한다고 한다. 이때부터 수치심을 느끼고 배변 활동을 하게 된다. 선악과 사건은 자아 형성과 관련된 상징적인 이야기로 읽힐 수 있다.

에덴동산은 일종의 유토피아적 영역이었다. 아담과 이브가 신의 명령을 지켰다면, 영원한 낙원에서 살 수 있었을 것이다. 그러나 인간은 신의 명령에 불복종했고, 그 대가를 치뤄야 했다. 에덴동산 이야기는 인간이 어떻게 죄를 짓고, 낙원을 상실하게 되었는가를 은유적으로 이야기하고 있다. 고대 유대인들은 선악과 이야기를 통해 어떻게 인간 세상에 죄와 죽음이 발생했는가를 신학적으로 설명하고 있는 것이다.

또한, 선악과 이야기는 인간이 어떻게 죄에 유혹될 수 있는가를 보여주는 심리 드라마이기도 하다. 이브가 먼저 금지된 것을 욕망하는데, 마치 현대인들이 광고의 유혹으로 자신에게 애초에 필요하지 않은 것을 욕망하는 것처럼, 뱀의 유혹에 넘어간다. 자본주의 시장의 광고는 뱀과 비슷한 방식으로 현대인들을 유혹한다. 불필요한 물건을 그럴듯하게 포장하면서 마치 그것을 소유하면 영원히 행복할 것처럼 시각적으로, 심리적으로 우리를 유혹한다. 그러나 막상 그것을 소유하면 기쁨은 일시적이고, 또 다른 상품을 향해 욕망의 촉수를 뻗치게 된다. 그러나 소유적 방식의 삶은 우리에게 영원한 기쁨을 제공하지 않는다. 왜냐하면 소유의 기쁨은 일시적이기 때문이다. 이브는 자신의 범죄를 깨닫고 공범을 찾아 나선다. 바로 남편 아담이다. 인간은 죄의식을 공유하고자 하는 습성이 있다. 자신의 잘못을 타인에게 전가하며, 죄의식을 경감시키기 위해서이다. 이브의 태도에서 우리는 이러한 인간의 보편적인 죄악된 모습을 발견하게 된다.

선악과 사건으로 이브와 아담 사이에는 지배 관계가 형성된다. 창세기 3장 16절은 다음과 같이 이야기한다. "네가 남편을 지배하려고 해도 남편이 너를 다스릴 것이다." 이브가 아담을 유혹한 결과 남편과 아내 사이에 불화가 발생하고 주종관계가 형성될 것이라는 말이다.

또한, 선악과 사건은 자연으로부터 인간의 소외를 유발하게 된다. 이제 인간은 열심히 노동을 해야만 자연으로부터 결실을 얻을 수 있게 된다. 에덴동산에서 추방당한 인간에게 이제 자연은 더이상 호의적이지 않다. 창세기 3장 17절에서 신은 아담에게 이렇게 경고한다. "네가 아내의 말을 듣고서, 내가 너에게 먹지 말라고 그 나무의 열매를 먹었으니, 이제 땅이 너 때문에 저주를 받을 것이다. 너는 죽는 날까지 수고를 하여야만, 땅에서 나는 것을 먹을 수 있을 것이다. 땅은 너에게 가시덤불과 엉겅퀴를 낼 것이다." 그리고 죄의 결과로 죽음을 맞이할 거라고 경고한다. 고대 유대인들은 인간이 죽는 것은 죄의 결과로 인한 것이라고 생각했다. 죄를 히브리어로는 하타(חטאה), 헬라어로는 하마르티아(hamartia)라고 하는데, 과녁을 빗나갔다는 뜻이다. 즉, 죄라는 것은 신이 인간에게 기대했던 것으로부터 벗어난 것을 의미한다고 볼 수 있다. 선악과 이야기는 창조질서에 대한 인간의 반역을 상징적으로 보여준 사건이라고 할 수 있을 것이다.

에덴동산에서 신은 인간에게 자연의 관리자와 청지기로 활동하기를 기대했다. 창세기 1장 28절은 다음과 같이 이야기한다. "하나님이 그들에게 복을 베푸셨다. 하나님이 그들에게 말씀하시기를 "생육하고 번성하여 땅에 충만하여라. 땅을 정복하라, 바다의 고기와 공중의 새와 땅 위에서 살아 움직이는 모든 생물을 다스려라." 이 구절은 자연에 대한 인간의 사명을 상징적으로 명시한 구절이라고 할 수 있다. 그런데 서구 기독교 역사는 이 말씀의 의미를 잘못 해석했다. 즉 인간의 자연착취를 합리화하는 말씀으로 생각했던 것이다. 사실 17세기부터 영어성경에는 이 구절이 정복과 지배의 의미로 번역되었다. 가령 17세기 영국의 왕 제임스 1세가 후원한 영어성서는 땅을 정복(subdue)하고 생물을 지배(dominion over)하라고 번역하였다.

1970년대 환경학자 린 화이트(Linn White)는 창세기 1장 28절 때문에 서구 사회가 자연을 착취하는 인간중심적 세계관을 갖게 됐다고 비판했다. 그런데 성서학자들은 이 구절이 인간의 자연착취를 합리화하는 메시지로 이해될 수 없다는 사실을 발견한다. 정복과 다스림으로 번역된 히브리어, '라다흐(*radah*)'와 '카바스(*kabash*)'라는 단어는 원래 정복과 지배를 뜻한다기 보다는 '돌본다', '평화적으로 섬긴다'라는 의미를 가지고 있다고 한다. 따라서 이 구절들은 자연에 대한 인간의 청지기적 사명을 명시한 구절이지, 자연을 욕망대로 다스린다는 의미가 아닌 것이다. 신구약성서는 폭력적 힘에 의한 다스림을 거부한다. 사랑과 평화, 그리고 정의를 섬기는 것을 강조한다. 성서는 기본적으로 사회적 약자의 고통에 민감하게 반응하는 신을 고백한다. 고대 히브리 사람들은 이집트와 바벨론의 정복과 지배로부터 고통을 당한 역사적 경험이 있었고, 히브리 예언자들은 이러한 고통을 승화하여 사랑과 평화, 그리고 정의로 다스리는 야웨의 통치를 꿈꾸었다. 훗날 이러한 예언자들의 정신을 계승한 예수는 제자들에게 "누구든지 높은 사람이 되고자 하는 사람은 남을 섬기는 사람이 되어야 한다"고 가르쳤다 (마가 10:44).

창세기 1-2장의 이야기는 기후변화의 시대에 살고 있는 현대인들에게 시사하는 점들이 많다. 고대 유대인들은 신이 창조한 우주와 자연, 그리고 인간들이 조화롭게 살아가는 상태를 평화라고 생각했다 (히브리 말로 평화를 샬롬(*shalom*)이라고 하는데, 이는 소극적인 평화가 아니라, 적극적이고 능동적인 평화의 실현을 의미한다). 이 때문에 예수도 산상설교(마태 5-7장)에서 평화를 만드는 사람들(peacemakers)이 하나님의 자녀라 일컬음을 받을 것이라고 가르친다 (마태 5:9). 그렇다면 창세기 1-3장에 등장하는 생태적 삶의 질서를 실현하고자 했던 역사 속의 인물들을 살펴보자.

생태적 삶을 실천한 인물들

신약성서에 기록된 예수의 가르침은 생태적인 내용으로 가득하다. 가령 예수는 하나님 나라의 비밀을 자연물에 종종 비유했다. 제자들에게 하나님 나라는 마치 겨자씨와 같다고 가르치기도 했고, 밭에 뿌려진 씨앗과도 같다고 말씀했다. 마태복음 13장에서 예수는 좋은 땅에 뿌려진 씨가 30배, 60배, 100배의 결실을 맺듯이, 좋은 마음에 뿌려진 진리의 씨앗은 전혀 예상치 못한 거대한 결실을 가져와서 모든 사람에게 유익을 끼친다고 가르친다. 또 예수는 제자들에게 들에 핀 백합화와 하늘을 나는 작은 새들이 솔로몬의 영화보다 더 많은 신의 축복을 받는다고 말씀한다. 이처럼 예수는 자연에 깃든 창조질서에 따라 살아가는 삶의 가치를 아는 분이었다. 한편 1세기 로마 제국의 주요 도시들에 예수를 그리스도(구원자)로 전파한 인물, 바울은 로마교회에 보내는 편지에서 인간의 죄악으로 인해 자연도 파멸의 고통을 당하고 있다고 말한다. "나는, 현재 우리가 겪는 고난은, 장치 우리에게 나타날 영광에 견주면, 아무것도 아니라고 생각합니다...피조물도 사멸의 종살이에서 해방되어서, 하나님의 자녀가 누릴 영광된 자유를 얻는다는 것입니다. 우리는 모든 피조물이 이제까지 함께 신음하며, 해산의 고통을 함께 겪고 있다는 것을 압니다" (로마서 8:18-22). 이는 바울이 예수처럼 인간의 탐욕으로 인해 고통받는 자연과 공감하는 생태적 영성(ecological spirituality)을 지닌 인물이었다는 것을 보여준다.

기독교 역사에서 생태적 영성을 자신의 삶 속에서 가장 잘 실현한 인물은, 아마도 13세기에 이탈리아에 실존했던 아시시 출신의 프란치스코(1226-1230)일 것이다. 그는 젊은 시절 전쟁터에 나갔다가 목숨을 잃을 뻔한 경험을 하고 나서, 아버지의 재산을 포기하고 탁발 수도사가 된다. 이후 프란치스코는 예수의 자발적 가난을 실천하며, 전쟁과 가난으로 길을 잃은 수많은 청년들에게 진정한 삶의 가치를 몸소 보여주었다. 또 프란치스코는 자신을 따르는 젊은이들을 위한 수도원을 인가받기 위해 로마의 교황을 찾아갔는데, 남루한 그의 행색을 보고 문지기가 그의 출입을 막아섰다. 그때 인노첸시오 3세 교황은 낮잠을 자고 있었는데, 꿈속에서 로마 교황청이 무너지는 것을 보게 된다. 그런데 남루한 복장을 한 수도사가 무너지는 교황청의 지붕을 자신의 어깨로 받쳐 드는 것이 아닌가! 놀라서 꿈에서 깨어난 교황은 문지기로부터 자신을 찾아온 탁발 수도승이 있다는 소식을 듣게 된다. 교황은 무언가 짚이는 게 있어서 알현을 승낙하는데, 자신을 찾아온 프란치스코의 모습이 꿈속에서 교황청을 구원한 인물과 똑같은 모습을 한 것을 보고 놀라게 된다. 그리고 기꺼이 프란치스코의 수도원 설립 요청을 승인해 준다. 이 이야기를 14세기 이탈리아의 화가, 지오토(Giotto di Bondone, 1267-1337)는 벽화로 남겼다. 3단으로 되어 있는 그림의 첫 번째 그림을 자세히 살펴보면 프란치스코가 무너지는 교황청을 자신의 어깨로 받쳐드는 모습을 볼 수 있다. 중앙의 그림에는 프란치스코가 교황을 알현하는 장면, 그리고 마지막 장면에는 새들과 대화하는 프란치스코의 자연 친화적인 모습이 그려져 있다. 그가 지닌 생태적 영성이 새들과 대화하고, 늑대들도 순화시켰다는 전설을 남기게 된다. 프란치스코가 남긴 유명한 시 중에, 'Brother Sun, Sister Moon'이 있다. 이 시 속에서 그는 자연물을 자신의 형제자매처럼 노래한다. "오 아름다워라 저 하늘의 별들 형님인 태양과 누님인 달은/ 오 아름다워라 어머니신 땅과 과일과 꽃들 바람과 불/ 갖가지 생명 적시는 물결 이 모든 신비가 주 찬미 찬미로/ 사랑의 내 주님을 노래 부른다."

지오토가 프란치스코 성당에 그린 연작 벽화, 14세기

프란치스코를 둘러싼 수많은 신비로운 일 중에 가장 유명한 것은 스티그마(*stigma*)의 전설이다. 스티그마란 성흔, 즉 신비로운 상처라는 말인데, 프란치스코가 예수의 십자가 고난을 수없이 명상해서 그의 손과 발목에 예수처럼 못 자국이 새겨졌다는 전설이다. 타자의 고통에 깊이 공감할 수 있는 그의 능력이 이런 전설을 만들어 낸 것이라 생각된다. 아래 그림은 십자가를 묵상하면서 손과 발에 스티그마가 새겨지는 프란치스코를 16세기의 어느 무명의 화가가 그린 것이다.

화가미상, 프란체스코의 스티그마, 16세기

생태적 영성은 기독교 역사에서 존재한 것만이 아니었다. 19세기 서부개척시대 시애틀 추장은 땅을 팔라는 백악관의 요청을 거절하면서 다음과 같은 편지를 남겼다. "우리는 땅의 한 부분이고 땅은 우리의 한 부분이다… 개울과 강을 흐르는 이 반짝이는 물은 그저 물이 아니라 우리 조상들의 피다… 모든 짐승이 사라져 버린다면 인간은 영혼의 외로움으로 죽게 될 것이다… 땅이 인간에게 속한 것이 아니라 인간이 땅에 속한 것임을 우리는 알고 있다… 이 땅은 하느님에게 소중한 것이므로 땅을 해치는 것은 그 창조주에 대한 모욕이다." 북미 인디언들에게 자연과 땅을 인간이 소유한다는 개념이 없었다. 그들은 모든 땅은 공적인 것이고, 자연계의 모든 생명체들을 인간의 벗으로 생각했다. 제임스 카메론의 <아바타>에 등장하는 나비족들은 인디언들의 이러한 세계관을 반영하고 있다. 2017년 뉴질랜드의 지방의회는 인디언들의 생태적 자연관을 계승하여 세계 최초로 강에 인간의 지위를 부여했다. 마오리족은 수십년의 법적 투쟁을 통해 조상대대로 신성하게 여겼던 북섬의 황거누이강에 인간과 동등한 법적 권리와 책임을 부여하는 법안을 통과시켰다. 다시말해 이 강을 해치거나 더럽히면 사람에게 상해를 입힌 것과 똑같이 형사 처벌을 할 수 있는 법안을 만든 것이다.

히브리 성서의 레위기 25장 23절은 이렇게 말한다. "땅을 아주 팔지는 못한다. 땅은 나의 것이다. 너희는 다만 나그네이며, 나에게 와서 사는 임시 거주자일 뿐이다." 이러한 생각을 토지공개념으로 발전시킨 인물이, 19세기 미국의 경제학자, 헨리 조지(Henry Geoge, 1839-1897)였다. 그는 자신의 책, 『진보와 빈곤, 1879』에서 개인은 자신의 노동생산물을 사적으로 소유할 권리가 있는 반면, 사람이 창조하지 아니한 것 즉, 자연에 의해 주어지는 것(대표적으로 토지, 넓게 볼경우 환경 포함)은 모든 사람에게 공평하게 귀속된다고 주장했다. 그는 경제적 불평등을 초래하는 가장 큰 원인이 토지의 사적 소유라고 생각했다. 이러한 헨리 조지의 주장은 히브리 성서에 등장하는 희년(*Jubilee*)이라는 제도에 근거하고 있다. 희년이란 안식년이 7번째 돌아오는 49년 혹은 50년이 되는 해를 말하는데, 이때가 되면 모든 채무 관계가 변제되고, 노예가 해방되는 등, 불평등한 경제구조가 야웨의 이름으로 전복된다. 레위기 25:8-10절은 희년을 다음과 같이 기록한다.

안식년을 일곱 번 세어라. 칠 년이 일곱 번이면, 안식년이 일곱 번 지나, 사십구 년이 끝난다. 일곱째 달 열흘날은 속죄일이니, 너희는 뿔나팔을 크게 불어라. 나팔을 불어, 너희가 사는 온 땅에 울려 퍼지게 하여라. 너희는 오십 년이 시작되는 이 해를 거룩한 해로 정하고, 전국의 모든 거민에게 자유를 선포하여라. 이 해는 너희가 희년으로 누릴 해이다. 이 해는 너희가 유산, 곧 분배받은 땅으로 돌아가는 해이며, 저마다 가족에게로 돌아가는 해이다.

누가복음에서 예수는 자신이 바로 이러한 희년을 선포하러 왔다고 말한다.

주의 영이 내게 내리셨다. 주께서 내게 기름을 부으셔서, 가난한 사람들에게 기쁜 소식을 전하게 하셨다. 주께서 나를 보내셔서, 포로된 사람들에게 자유를, 눈먼 사람들에게 다시 보게 함을 선포하고, 억눌린 사람들을 풀어주고, 주의 은혜의 해(희년)를 선포하게 하셨다.(누가 4:18-19)

1886년 러시아의 문호, 톨스토이(Lev Tolstoy, 1828-1910)는 성서의 희년사상과 헨리 조지의 토지공개념을 형상화한 단편소설을 발표하게 되는데, 그것이 바로 <사람에게는 얼마만큼의 땅이 필요한가>라는 작품이다. 이 소설 속에서 농부 파홈(*Пахом*, Pahom)은 악마의 계략 때문에 필요이상의 땅을 소유하기 위해 탐욕을 부리다 비참한 최후를 맞게 된다. 톨스토이는 이 소설의 마지막 문장으로 다음과 같이 마무리한다. "농부가 차지할 수 있었던 땅은 그가 묻힌 3아르신(2미터) 크기만큼이었다."

톨스토이와 비슷한 시기에 미국 동부에서 생태적 삶의 실천을 보여준 인물이 있었는데, 바로 헨리 데이비드 소로(Henry David Thoreau, 1817-1862)이다. 그는 대학을 졸업한 후, 일정한 직업 없이, 측량 기사나 가정교사, 연필공장 노동자로 전전하다가 20대 후반에 콩코드 강 근처의 월든 호숫가로 들어가서 다섯 평짜리 오두막을 손수 짓고, 약 2년간 생태적 삶에 관한 실험을 한다. 소로는 월든 호숫가로 들어간 이유를 이렇게 말한다.

나는 숲으로 갔다. 온전히 내 뜻에 따라 살고, 삶의 본질적인 면에 부딪치고 싶었기 때문이다. 삶에서 배워야만 하는 것을 내가 배울 수 있는지 확인해 보고 싶은 마음도 있었다. 또 죽음을 맞게 됐을 때 지금껏 제대로 살지 않았다고 후회하고 싶지도 않았다. 나는 삶이 아닌 삶을 살고 싶지 않았다. 삶은 정말로 소중한 것이니까.

소로우는 하루 4-5 시간가량 노동을 하고, 나머지 시간은 자연을 관찰하면서 사색과 독서로 대부분의 시간을 보내면서 나중에 자신의 경험을 『월든, Walden, 1854』이라는 책으로 출판한다. 이 책은 오랫동안 대중에게 잊혔지만, 20세기 초반에 재평가를 받게 된다.

소로의 일생은 인습적 사회의 욕망과 불의한 국가권력에 저항했고, 자연과 인생의 진실을 파악하기 위해 바쳐진 과감하고 성스러운 실험의 연속이었다. 노예제도와 멕시코 전쟁에 항의하기 위해 홀로 월든 숲에 작은 오두막을 짓고 살면서, 인두세 납부 거부로 투옥을 당하기도 한다. 그는 노예해방운동에 헌신하기도 했다. 소로가 감옥에서 나온 후에 쓴 작은 에세이 <시민의 불복종>은 불의한 국가권력에 대한 시민의 저항권을 역설한 저술이었으며, 마하트마 간디의 인도 독립운동과 마틴 루터 킹 목사의 흑인 인권운동에도 심대한 영향을 주었다.

출애굽과 십계명의 의미

히브리 성서의 두 번째 책, 출애굽기는 이스라엘의 건국신화를 담고 있다. 이집트에서 노예살이 하던 아브라함의 후손들이 모세의 영도로, 어떻게 야웨 하나님의 도움으로 파라오의 손아귀에서 해방되었는지를 이야기하고 있다. 창세기에서 야웨 하나님이 창조주(Creator)의 모습을 보였다면, 출애굽기에서는 히브리 사람들을 압제자의 손에서 자유롭게 한 구원자(Redeemer)의 모습으로 묘사된다.

아래 그림은 1481년, 보티첼리와 3명의 화가가 교황 식스투스 4세의 요청으로 시스티나 성당에 그린 <모세의 생애>이다. 이 작품은 출애굽기 19-32

장에 기록된 이야기를 토대로 하고 있다. 이집트를 탈출한 히브리 사람들은 약속의 땅, 가나안에 곧장 들어가지 못하고 40년간 아라비아 광야에서 방황한다. 성서에서 40이라는 숫자는 고난을 통한 연단의 시기를 상징하는데, 훗날 예수도 메시아(Messiah, 구원자라는 히브리어)로서 사역을 시작하기 전에 40일 동안 광야에서 금식을 한다. 모세는 히브리 사람들이 가데스 바아냐라는 오아시스 지역에 머물렀을 때, 시내산으로 올라가서 야웨 하나님에게 자신들이 지켜야 할 열 가지 계명이 새겨진 십계명을 받게 된다. 십계명은 새로운 국가와 민족을 건설할 백성들에게 필요한 일종의 헌법과 같은 것이었다. 그런데 모세가 40일 동안 금식을 하고 십계명을 받아 시내산에서 내려왔을 때, 히브리 백성들은 황금

송아지라는 우상을 만들어 놓고 과거의 행태를 반복하고 있었다. 이 모습을 보고 화가 난 모세는 십계명을 집어 던진다. 이 이야기는 인간이 얼마나 과거의 악습에서 벗어나기 힘든지를 보여준다.

모세와 하나님의 이름

원래 모세는 히브리 노예의 아들이었다. 당시 이집트의 파라오는 히브리 노예들은 비돔과 라암셋이라는 나일강 삼각주 지대의 군대 요새를 만드는 곳에서 강제 노역을 시켰다. 당시 파라오는 히브리 노예 중에서 여자아이들은 살려주고, 남자아이들은 모두 학살하라는 일종의 유아 학살령을 내린다. 그러나 모세의 어머니는 차마 아들을 죽이지 못하고, 나일강의 갈대를 엮어서 바구니를 만들고, 그 안에 모세를 감춰서 나일강에 던져 버린다. 그런데 우연히 나일강에서 시녀들과 목욕을 하던 파라오의 딸들 중 하나가 이를 발견한다. 그리고 아기 모세를 자신의 아들로 입양하게 된다. 모세(Mose)라는 이름은 물에서 건졌다는 뜻이라고 한다. 고대의 신화 속 영웅들은 특별한 탄생설화를 지니고 있다. 우리나라의 건국신화에도 고주몽과 박혁거세가 독특한 출생의 비밀을 갖고 있다. 결국, 모세는 성장하고 나서 출생의 비밀을 깨닫게 되고, 자신이 히브리 노예 출신이라는 사실에 번민한다. 그러다 우연히 건설 현장에서 이집트 감독관이 히브리 노예를 학대하는 것을 보고, 말다툼을 벌이다가 결국, 격분한 모세는 감독관을 살해하게 된다. 자포자기한 모세는 사막으로 도망을 가고, 그곳에서 베두인 부족장의 딸과 결혼을 해서 어느덧 노년에 이르게 된다. 그러던 어느 날 잃어버린 양을 찾기 위해 호렙산으로 들어간 모세는 신비한 체험을 하게 된다. 그는 불타는 떨기나무 속에서 자신의 이름을 부르는 신의 목소리를 듣게 된다. "네가 서 있는 곳은 거룩한 땅이니, 너는 신을 벗으라."(출 3:5). 여기서 신발을 벗는다는 것은 절대자 앞에서의 인간의 겸손을 의미한다. 모세를 부른 신은 자신을 이렇게 소개한다.

"나는 너희 조상의 하나님, 곧 아브라함의 하나님, 이삭의 하나님, 야곱의 하나님이다."(출 3:6) 그리고 모세에게 이집트 땅에서 고통받고 학대당하는 히브리 사람들을 젖과 꿀이 흐르는 가나안 땅으로 데려가라고 명령한다. 신의 목소리를 들은 모세는 당황할 수밖에 없었다. 그는 "제가 무엇이라고, 감히 바로(파라오)에게 가서, 이스라엘 자손을 이집트에서 이끌어 내겠습니까?"라고 말하며, 신의 제안을 거절한다. 그러나 떨기나무에 나타난 신은 다시 모세를 종용한다. 그러자 모세는 자신을 부른 신의 이름을 묻는데, 신은 자신을 이렇게 소개한다. "나는 곧 나다."(출 3:14). 사실 이 구절의 히브리어 원문은 번역하기가 매우 어려운 문장이다. 영어 성경에는 'I am that I am'으로 번역되어 있는데, 히브리어로는 에히에 아쉐르 에히에(e-he-yeh a-sher e-he-yeh)이다. 야웨(יְהוָה, yahweh)라는 단어의 어원은 이 문장에서 기원한다.

그렇다면 출애굽기 3장 14절의 "나는 곧 나다"라는 말은 무슨 뜻일까? 가령 중세의 스콜라 철학은 아리스토텔레스의 관점에서 이 구절을 해석했습니다. 즉 "스스로 있는 자"라는 말은 원인이 없는 제 1원인이라는 것이다. 다시말해 우리의 존재원인은 부모님이다. 그리고 부모님의 존재 원인은 조부모이다. 이렇게 거슬러 올라가면 마지막 원인에 도달하게 되는데, 이것을 아리스토텔레스는 제 1원인이라고 하였다. 즉 야웨라는 신은 존재의 원인이 필요 없는 스스로 존재의 근원이라는 뜻을, 이 구절이 의미한다는 것이다.

God's Ineffable and Infinite Essence click

אֶהְיֶה	אֲשֶׁר	אֶהְיֶה	אֶל־מֹשֶׁה	אֱלֹהִים	וַיֹּאמֶר
e-he-yeh'	a-sher'	e-he-yeh'	el – mo-sheh'	e-lo-heem'	vai-yo'-mer
הָיָה - v "to be" qal impf 1cs □□□א "I AM" "I will be" אין סוף	אֲשֶׁר - rel pn "who, that, which, what, since"	הָיָה - v "to be" qal impf 1cs □□□א "I AM" "I will be" *paranomasia* הָיָה הוֶֹה וְיָבוֹא	אֶל - prep "to" מֹשֶׁה - n prop "Moses" son of Avram and Yocheved; fr> מָשָׁה v "draw out"	אֱלֹהִים - n mpl abs fr> אֱלוֹהַּ fr> אֵל - s "God" fr> אַיִל "ram"	□- pfx vav c אָמַר - v "speak, say, utter" qal impf 3ms □□□' I-א
I am	what	I am	to Moses	God	he said

God said to Moses: 'I am that I am.' (Exod. 3:14a)

ויאמר אלהים אל־משה
אהיה אשר אהיה

καὶ εἶπεν ὁ θεὸς πρὸς Μωυσῆν ἐγώ εἰμι ὁ ὤν (LXX)

hebrew4christians.com

야웨를 나타내는 히브리어 자음 4글자

한편 유대교의 전통적 해석에 따르면 ‘스스로 있는 자’라는 표현은 야웨가 유일신이라는 것을 나타내기 위한 것이라고 한다. 야웨라는 신의 이름은 히브리어 동사, 하야(הָיָה) 와 관련이 있는데, ‘살다’, ‘존재한다’는 뜻을 지니고 있다. 다시말해 야웨는 무엇에도 의존하지 않고 스스로 존재하는 신이라는 뜻을 지니고 있다는 것이다. 출애굽기 6장 3절에서 야웨는 자신을 다음과 같이 소개한다. “나는 아브라함과 이삭과 야곱에게 ‘전능한 하나님’(*El Shaddai*)으로는 나타났으나, 그들에게 나의 이름을 여호와(Yahweh)로는 알리지 않았다.” 이 말은 창세기 12장부터 등장하던 가나안의 족장들(아브라함, 이삭, 야곱)을 이끈 전능의 신(엘 샤다이)과 400년 후 히브리 사람들을 이집트에서 해방시킨 신(야웨)이 동일한 신이라는 것이다.

10가지 재앙과 유월절의 유래

야웨라는 신이 이집트의 다양한 신들보다 권위와 권능에 있어서 우위를 점한다는 사실은 모세가 파라오 앞에서 행한 10가지 재앙 이야기에서 드러난다 (출 7-11장). 호렙산에서 신의 소명을 받은 모세는 파라오를 찾아간다. 그리고 그를 보낸 야웨의 능력을 보여주기 위해 기적을 행사하기 시작한다. 첫 번째는 자신의 지팡이로 뱀을 만드는 기적이었다. 그러자 파라오의 궁중 마술사도 동일한 기적을 행사하자, 이때 모세의 뱀이 파라오의 뱀을 집어삼킨다. 이후 다양한 기적을 행사하지만 파라오의 의지는 꺾이지 않는다. 그러자 모세는 마지막 기적을 경고한다. “이집트 땅에 있는 처음 난 것이 모두 죽을 것이다. 임금의 자리에 앉은 바로의 맏아들을 비롯하여, 맷돌질하는 몸종의 맏아들과 모든 짐승의 맏배가 다 죽을 것이다. 이집트 온 땅에서, 이제까지 없었고, 앞으로도 없을, 큰 곡성이 들릴 것이다” (출 11:5-6). 그러나 모세의 경고를 파라오는 무시한다. 한편 모세는 마지막 재앙이 이집트 전역을 강타하기 전에, 히브리 사람들에게 이 재앙을 피할 수 있는 방법을 알려준다. 양의 피를 문설주에 바르면 죽음의 천사가 그 집은 스쳐 지나간다는 것이다. 유대인들의 명절 중에서 가장 큰 명절이 바로 이날을 기념하는 유월절이라고 한다. 유월절을 영어로 passover라고 하는데, 죽음의 천사가 위로 지나갔다는 뜻이다. 유대인들은 유월절이 되면 특별한 음식을 나눠 먹는다. 양고기와 누룩을 넣지 않은 빵, 쓴 나물을 먹는데, 이는 모두 이집트에서의 고통과 해방을 상기시키는 음식들이다. 훗날 예수도 유월절에 예루살렘을 방문해서 십자가 처형 전날 제자들과 유월절 음식을 나눠 먹는다. 유명한 다빈치의 <최후의 만찬>의 배경이 바로 유월절 만찬이다.

모세의 이야기 중에서 대중들에게 가장 잘 알려진 것은 기적적으로 홍해를 건넌 이야기일 것이다. 1950년대에 세실 드멜이 만든 <십계>라는 영화에는 이 장면이 스펙타클하게 재현되고 있다. 아래 장면 중앙에 지팡이를 들고 서 있는 사람이 모세이다. 바다(*Yam Suph*)를 건넜다는 것은, 야웨 하나님의 기적적인 도움으로 히브리 노예들이 이집트에서 해방됐다는 것을 의미한다. 즉 야웨 하나님만이 유일한 구원자라는 뜻이다. 이러한 고백은 히브리 성서를 관통하는 가장 중요한 신학사상이다. 가령, 가장 오래된 신앙고백문을 반영하고 있는 신명기 26장 7-8절에는 다음과 같은 구절이 있다. "우리가 주 우리 조상의 하나님께 살여 달라고 부르짖었더니...강한 손과 편 팔과 큰 위엄과 이적과 기사로, 우리를 이집트에서 인도하여 내시고..."

세실 B. 데밀이 1956년에 제작한 <십계>에 등장하는 홍해를 가르는 장면

비록 야웨의 기적으로 홍해를 건넜지만, 여전히 산적한 문제들이 남아 있었다. 즉 탈출한 수많은 히브리 사람들을 통제하고 이끌만한 규범과 법이 존재하지 않았던 것이다. 히브리 사람들은 여전히 이집트에서 살던 시절의 관습과 생각에서 벗어나지 못했다. 이에 모세는 야웨에게 새로운 법과 규범을 달라고 요청한다. 모세는 결국, 40일 동안 시내산에 머무르면서 십계명(Decalogue)을 받게 된다.

십계명과 함무라비 법전

십계명은 이집트를 탈출한 히브리 사람들이 구원받은 백성으로서 야웨와 맺는 계약적 성격이 강한 조문들로 구성되어 있다. 학자들은 십계명의 내용이 고대 근동, 특히 함무라비 법전과의 유사성에 주목한다. 예를 들어, '살인하지 말라', '도둑질하지 말라', '이웃의 물건을 훔치지 말라'라는 조항은 함무라비 법전에도 등장한다. 함무라비 법전은 주전 1750년경에 고(古) 바벨론 시기에 쐐기문자로 쓰여진 282개의 법률조항을 담고 있는 인류 최초의 성문법이다. 아래 사진은 파리의 루브르 박물관이 소장하고 있는 함무라비 법전의 모습이다. 남성의 성기 모양을 하고 있는데, 고대의 남근숭배 의식과 관련이 있다. 이 조각의 윗부분에는 함무라비 대왕이 태양신, 샤미쉬에게 법전을 건네받는 장면이 새겨져 있다. 고대근동 세계에서 법은 신으로부터 부여받은 신성한 것으로 간주 되었다. 함무라비 법이든, 십계명이든 모두 신으로부터 부여받은 것이기 때문에 절대적으로 지켜야 한다는 의미를 담고 있다. 이러한 생각은 법치국가를 주장하는 현대사회에서도 찾아볼 수 있다. 법정에서 법관들이 법의를 입고 방청객보다 높은 곳에서 재판에 임하는 것도 법이 신성하다는 것을 상징적으로 보여준다.

Rembraudt, 십계명을 깨뜨리는 모세, 1659

Chagall, 십계명을 깨뜨리는 모세, 1956

십계명과 모세의 이야기는 서양의 수많은 화가들의 상상력을 자극했다. 위 그림들은 렘브란트(1606-1669)와 샤갈(1887-1985)의 작품들인데, 시내산에서 40일간 고생하며 받은 십계명이 새겨진 돌판을 모세가 내던지는 장면이다. 왜 모세는 십계명이 새겨진 돌판을 던졌을까? 앞에서도 이야기했듯이 히브리 사람들의 우상숭배 때문이었다. 모세가 없는 동안 히브리 사람들은 여전히 과거 이집트에서 행했던 우상숭배의 습관을 버리지 않았다. 십계명의 두 번째 계명은 우상숭배를 철저히 배격한다. 이 때문에 히브리 사람들은 야웨의 형상을 눈에 보이는 가시적인 형태로 만들지 않았다. 이후 모세가 받은 십계명은 돌판에 새겨져 일종의 이동식 제단인 법궤에 보관되었다.

법궤와 인디아나 존스

법궤는 야웨의 임재를 상징하는 물건이었기 때문에, 매우 신성한 힘을 가진 것으로 간주되었다. 40년간 아라비아 광야를 방황하던 히브리 사람들은 장막이라는 곳에서 예배를 보았다. 영어로는 테버나클(tabernacle)이라고 하는데, 이집트 군대에 쫓겨 다니던 히브리 사람들은 고정된 장소에서 예배를 드릴 시간과 공간이 없었다. 그래서 안식일이 되면 이렇게 텐트를 치고 예배를 볼 수밖에 없었다. 장막은 임시 예배 처사라고 할 수 있다. 훗날 가나안에 정착하여 왕정을 수립한 후, 다윗 왕은 고정된 예배 장소를 물색하다가 예루살렘에 성전을 건축할 계획을 세운다. 결국, 다윗의 아들, 솔로몬이 아버지의 숙원사업인 성전을 건설하게 된다. 그러나 성전을 건설하기 이전 시기에는 장막 앞에 있는 재단에서 양을 도축해서 불에 태워 야웨에게 바쳤다. 그리고 장막의 가장 깊숙한 곳에는 법궤(Ark)라는 물건을 만들어 놓았다. 아카시아 나무에 황금을 칠한 법궤 뚜껑에는 케루빔(cherubim)이라는 고대 근동의 천사가 조각되어 있었다. 전설에 따르면 야웨는 두 명의 케루빔 사이에 불과 빛으로 나타났다고 한다. 즉, 법궤는 야웨가 임재하는 장소였다. 그리고 법궤 안에는 세 가지 신령한 물건이 들어 있었는데, 깨진 십계명 돌판과 만나(광야에서 굶주린 히브리인들에게 야웨가 준 음식), 그리고 아론의 지팡이였다. 모두 야웨의 권능과 기적을 상징하는 물건들이었다. 이런 점에서 법궤는 일종의 이동식 제단이라고 할 수 있다. 이집트 군대에 늘 쫓겨야만 했던 히브리 사람들의 현실을 보여주는 제의 용품이었다고 볼 수 있다. 한편 법궤는 야웨가 특정한 신전에 고착되어있는 신이 아니라, 끊임없이 운동하는 신(movement God)이라는 사실을 의미한다. 고인 물은 썩는다. 흐르는 물만이 썩지 않는다. 마찬가지로 새로운 시대에 맞춰 변화하지 않는 신앙, 고여 있는 신앙은 새로운 시대를 선도할 수 없다. 법궤는 야웨가 움직이는 신, 새로운 시대로 히브리 사람을 추동케 하는 신이라는 것을 상징적으로 보여준다. 훗날 다윗은 방치되어 있던 법궤를 자신의 사유지, 예루살렘으로 옮겨왔고, 솔로몬이 성전을 건축한 후

히브리인들이 광야에서 설치한 장막과 법궤

에는 가장 깊은 지성소에 법궤를 안치시킨다. 이 과정에서 법궤를 둘러싼 매우 신비한 전설들이 형성된다. 1981년, 스필버그 감독은 법궤를 소재로, 인디아나 존스라는 고고학자의 이야기를 다룬 <레이더스>를 제작하여 엄청난 흥행실적을 거두기도 했다.

모세가 시내산에서 받은 십계명은 모세오경(Pentateuch), 즉 토라(Torah)의 축소판이라 할 수 있는데요, 토라에는 수많은 야웨의 가르침이 등장한다. 이 수많은 조항들을 열 가지로 축약한 것이 십계명이라고 할 수 있다. 토라라는 말은 원래 야라(*yarah*) 즉, 하나님의 가르침(teaching)이라는 말에서 유래했다. 토라는 두 가지 내용을 특별히 강조하는데, 히브리 사람들을 이집트에서 구원해 주신 야웨 하나님에 대한 기억, 그리고 선택된 민족으로서의 정체성이다. 이스라엘 초등학교 교과서에는 "우리 조상들은 이집트의 노예들이었습니다."라는 내용이 등장한다. 그리고 탈무드에는 다음과 같은 말이 기록되어 있다고 한다. "망각은 우리를 파멸로 인도하지만, 기억은 우리를 구원으로 인도합니다." 토라는 고난과 수치로 점철된 이집트에서의 기억을 부끄러워하지 않고 후손들에게 전하고 있다. 진정한 역사의식은 고난에 관한 기억으로부터 형성된다는 것을 출애굽기는 보여준다.

스필버그가 제작한 <레이데스>의 법궤 장면

십계명의 의미

토라에는 모두 613개의 야웨의 명령이 등장하는데, 248개는 긍정명령, 즉 "…해라", 영어로 Do에 해당하는 율법규정이다. 나머지 365개의 계명은 "…하지 말라", Don't에 해당하는 부정 명령문이다. 이를 유대인들은 248개의 뼈마디를 가진 인간이, 365일 야웨 하나님의 명령을 지켜야 한다고 생각하며, 613개의 계명을 목숨처럼 준수한다. 움베르토 가스토는 십계명이 열 개인 이유가, 열 개의 손가락을 가진 인간이 반드시 지켜야 할 계명이기 때문이라고 주장한다. 토라는 내용적으로 크게 시민법(civil law)과 제사법(cultic law)으로 구성된다. 시민법은 구성원들 사이에서 지켜야 할 법들이다. 즉 살인 금지, 도둑질 금지 등과 같은 내용이다. 한편 제사법은 종교의식을 진행할 때 지켜야 할 종교적 규정들이다. 그 중에서 코셔(kosher)라는 음식법이 있는데, 즉 부정한 음식, 예를 들면, 돼지고기와 비늘이 없는 생선을 먹지 않는 종교적 관습법으로, 이슬람의 할랄법과 유사하다.

그렇다면 십계명은 단순히 수천 년 전 고대 유대인들의 종교적 계명에 불과할까? 십계명이 현대들에게 던지는 메시지는 무엇일까? 먼저, 십계명을 인간들이 반드시 지켜야 할 윤리로 생각하는 견해들이 존재한다. 그러나 십계명은 일방적인 도덕률이 아니다. 왜냐면 십계명은 계약적 성격을 지니고 있기 때문이다. 다시말해 십계명은 구원자, 야웨라는 신과 히브리 사람들의 상호의무와 권리를 전제하고 있다. 즉 십계명을 잘 지키면 약속의 땅과 후손을 주겠다고 야웨는 약속한다. 한편, 십계명을 율법으로 간주하는 주장들이 있었다. 즉 십계명이라는 율법을 통해 인간들이 죄를 인식하게 된다는 것이다. 이러한 주장은 십계명의 의미를 소극적 기능으로만, 즉 죄를 규정하는 수단으로만 이해하는 것이다. 그러나 십계명은 인간을 억압하고 구속하는 법률이 아니다. 노예살이하던 히브리 사람들을 이집트로부터 해방시킨 야웨 하나님이, 이들에게 자유를 부여하려고 내린 일종의 새로운 헌법이라고 볼 수 있다. 즉 십계명은 자유를 얻은 새로운 민족의 정체성을 상징하는 것으로 볼 수 있다. 마치 우리나라 헌법이, 3.1 독립운동의 정신과 민주주의를 수호한 4.19정신을 강조한 것과 유사하다고 할 수 있다.

십계명은 자유민의 해방 정신을 유지하기 위해 지켜야 할 10가지 말씀이라고 볼 수 있다. 십계명을 뜻하는 '아세레트 하드바림'이라는 히브리 말을 직역하면 열 개의 말씀(ten words)이라는 뜻이다. 그런데 이 말이 기원전 3세기 알렉산드리아에서 그리스어로 번역되는 과정에서, 데칼로그(Decalogue)라는 말로 번역이 된다. 이 때문에 우리말로는 십계명으로 알려진다. 십계명을 분석해 보면 흥미로운 사실을 발견하게 된다. 1계명부터 4계명까지는 신과 인간 사이에서 지켜야 할 수직적인 차원을 지니고 있다면, 5계명부터 10계명까지는 인간들 사이에서 지켜야 할 수평적 차원의 도덕률로 구성되어 있다. 즉 십계명은 인간이 수직적(초월적) 삶과 수평적(공동체적) 삶의 균형을 지니고 살아야 한다는 것을 상징적으로 보여준다.

십계명을 이해하기 위해서는 10가지 계명 앞에 등장하는 서언(introduction)을 살펴보는 것이 중요하다. 왜냐하면 이 구절에는 십계명을 선사한 야웨의 이름과 행위가 명확하게 기록되어 있기 때문이다. 출애굽기 20장 1-2절은 이렇게 이야기한다. "이 모든 말씀은 하나님이 하신 말씀이다. 나는 너희를 이집트 땅에서 이끌어 낸 주 너희의 하나님이다." 이 구절에는 세 가지 의미가 담겨있다. 첫째 야웨 하나님의 주도권이다. 이집트로부터 해방과 자유를 이룬 것은, 히브리사람들 스스로의 노력이 아니라 야웨의 도우심으로 가능했다고 고백한다. 두 번째는 히브리 사람을 도운 신의 이름이 야웨(Yahweh)라는 것을 분명히 밝히고 있다. 수많은 신 중에서 히브리 사람들에게 구원을 선사한 신이 바로 야웨라는 것이다. 고대 히브리어는 모음이 없었다. 그래서 자음으로만 신의 이름을 표기했는데, 요드, 헤, 바브, 헤라는 네 개의 자음이다(79쪽 참조). 이 문자들에 해당하는 영어의 음역들이 YHWH인데, 이것을 유대인들은 하나님의 신성한 이름을 나타내는 네 개의 신성한 문자라고 해서, 테트라그라마톤(Tetragrammaton)이라고 부른다. 고대 유대인들은 신성한 하나님의 이름을 함부로 부를 수가 없어서, 아도나이(adonay)라고 불렀다. 아도나이는 '나의 주님(my Lord)'이라는 뜻이다. 훗날 유대인들은 아도나이에 나오는 모음 a, o를 테트라그라마톤인 YHWH 사이에 넣어서 읽게 되었다. 이 때문에 야웨(Yahweh)라고 발음하게 되었다.

세 번째로, 출애굽기에 등장하는 십계명의 서언은 구속주(redeemer)로서의 야웨의 성격을 나타낸다. 즉 이집트에서 고통받는 히브리 사람을 구원해 신, 야웨는 역사의 구원자라는 성격을 지녔다는 것이다. <신명기> 26장 5-9절은 고대 이스라엘 사람들이 불렀던 일종의 민요인데, 이 노래는 야웨가 히브리 사람들의 구원자임을 분명히 고백하고 있다. 창세기가 하나님이 창조주(Creator)라는 사실을 보여준다면, 출애굽기는 하나님이 구속주(reddemer)라는 사실을 강조하고 있다. 이 두 가지는 야웨에 관한 고대 유대인들의 신앙고백에 있어서 가장 중요한 내용이라 할 수 있다.

그럼 십계명의 열 가지 계명이 의미하는 바가 무엇인지 살펴보자. 첫 번째는 "너희는 내 앞에 다른 신을 모시지 못한다"는 계명이다. 흔히 기독교인들은 이 문장이 유일신 사상을 표명하는 것으로 이해한다. 그런데 첫 번째 계명은 다른 신을 전제하고 있다. 다른 신도 있지만, 야웨 하나님만이 너희 히브리 사람들을 구원한 분이라는 고백한다. 한국의 기독교인들은 유일신 사상과 단일신 사상을 혼동하고 있는데, 유일신 사상은 여러 신 중에서 야웨만이 믿을 수 있는 유일한 신이라는 뜻이다. 단일신 사상은 다른 신은 전혀 존재하지 않고, 오직 한 신만 존재한다는 것이다. 고대 히브리 사람들은 고대 근동의 다신교적 분위기 속에서 야웨 신앙을 발전시켜 왔다는 사실을 유념해야 한다. 수많은 신 중에서 오직 야웨만을 자신들의 수호신으로 채택했다. 또한, 제1계명은 유대교의 가장 중요한 신앙의 원칙을 보여준다. 바로 모노 야웨이즘(mono Yahwehism)이다. 다음과 같은 히브리의 예언자, 미가의 말은 유일신 사상의 요지를 잘 보여준다. "다른 모든 민족은 각기 자기 신들을 섬기고 순종할 것이다. 그러나 우리는 언제까지나, 주 우리의 하나님만을 섬기고, 그분에게만 순종할 것이다" (미가 4:5절). 기독교와 이슬람은 유대교의 유일신 사상을 계승한 종교라고 할 수 있다. 유일신 종교들은 신에 대한 신도들의 충성과 헌신을 강조하는 경향이 있다. 마치 사랑하는 연인들이 경험하는 질투의 감정을 유일신 신앙에 투사한다. 유일신교는 사랑에 빠진 사람에게 맹목적인 감정을 품고 헌신하는 것처럼 신에 대해서도 이러한 태도를 요구한다. 이 때문인지 히브리 성서는 야웨를 질투하는 신이라고 표현하기도 한다.

십계명의 두 번째 계명은 우상숭배를 금하는 조항이다. "너희는 너희가 섬기려고 위로 하늘에 있는 것이나, 아래로 땅에 있는 것이나... 그 모양을 본떠서 우상을 만들지 못한다" (출 20:4). 고대 근동의 종교들은 신들의 모습을 조각이나 그림으로 형상화했다. 즉 인간의 눈에 보이는 이미지로 표현했다. 특히 그리스와 로마 사람들은 자신들이 숭배하는 수많은 신들을 신전에 조각하거나, 도자기에 그림으로 그렸다. 가령 그리스의 파르테논 신전에는 높이 10미터에 달하는 거대한 아테나이의 조각상이 있었다고 한다. 로마 제국은 살아있는 황제의 모습을 동상으로 제작하여 경배하는 소위 황제 제의(imperial cult)를 일종의 국가의례처럼 실시하기도 했다. 그러나 유대인들은 신을 조각하거나 그리는 것을 엄격하게 금지했다. 그래서 예루살렘 성전에는 야웨의 신상이나 그림이 존재하지 않았다. 이 때문에 유대교의 특징을 신상이 없는 종교(iconoclastic religion)라고 부른다. 고대 이스라엘의 예언자, 이사야는 사람들이 돌이나 나무에 신의 모습을 새기고 절하고 숭배하는 모습을 어리석다고 조롱하기도 했다(이사야 40:18-20). 주전 63년 로마의 장군, 폼페이우스는 예루살렘을 정복하고, 성전에 말을 타고 들어갔다. 폼페이우스는 로마인 답게 유대인들도 자신들이 숭배하는 신의 모습을 신전에 조각해 놓았을 것으로 생각했다. 그러나 그는 예루살렘 성전에서 아무것도 발견할 수 없었다. 이에 실망한 폼페이우스는 유대인들을 무신론자들이라고 빈정거

렸다고 한다. 그리스나 로마 사람들은 자신들이 믿는 것을 시각적으로 표현했다. 보이지 않는 신은 숭배의 대상이 아니었다. 그래서 수많은 신들을 인간과 유사한 이미지로 표현했다. 이에 반해 유대인들은 인간의 눈에 보이는 신은 진정한 신이 아니라는 생각했다. 그들은 유한한 인간의 시각으로 신을 포착할 수 없다고 믿었다. 신을 이미지로 형성화 할 수 없었기 때문에 히브리 사람들은 신의 가르침을 더 중요하게 생각했다. 모세는 호렙산에서, 그리고 시내산에서 야웨의 음성을 들었다. 이 때문에 유대인들은 모세를 통해, 예언자들을 통해 신의 말씀을 듣고 기록하는 것을 중요하게 생각했다. 이러한 전통을 기독교가 계승한다. 초기 기독교인에게 예수는 신의 구원의 말씀을 전하는 인물이었다. 기독교의 복음이란 말은, 기쁜 소식(good news)이라는 뜻이다. 기독교는 복음을 들음으로써 구원을 얻는다고 생각한다. 이러한 유대교와 기독교의 청각문화는 서양의 음악을 발전시키는 계기가 되었다. 그래서 유럽에 있는 중세의 고딕 성당들은 청각적 효과를 극대화하는 건축구조를 가지고 있다.

십계명의 세 번째 계명은, "하나님의 이름을 함부로 부르지 못한다" 이다. 앞에서도 살펴봤지만, 유대인들은 하나님의 신성한 이름을 부르지 않았다. 그들은 성서를 읽을 때, 야웨의 이름을 상징하는 히브리어, 네 글자(YHWH)가 등장하면 아도나이(adonay, '나의 주님'이라는 뜻)라고 발음했다. 더러운 인간의 입술로 신의 이름을 함부로 부를 수 없다고 생각했다. 유대인들은 인간의 잘못을 신의 이름으로 합리화하는 것을 죄라고 생각했다. 즉 불의한 권력자들이 신의 이름으로 자신의 권력을 합리화하는 것을 인정하지 않았고, 부당한 전쟁을 신의 전쟁이라고 부르는 것을 거부했다. 왜냐하면 야웨는 정의와 공평의 신으로 고백 되었기 때문이다. 그러나 기독교 문명권 국가들은 역사 속에서 부당한 일들을 신의 이름으로 합리화하는 일들이 셀 수 없이 많았다. 가령 중세의 십자군들이 벌인 폭력을 신의 이름으로 합리화했고, 히틀러와 같은 독재자들이 자신의 불의한 권력을 하나님의 이름으로 합법화했다. 십계명의 3계명은 이러한 죄악들을 금지하고 있다. 인간의 자유와 해방, 뭇 생명들의 화해와 평화, 그리고 약자들을 위한 사회적 정의를 실현하는 곳에서만 신의 이름이 불리워져야 한다고 생각했던 것이다.

네 번째 계명은 "안식일을 기억하여 거룩하게 지켜라"는 명령이다. 고대 유대인들은 금요일 저녁부터 토요일 저녁까지를 안식일로 제정해서 인간뿐 아니라, 노예와 가축도 신의 이름으로 휴식을 취하게 했다. 출애굽기 20장 10절은 안식일(Sabbath)의 의미를 다음과 같이 말한다.

> 엿새 동안 힘써 네 모든 생업에 종사하고 이렛날은 너희 하나님 야웨 앞에서 쉬어라. 그 날 너희는 어떤 생업에도 종사하지 못한다. 너희와 너희 아들 딸, 남종 여종뿐 아니라, 가축이나 집에 머무는 식객이라도 일을 하지 못한다. 야웨께서 엿새 동안 하늘과 땅과 바다와 그 안에 있는 모든 것을 만드시고, 이레째 되는 날 쉬셨기 때문이다. 그래서 야웨께서 안식을 축복하시고 거룩한 날로 삼으신 것이다.

기독교는 유대인의 안식일 제도를 받아들여서, 로마의 일요일을 안식일로 제정했다. 안식일 제도는 일종의 약자 보호법으로 이해될 수 있다. 고대 세계에 휴일을 얻을 수 없었던 노예와 나그네, 그리고 짐승들과 같은 사회적 약자, 생명의 약자들에게 쉴 수 있는 시간을 신의 이름으로 보장한 것이다. 원래 안식일은, 창세기 1장에서 엘로힘 하나님이 6일을 일하고, 7일째 휴식을 취했다는 이야기에서 유래한다. 따라서 안식일은 우주적 질서라고 할 수 있다. 노동하는 존재인 인간에게 안식은 무척이나 중요하다. 생명 있는 모든 것들은 휴식을 통한 재충전의 시간이 필요하기 때문이다. 이 때문에 유대인들은 안식일에 해서는 안 되는 38가지의 법을 만들기도 했다. 또 안식일은 일상의 시간 속에서, 우리 존재의 근원을 성찰할 수 있는 시간을 따로 구분하라는 권고이기도 하다. 너무 일에만 매달려 기계의 부속품같이 돌아가는 일상의 시간에서 벗어나, 삶의 의미와 근원을 생각해 보는 시간이 필요하다.

이런 점에서 안식을 통해 시간의 성화라고 할 수 있다. 고대 그리스 사람들은 시간을 카이로스(*kairos*)와 크로노스(*chronos*)로 구분했다. 카이로스는 성찰의 시간, 우리의 존재를 변화시키는 시간을 의미하며, 크로노스는 그럭저럭 흘러가는 일상의 시간을 뜻한다. 안식일은 일종의 카이로스의 시간이라 할 수 있다. 삶의 변화를 초래하는 결정적인 시간이 카이로스이다. 인간은 대체로 휴식과 안식의 시간에 성찰과 창조의 순간을 얻게 된다.

십계명의 다섯 번째 계명은 부모를 공경하라는 것이다. 십계명은 다섯 번째 계명부터 인간 사이의 수평적 윤리에 대해서 말하기 시작한다. 첫 번째부터 네 번째 계명까지는 야웨와 히브리 사람들 사이에서 지켜야 할 수직적, 초월적 차원의 성격을 띠고 있다면, 이제 다섯 번째부터는 사람들 사이에서 지켜야 할, 도덕적 가르침을 다루고 있다. 인간의 윤리 중에 가장 기본은 부모와 자식 간에 지켜야 할 덕목이라고 할 수 있다. 자식은 자신을 낳아준 부모를 공경해야 한다는 것이다. 우리가 이 세상에 태어나서 가장 먼저 만나는 사람이 부모이기 때문에, 인간관계의 기초는 부모와 자식 간의 존경과 사랑이라 할 수 있다. 우리는 부모의 희생적 사랑을 통해 지상에서 신의 사랑을 느끼게 되기 때문이다.

여섯 번째는 "살인하지 못한다"는 계명이다. 창세기 1장은 신이 자신의 형상으로 인간을 창조했다고 말한다. 이 말에는 인간은 본질적으로 신성(divinity)을 지닌 존재라는 뜻이 담겨 있다. 라틴어로 인간을 이마고 데이(imago Dei), 즉 신의 형상이라고 한다. 따라서 인간의 생명은 지위 여하를 막론하고 모두 신성하다. 신 앞에서 대통령과 노숙자의 목숨은 그 자체로 경중없이 모두 동등하게 소중하다. 따라서 인간의 목숨을 해치는 것은 창조질서의 위반이고, 인간 안에 있는 신의 형상을 파괴하는 일과 같다. 돈 때문에, 권력 때문에, 명성 때문에, 시기 질투 때문에... 인간사에 살인이 벌어지는 이유는 참으로 다양하다. 그러나 살인은 어떤 이유라도 합리화될 수 없는 죄악이다. 살인은 인간의 목숨을 빼앗는 것을 넘어서 우리 안의 신의 형상을 파괴하는 엄청난 죄악임을 명심해야 한다. 한편 다섯 번째 계명은 단순히 살인을 넘어, 모든 생명의 목숨을 빼앗는 행위를 중단해야 한다는 뜻을 지니고 있다. 급진적 채식주의자들은 육식 문화를 위해 자연이 보장한 짐승들의 생명을 무차별적으로 해치는 일을 중단해야 한다고 주장한다. 최근에 피터 싱어(Peter Singer, 1946-)라는 철학자는 동물의 생명권을 인간과 동일하게 간주해야 한다고 주장하면서, '동물윤리'를 주창한 바 있다. 이런 점에서 현대사회의 지나친 육식 문화에 관한 경고를 5번째 계명이 던지고 있는 것 같다.

일곱 번째는 "간음하지 못한다"는 계명이다. 고대 유대인들은 간음을 엄격하게 금지했다. 창세기 19장에 등장하는 소돔과 고모라의 멸망도, 성적 타락으로 인한 신의 심판으로 간주한다. 그러나 십계명의 간음 금지는 종교적 의미도 담고 있었다. 야웨는 히브리 사람들의 우상숭배를 간음으로 간주했다. 이집트를 탈출한 히브리 사람들은 가나안 땅의 토착 부족들이 숭배했던 바알종교를 접하게 된다. 바알은 풍요와 번영을 상징하는 농경민들의 신이었다. 가나안의 부족들은 산당(山堂, High Place)을 짓고 곡식의 풍요와 다산의 상징인 바알에게 예배했다. 이들은 바알의 여성 사제들과 성관계를 통해 자식을 많이 생산하는 것을 바알의 축복이라고 선전했다. 히브리 사람들은 이러한 가나안 종교의 행태를 강력하게 비판했다. 우상숭배를 종교적 간음으로 생각했던 것이다. 이러한 고대 유대인들의 경험이 반영된 구절이 바로 일곱 번째 계명이다.

십계명의 여덟 번째 계명은 도둑질 금지 조항이다. 인류 최초의 도둑질은 에덴동산의 선악과 사건이라 할 수 있다. 신의 소유였던 선악과를 아담과 이브가 훔친 결과 인간 세상 속에 죄가 발생하게 되었다. 그러나 도둑질은 단순히 물건에만 한정되는 것은 아니다. 남의 노동력을 착취하는 것도 도둑질이라 할 수 있다. 마르크스(Karl Marx, 1818-1883)는 그의 책, 『자본론』에서 자본주의의 이익이 노동자가 받아야 할 정당한 대가를 자본가들이 착취함으로써 발생한다고 주장하고 있다. 우리 사회도 젊은이들의 정당한 노동에 대한 대가가 적은 것이 사실이다. 현재 전 지구적으로 진행되는 화석자원의 고갈은 세대 간의 착취로 진행될 소지가 있다. 즉 다음 세대가 쓸 지구 자원들을 기성세대가 다 써버리고 있다. 이러한 문제 때문에 세대 간의 공평한 자원 분배가 이루어지지 않고 있다. 이 때문에 생태적 정의(ecological justice)가 필요한 것이다.

아홉 번째 계명은 이웃에게 불리한 거짓 증언을 하지 말라는 것이다. 인터넷과 SNS 댓글 창에는 거짓 뉴스와 거짓 증언들이 넘쳐난다. 있지도 않은 일을 마치 있는 것처럼 꾸며서 이웃을 해치려 하는 일들이 수시로 벌어지고 있다. 특히 정치인들이 자신의 정적을 제거하기 위해 거짓 증언을 남발하고 조작하는 것을 무수히 볼 수 있다. 이 모두가 십계명의 아홉 번째 계명을 위반하는 것이다. 열왕기 상 21장에는 이스라엘의 왕 아합이 부당한 방법으로 나봇의 포도원을 탈취하는 이야기가 기록되어 있다. 야웨는 예언자 엘리야를 통해 아합 왕의 도덕질을 심판하게 된다. 고대 이스라엘 법정은 거짓 증언을 방지하기 위해 복수 증인을 채택했다. 다수의 증인을 통해 무고, 즉 거짓 증언을 막고자 했던 것이다. 불의한 일을 목격하고도 침묵을 지키는 일도 소극적 의미에서 거짓 증언이라고 생각할 수 있다. 히브리 성서의 잠언에 보면, "억울한 이의 외침을 들어주지 않는 사람들은, 훗날 자신들이 억울한 일을 당해 울부짖을 때 아무도 그의 말에 귀를 기울이지 않을 것이라"고 경고한다.

마지막 열 번째 계명은 탐심에 관한 경고의 말씀이다. 어쩌면 물욕에 사로잡힌 현대인들이 가장 귀 기울여 들어야 할 계명인 것 같다. 광고는 현대인의 탐심을 끊임없이 자극한다. 한 달 전에 산 핸드폰이 있는데, 신제품 광고를 보면 또 사고 싶은 마음이 든다. 명품을 갖지 못한 사람들은 스스로 상대적 박탈감을 느낀다. 탐심의 노예가 된 현대인들의 병리적 심리라고 할 수 있다. 광고는 코카콜라를 마셔야만 더위와 갈증이 해소될 것처럼 선전하지만, 이 모두가 허위의식이다. 시원한 물 한잔을 마셔도 갈증은 해소될 수 있다. 고대 그리스 신화에 등장하는 에리직톤은 엄청난 탐심의 소유자였다. 새 집을 짓고 싶어서 신들의 정원에서 값비싼 신목들을 훔쳤고, 그것으로 자신의 새집을 짓는데, 결국, 들통이 나서 신들에게 형벌을 받게 된다. 그런데 그 형벌의 내용이 끝없는 배고픔이었다. 에리직톤은 자신이 소유한 모든 것을 팔아서 허기를 달랬다. 그래도 허기가 멈추지 않아 자식들을 잡아먹고, 결국, 에는 자신의 팔다리를 뜯어먹다가 죽고 만다는 비극적인 이야기이다. 에리직톤은 우리의 자화상으로 볼 수 있다. 작은 것에 만족하지 못하고 끝없는 소유의 욕망에 시달리다 파멸하는 사람들을 우리는 얼마나 자주 목격하는가? 에릭 프롬(Erich Fromm, 1900-1980)은 『소유냐 존재냐』에서 인간은 결코 소유양식으로 행복할 수 없다고 말한다. 진정한 행복은 자신의 존재를 변화시키는 것에 있다고 주장한다. 앞 장에서 언급한 헨리 데이빗 소로가 바로 존재적 삶의 양식을 선택한 대표적인 인물이라 할 수 있다. 그는 다섯 평짜리 오두막집에 만족하면서, 자연 속에서 2년간 행복하게 지낸 이야기를 『월든』이라는 책에 기록하고 있다. 고대 히브리 사람들은 소유보다는 존재의 삶으로 자신을 이끈 신이 바로 야웨라는 사실을 고백하고 있다. 유대인들은 야웨 하나님 앞에 자신이 어떤 모습으로 존재할 것인가를 삶의 가장 중요한 화두로 삼은 민족이라고 할 수 있다. 자신의 삶을 소유로만 평가하는 사람은 마치 모래 위에 성을 쌓는 것과 같은 어리석은 사람이다. 왜냐하면 소유는 죽음과 함께 사라지기 때문이다.

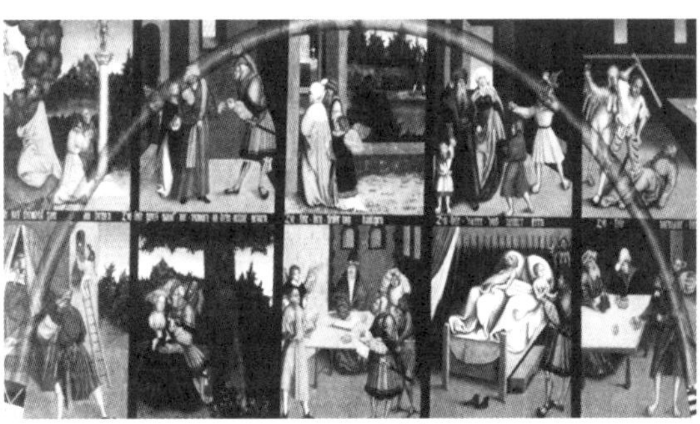

Lucas Cranach, 십계명, 1516

십계명은 단순히 고대사회를 반영하는 법조항에 그치는 것이 아니라, 서양의 법 사상에 심대한 영향을 미쳤다. 십계명에는 현대사회에서 의미를 지닐 수 있는 사상들이 포함되어 있다. 16세기 독일, 비텐베르크의 화가 루카스 크라나흐는 십계명의 의미를 10개의 그림으로 표현했고, 폴란드의 영화감독, 키엡슬롭스키는 십계명이 현대인들에게 지니는 윤리적 함의를 10개의 단편 영화로 제작한 바 있다.

토론주제 ·································②

01.

<창세기>에 등장하는 이야기들은 과학적 진술일까?
진화론과 창조론의 문제를 다루고 있는 영상 자료를 찾아보고,
과학과 종교는 서로 공존할 수 있는가를 함께 토론해 보자.

02.

프레드릭 벡의 애니메이션, <나무를 심은 사람>을 보고,
자연의 청지기로서 인간의 사명에 대해서 대화해 보자.

03.

십계명의 현대적 의미를 키엡슬롭스키의 영화,
<십계>를 통해 살펴보자.

참고문헌 … ②

1. 김용규, 『데칼로그』. 서울: 바다출판사, 2002.

2. 주원준, 『인류최초의 문명과 이스라엘』서울: 서울대학교출판문화원, 2022.

3. 랍비 조너선 색스/ 김대옥 옮김, 『랍비가 풀어내는 창세기』. 서울: 한국기독교연구소, 2023.

3

예언서
신의 대언자들의 메시지

3장

예언서
신의 대언자들의 메시지

이번 장에서는 히브리 성서의 두 번째 부분인 느비임(Neviim), 즉 예언서(Prophets)에 대해 살펴보자. <매트릭스>라는 영화를 보면 오라클이라는 늙은 흑인 여성이 등장한다. 그녀는 네오가 AI로부터 인류를 구원할 메시아라는 것을 예언한다. 오라클은 고대 이스라엘의 예언자들과 그리스의 델피 신전에서 신탁을 받았던 무녀들의 이미지를 합성한 인물이다. 고대세계의 왕들은 전쟁과 같은 국가의 중대사를 앞두고 종종 예언자들을 방문했다. 예언자를 뜻하는 영어의 prophet이라는 말은, 그리스어의 pro(...을 대신하여)와 phetes(말하는 사람)의 합성어이다. 즉 예언자란 누군가를 대표해서, 혹은 대신해서 신의 뜻을 전달하는 사람을 의미한다. 예언자를 히브리어로 나비(Navi)라고 하는데, 고대 메소포타미아의 언어, 아카디안어(Akkadian)의 나부(Nabu)에서 유래된 것으로 추정된다. '나부'라는 말은 "부른다" "알린다"라는 뜻이다. 따라서 예언자를 뜻하는 히브리어 '나비'는 신으로부터 부름받은 자를 의미한다.

블레셋의 등장과 사사들의 활동

히브리 성서에는 기원전 8세기부터 4세기까지 활동한 예언자들에 관한 17권의 책이 포함되어 있다. 예언자들은 이스라엘이 왕정국가(1020 B. C.)로 돌입하면서 본격적으로 등장한다. 주전 12세기경, 지중해의 판도를 바꾼 해양 족속(Sea people), 블레셋(Philistines)이 등장한다. 이들의 기원과 정체에 대해서는 아직도 논란이 많다. 블레셋은 당시 지중해의 강대국 이집트를 위협할 정도로 막강한 군사력을 지닌 사람들이었다. 아래 벽화는 이집트 신전에 새겨진 람세스 3세와 블레셋과의 나일강 삼각주 전투를 보여준다.

블레셋은 12세기부터 팔레스타인의 해안을 침입하여 5개의 도시국가(아스돗, 아스겔론, 가사, 에그론, 갓)를 세우고 내륙으로 침입하기 시작한다. 이들을 막기 위해 등장했던 인물들이 바로 사사(*Shophet*, Judge)들이었다. 이들은 왕이 없던 시절, 평상시에는 재판관의 역할을 수행했고, 블레셋과의 전투시에는 카리스마적 전쟁 지도자의 역할을 수행했던 인물들이다. <사사기>에는 12명의 사사들의 이야기가 등장하는데, 그 가운데서도 가장 인상적인 인물이 <사사기> 13-16장에 등장하는 삼손(Samson)이다. 삼손은 엄청난 괴력의 소유자였는데, 사자를 맨손으로 찢어 죽이고, 당나귀 턱뼈로 블레셋 사람을 천명이나 때려죽인 인물이었다. 블레셋 사람들은 도저히 힘으로는 삼손을 당해낼 수 없어서 데릴라라는 미인을 삼손에게 보내 그의 힘이 머리털에서 나온다는 비밀을 알아낸다. 이후 삼손은 두 눈을 잃고 체포되어 비극적인 생애를 마감한다. 삼손의 이야기는 이후 수많은 예술가들의 상상력을 자각하여 그림과 영화로 제작되기도 했다. 아래 그림은 18세기 벨기에의 화가 루벤스(1577-1640)가 그

루벤스, 사자를 찢어버리는 삼손, 1628

루벤스, 삼손과 데릴라, 1609

린 삼손의 이야기이다. 첫 번째 그림은 사사기 14장 8절에서 삼손이 사자를 염소 새끼처럼 찢는 장면을 묘사한 것이고, 두 번째 그림은 16장 19절에 등장하는 들릴라가 잠든 삼손의 머리털을 깎게하는 장면이다. 삼손은 신이 준 재능과 능력을 자신의 오만으로 낭비한 비극적 사사의 이야기라 할 수 있다.

왕정체제의 형성과 예언자의 등장

Rembrandt, David Playing the Harp before Saul, 1658

주전 1050년, 아벡(Aphek)에서 벌어진 블레셋과의 전투에서 실로(Shiloh)에 보관되어 있던 법궤가 탈취당한다 (사무엘상 4장). 야웨의 현존을 상징하는 법궤를 빼앗긴 히브리 사람들은 큰 충격을 받게 된다. 이에 블레셋의 침입을 효율적으로 막기 위해 이스라엘은 사사체제에서 왕정체제로 돌입하게 된다. 블레셋의 도발을 막기 위해 사울(Saul)이라는 인물을 초대 왕으로 추대한다. 그러나 사울은 무능한 모습을 보여주었고, 길보아산 전투에서 아들 요나단과 전사하고 만다. 이후 한때 사울의 부하였던 다윗(David, 1000-961 B. C.)이 두 번째 왕으로 추대된다. 다윗은 어린 시절 물 맷돌로 블레셋의 장수, 골리앗을 무찌른 전적이 있는 인기 있는 젊은 장수였다. 아래 그림들은 이스라엘의 초대 왕이었던 사울과 그의 부하, 다윗의 이야기들을 소재로 한 그림이다. 왼쪽 그림은 렘브란트가 그린 사울왕과 다윗의 모습이다.

사울왕은 지지기반이 약한 왕권 때문에 스트레스가 심했다. 그래서 피곤한 심신을 다스리기 위해 하프를 잘 타는 다윗에게 연주를 자주 부탁한다. 그러나 블레셋 장수, 골리앗을 물리친 다윗의 인기가 백성들 사이에서 높아지자, 사울은 위기감을 느끼고 그를 죽이려고 시도한다. 그때마다 사울의 큰아들, 요나단이 친구인 다윗의 목숨을 구해주었다. 결국, 사울과 요나단은 길보아 산 전투에서 블레셋 군에 포위된 채, 자살로 생을 마감하게 된다. 그 후 사울과는 피 한 방울도 섞이지 않은 다윗이 백성들의 인기를 등에 업고 이스라엘의 왕권을 장악하게 된다. 집권 초기에 다윗은 훌륭한 지도력을 발휘한다. 블레셋을 섬멸하고, 남과 북으로 이스라엘 영토를 확장 시켰다. 이 때문에 다윗은 이스라엘 역사 속에서 가장 위대한 왕으로 추앙받고 있다. 현대 이스라엘 국기에는 다윗의 별이 그려져 있다. 한편 신약성서의 저자들은 예수를 다윗 왕의 후손이라고 부른다. 그러나 다윗의 인생 후반기에 위기가 찾아온다. 자신의 충직한 부하 장수 우리야를 살해하고, 그의 아내 밧세바를 취해 솔로몬을 낳게 된다. 이러한 다윗 왕의 범죄에 대해 모두가 침묵하고 있을 때, 나단(Nathan)이라는 예언자가 목숨을 걸고 다윗 왕의 죄악을 야웨의 이름으로 고발한다. 이러한 다윗 왕의 불륜 때문에 그의 아들, 솔로몬 왕의 사후 (922 B.C.)에 이스라엘은 북 이스라엘 왕국(Kingdom of Israel)과 남 유대왕국(Kingdom of Judah)으로 분열된다. 예언자들은 다윗이 이룩한 통일왕국이 그의 손자대에서 분열된 것을, 그의 범죄 때문이라고 이야기한다.

애니메이션 <슈렉>의 주제가, 'Broken Halleluja'는 자신의 죄악 때문에 더이상 신을 찬양할 수 없다는 다윗의 심경을 다음과 같이 노래한다.

Your faith was strong but you needed proof (당신의 믿음은 확고했지만 증거가 필요했습니다). You saw her bathing on the roof (당신은 지붕 위에서 목욕하는 그녀를 보았지요). Her beauty in the moonlight overthrew ya (달빛 속 그녀의 아름다움이 당신의 마음을 빼앗았습니다). She tied you to a kitchen chair (그녀는 당신을 부엌 의자에 묶었고). She broke your throne, and she cut your hair (당신의 왕관을 박살냈으며, 당신의 머리칼을 잘랐습니다). And from your lips she drew the Hallelujah (그리고 당신의 입술에서 할렐루야를 끌어내었지요).

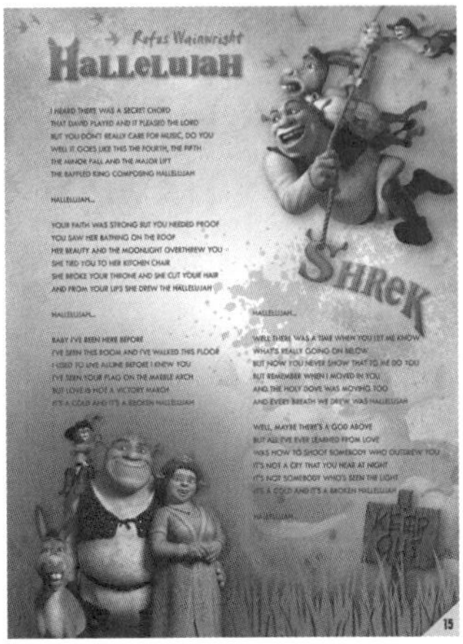

다윗왕의 범죄를 고발하는 나단 선지자

오른쪽 그림에는 다윗 왕을 비판하는 나단 선지자의 모습이 등장한다. 아브라함 헤셸(Abraham Joshua Heschel, 1907-1972)이라는 20세기의 유대 사상가는 이스라엘의 예언자들이란 신의 파토스(*pathos*)를 온몸으로 느끼고 전달한 인물들이라고 정의했다. 파토스란 말은 열정을 뜻하며, 신의 파토스란 인간들의 부정의(injustice)에 대한 분노의 감정을 의미한다. 사회적 약자들이 부당하게 강자들에게 억압받을 때, 대다수의 사람들은 침묵하거나 무감각하다. 자기 일이 아니기 때문이다. 그러나 예언자들은 이런 일들을 자신의 일처럼 민감하게 반응하며, 신의 분노를 전한 인물들이라고 할 수 있다. 대표적으로 예레미야(Jeremaih)라는 예언자는 불의에 대한 자신의 심정을 다음과 같이 표현하고 있다. "주님의 분노가 내 속에서 부글부글 끓고 있어서, 내가 더이상 주님의 진노를 품고 있을 수 없다"(렘 6:11). 고대 이스라엘 예언자들은 미래의 벌어질 일을 이야기하는 것보다, 정의와 공평의 신, 야웨의 관점에서 인간의 부당한 현실을 고발한다. 한편 예언서는 대부분 시적인 언어로 되어 있기 때문에, 올바르게 이해하기 위해서는 시인의 상상력이 요청된다. 헤셸은 예언서를 깊이 이해하기 위해서는 시인의 마음이 필요하다고 말한다.

예언이란, 어떤 특수한 인간 상황에 영원한 기준들을 단순히 적용시키는 것이 아니다. 오히려 역사 속의 어느 특정한 순간을 해석하는 것이다. 인간 상황을 하늘의 눈으로 이해하는 것이다. 그러므로 예언은 하늘의 눈으로 인간 실존을 주석하는 것이다. 예언을 이해하는 것은 지식을 이해하는 것이 아니라, 이해를 이해하는 것이다... 예언을 해석하는 것은 시인의 경세관으로 그의 시를 해석하는 것과 같다.

예언자의 종류

예언자들은 그들이 자신의 이름으로 된 문서를 남겼는가, 그렇지 않은가에 따라 분류할 수 있다. 즉 독자적인 문서 활동을 했는지에 따라, 문서 이전의 예언자(Pre-writing prophet)와 문서 예언자(Writing prophets)로 구분할 수 있다. 가령, 나단(Nathan)과 엘리야(Elijah) 같은 예언자는 자신의 이름으로 된 문서를 남기지 못했지만, 모든 예언자의 원형과 같은 인물들이었다. 엘리야는 10세기 아합왕(Ahab, 868-850 B. C.)과 그의 아내 이세벨의 우상숭배에 강력하게 반대했다가 목숨을 잃을 뻔했다. 엘리야는 아합왕이 보낸 암살자들을 피하기 위해 그랫 계곡에 숨어 살면서, 까마귀가 운반하는 음식을 먹었던 전설적인 예언자이다. 그는 문서를 남기지는 않았지만, 예언자 학교를 세워 자신의 후계자를 양성한 인물이었다. 아래 그림은 카톨릭의 종교화, 이콘(icon)인데, 마태복음 17장에 기록된 예수의 변화산 사건을 묘사한 것이다. 예수가 제자들을 데리고 변화산에 올라가 빛 가운데에서 히브리 성서를 대표하는 두 사람을 만나는 신비한 이야기이다. 그림 가운데에 예수, 왼쪽은 엘리야가 그리고 오른쪽은 예언자 모세가 등장한다. 모세는 토라(모세오경)를, 엘리야는 네빔(예언

예수의 변모산 이야기를 표현한 이콘화

서)를 대표하는 인물이다. 이 그림은 예수가 모세와 엘리야의 사상을 계승하는 동시에 넘어서고 있다는 사실을 상징적으로 보여주고 있다.

문서 예언자

문서 예언자 중에서 가장 많은 분량의 예언을 남긴 인물은 이사야(Isaiah)이다. 모두 66장에 이르는 가장 긴 예언서가 그의 이름으로 남아 있다. 그러나 학자들은 이시야서는 한 명에 의해서 쓰여진 것이 아니라, 3명이 주전 8세기 중반부터 바벨론 포로기 이후까지 약 250년 간에 걸쳐 쓰여진 문헌이라고 본다. 왜냐하면 이사야서의 시대적 배경이 앗시리아 제국으로부터 페르시아 제국까지 걸쳐 있기 때문이다. 가령 이사야 1-39장까지는 이사야의 활동장소와 배경이 예루살렘과 앗시리아 제국으로 되어있고, 40-55장은 바벨론 포로지와 바벨론 제국으로, 그리고 56-60장까지는 귀환 후 예루살렘과 페르시아 제국을 배경으로 한다.

따라서 학자들은 편의상, 1-39장의 저자를 제1 이사야, 40-55장을 제2 이사야, 그리고 56-66장을 제3 이사야의 저작으로 구분한다. 원래 이사야는 문서 예언자 중에서 가장 오랫동안 활동했는데, 그는 요담(Jotham)왕부터 앗시리아 제국이 예루살렘을 점령할 당시의 왕이었던 히스기야(Hezekiah)왕까지 장장 42년 동안 예언활동을 하였다. 그가 활동하던 시기는 고대근동의 패권질서가 요동치던 시대였다. 주전 735년 예루살렘은 아람왕국과 북이스라엘 연합국의 공격을 받는다. 또한, 701년 고대 근동의 새로운 강대국, 앗시리아의 산헤립(Seennacherib, 705-681B.C)은 북이스라엘의 수도, 사마리아를 함락시킨다. 이러한 격동의 시기에 이사야는 백성들의 두려움과 절망을 위로하고 야웨에 관한 신앙 속에서 힘을 얻을 것을 격려한다. "너희가 믿음 안에 굳게 서지 못한다면, 너희는 절대로 굳게 서지 못한다" (이사야 7:9절). 그리고 이사야는 외적의 침입에 두려워 떠는 이스라엘 백성들에게 임마누엘

(Immanuel)의 예언을 전한다 (이사야 7:14). 임마누엘이라는 말은 "하나님이 우리와 함께 하신다"(God is with us)는 뜻이다. 훗날 신약성서의 마태복음서 저자는 이사야의 임마누엘 예언이 나사렛 예수에게서 실현되었다고 말한다. 이사야는 예수가 가장 많이 인용한 예언자였고, 그의 예언은 메시아의 도래를 암시하는 대표적인 문장으로 간주되었다. 이사야는 '이새의 뿌리'(다윗의 후손)에서 장차 이스라엘의 구원자가 올 것이라고 예언하고 있는데, 마태복음과 누가복음은 예수를 다윗의 후손으로 기술한다. 이처럼 이사야는 메시아의 도래를 암시하는 구절들을 많이 포함하고 있어, 초기 기독교인들은 이사야가 지칭하는 인물이 바로 예수라고 생각했다. 이사야는 미래에 도래할 영원한 평화와 정의가 가득한, 즉 에덴동산과 같은 낙원을 다음과 같이 상상한다.

그는 정의로 허리를 동여매고 성실로 그의 몸의 띠를 삼는다. 그 때에는, 이리가 어린 양과 함께 살며, 표범이 새끼 염소와 함께 누우며, 송아지와 새끼 사자와 살진 짐승이 함께 풀을 뜯고, 어린 아이가 그것들을 이끌고 다닌다...나의 거룩한 산 모든 곳에서, 서로 해치거나 파괴하는 일이 없다 (이사야 11:5-9).

Edward Hicjs, Peaceable Kingdom, 1834

19세기의 서양 회화가, 힉스 (Edward Hicjs)는 이사야의 이상향을, <평화로운 왕국, Peaceable Kingdom, 1834>이라는 작품에서 표현하고 있다.

한편 40-55장을 기록한 제2 이사야는 상황이 급변한 바벨론 포로기의 상황을 다루고 있다. 그는 포로로 잡혀온 유대 백성들을 위한 위로와 희망의 메시지를 전하고 있다. 이사야 40장은 위로의 말로 시작된다. "너희는 위로하여라! 나의 백성을 위로하여라. 너희 하나님께서 말씀하신다. 예루살렘 주민을 격려하고, 그들에게 일러주어라. 이제 복역 기간이 끝나고, 죄에 대한 형벌도 다 받고, 지은 죄에 비하여 갑절의 벌을 받았다고 외쳐라." 유명한 헨델의 오라토리오 <메시아>는 바로 이 구절을 노래함으로써 시작된다. "Comfort ye, Comfort ye my people, Saith your God."

제2 이사야는 바벨론 제국이 신흥 페르시아 제국에 의해 침몰해 가는 것을 목도하였다. 이제 야웨는 페르시아 제국이라는 새로운 역사의 도구를 통해 유다를 해방시킬 것이라고 예언한다. "깨어나십시오! 깨어나십시오! 오래전 옛날처럼 깨어나십시오! 라합(이집트를 상징)을 토막 내시고 용을 무찌르시던 바로 그 팔이 아니십니까? 바다와 깊고 넓은 물을 말리시고, 바다의 깊은 곳을 길로 만드셔서, 속량 받은 사람들을 건너가게 하신 그 팔이 아니십니까?" 이 구절을 이집트의 노예살이하던 히브리 사람들을 놀라운 이적을 이끌어내고, 기적적으로 홍해를 건넌 출애굽 사건을 상기시킨다. 그리고 이제 새로운 출애굽(New Exodus)를 예언한다. "주께 속량 받은 사람들이 예루살렘으로 돌아올 것입니다. 그들이 기뻐 노래하며 시온에 이를 것입니다." 또한, 제2 이사야는 수난의 종(Suffering Servant)이라는 중요한 신학적 주제를 말한다.

> 그는 실로 우리가 받아야 할 고통을 대신 받고, 우리가 겪어야 할 슬픔을 대신 겪었다. 그러나 우리는, 그가 징벌을 받아서 하나님에게 맞으며, 고난을 받는다고 생각하였다. 그러나 그가 찔린 것은 우리의 허물 때문이고, 그가 상처를 받은 것은 우리의 약함 때문이다. 그가 징계를 받음으로써 우리가 평화를 누리고, 그가 매를 맞음으로써 우리의 병이 나았다.(이사야 53:4-5)

이 구절은 일종의 '메시아 본문'으로 간주되며, 예수라는 메시아의 출현을 이사야가 예언한 것으로 기독교인들은 생각한다. 그러나 예수를 메시아로 인정하지 않는 유대교도들은 이 구절을 고난받는 이스라엘을 의인화한 것이라고 해석한다.

한편 이사야 55-66장을 기록한 제 3이사야는, 바벨론 포로에서 예루살렘으로 귀환한 후에 활동한 인물로 추정된다. 귀환 후의 예루살렘은 폐허가 되어있었고, 성전의 주도권을 놓고 사독계열과 레위인들 사이에 심한 갈등이 노정되어 있었다. 이러한 상황 속에서 희망의 꿈을 놓지 않고, 제3 이사야는 '새 하늘과 새 땅'이라는 종말론적 희망(Apocalyptic hope)을 노래한다. "내가 새 하늘과 새 땅을 창조할 것이니, 이전 것들은 기억되거나 마음에 떠오르거나 하지 않을 것이다. 그러니 너희는 내가 창조하는 것을 길이길이 기뻐하고 즐거워하여라. 내가 예루살렘을 기쁨이 가득 찬 도성으로 창조하고, 그 주민을 행복을 누리는 백성으로 창조하겠다" (이사야 65:17-18).

또 다른 문서 예언자로는 아모스(Amos, C. 750)를 들 수 있다. 그는 주전 8세기, 여로보암 2세가 북이스라엘을 통치할 때 활동했던 예언자이며, 부패한 권력을 비판한 인물로 유명하다. 아모스는 종교적 행위보다 올바른 법 집행과 사회정의를 세우는 일이 더 중요하다고 말한다. 그의 부패한 집권세력을 향한 야웨의 분노를 다음과 같이 전한다. "너희가 나에게 번제물이나 곡식제물을 바친다 해도, 내가 그 제물을 받지 않겠다...시끄러운 너의 노랫소리를 나의 앞에서 집어치워라!... 너희는 다만 공의가 물처럼 흐르게 하고, 정의가 마르지 않는 강처럼 흐르게 하여라"(이사야 5:23-24). 이러한 이사야의 정신은 훗날 예수와 16세기 종교개혁들을 거쳐, 20세기 흑인인권 운동가, 마틴 루터 킹 목사의 활동에도 커다란 영향을 미치게 된다.

문서예언자들은 그들의 활동 시기별로 구분할 수 있다. 주전 587년, 바벨론 제국이 예루살렘을 침공하여 지도층과 고위사제들을 포로로 잡아간다. 이들은 바벨론 제국이 페르시아 제국에 의해 멸망당할 때까지 바벨론의 그발(Chebar) 강가에 있는 수용소에서 50년간 포로 생활을 하게 된다. 바벨론 포로기(Exilix Period, 587-538 B. C.)를 통해 이스라엘 사람은 새로운 야웨 신앙과 보다 확대된 세계관을 형성하게 된다. 이 시기에 활동했던 예언자들은, 바벨론 포로기를 유대 민족이 저지른 죄에 대한 야웨의 심판인 동시에 연단의 시기라는 생각했다. 유대인들은 바벨론 제국에 의해 예루살렘이 함락된 시기, 587년을 상징적인 해로 간주한다. 왜냐하면 야웨가 현존하던 예루살렘 성전이 사라졌기 때문이다. 이 때문에 성전이 파괴된 587년을 기점으로, 그 이전에 활동했던 예언자들을 포로기 이전 예언자(Pre-Exilic Prophets)라고 구분한다. 이 시기에 활동했던 예언자들로는 아모스, 호세아, 이사야, 미가, 스바냐, 나훔, 하박국, 에레미야 등이 있다. 이들은 주전 8-7세기 활동한 인물들이다. 그 다음으로 바벨론 포로기에는 에스겔, 제2 이사야 (이사야 40-55장을 기록한 인물), 오바댜와 같은 예언자들이 등장한다. 이후 바벨론 제국이 신흥 페르시아 제국에 의해 멸망당한 후, 포로에서 해방되고 이스라엘로 돌아와서 활동한 예언자들이 바로 포로기 이후 예언자들(Post-Exilic Prophets, 538년 이후 활동)이다. 대표적인 인물로는 무너진 예루살렘 성전 재건 운동을 벌인 학개와 스가랴 같은 예언자들이 있다.

예언자들의 활동 패턴과 메시지

예언자들의 활동을 살펴보면 일정한 패턴이 있다는 것을 알게 된다. 예언자들은 자신들의 의지와는 무관하게 야웨의 명령에 의해 예언활동을 시작하게 된다. 마치 모세처럼 예언자들도 야웨로부터 소명을 받은 후에 활동을 계시한다. 소명(召命)을 영어로는 calling이라 부르는데, 신의 부르심을 받았다는 의미이다. 다시말해 평생 목숨을 걸고 해야 할 일을 깨닫게 되는 것을 소명이라고 할 수 있다. 아모스는 자신의 소명 체험을 이렇게 고백한다. "나는 예언자도 아니고, 예언자의 제자도 아니다. 나는 집짐승을 먹이며, 돌무화과나무를 가꾸는 사람이다. 그러나 주께서 나를 양 떼를 몰던 곳에서 붙잡아 내셔서, 주의 백성 이스라엘에게로 가서 예언하라고 명하셨다"(아모스 7:14-15

절). 훗날 예수도 요단강에서 세례요한을 통해 소명을 깨닫게 되고, 바울도 다메섹으로 가는 도중에 이방선교에 관한 소명을 받게 된다. 소명을 받은 다음, 예언자들은 자신의 활동지역으로 파송된다. 아모스는 북이스라엘의 사마리아로, 요나는 앗시리아의 수도, 니느웨로 파송된다. 요나는 자신의 파송을 거부하고 다시스로 가는 배를 탔지만, 풍랑을 만나 결국, 자신의 의지와 무관하게 원래의 파송지, 니느웨로 향하게 된다. 파송지에 도착한 예언자들은 이제 야웨의 말씀을 선포하게 된다.

예언자들은 "코 아마르 야웨"라는 일종의 메신저 양식(messenger form)으로 신의 말씀을 선포한다. 이 말은 "야웨께서 말씀하시길…"이라는 뜻이다. 즉 예언자들은 신의 대리인으로, 신의 말씀을 전하는 스피커로서 역할을 한다는 것을 보여준다. 특이한 것은 예언자들이 말뿐만 아니라, 독특한 행동으로 신의 메시지를 전달했다. 가령, 이사야는 삼년동안 벌거벗은 몸으로 지냈고, 호세아는 방탕한 여성 고멜과 결혼을 했으며, 에스겔은 390일 동안 왼편으로만 누워 자는 이상한 행동을 했다. 이런 이상한 행동들을 예언자의 상징적 행동(prophetic symbolic act)이라고 부르는데, 이러한 비정상적인 행동들을 통해 은유적인 메시지를 전달했다. 가령, 이사야의 벌거벗은 몸은 바벨론의 포로를 암시했고, 호세아의 비정상적인 결혼생활은 우상숭배로 타락한 이스라엘에 대한 야웨의 변함없는 사랑을 의미했다.

예언자들이 선포한 메시지의 내용은 크게 두 가지로 볼 수 있다. 먼저 심판의 말씀이다. 야웨와의 언약을 지키지 않는 이스라엘 백성들의 죄에 대한 책망이다. 이스라엘 사람들은 유일신 사상을 버리고 자주 우상숭배에 빠졌고, 지배층들의 폭정으로 사회에 불의가 생겨났다. 이에 대해 예언자들은 이러한 죄에 대해 돌이키지 않는다면 야웨가 바벨론과 같은 이방 민족을 통해 심판할 것이라고 경고했다. 결국, 예언자들의 경고에 아랑곳하지 않았던 이스라엘 백성들은 앗시리아와 바벨론과 같은 고대근동의 제국에게 나라를 빼앗기게 된다.

바벨론의 포로가 되자, 예언자들의 메시지는 변화한다. 심판에서 위로와 희망의 메시지로 예언의 내용이 바뀌게 된다. 가령 이사야 40장은 이렇게 말한다. "너희는 위로 하여라! 나의 백성을 위로하여라... 이제 복역 기간이 끝나고, 죄에 대한 형벌도 다 받고...주의 영광이 나타날 것이니." 에스겔과 같은 예언자는 마른 뼈들이 살아나는 환상을 통해 이스라엘의 회복을 예언한다 (에스겔 37장). 이처럼 예언자들은 심판과 희망의 양극단을 오가며, 이스라엘의 회개와 야웨신앙을 촉구했던 인물들이었다. 이들은 모두 자신의 삶을 민족의 운명과 일치시키며 역경과 고난의 삶을 살았다. 예언자들의 삶 자체가 하나의 메시지가 되었고, 그들은 고난과 역경을 신앙으로 돌파해 낸 숭고한 삶을 살아냈다. 예언자들의 생애와 사상은 훗날 예수에게 계승되었고, 서양 역사 속에서 인권과 사회정의를 세운 위대한 인물들에게 커다란 영향을 주었다.

이제 고대 이스라엘의 예언자 몇 사람을 살펴보자. 먼저 호세아(Hosea)인데, 그는 주전 8세기 북이스라엘에서 활동했던 예언자이다. 당시 북이스라엘 지배층들은 가나안 종교의 영향으로 우상숭배에 빠졌다. 이들은 풍요의 신인 바알과 여신 아세라(또는 아스다롯)를 황소와 암소의 형상으로 만들어서 숭배했다. 특히 여로보암 1세는 두 금 송아지를 만들어서 단과 벧엘에 두고 백성들이 가나안의 종교에 빠지도록 만들었다. 이 신을 섬기는 데는 제의적인 매음이 수반됐기 때문에 성적 타락이 만연했다. 호세아는 이러한 이방 종교가 십계명을 위반한다고 비판했다. 또 호세아는 이스라엘을 하나님의 아내로 비유하고(2:7, 16, 19), 부정한 아내 고멜과의 불행한 결혼생활을 통해 이스라엘의 타락한 종교 생활을 은유적으로 표현했다. 고멜은 3명의 자녀를 낳고, 불륜을 저지르며 가정을 버렸지만, 호세아는 고멜을 거듭 용서한다. 이러한 모습을 통해 자비로운 남편을 끊임없이 배신하는 부정한 아내와 같은 이스라엘을 끝까지 용서하는 야웨의 사랑을 은유적으로 표현한 것이다.

예레미야(Jeremaih)는 주전 7-6세기에 남유다에서 활동했다. 젊은 시절에 야웨의 소명을 받아 40여년간 완고한 유대인들에게 신의 심판을 선포했다. 예레미야는 동족들로부터 박해와 멸시를 받으면서 눈물로 회개를 호소한 눈물의 예언자로 알려져 있다. 죄를 회개하고 야웨의 뜻에 복종하는 것만이 닥쳐올 진노와 심판을 피할 수 있는 길이라고 외쳤다. 예레미야는 자신의 삶을 조국의 운명과 함께한 비탄과 슬픔의 예언자였다. 이 때문인지 서양의 위대한 화가들이 예레미야의 모습을 자주 화폭에 담았다. 아래 왼쪽은 미켈란젤로가 그린 예레미야의 모습이고, 오른쪽은 렘브란트가 그린 것이다. 모두 한결같은 그의 깊은 슬픔과 고뇌를 보여주고 있다. 예레미야의 예언 중 가장 유명한 것이 새로운 계약에 관한 것이다. "그 때가 오면, 내가 이스라엘 가문과 유다 가문과 새 언약을 세우겠다" (예레미야 31장 31절). 예레미야가 말한 '새 언약'은, 훗날 기독교인들에 의해 예수를 통한 신과의 새로운 계약을 의미하는 것으로 해석된다. 예수에 관한 문헌들은 '신약'(新約)성서라는 타이틀로 수집하게 된다. 그리고 기독교인들은 신약에 대칭되는 개념으로 히브리 성서를 '구약'(舊約, Old Testament)이라고 부르기 시작한다.

미켈란젤로, 예레미야, 1511

렘브란트, 예루살렘 파괴를 슬퍼하는 미켈란젤로, 1630

바벨론 포로기에 활동했던 대표적인 예언자 중 한 명이 바로 에스겔(Ezekiel)이다. 그는 예루살렘 성전에서 활동하던 제사장의 후손으로, 주전 598년 유다 왕, 여호야긴과 함께 바벨론의 포로가 되어, 그발 강변에 있는 포로수용소에서 생활하게 된다. 그때 에스겔은 야웨의 소명을 받고 22년 동안 포로지에서 예언 활동을 한다. 에스겔은 성격이 강직했고, 우상숭배를 준엄하게 경고하다 체포되고 순교를 당하게 된다. 특별히 그는 신비한 환상을 통해 이스라엘 국권의 회복과 독립의 희망을 예언한 인물로 유명하다. “내가 포로로 잡혀 온 사람들과 함께 그발 강 가에 있었다. 나는 하나님이 하늘을 열어 보여주신 환상을 보았다” (에스겔 1:1절). 아래 그림은 에스겔이 그발 강가에서 본 환상을 르네상스의 화가, 라파엘이 그린 것이다. 에스겔은 환상 중에 야웨의 빛나는 보좌를 보게 되고, 그 보좌를 옹위하는 네 마리의 신성한 동물을 목격하게 된다. 아래 그림을 보면, 날개 달린 천사와 사자, 황소, 그리고 독수리가 보이는데, 이 동물들은 각각 동-서-남-북을 상징한다. 중세시대부터 야웨의 보좌를 상징하는 네 마리 동물들은, 각각 예수의 이야기를 기록한 신약성서 4복음서의 상징물로 사용된다. 즉 마태복음은 날개 달린 천사, 마가복음은 사자, 누가복음은 황소, 그리고 요한복음은 독수리를 상징한다. 마태복음에서는 날개 달린 천사, 가브리엘이 예수의 탄생을 알려준다. C.S. 루이스의 <나니나 연대기>에 등장하는 아슬란이라는 사자는 마가복음서에 등장하는 예수를 상징한다.

라파엘, 에스겔의 환상, 1518

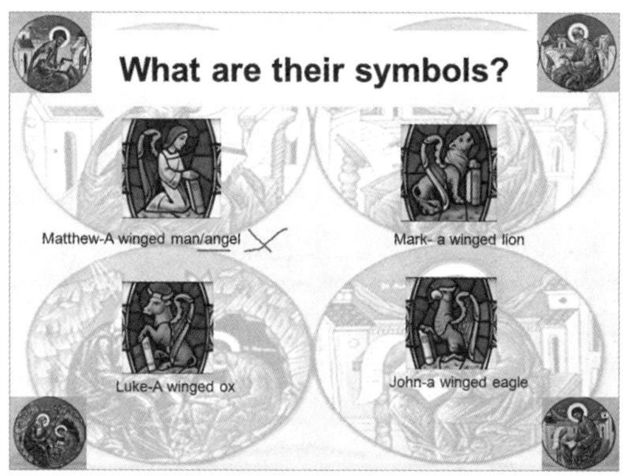

그리고 연세대학교를 상징하는 동물이 독수리인 것은, 연세대학교의 학훈인, “진리를 알지니 진리가 너희를 자유케 하리라”는 말씀이 요한복음 8장 32절에서 유래했기 때문이다. 에스겔은 네 마리의 신비한 동물이 수호하는 야웨의 영광으로 빛나는 보좌에 관한 환상을 통해 이스라엘의 회복을 전하고자 한 것이다.

에스겔의 환상 중 가장 유명한 것은 37장에 기록되어 있는 죽음의 골짜기에 관한 것이다. 죽은 뼈들로 가득한 골짜기에 에스겔은 두려움에 사로잡힌 채 서 있었다. 그런데 갑자기 야웨의 생기(루아흐)가 불어오자, 죽은 뼈들이 일어나 뼈들에 힘줄이 생기고, 살이 오르며, 그 위에 가죽이 덮이면서 거대한 군대로 변모한다. 이때 야웨가 에스겔에게 이렇게 말씀한다. "이 뼈들이 바로 이스라엘 온 족속이다. 그들이 말하기를, 우리의 뼈가 말랐고, 우리의 희망도 사라졌으니, 우리는 망했다 한다. 그러나 너는 대언하여 그들에게 전하여라. '나 주 하나님이 말한다. 내 백성아, 내가 너희 무덤을 열고, 무덤 속에서 너희를 이끌어 내고, 너희를 이스라엘 땅으로 들어가게 하겠다."(에스겔 37:11-13절). 즉 에스겔의 환상은 민족의 독립과 수복에 관한 예언이었던 것이었다. 이제 바벨론 제국에 의해 마른 뼈처럼 죽어 있던 유대민족이 야웨의 도우심으로 다시 제2의 출애굽(Second Exodus) 역사를 시작할 것이라는 내용이다.

포로기 이후에 활동을 한 예언자 중 한 명이 학개(Haggai)이다. 그는 바벨론의 포로에서 돌아와 폐허가 된 예루살렘 성전을 재건한 인물로 유명하다. 또 야웨 신앙의 구심점인 성전을 재건하기 위해 백성을 단결시킨 재건의 지도자라 할 수 있다. 학개는 백성들에게 이렇게 촉구했다. "성전이 이렇게 무너져 있는데, 지금이 너희만 잘 꾸민 집에 살고 있을 때란 말이냐? ... 너희는 산에 올라가서 나무를 베어다가 성전을 지어라. 그러면 내가 그 성전을 기껍게 여기고, 거기에서 내 영광을 드러내겠다"(학개 1:4, 8절). 학개는 예루살렘 성전재건 프로젝트를 진행하는 동시에 유대교의 예배를 정화하는 작업을 시도한다. 그는 "이 백성은 정말 더러워졌다...그들이 제단에 바치는 것도 모두 더러워졌다"(2:14)고 비판하며 레위기에 언급된 유대교의 종교제의를 복원하려고 시도했다. 이러한 일들 통해 포로생활로 상실된 민족의 정체성을 회복하고, 유대교의 재건을 도모했던 것이다.

이처럼 예언자들은 역사적 상황에 능동적으로 대처하며 야웨의 심판과 희망의 말씀을 선포했던 인물들이었다. 이들은 민족의 고통에 공감하고, 유대 백성들의 시대적 아픔을 읽어 낼 줄 알았던 인물들이었다. 그리고 이러한 고난을 명민하게 진단하고, 그 시대와 사회의 모순구조를 비판하였다. 그러나 비판에 멈추지 않고 근원적 대안을 야웨의 이름으로 제시했던 사람들이었다.

다양한 예언자들에게 공통으로 드러나는 것은, 바로 사회정의(social justice)에 관한 메시지였다. 아모스는 공정한 법 집행과 사회정의가 실현되지 않은 상태에서 드리는 예배를 야웨는 거부한다고 경고한다. 이사야 예언자는 평화의 비전을 이리와 어린양이 함께 거하고, 어린 사자와 소가 함께 뛰노는 평화로운 정경을 다음과 같이 묘사하고 있다. "그는 정의로 허리를 동여매고 성실로 그의 몸의 띠를 삼는다. 그 때에는, 이리가 어린 양과 함께 살며, 표범이 새끼 염소와 함께 누우며, 송아지와 새끼 사자와 살진 짐승이 함께 풀을 뜯고, 어린 아이가 그것들을 이끌고 다닌다" (이사야 11:5-6절). 이사야의 예언은 1960년대 미국의 흑인인권 운동가 마틴 루터 킹 목사의 1963년 워싱턴 행진 연설에 인용된 적이 있다. 또 미가 예언자는 전쟁 금지, 즉 반전운동의 메시지를 이렇게 전하고 있다. "주께서 민족들 사이의 분쟁을 판결하시고, 원근 각처에 있는 열강 사이의 갈등을 해결하실 것이니, 나라마다 칼을 쳐서 보습을 만들고 창을 쳐서 낫을 만들 것이며, 나라와 나라가 칼을 들고 서로를 치지 않을 것이며, 다시는 군사 훈련도 하지 않을 것이다" (미가 4:3절).

우리 시대의 예언자들

사회정의에 관한 예언자들의 사상은 서구역사에 심대한 영향을 미쳤다. 그럼, 현대사회에서 예언자들의 사상을 계승하고 구현하고자 했던 인물들을 살펴보자. 먼저 살펴볼 인물은 히틀러의 파시즘과 유대인 박해를 비판하다가 순교한 독일의 사상가이자, 목사였던 본 회퍼(Dietrich Bonhoeffer, 1906-1945)이다. 그는 히틀러가 아니라 십자가에서 죽은 예수만이 우리의 진정한 '주님'이라고 고백하는 '고백교회'를 설립하여 반-나치운동을 이끌었다. 결국, 그는 히틀러 암살사건에 연루되어 나치정권에 의해 국가반역죄로 38살에 독일 플로센뷔르크 수용소에서 1945년 4월에 교수형으로 처형당한다. 그는 죽음의 순간에도 성주와 같이 당당한 모습으로 최후를 맞이했다고 한다. 본회퍼는 예수의 고난을 따르지 못하는 신앙을 '값싼 은혜'라고 주장하며, 불의한 나치정권에 침묵하는 독일교회들을 비판했다. 본회퍼는 라디오 방송을 통해서 독일국민들에게 히틀러를 지지하는 것은 우상숭배와 같다고 비판했으며, 유대인을 박해하는 자들은 찬송가를 부를 자격이 없다고 말했다. 그는 히틀러를 '미친 운전자'에 비유하는 다음과 같은 말을 남겼다.

> 만일 어떤 미친 사람이 번화한 거리에서 인도 위로 차를 몰고 달린다고 하면 나는 목사로써 죽은 자를 장사하고, 그의 가정을 위로하는 것으로 만족할 수 없습니다. 내가 만일 이 장소에 있다면 뛰어 덤벼들어서 그 미친 운전사에게서 핸들을 빼앗아 운전을 하지 못하도록 막아야 합니다.

이후 본회퍼가 남긴 <나를 따르라>, <윤리학>, 그리고 감옥에서 보낸 편지를 모은 <옥중서신>은 2차 대전 이후에 서구 사회에 커다란 반향을 일으켰다. 본 회퍼의 사상과 삶은 불의한 국가권력에 대한 예언자적 삶의 모범을 보여준 것으로 평가받고 있다.

히틀러에 저항했던 본 회퍼

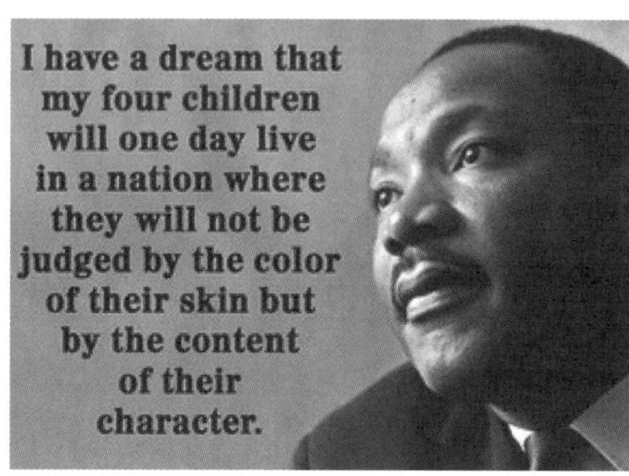

60년대 흑인 인권 운동의 지도자, 마틴 루터 킹

본 회퍼와 더불어 20세기의 예언자로 간주되는 인물로는, 60년대 흑인 인권운동가였던 마틴 루터 킹(Martin Luther King Jr, 1929-1968)을 들 수 있다. 그는 비교적 경제적 여유가 있는 흑인목사의 집안에서 태어나 보스턴 대학에서 신학박사 학위를 받을 정도로 엘리트였다. 그러나 남부 앨라배마주 몽고메리시에 있는 침례 교회에 부임하면서, 흑인들이 겪는 정치적, 경제적 불평등을 몸으로 체감하게 된다. 1955년 12월 몽고메리 시립 공영 버스의 흑인 좌석차별 사건 이후, 그는 버스 보이콧 운동을 비폭력 평화 시위로 이끌어 냈으며, 1년 만에 범국민적 지지를 얻게 된다. 마틴 루터 킹은 미국의 보수적인 침례교 목사 출신이었지만, "인간의 영혼을 갉아먹는 빈곤과 경제적인 조건, 그리고 인간의 영혼을 짓누르는 사회적인 조건에는 무관심한 채 인간의 영적인 구원에만 관심을 갖는 종교는 사멸하게 된다"고 주장했다. 이후 60년대 말콤 엑스(Malcom X, 1925-1965)와 더불어 흑인 해방 운동 및 흑인 인권운동을 상징하는 인물로 성장한다. 이러한 공로로 마틴 루터 킹은 1964년 노벨 평화상을 수상하기도 했다. 그러나 1965년 3월에 벌어진 셀마 몽고메리 행진에서 평화적인 시위를 폭력적으로 진압하는 경찰들의 모습이 TV방송으로 미국전역에 알려지면서 미국 사회는 커다란 충격에 휩싸인다. 마틴 루터 킹은 수많은 살해위협 속에서도 비폭력적이고 점진적인 방법으로 흑인들의 정치적 권리와 인권을 증진시키고자 노력했다. 그러나 이러한 그의 노력에도 불구하고 백인 우월주의자들은 그를 위험인물로 간주했고, 끊임없는 테러로 그의 목숨을 위협했다. 결국, 1968년 4월 테네시주의 흑인 미화원 파업운동을 지원하러 갔다가 멤피스에서 백인 우월주의자, 제임스 얼 레이의 총탄을 맞고 사망한다. 그는 폭력 노선과 흑인 분리 독립을 주장하던 말콤 엑스와는 달리 비폭력 저항운동을 죽는 순간까지 실천하고 했다. 1986년부터 미국 정부는 매년 1월 세 번째 월요일을 마틴 루터 킹의 날로 정하고 연방 정부 공휴일로 지정하고 있다. 그가 남긴 유명한 워싱턴 행진 연설은 20세기 행해진 가장 위대한 연설로 평가받는다. 워싱턴 광장에서 평화의 행진을 마친 50만 군중 앞에서 행한 그의 연설문 속에서는 이사야 예언자의 목소리가 담겨있다.

나에게는 꿈이 있습니다. 언젠가 이 나라가 일어서서 "모든 인간은 평등하게 창조되었다는 것이 자명한 진리로 간주된다."는 신조의 진정한 의미를 실현해낼 것이라는 꿈입니다. 나에게는 꿈이 있습니다. 언젠가는 조지아의 붉은 언덕 위에 옛 노예의 후손들과 옛 주인의 후손들이 형제애의 식탁에 함께 둘러앉는 날이 오리라는 꿈입니다...나에게는 꿈이 있습니다. 저의 네 명의 어린 자식들이 피부색이 아니라 인격에 따라 평가받는 나라에 살게 되는 날이 오리라는 꿈 입니다. 지금 나에게는 꿈이 있습니다!.. 흑인 소년 소녀들이 어린 백인 소년 소녀들과 손을 잡고 형제자매로서 함께 걸어갈 수 있게 되는 꿈입니다. 어느 날 모든 계곡이 높이 솟아오르고, 모든 언덕과 산은 낮아지며, 거친 곳은 평평해지고, 굽은 곳은 곧게 펴지고, 하나님의 영광이 나타나 모든 사람들이 함께 그 광경을 지켜보는 꿈입니다. (이사야 40:4~5)

마틴 루터 킹으로 상징되는 서구의 인권운동은 70년대 한국사회에도 큰 영향을 미쳤다. 산업화의 과정 속에서 노동자들의 권익이 철저히 무시되던 시절, 청계천에서 하루 18시간씩 일하던 미싱사, 전태일은 죽음으로 한국사회의 모순구조를 고발했다. 이에 양심적인 지식인과 종교인들이 이에 화답하였는데, 그 중 대표적인 인물이 바로 문익환(1918-1994) 목사였다. 그는 북간도 용정에서 민족시인 윤동주와 함께 어린 시절을 보낸 인물이었다. 이준익 감독이 만든 <동주>라는 영화 속에 이들의 관계가 잘 묘사되어 있다. 문익환은 북간도에 있던 명동 소학교와 은진 중학교, 그리고 평양의 숭실학교에서 윤동주와 함께 공부하였고, 일본과 미국에서 신학을 공부하여, 한신대학교와 연세대학교에서 히브리 성서를 가르치기도 하였다. 그는 한국전쟁 당시 미군의 통역장교로 활동하기도 하였고, 전쟁이 끝나자 대학에서 교수로 학생들을 가르쳤다. 특히 그는 1970년대 한국 카톨릭과 개신교과 함께 한글로 성서를 번역하는 작업에 참여하여 그의 전공인 히브리 예언서를, 아름다운 우리글로 번역하기도 했다. 특히 예언서를 번역하는 과정에서 한글을 깊이 연구하였고, 원래 시적 운율로 작성된 예언서의 많은 부분들을 번역하기 위해 시를 깊이 공부하기도 하였다. 그리고 이를 계기로 늦은 나이에 시인으로 등단하기도 하였다. 이 과정에서는 문 목사는 옛 친구, 윤동주의 시가 많은 도움을 주였다고 고백하기도 했다. 히브리 예언서를 우리말로 번역하는 동안, 문 목사는 예언자들의 사회정의에 깊이 감화된다. 이후 문목사는 노동자를 탄압하고 민주주의를 억압하는 박정희 정권에 정면으로 맞서게 되고, 대학에서 여러 차례 해직을 당한다. 또한, 남과 북의 분단체제가 야기하는 민족적 갈등과 민중들의 고통을 깨닫고, 통일운동에 매진하게 된다. 1990년에 그는 실정법을 위반하면서까지 북한의 김일성을 만나 민족의 평화적 통일을 논의하기도 했다. 문익환은 민주화와 통일운동의 과정에서 5번이나 수감 생활을 하게 되지만, 그의 의지는 꺾이지 않았다.

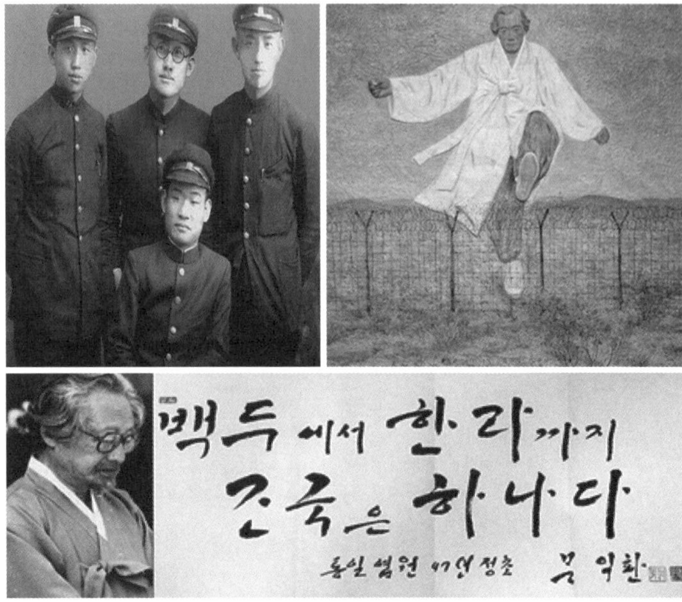

문익환은 평생을 히브리 성서의 예언자 정신에 입각해서 권력자들의 부정부패를 비판하며 힘없는 사람들의 인권과 민주주의, 그리고 남북의 평화적 통일을 위해 헌신했던 한국의 예언자였다. 그가 남긴 <꿈을 비는 마음>이라는 시에는, 예언자로서 문익환의 희망이 담겨있다.

개똥같은 내일이야/ 꿈 아닌들 안 오리오마는/ 조개 속 보드라운 살 바늘에 찔린 듯한 상처에서 저도 몰래 남도 몰래 자라는/ 진주 같은 꿈으로 잉태된 내일이야/ 꿈 아니곤 오는 법이 없다네 (중략)/ 벗들이여!/ 이런 꿈은 어떻겠오?/ 155마일 휴전선을/ 해뜨는 동해바다

쪽으로 거슬러 오르다가 오르다가/ 푸른 바다가 굽어 보이는 산정에 다달아/ 국군의 피로 뒤범벅이 되었던 북녘땅 한 삽/ 공산군의 살이 썩은 남녘땅 한 삽씩 떠서/ 합장을 지내는 꿈, 그 무덤은 우리 5천만 겨레의 순례지가 되겠지/ 그 앞에서 눈물을 글썽이다 보면/ 사팔뜨기가 된 우리의 눈이 제대로 돌아/ 산이 산으로, 내가 내로, 하늘이 하늘로, 나무가 나무로, 새가 새로, 짐승이 짐승으로,/ 사람이 사람으로 제대로 보이는 어처구니없는 꿈 말이외다 (중략)/ 그도 아니면 이런 꿈은 어떻겠오?/ 그 무덤 앞에서 샘이 솟아 서해 바다로 서해 바다로 흐르면서/휴전선 원시림이 압록강 두만강을 넘어 만주로 펼쳐지고 한려수도를 건너뛰어 제주도까지 뻗는 꿈,/ 그리고 우리 모두 짐승이 되어 산과 들을 뛰노는 꿈,/새가 되어 신나게 하늘을 나는 꿈, 물고기가 되어 펄떡펄떡 뛰며 강과 바다를 누비는/ 어처구니없는 꿈 말이외다.

이 시 속에는 평화에 대한 예언자들의 꿈을, 분단된 한반도에서 실현하고 싶어 하는 문익환의 소망이 펼쳐져 있다. 앞서 마틴 루터 킹 목사의 꿈이 백인과 흑인의 인종차별을 철폐하는 것이라면, 문익환의 꿈은 이념의 장벽을 넘어 모두가 생명으로 하나가 되는 통일의 꿈이었다.

그렇다면 예언자란 무엇이고, 어떤 사람들이었을까? 첫 번째로 예언자들은 진리의 말씀을 수호한 사람들이었다. 그들은 거짓과 위선의 말들이 난무하는 시대에 오직 야웨의 진실한 말씀에 사로잡힌 인물들이었다. 두 번째로 그들은 현재의 삶에 충실한 인물들이었다. 과거를 후회하고 미래에 불안해하지 않으며, 지금 이 순간(here and now)에 주어진 사명에 최선을 다하는 사람들이었다. 세 번째, 예언자들은 비전(vision)을 지닌 사람들이었다. 혼자 꾸는 꿈을 욕망(desire)라고 하고, 함께 꾸는 꿈을 비전이라고 한다. 모두가 함께 꿀 수 있는 궁극적 가치를 실현하기 위해 최선을 경주한 인물이 바로 예언자들이었다. 네 번째, 그들은 영적인 인물들이었다. 물질보다는 사회적 지위보다는 궁극적 가치, 즉 영적인 가치의 중요성을 깨달음 사람들이었다. 마지막으로 예언자들은 절망의 순간에도 무조건적 희망을 소유한 인물들이었다.

토론주제 ······························ ③

01.

예언자들의 메시지가 지닌 현대적 의미를 생각해 보자.

02.

왜 예언서는 산문이 아니라 운문이었을까?

03.

윤동주와 문익환의 시 속에 나타난 예언자적 메시지를 살펴 보자.

참고문헌 … ③

1. 문익환, 『히브리 민중사』. 서울: 정한책방, 2018.

2. W. 브루지만/ 김쾌상 역, 『예언자적 상상력』. 서울: 대한기독교출판사, 1988..

3. 아브라함 요하스 헤셜/ 이현주 옮김, 『예언자 1, 2』. 서울: 종로서적, 1992.

4

성문서 신을 향한 사색

4장

성문서
신을 향한 사색

히브리 성서의 세 번째 파트를 유대인들은 케투빔(Kethuvim), 기독교인들은 성문서(聖文書, Writings)라고 부른다. 즉 거룩한, 성(聖)스러운 문헌들이라는 뜻이다. 성문서는 앞에서 살펴본 토라(Torah)와 예언서(Neviim)와는 다른 특징을 가지고 있다. 토라와 예언서는 계시적 성격이 강한 문서들이다. 다시 말해 야웨 하나님의 가르침이 모세와 예언자들을 통해 이스라엘 백성들에게 전달되는, 즉 위에서 아래로 향하는 특징을 지니고 있다. 이에 비해 성문서에 속한 책들은 아래에서 위로, 즉 신을 향한 인간의 경험과 사색을 기록한 문헌들로 구성되어 있다. 따라서 계시적 성격보다는 인간적인 성격이 강하다고 할 수 있다. 성문서에 포함되는 책들에는, 시편(Psalms)과 지혜문학(wisdom literature)에 속하는 잠언(Proverbs), 전도서(Ekklesiastes), 욥기(Job), 그리고 메길롯(Megillot)이라는 다섯 개의 두루마리 책들과 역사책들(다니엘, 에스라, 느헤미야, 역대기)이 포함되어 있다.

메길롯에 속하는 책들은 유대교의 명절과 깊은 관련이 있는 책들로 구성되어 있다. 먼저 아가(Song of Songs)는 남녀 간의 사랑을 노래한 책인데, 유대인들은 이 책을 하나님과 이스라엘 민족 간의 관계를 사랑이라는 알레고리로 표현하고 있다고 생각한다. 아가는 유월절(Passover)에 봉송이 된다. 룻기(Ruth)는 '룻'이라는 이방 여인이 유대인이었던 남편이 죽었음에도 시어머니 나오미를 끝까지 봉양하는 이야기를 담고 있다. 룻기는 오순절(Pentecost)에 봉독하는 책인데, 오순절은 밀 농사의 첫 수확으로 두 개의 빵을 바치는 유대교의 제사날이다. 유대인들은 이 날을 모세가 십계명을 받으러 시내산에 올라간 날로 기념한다. 또 예레미야 애가(Lamentations)는 슬픈 노래(Elegy)라는 뜻인데, 예루살렘 성전이 주전 6세기에 바벨론 제국에 의해 함락된 것을 슬퍼하며 부르는 노래이다. 애가는 성전 파괴일에 주로 낭독된다. 전도서(Ekklesiasters)는 장막절(Suklot)에 낭독되는데, 장막절은 유대인의 추석이라 할 수 있는 절기이다. 그리고 에스더(Esther)는 고대 페르시아로부터 이스라엘을 구원한 에스더라는 여성의 이야기를 기록하고 있다. 유대인들은 부림절(Purim)에 나라를 구한 에스더의 활동을 기념하며 축제를 벌인다. 그리고 회당에서 에스더서를 낭독하는 전통이 있다. 그리고 다니엘(Daniel), 에스라(Ezra), 느헤미야(Nehemiah), 역대기(1, 2 Chronicles)와 같은 책들이 있다. 기독교는 다니엘서를 예언서로 분류한다. 기독교는 히브리 성서를 예수를 메시아로 예견하는 책들로 이해하기 때문에, 예수를 메시아로 인정하지 않는 유대교와는 성서에 대한 관점에 다소 차이가 있다.

시편, 고대 이스라엘의 찬송가

시편(詩篇)은 성문서에 속한 책 중에서 가장 많은 분량을 차지한다. 시편은 원래 히브리어로 테히림(Tehillim)이라고 부르는데, 기원전 3세기에 히브리어를 잊어버린 디아스포라 유대인들을 위해 그리스어로 살모이(Salmoi)로 번역이 되었다. 살모이라는 말은 노래 가사를 의미하는데, 고대 그리스의 음유시인들은 하프를 타면서 시를 노래 가사처럼 낭독했다. 널리 알려진 호메로스의 일리어스와 오딧세이아도 일종의 살모이라고 할 수 있는데, 원래 하프로 반주하면서 불렀던 장편 서사시였다. 마치 우리나라의 판소리가 고수의 북장단에 맞춰서 불렀던 것과 비슷하다고 볼 수 있다. 나중에 그리스어 살모이가 영어로 Psalms로 번역된다. 따라서 시편은 고대 이스라엘 사람들이 야웨 하나님을 찬양했던, 일종의 찬송가 가사 모음집이라고 할 수 있다.

일례로 시편 22편을 보면, 다음과 같은 지시문이 있다. “다윗의 시, 인도자를 따라 아앨렛 사할(새벽 암사슴)에 맞춘 노래!” 이 말은 합창단 지휘자의 지시에 따라 새벽 암사슴의 노래 멜로디에 맞춰 22편 가사를 함께 부르라는 뜻이다. 이처럼 시편은 고대 이스라엘 사람들의 찬송가 가사집이라는 사실을 알 수 있다. 고대사회에는 멜로디를 체계적으로 기록하는 악보가 없었기 때문에 가사만 기록한 것이라고 볼 수 있다. 시편에는 모두 150개의 찬양시들이 수록되어 있다. 그런데 자세히 살펴보면, 시편이 다섯 권으로 구성되어 있다는 것을 알 수 있다. 왜냐하면 송영(doxology)이 시편 150개 중에서 딱 다섯 군데만 등장하기 때문이다. 송영이란 야웨 하나님에게 예배를 드릴 때 예배의 끝마침을 알리는 마지막 찬송가를 의미한다. 이 송영이 시편 150편 중에서 41편, 72편, 89편, 106편, 150편 말미에만 등장한다. 이것은 시편이 원래 다섯 권으로 구성되어 있었다는 걸 의미한다. 그렇다면 왜 시편은 다섯 권으로 구성했을까? 그것은 5권(창세기, 출애굽기, 레위기, 민수기, 신명기)으로 구성된 토라와 상응시키기 위한 것이다. 즉 토라는 야웨가 모세를 통해 이스라엘 백성에게 준 다섯 권의 책이라면, 시편은 이스라엘 백성들이 야웨에게 드리는 다섯 권의 찬송가라고 할 수 있다.

150편의 시편은 내용적으로 매우 다양한 유형들로 구성되어 있다. 먼저 찬양시(Psalms of Praise)이다. 영어에서는 Hymn이라고 부르는데, 찬양시는 만물과 인간을 창조하고, 이스라엘을 구원하신 야웨의 능력과 권능을 찬양하는 내용이다. 가령 시편 19편은 다음과 같이 노래한다. “하늘은 하나님의 영광을 드러내고, 창공은 그의 솜씨를 알려준다.” 즉 천지를 창조하신 조물주로서의 야웨의 속성을 노래하고 있다. 이 때문에 19편을 창조 시편(Creation Psalms)이라고 부르기도 한다.

두 번째 유형은 탄원시편(Psalms of Lament)이다. 탄원이라는 말은 억울한 일을 호소한다는 뜻이다. 고대 이스라엘 사람들은 역사 속에서 억울하고 비통한 일을 많이 당한 민족이다. 끊임없는 강대국들의 침입과 권력자들의 불의와 우상숭배에 백성들이 시달렸다. 이 때문에 탄원시가 매우 유행했다. 시편의 유형 중에서 가장 많은 것이 탄원시편이다. 이 중에서 시편 22편은 전형적인 탄원시의 모습을 보여준다. "나의 하나님, 나의 하나님, 어찌하여 나를 버리십니까? 어찌하여 그리 멀리 계셔서, 살려 달라고 울부짖는 나의 간구를 듣지 아니하십니까?" 이런 식으로 자신의 억울하고 간절한 심정을 야웨에게 정직하게 토로하는 것이 탄원시편이다. 그런데 야웨에 대한 원망의 목소리가 중간에 가서는 갑자기 감사의 목소리로 변하는데, 이것은 시편 기자의 마음의 변화를 의미한다. 즉 야웨에 대한 원망과 탄원으로 시작된 기도가 고난 중에 숨어있는 신의 은혜를 깨닫고, 이제 감사의 찬양으로 바뀌게 되는 것이다. 서양 속담에 '신은 축복의 선물을 고난이라는 포장지 속에 감추어 둔다'는 말이 있다. 탄원시를 통해 고통을 통해 성숙해진 인간의 감정을 엿볼 수 있다.

세 번째 유형은 감사시편(Psalms of Thanksgiving)이다. 감사시편은 탄원시편과 깊은 관련이 있다. 이스라엘 사람들은 삶의 질곡과 고통 속에서 야웨에게 탄원하는 기도를 드렸다. 그리고 위로와 희망을 얻게 된 사람들이 감사의 기도를 드리게 된다. 대표적인 것으로는 시편 118편을 들 수 있다. "주님께 감사하여라, 그의 인자하심이 영원하다...내가 고난을 받을 때에 부르짖었더니, 주님께서 나에게 응답하여 주시고, 주님께서 나를 넓은 곳에 세우셨다"(118:1, 5). 가장 널리 알려진 감사시편은 시편 23편인데, 다윗 왕으로 추정되는 인물이 고난 가운데 자신을 구원해 주신 야웨에게 신뢰와 믿음을 표현하고 있다.

주님은 나의 목자시니, 내게 부족함 없어라. 나를 푸른 풀밭에 누이시며 쉴 만한 물가로 인도하신다. 나에게 다시 새 힘을 주시고, 당신의 이름을 위하여 바른 길로 나를 인도하신다. 내가 비록 죽음의 그늘 골짜기로 다닐지라도, 주님께서 나와 함께 계시고, 주님의 막대기와 지팡이로 나를 보살펴 주시니, 내게는 두려움이 없습니다...진실로 주님의 선하심과 인자하심이 내가 사는 날 동안 나를 따르리니, 나는 주님의 집으로 돌아가 영원히 그 곳에서 살겠습니다. (시편 23:1-6)

이처럼 고대 이스라엘 사람들은 자신들을 구원해주신 야웨의 은혜를 잊지 않고 감사하였다. 작은 것에 감사할 수 있는 사람만이 행복한 삶을 살 수 있다. 충북 음성에 있는 꽃동네라는 카톨릭 복지단체에 가면 최귀동 할아버지의 동상이 있다. 이분은 평생 거지로 살면서도 병든 동료들을 위해 구걸하며 도왔다. 그는 빌어먹을 힘만 있어도 하나님께 감사하다고 기도를 드렸다고 한다.

감사시편 외에 또 다른 시편 유형으로는 지혜시편과 토라시편, 그리고 시온의 노래 등이 있습니다. 시온(Zion)이란 예루살렘 성전이 있던 곳이다. 이스라엘 사람들이 바벨론 제국에서 포로 생활을 하면서 돌아가기를 꿈꿨던 마음의 고향이자 영혼의 고향 같은 곳이었다.

잠언과 지혜문학의 특징

이제 성문서에 포함된 지혜문학에 대해서 살펴보자. 히브리어로 지혜를 호크마(hokmah)라고 한다. 그렇다면 지혜(wisdom)와 지식(knowledge)의 차이는 무엇일까? 지식은 손쉽게 검색할 수 있다. AI는 무수한 지식들을 검색하고, 편집하여 손쉽게 제공한다. 그런데 AI는 삶의 연륜이 담긴 지혜를 제공해 줄 수 있을까? 지혜문학은 AI가 답변해 줄 수 없는 인생의 경륜이 담긴 가르침들을 기록하고 있다. 잠언, 전도서, 욥기과 같은 책들이 지혜문학에 해당한다. 지혜문학은 신앙보다는 인간의 이성과 경험을 중시한다. 그런데 지혜라는 개념은 고대 히브리인들의 사상 속에서는 낯선 개념이었다. 그러나 고대 이집트와 그리스 사람들에게 매우 중요한 삶의 덕목으로 간주 되었다. 가령, 고대 이집트와 그리스는 지혜를 신성화해서 여신의 모습으로 의인화하기도 했다. 이집트는 지혜의 여신을 마아트(*maat*)라고 불렀고, 그리스는 아테나(Athena)라고 부르면서 숭배했다. 아테나는 지혜의 여신인 동시에 전쟁의 여신이기도 했는데, 전쟁에서 가장 중요한 덕목 중 하나가 올바른 판단, 즉 지혜였기 때문이다.

지혜문학은 고대 근동 지방의 영향을 많이 받았다. 특히 지혜의 왕이라고 불리는 솔로몬은 이집트의 지혜문학을 적극적으로 받아들였다. 다윗의 서자로 태어난 솔로몬은 왕권을 잡고 나서 젊은 인재를 양성하기 위해 궁중에 지혜학교를 설립한다. 마치 세종대왕이 집현전을, 정조대왕이 규장각을 설치해서 젊은 관료를 중심으로 국가를 운영한 것과 유사하다고 볼 수 있다. 솔로몬은 주변 국가와의 적극적인 외교 관계를 통해 평화정책을 유지한 것으로도 유명하다. 시바 여왕과의 염문설도 이러한 과정에서 생겨난 것이다. 아무튼 솔로몬은 주변 강대국의 선진문물을 적극적으로 흡수했다. 이 과정에서 이집트를 비롯한 고대 근동국가들의 지혜문학이 수입되었다. 가령 잠언 22장부터 24장은 고대 이집트의 아멘엠오페(Amenemope)의 교훈과 동일하며, 욥기는 바벨론 욥기(Babylonian Job)와 매우 흡사하다. 그러나 주변 국가로부터 지혜문학을 수입했지만, 이스라엘 사람들은 유일신 신앙의 관점에서 이를 받아들였다. 이것을 종교학에서는 토착화(土着化, indigenization)라고 부른다. 즉 외래 사상이 유입됐을 때, 자신들의 고유한 사상에 기반해서 이해하는 것을 의미한다. 예를 들어, 기독교가 처음 우리나라에 소개됐을 때, 하나님을 조선사람들에게 익숙한 천주(天主) 혹은 상제(上帝)로 번역을 했다. 이처럼 고대 이스라엘 사람들은 지혜를 자신들의 유일신 신앙에 비추어 받아들였다. 그래서 유대인들은 이렇게 이야기한다. "지혜의 근원은 하늘에 계신 하나님의 말씀이며", "야웨를 경외하는 것이 지혜의 근본이다."

지혜의 여신, 마아트

이집트 신화에 나타난 최후의 심판 장면

위 왼쪽 그림이 지혜의 여신, 마아트(Maat)의 모습이다. 마아트는 법과 정의, 그리고 조화와 진리와 지혜를 상징한다. 자세히 보면 마아트의 머리에 타조의 깃털이 달려 있는데, 고대 이집트에서는 피라미드의 무게중심에 타조 깃털을 올려 놓고 제사를 지냈다고 한다. 타조 깃털은 조화롭고 균형 있는 지혜로운 삶을 의미했다. 이집트인들은 우주와 자연의 질서에 순응하고, 인간 사이에 분열과 갈등이 없는 조화롭고 정의로운 사회를 유지하기 위해서는 지혜가 필요하다고 생각했다. 그들은 자연과 인간 사회에 조화와 균형이 사라지면, 파괴와 분열, 그리고 갈등이 발생한다고 생각했다. 오른편 그림은 사후세계의 심판을 묘사한 그림이다. 고대 이집트 사람들은 사후에 오시리스(이집트의 염라대왕) 앞에서 심판을 받을 때, 자신의 심장을 그리고 반대편에 마아트를 상징하는 타조털을 저울에 올려놓고 무게를 달았다고 한다. 만일 심장이 깃털보다 가벼웠다면 지혜롭지 못한 삶을 살았기 때문에 부활의 땅에 들어갈 수 없다고 간주되었다.

이집트에 마아트가 있다면 그리스에는 아테나라는 지혜의 여신이 존재했다. 그리스 신화에 따르면 아테나는 아버지인 제우스의 머리에서 태어났다고 한다. 그리스어로 지혜를 소피아(Sophia)라고 하는데, 철학을 영어로 필로소피(Philosophy)라고 한다. 이 말의 유래는 고대 헬라어 필레인(Pilein, 사랑하다)과 소피아(Sophia, 지혜)의 합성어로써 직역하면 '지혜를 사랑한다'는 뜻이다. 다시 말해 철학이란 소피아(지혜)를 사랑하는 것을 의미한다. 따라서 고대인들에게 진정한 철학이란 현명한 삶, 지혜로운 삶을 추구하는 것이라고 할 수 있다.

지혜문학의 대표적인 책으로는 잠언(Proverbs)이 있다. 잠언이란, 오랜 경험에서 비롯된 삶의 진리를 담고 있는 짧은 문장을 말한다. 잠언은 모든 문명권에서 발견되는 보편적인 현상이다. 우리나라에도 삶의 지혜를 가르치는 잠언류의 말들을 쉽게 발견할 수 있다. 가령, '빈대 잡으려다 초가삼간 태운다'는 말이 있다. 자칫 작은 일에 집착하다가 큰일을 망친다는 뜻이다. 이렇듯 잠언은 인생의 연륜과 경험에서 우러나온 지혜로운 말들을 의미한다. 잠언 25장 20절은 "마음이 상한 사람 앞에서 즐거운 노래를 부르는 것은 상처에 초를 붓는 것과 같다"라고 말한다. 요즘 말로 분위기 파악하라는 뜻이다. 상황에 맞게 행동하는 것이 현명하다는 것이다. 또 잠언 26장 11절에는 이런 말씀이 있다. "개가 토한 것을 도로 먹듯이 미련한 사람은 어리석은 일을 반복한다." 후회할 일을 반복하지 말라는 뜻이다. 이러한 잠언들을 관습적 지혜(conventional wisdom)이라고 한다. 즉 삶의 경험과 연륜 속에서 우러나온 지혜를 말한다. 이러한 잠언들은 신앙과는 다소 무관한 것으로 고대 근동세계에서 보편적으로 찾아볼 수 있다. 그런데 고대 이스라엘 사람들은 잠언을 유일신 사상 속에서 새롭게 변주해낸다. 이것을 신학적 지혜(theological wisdom)라고 한다. 잠언의 구조를 살펴보면 이를 확인할 수 있다. 가령 잠언 1장에서 9장은 신학적 지혜에 관한 말들을 수록하고 있는데, 단편적인 지혜보다는 야웨 하나님과 지혜의 관계에 대해서 말하고 있다. 가령, 잠언 1장 7절은, "여호와를 경외하는 것이 지식의 근본이거늘 미련한 자는 지혜와 훈계를 멸시하느니라"고 말한다. 한편 잠언 10장에서 22장까지는 고대 이스라엘 사람들의 일상생활에 필요한 실질적인 지혜에 관한 잠언들을 수록하고 있다. 한편 22장에서 24장은 고대 이집트의 지혜문학이었던 아멘엠오페의 교훈(Instruction of Amen-em-ope)을 통째로 인용하고 있어서 지혜문학의 국제적 성격을 알 수 있다. 다음 25장에서 29장에는 실용적 지혜(practical wisdom)에 관한 잠언들이 등장하고, 마지막 30-31장은 고대 근동의 마사 지역의 지혜문학이 그대로 수록되어 있다. 이처럼 잠언은 고대 근동 지혜 운동의 보편적 특징과 이스라엘 고유의 지혜 사상이 번갈아 나타난다고 볼 수 있다.

지혜문학은 크게 두 가지로 분류할 수 있다. 첫 번째는 실용적 지혜문학(Practical wisdom)이다. 즉 일상생활에 경험하고 적용할 수 있는 지혜로운 말들이다. 실용적 지혜문학의 목적은 현세적이고 구체적인 것이 특징이다. 실용적 지혜문학에는 두 가지 특징이 있는데, 먼저 인과의 법칙이다. 즉 선을 행하면 보상이 있고, 악한 일을 행하면 죄를 받는다는 일종의 권선징악의 윤리를 담고 있다. 가령 잠언 11장 19절은, "정의를 굳게 지키는 자는 생명에 이르지만, 악을 따르는 사람은 죽음에 이른다"라고 말한다. 실용적 지혜문학의 두 번째 특징은, 사회적 윤리를 강조한다. 잠언 21장 13절은, "가난한 사람의 부르짖음에 귀를 막으면, 자기가 부르짖을 때에 아무도 대답하지 않는다"라고 말한다.

지혜문학의 두 번째 종류는 신학적 지혜문학(Theological Wisdom)이다. 신학적 지혜문학도 두 가지 특징이 있는데. 첫 번째 특징은 지혜의 인격화(Hypostasis of Wisdom)이다. 지혜가 마치 사람처럼 행동하는 것으로 묘사된다. 잠언 1장 20절은, "지혜가 길거리에서 부르며, 광장에서 그 소리를 높이며, 시끄러운 길머리에서 외치며, 상문 어귀와 성 안에서 말을 전한다"라고 표현한다. 또한, 신학적 지혜문학은 지혜를 신격화한다. 사람처럼 표현하는 것을 넘어, 지혜를 야웨 하나님과 같은 반열에 놓는다. 잠언 8장 22절에는 신이 태초부터 지혜를 창조하시고, 자신의 파트너로 삼았다는 이야기가 등장한다. 이처럼 고대 이스라엘 사람들은 지혜라는 외래 사상을 수입해서 유일신 사상과 결합시켰다. 사실 이러한 토착화 현상은 모든 종교에서 발견된다. 가령 중국인들은 인도의 원시불교를 수입해서 노장사상의 관점에서 깨달음을 해석한 선불교(Zen Buddhism)라는 중국화된 불교를 만들어 냈다. 불교의 무

(無)사상을 노장의 공(空)사상으로 토착화한 것이, 바로 중국의 선불교라 할 수 있다. 우리나라 불교는 이 선불교의 전통을 계승하고 있다.

욥기, 고난에 관한 성찰

욥기는 지혜문학에 속한 책 중에서 가장 심오한 책으로 간주된다. 욥(Job)이라는 의로운 인물이 아무런 이유 없이 당하는 고통과 고난문제를 시적 대화체로 기록한 책이다. 욥기는 부조리로 가득 찬 세상에서 믿음을 갖는다는 게 무엇인가를 심오하게 질문한다. 영국의 철학자, 칼 라일(Thomas Carlyle, 1795-1881)은 “성서 안에서나 밖에서나 욥기에 비견할 만한 책은 없다”고 평가했다. 욥기는 현대의 실존주의 철학과 문학에 깊은 영향을 미친 책으로 평가받는다. 신학에는 소위 신정론(Theodicy)이라는 개념이 존재한다. 한마디로 전지전능한 신이 하는 일은 모두 의롭고, 정당하다는 것이다. 신정론에 따르면 악과 고통도 신의 섭리 속에 이해될 수 있다는 결론에 다다른다. 그러나 욥기는 이러한 값싼 신정론에 대해 정면으로 도전하는 책이다. 정직하고 성실하게 살아온 사람들에게 불치병이 생기거나, 단지 아프리카에서 태어났다는 이유로 가난과 질병에 시달려 일찍 목숨을 잃는 어린아이들 등등, 인간의 삶 속에서 무신론적인 사태가 너무나 자주 발생한다.

러시아의 소설가, 도스또예프스키의 『카라바조프가의 형제들』에는 욥의 항변과 유사한 장면이 등장한다. 이반 카라바조프는 터키군인들에 위해 무참히 학살당하는 어린아이들의 모습 앞에 침묵하는 신은 더 이상 존재하지 않는다고 동생 알료샤에게 외친다. 2차 세계대전 중 600만명의 유대인들이 나치에 의해 학살당했다. 이후 유대인들은 홀로코스트(대학살) 이후에도 신을 믿을 수 있는가를 질문했다. 이러한 비극적 사태 앞에 과연 신의 존재를 확신할 수 있을까? 욥기는 신이 있다면 어떻게 이러한 부조리한 일이 발생할 수 있는가를 묻는다. 우스(Uz)라는 곳에 살던 욥이라는 인물은 흠이 없고 정직하며, 의로운 인물이었다. 그런데 이런 욥에게 아무런 이유도 없이 불행이 닥쳐온다. 수많은 재산을 잃고, 자식들도 사고로 다 잃게 된다. 심지어 불치병이 찾아와 아내도 그를 저주하고 떠나 버린다. 욥은 자신에게 닥쳐온 고통과 고난을 도무지 이해할 수도, 용납할 수도 없었다. 왜냐하면 평생을 의롭고 정직하게 신을 섬겨왔기 때문이다. 이때 세 명의 친구(엘리바스, 빌닷, 소발)가 욥을 찾아온다. 욥기의 대부분은 이 세 명의 친구와의 대화 내용이다. 친구들은 욥의 불행을 신학적으로 설명하려고 한다. 그들은 욥이 당하고 있는 고난을 죄의 결과라는 소위 인과론적 입장에서 이해하려고 한다. 그러나 욥은 친구들의 주장에 동의하지 않는다. 자신은 결코 신 앞에서 부끄러운 일을 행한 적이 없다고 항변한다.

욥기는 산문과 시의 형태로 구성되어 있다. 1장과 2장은 서장(introduction)으로 산문 부분이고, 3장부터 42장 6절까지는 본론 부분인데, 시의 형태로 되어있다. 마지막 42장 7절에서 17절은 결론 부분인데, 산문 형태이다. 욥기에 관련해서 가장 논란이 되는 것은 이 마지막 에필로그 부분이다.

주님께서 욥의 말년에 이전보다 더 많은 복을 주셔서, 욥이 양을 만 사천마리, 낙타를 육천 마리, 소를 천 겨리, 나귀를 천 마리나 거느리게 하셨다. 그리고 그는 아들 일곱과 딸 셋을 낳았다...그 뒤에 욥은 백사십년을 살면서, 그의 아들과 손자 사 대를 보았다. 욥은 이렇게 오래 살다가 세상을 떠났다 (욥 42:12-17).

야웨 하나님은 자신에게 승복한 욥에게 보상으로 엄청난 재물과 자손을 선사한다. 이제 욥은 잃어버린 모든 것을 회복하고 행복한 결말을 맺는 것처럼 보인다. 그러나 한번 생각해 보라. 신이 아무런 이유도 없이, 사탄과의 내기 끝에 욥이 가진 모든 것을, 심지어는 자식들의 목숨까지 빼앗아간 다음에 아무런 설명도 없이 다시 보상해 준다고, 그의 고통이 회복될 수 있었을까? 욥은 아마도 자신의 인생이 희롱당한 기분을 느꼈을 것이다. 이 때문에 엘리

비젤(Elle Wiesel, 1928-2016)은 욥기의 마지막 문장, "욥은 이렇게 오래 살다가 세상을 떠났다"는 구절을 해피엔딩으로 이해하지 않는다. 욥기의 마지막 히브리 문장, Vayamat Iyov zaken useva yamin을, 그는 영어로 다음과 같이 번역한다. Job died as an old man, saturated with years. 우리말로 번역해 보면, "욥은 나이 들어서 세월 속에 와해(瓦解) 되었다"라는 뜻이다. 욥은 자신이 당한 억울한 고통에서 결코 헤어나지 못했다는 것을, 엘리 비젤은 포착했다. 엘리 비젤 자신이 홀로코스트의 생존자였기 때문이다. 욥의 부조리한 고난을 자신의 아우슈비츠 수용소에서의 경험과 오버랩 시킴으로써, 욥의 고난에 깊이 공감할 수 있었다. 희생자의 상처는 쉽게 치유되지 않는다. 다만 견딜 뿐이다. 이런 점에서 욥을 찾아간 세 명의 친구들은 공감 능력이 없는 자들이었다. 이들은 자신들의 인과론적 세계관, 즉 권선징악이라는 상식적 가치관으로 욥의 고난을 재단하고 비판하였을 뿐이다.

공감(共感)을 영어로 compassion이라고 한다. com이라는 접두사는 '함께'라는 뜻이고, passion은 '고통'을 의미한다. 즉 compassion은 고통을 함께 나눈다는 말이다. 경중의 차이는 있지만 인간은 삶의 여정 속에서 고통과 고난을 피할 수 없다. 부처도 인생은 생로병사라는 고통의 바다를 지나가는 것과 같다고 말했다. 예수도 십자가에서 고난을 받았다. 어찌보면 고난과 고통은 자아 성취를 위한 필연적인 과정일 수 있다. 중요한 것은 이러한 고난과 고통을 통해 어떻게 받아들이는가에 달려있다. 좌절하지 않는다면 고통과 고난은 우리를 성장시키고 단련시킨다. 서양 속담에 No pain, No glory, No cross, No resurrection이라는 말이 있습니다. 고통 없이 영광 없고, 십자가 없이 부활 없다는 말이다. 즉 값진 것을 성취하기 위해서는 고통이라는 댓가가 필요하다. 욥기는 우리가 미처 이해하지 못하는 고통과 고난을 어떻게 성숙하게 대처해야 하는가를 생각하게 만드는 위대한 작품이다.

우리가 이해할 수 없는 이웃의 고통에 대해서는 침묵해야 한다. 깊은 공감이 없는 값싼 위로와 충고는 상처를 덧나게 한다. 욥기는 욥의 믿음에 관한 책이 아니다. 중요한 것은 이웃의 고난을 얄팍한 이성과 믿음으로 변론하는 것은 부적절할 뿐만 아니라, 어리석은 짓이라는 사실을 욥기는 보여준다. 이웃의 고난과 고통은, 우리의 공감과 연대로서 작아질 수 있다. 욥은 단지 자신의 고통에만 너무 집중했기에 자기 연민에 빠지고 만다. 어떻게 보면 욥은 정의와 진실에 관한 궁극적 질문을 제기한 상징적 인물이라 할 수 있다. 한편 욥기는 고통과 고난에 대해 값싼 답변들이 난무하는 부박한 신앙에 대한 비판이다. 또한, 신적인 부정의를 인간의 정의와 공감으로 변화시켜야 한다는 것을 보여준 놀라운 작품이라 할 수 있다.

욥기는 서양의 수많은 화가의 상상력을 자극했다. 아래 그림은 18세기 영국의 화가이자, 시인이었던 윌리엄 블레이크(William Blake, 1757-1827)의 작품인데, 왼쪽은 욥이 사탄에게 시험을 받고있는 장면을 묘사한 것이고, 오른쪽은 세 명의 친구들을 욥을 비난하는 장면이다.

윌리엄 블레이크, 욥에게 역병을 들이붓는 사탄, 1826

윌리엄 블레이크, 욥기 연작중, '친구들의 비난을 받는 욥', 1825

전도서와 카르페 디엠

지혜문학에서 가장 흥미로운 책은 아마도 전도서(Ecclesiasters)일 것이다. 전도서는 욥기와 더불어 관습적 신앙에 도전하는 매우 도발적인 세계관을 담고 있는 책이다. 한마디로 인생의 허무를 노래한 책이다. 전도서는 이렇게 시작한다.

다윗의 아들, 예루살렘의 왕 전도자의 말이다. 전도자가 말한다. 헛되고 헛되다. 헛되고 헛되다. 모든 것이 헛되다. 사람이 세상에서 아무리 수고한들, 무슨 보람이 있는가? 한 세대가 가고, 또 한 세대가 오지만, 세상은 언제나 그대로다 … 세상에서 벌어지는 온갖 일을 보니 그 모두가 헛되어 바람을 잡으려는 것과 같다 (전도서 1:1-14).

전도서의 저자는 자신을 '다윗의 아들, 예루살렘의 왕, 전도자(Koheleth)'라고 소개한다. 전도자라는 말은 히브리어로 '코헬렛'이라고 하는데, 번역하면 설교자(preacher)라는 뜻이다. 유대인들은 코헬렛의 정체를 지혜의 왕, 솔로몬이라고 생각한다. 열왕기에 따르면, 솔로몬은 인간이 추구하는 모든 걸 가져본 인물이다. 부와 명예, 권력, 그리고 지혜의 정점까지 도달한 희대의 인물이다. 그런 그가 인생 말년에 자신이 누린 모든 것이 허무하다고 노래한다.

예루살렘의 왕이 되어 이스라엘을 다스리는 동안에 하늘 아래에서 되어지는 온갖 일을 살펴서 알아내려고 지혜를 짜며 심혈을 기울였다. 괴로웠다. 하나님은 왜 사람을 이런 수고로운 일에다 얽어매어 꼼짝도 못 하게 하시는 것인가? 세상에서 벌어지는 온갖 일을 보니 그 모두가 헛되어 바람을 잡으려는 것과 같다 (전도서 1:12-13).

전도서의 키워드를 한마디로 정리하면, 헛됨이다. 히브리어로 헤벨(hebel), 라틴어로 바니타스(vanitas), 그리고 영어로는 vanity이다. 인생에서 인간이 행하는 모든 일들이 결국은 헛되다는 깨달음이 전도서의 주제라 할 수 있다. 그러면 전도서는 허무주의를 이야기한 책일까? 메멘토 모리(Memento Mori)라는 라틴어 격언이 한때 유행한 적이 있다. 이 말은 "죽음을 기억하라"는 뜻이다. 카르페 디엠(Carpe Diem, 오늘을 잡아라)과 더불어 근래에 잘 알려진 말이다. 인간은 언젠가 죽는 존재니까, 죽음을 늘 기억하면서 현실을 충만하게, 후회없이 살라는 인생 격언이다. 그런데 이 메멘토 모리라는 말이 전도서와 깊은 연관이 있다. 사실 이 말은 로마 제국에서 개선 행진 당시 노예들이 외치던 구호에서 유래했다. 전쟁에서 승리한 개선장군이 로마에 입성할 때, 연도에 환영 인파들이 몰려들었다. 수많은 전리품들이 개선마차의 뒤를 따르고, 마차 위에 탄 장군은 마치 신처럼 온몸에 붉은 칠을 하고 행진했다. 이때 노예들이 장군이 탄 마차 옆에서 메멘토 모리를 외쳤다고 한다. 지금은 신처럼 영광스러운 모습으로 행진을 하지만, 너도 언젠가 죽을 인간이라는 사실을 명심하라는 경고의 목소리였던 것이다. 현재의 지위에 취해 죽음이라는 자신의 숙명을 잊지 말라는 로마인들의 지혜로운 생각을 보여주는 장면이다.

훗날 기독교가 로마 제국의 국교가 되고, 메멘토 모리라는 사상은 기독교 윤리와 결합된다. 즉 죽음은 인간을 경건하게 신앙으로 이끄는 중요한 덕목이 될 수 있다는 것이다. 4세기 콘스탄티노플의 대주교, 요한 크리소스톰(John Chrysostom, 349-407)은 이렇게 말했다.

> 덕스러운 사람이 되기를 원한다면, 우리는 언제나 죽음을 생각해야만 하고, 언제나 죽음에 대해서 말하고, 친숙해져야만 하며, 수시로 무덤을 방문할 뿐 아니라 죽어가는 사람을 곁에서 지켜보아야만 한다. 왜냐하면 경건하지 않는 사람이 죽어가는 것을 지켜보는 것이야말로 불경건에 대한 최대의 경고이기 때문이다.

다시 말해 죽음은 우리의 삶을 진지하게 성찰하는 강력한 덕목이 될 수 있다는 것이다. <죽은 시인의 사회>라는 영화 속에서 키팅 선생은 수업시간에 학생들에게 '카르페 디엠'이라는 라틴 말을 가르쳐 준다. "오늘을 잡아라"라는 뜻인데, 과거는 이미 지나간 시간으로 후회해도 소용없고, 미래는 아직 오지 않은 시간이니 걱정하지 말며, 오직 지금 바로(here and now) 이 시간을 충만하게 살라는 뜻이다. 전도서의 주제는 이 카르페 디엠의 의미와 비슷하다. 전도서 12장 1절은 다음과 같이 경고한다. "젊을 때에 너는 창조주를 기억하여라. 고생스러운 날들이 오고, 사는 것이 즐겁지 않다고 할 나이가 되기 전에, 해와 빛과 달과 별들이 어두워지기 전에, 먹구름이 곧 비를 몰고 오고 전에, 그렇게 하여라." 다시 말해 죽음이 오기 전에 삶의 가치를 재발견하라는 이야기이다.

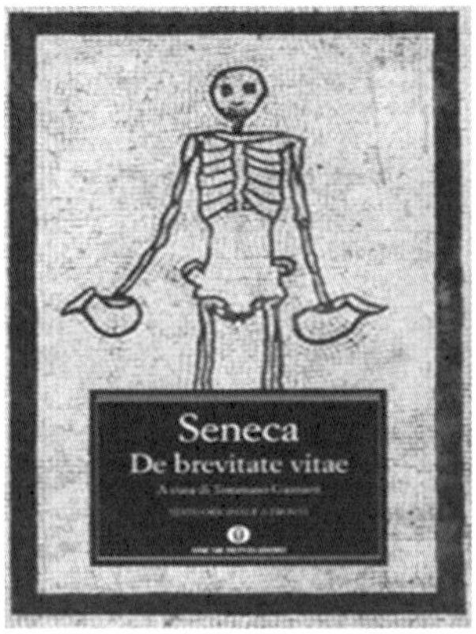

1세기 폼페이 가정집 식당에 그려진 모자이크

기독교를 핍박했던 로마의 황제, 네로에게는 세네카(Lucius Annaeus Seneca, 4 B.C.-AD 65)라는 철학 선생이 있었다. 그가 쓴 책 중에 『De Brevitate Vitae』라는 책이 있었는데, 우리말로 '인생은 짧다'라는 뜻이다. 이 책에서 세네카는 다음과 같이 말한다. "우리는 매일 죽는다. 인간은 잘 죽는 법을 알지 못하는 한 잘 살 수 없다." 세네카는 스토익 철학의 계보에 속한 인물인데, 스토익 철학은 자족과 금욕적인 삶을 중시하고, 죽음에 대해 의연한 태도를 강조했다. 이러한 죽음에 관한 성찰은 전도서와 스토익 철학이 매우 유사하다. 세네카의 책 표지에 해골의 모습이 등장한다. 서양 그림에서 해골은 죽음을 상징하고, 메멘토 모리를 의미한다.

위쪽 오른편에 있는 그림에는 저울에 매달려 있는 해골이 있고, 그 밑에 수레바퀴가 보인다. 인생은 죽음을 향해 달려가는 수레바퀴와 같다는 것이다. 저울의 오른쪽에는 비싼 자색 옷이 있지만, 왼쪽에는 누더기가 매달려 있다. 고대세계에는 자색 염료가 금보다 고가였다고 한다. 이 그림은 인생의 수레바퀴가 때로는 우리를 부귀영화로 인도하기도 하고, 가난으로 구르게 한다는 것을 뜻한다. 그리고 그 중심에는 죽음이 있다는 것이다. 전도서 3장에서는 모든 일에는 다 때가 있다고 이야기한다. 태어날 때가 있고 죽을 때가 있고, 간직할 때가 있고 버릴 때가 있다고 한다. 이 때문에 지혜롭게 삶의 타이밍을 분별하라는 가르침이다.

서양 회화와 영화 속에 나타난 전도서의 주제

서양 회화에는 전도서의 주제를 반영하는 작품들이 많다. 아래 그림은 16세기 영국 헨리 8세의 궁중화가 한스 홀바인(Hans Holbein, 1497-1543)이 그린 <대사들>이라는 그림이다. 이 그림 속에는 메멘토 모리의 교훈이 숨겨져 있다. 이 그림 속에 등장하는 두 사람은 프랑스의 왕, 프랑수아 1세가 보낸 외교관들이다. 당시 영국과 프랑스는 종교 갈등으로 인해 긴장이 높아져 있었다. 영국은 헨리 8세의 이혼 문제로 카톨릭을 탈퇴해 성공회로 국교가 바뀌었지만, 프랑스는 여전히 카톨릭의 강력한 지지 국가였다. 이러한 와중에 프랑수아 1세는 두 명의 친선대사를 파견해서 영국과 평화협정을 맺으려고 했다. 두 명의 대사들은 헨리 8세와 회담을 마친 후에, 한스 홀바인에게 자신들의 방문을 기념하는 그림을 부탁한다.

Hans Holbein, The Ambassadors, 1553

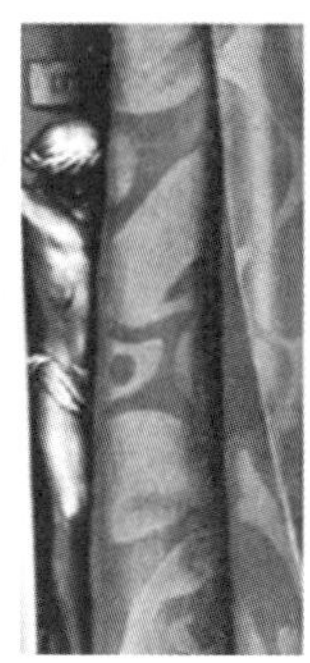

▶ 왼쪽 상단 원내의 커튼 뒤 십자가 확대 모습.

이 그림은 당시 시대상과 분위기를 알레고리적으로 잘 묘사한 것으로 유명하다. 두 사람의 가운데 2층 탁자가 놓여있는데, 탁자 맨 위에는 지구본과 나침반, 경도와 위도를 측량하는 기구들이 그려져 있다. 이는 유럽국가들이 새로운 항로를 개척하던 시대를 상징한다. 그리고 하단에는 찬송가 악보와 류트라는 악기가 그려져 있다. 그런데 자세히 보면

류트에 줄이 없다. 이는 찬송가를 반주할 수 없다는 걸 의미하는데, 즉 종교적 분열로 함께 찬송가를 부를 수 없다는 것을 상징한다. 더 중요한 것은 바닥에 그려진 길쭉한 형태의 물건이다. 바로 해골이다. 해골을 꽈배기처럼 길쭉하게 꼬아서 그린 것이다. 이것을 왜상, 즉 왜곡된 물건의 형상이라고 한다. 그럼 왜 한스 홀바인은 해골을 그려 넣었을까? 이 그림을 보는 사람들에게 인생의 교훈을 상기시키기 위해서였다. 메멘토 모리! 즉 죽음을 기억하라는 것이다. 그림 속의 젊은 대사들은 인생의 절정기에 서 있다. 왕의 대사로서 화려한 옷을 입고 자랑스럽게 서 있지만, 결국, 모두 죽음으로 가는 존재라는 것이다. 이 그림 속에서 예수의 십자가가 교묘하게 감추어져 있다. 그림 왼쪽 상단, 커튼 속에 십자가에 매달린 예수의 모습이 살짝 가려져 있다. 화가는 어떤 의도로 이렇게 그린 걸까? 십자가에 매달린 주님께서 우리의 삶을 지켜보고 있다! 그러니 죽음의 심판을 기억하며 하루하루를 최선을 다해 충만하게 살라는 교훈이다.

Harmen Steenwyck, Still life: An Allegory of the Vanities of Humas Life, 1640

옆 그림은 네덜란드의 화가, 허르만 스텐비크(Harmen Steenwyck)이 그린 <정물: 바니타스, 1640>이란 작품이다. 이 그림에는 소라, 피리, 칼, 항아리, 램프, 나팔, 해골, 책과 같은 고정된 사물이 등장한다. 서양 회화에서는 이러한 그림을 정물화라고 부른다. 정물화는 흐르는 시간을 멈추고 싶어 하는 인간의 욕망을 반영한다.

17세기부터 유럽 북부에서는 정물화에 해골을 그려 넣기 시작하는데, 해골은 바니타스(vanitas) 즉 죽을 수밖에 없는 인생의 허무를 상징한다. 이 그림에도 전도서의 사상이 반영되어 있다. 솔로몬은 세상의 모든 것들을 성취해 보았지만, 헛되고 헛되다고 고백했다. 이 그림 속에 있는 물건들은 인생들이 추구하는 것들을 상징하고 있다. 먼저, 책상 맨 왼쪽에 놓여있는 빈 소라 껍데기는 부귀를 상징한다. 껍데기가 비어 있듯이, 공수래공수거의 인생을 의미한다. 그리고 칼은 권력, 피리와 나팔은 쾌락을 상징한다. 램프는 인간의 수명을 의미하는데, 램프가 꺼져 있다는 것은 인간의 수명이 다했다는 것을 의미한다. 또 도자기에 그려진 황제의 실루엣은 사라진 명성을 뜻한다. 그리고 책은 지식을 상징한다. 전도서 12장 12절에는 이런 말이 있다. "책은 아무리 읽어도 끝이 없고, 공부만 하는 것도 몸을 피곤하게 한다." 이 그림은 결국, 죽음 앞에서 인간이 추구하는 가치들은 헛되다는 것을 의미한다. 그런데 자세히 보시면 책상 위로 비스듬히 빛이 비치고 있다. 이건 무슨 의미일까? 허무한 인생 가운데서도 한 줄기 구원의 빛은 남아 있다는 뜻일까? 그럼 우리를 구원할 한 줄기 빛은 과연 무엇일까? 전도서는 일단 인생의 성취와 노력이 근원적으로 허무한 것임을 경고한다. 그런데 자세히 읽어 보면, 허무한 인생을 극복할 수 있는 유신론적 대안을 제시하고 있다. "은사슬이 끊어지고, 금그릇이 부서지고, 샘에서 물 뜨는 물동이가 깨지고, 우물에서 도르래가 부숴지기 전에, 네 창조주를 기억하여라. 육체가 원래 흙으로 돌아가고, 숨이 그것을 주신 하나님께로 돌아가기 전에, 네 창조주를 기억하라" (전도서, 12:6-7). 즉 자신의 존재의 근원인 창조주 하나님을 기억하는 것이 죽음의 허무를 넘어설 수 있게 한다고 가르치고 있는 것이다.

전도서의 주제는 현대 영화 속에서도 발견된다. 피터 위어 감독이 만든 <죽은 시인의 사회, Dead Poets Society, 1989>는 키딩이라는 괴짜 선생님이 명문대학 진학만을 삶의 목표로 삼는 학생들에게 진정한 인생의 의미를 가르쳐 주는 내용이다. 어느 날 키딩 선생은 수업시간에 학생들을 트로피 전시실로 데리고 간다. 그리고 상패와 트로피 사이에 놓여있던 낡은 흑백사진을 가리키며, 이렇게 말한다. "이 사진 속의 젊은이들은 지금 어디에 있습니까? 그들도 한때 여러분과 똑같이 젊음을 자랑하고 있습니다. 오래전 세상

<죽은 시인의 사회>에 등장하는 키딩의 명대사

을 떠난 여러분의 선배들이 중요한 인생 교훈을 들려줄 것입니다. 귀를 기울여 보세요." 학생들이 의아한 표정으로 사진을 들여다보자, 키딩 선생은 학생들의 귀에다 대고 이렇게 속삭인다. 카르페 디엠(Carpe Diem)! 이 말은 오래된 라틴어 격언으로 '오늘을 붙잡아'라는 뜻이다. 전도서에도 이와 유사한 말씀이 있다. "그렇다. 우리의 한평생이 짧고 덧없는 것이지만, 하나님이 우리에게 허락하신 것이니, 세상에서 애쓰고 수고하여 얻은 것으로 먹고 마시고 즐거워하는 것이 마땅한 일이요, 좋은 일임을 내가 깨달았다" (전도서 5:18). 지나가 버린 과거의 일로 후회하며 현재의 시간을 낭비하는 것은 어리석은 일이다. 또 아직 오지 않은 미래의 일로 현재의 시간을 걱정하고, 근심으로 허비하는 것도 미련한 일이다. 오직 현재에 집중하여, 지금 바로 이 시간을 충만하게 사는 것이 신의 뜻이라는 메시지가 바로 전도서가 우리에게 전하고자 하는 것이다. 선불교에도 이와 유사한 가르침이 있는데, 임제 선사가 한 말이다. 즉시현금 갱무시절(卽時現今 更無時節), 즉 "지금 이 시간밖에 없다, 또 다른 시간이란 없다"라는 뜻이다.

토론주제 ·································④

01.

메멘토 모리, 카르페 디엠, 바니타스의 주제가 나타난 서양 회화를 조사해 보자.

02.

지식과 지혜의 차이는 무엇일까?

03.

지혜로운 삶을 위해 필요한 덕목들은 무엇일까?

참고문헌 … ④

1. 자끄 엘륄/ 김치수 옮김, 『존재의 이유: 전도서 묵상』. 서울: 대장간, 2016.

2. 월터 브루그만/ 조호진 옮김, 『시편사색』. 서울: 솔로몬, 2011.

3. 양명수, 『욥이 말하다』. 왜관: 분도출판사, 2011.

5

유대 묵시문학 신약성서의 매트릭스

묵시의 의미

묵시문학의 사회적, 역사적 배경

묵시문학의 주요 사상들

다니엘서의 묵시사상

서양 회화와 영화에 나타난 묵시사상

<토론주제 5>

<참고문헌 5>

5장

유대 묵시문학 신약성서의 매트릭스

묵시문학은 영어로 apocalyptic literature라고 부른다. 선과 악의 대립, 천사와 악마의 전쟁, 꿈과 환상 같은 판타지적 요소가 매우 강한 장르라 할 수 있다. 기원전 2세기부터 기원후 1세기까지 그리스 세력의 지배 속에서 유대인들 사이에서는 묵시문학이 크게 성행하였다. 특히 성서에 등장하는 묵시문학들은 서양 문학과 예술에 커다란 영향을 미쳤다. 가령, 단테의 『신곡』 같은 문학 작품이나, 할리우드가 제작한 <반지의 제왕>, <해리 포터> 같은 영화 속에는 유대 묵시문학의 주제들과 캐릭터들이 등장한다. 또 묵시문학은 신약성서 저자들에게 심대한 영향을 끼쳤다. 사실 신약성서는 묵시문학의 전성기에 쓰였기 때문에 예수나 바울 같은 인물들의 가르침 속에 묵시문학적 주제들이 자주 등장한다. 예를 들어, 예수가 가르친 하나님의 나라(Kingdom of God)에는 임박한 종말이라는 묵시 사상적 요소가 강하게 드러난다. 1세기 중엽 로마 제국 전역에 예수의 가르침을 전파한 바울은 파루시아(*Parusia*, 예수의 재림)을 주장하는데, 파루시아는 묵시문학에 자주 등장하는 종말론적 심판을 위한 신의 도래를 의미한다.

묵시문학은 기원전 3세기부터 본격적으로 등장한다. 마케도니아의 알렉산더 대왕은 기원전 3세기부터 정복 전쟁을 시작하여 당대 지중해의 패자였던 페르시아 제국을 멸망시킨다. 알렉산더 대왕이 사망하고, 이 거대한 영토는 그의 부하 장군들에 의해 분할된다. 그 과정에서 기원전 2세기에 팔레스타인은 안티오코스 에피파네스 4세가 지배하게 되는데, 이 인물은 유대교

박멸정책을 자행한 것으로 악명이 높았다. 그는 예루살렘 성전에 제우스상을 세우고, 모세율법을 폐지 시키며, 그리고 유대인들의 각종 종교적 관습을 폐지 시켜 버렸다. 이에 지방 사제 출신인 맛다디아와 그의 다섯 명의 아들들이 목숨을 걸고 무장봉기를 시작한다. 이들의 투쟁은 구약외경문서에 속하는 마카비 상/하권에 자세하게 기록되어 있다. 개신교 성서에는 없지만, 카톨릭이 사용하는 성서에는 마카비서가 수록되어 있다. 결국, 목숨을 건 마카비 형제들의 독립 투쟁은 성공을 거두고, 하스몬 왕조를 수립하게 된다. 아래 동전은 이를 기념해서 당시에 제작된 것이다.

아래 오른쪽 사진은 독일의 작곡가, 헨델이 마카비서를 읽고 감동해서 작곡한 오라토리오가 담긴 CD 표지 그림이다. 훗날 베토벤이 이 오라토리오의 주제 선율을 변주곡으로 만들기도 했고요. 한국인들이 사용하는 찬송가(주님께 영광, 새찬송가 165장)에도 이 곡이 수록되어 있다.

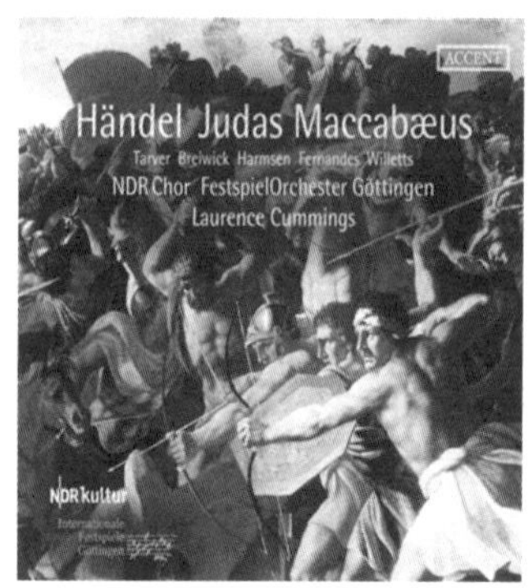

그러나 마카비 형제들이 세운 하스몬 왕조은 내부 분열로 붕괴되고, 팔레스타인은 기원전 1세기 중반, 로마에 의해 지배당한다. 로마의 군벌, 폼페이우스는 주전 63년에 예루살렘 성전을 정복했고, 경건한 유대인들은 예루살렘 성전을 더럽힌 로마 세력을 증오했다. 묵시문학은 이처럼 이방 세력에 의해 강제로 이스라엘 땅이 훼손되면서 등장하기 시작한 일종의 저항문학이라고 할 수 있다. 묵시문학에 등장하는 가장 중요한 테마가 종말론(Eschatology)

이다. 종말론은 세상의 마지막 때를 묘사하는데, 예루살렘 성전을 더럽힌 이방 나라들의 종말을 은유적으로 표현하고 있다.

고대부터 이스라엘 민족은 예언과 묵시를 중요시했다. 이들은 예언과 묵시를 통해 야웨의 뜻을 살피고자 했으며, 민족의 미래를 설계했다. 잠언은 "계시가 없으면 백성은 방자해진다"고 말한다. 즉 미래에 대한 목표 의식이 없는 민족은 희망이 없다는 뜻이다. 또 하박국 예언자는 묵시(계시)의 중요성을 다음과 같이 언급한다. "너는 이 묵시를 기록하여라. 판에 똑똑히 새겨서, 누구든지 달려가면서 읽을 수 있게 하여라. 이 묵시는 정한 때가 되어야 이루어진다. 끝이 곧 온다는 것을 말하고 있다. 이것은 공연한 말이 아니니, 비록 더디더라도 그때를 기다려라. 반드시 오고야 만다. 늦어지지 않을 것이다"(하박국 2:2). 고통과 고난의 역사를 겪은 유대인들은 예언과 묵시를 통해 현실의 고단함을 희망으로 이겨 나갈수 있었다.

묵시의 의미

묵시(黙示)라는 말은, 헬라어로 아포칼립스(Απōκάλυψις, apocalypsis)는 하늘의 비밀을 폭로한다, 드러낸다는 뜻이다. 즉 묵시란 인간에게 감춰져 있던 신의 비밀을 드러낸다는 의미이다. 인간은 자신들의 미래와 운명을 알지 못한다. 이 때문에 무당이나 점성술사, 예언자, 그리고 묵시가들이 등장한다. 이것은 인류사에서 매우 보편적인 현상이며, 알 수 없는 미래를 궁금하게 생각하는 것은 매우 자연스러운 일이다. 새해가 되면 사람들이 토정비결이나 올해의 운수를 재미 삼아 찾아본다. 젊은이들 사이에서 타로가 유행하는 것도 이 때문이다. 그러나 고대 이스라엘 사람들은 이것을 개인적인 행위가 아니라, 국가적인 차원에서 전개했다. 그래서 예언자와 묵시가들의 메시지와 행동이 공식적인 문서로 기록되기 시작했다. 역사 안에서의 종말을 말했던 예언가들과는 달리, 우주의 종말로 스케일을 넓힌 묵시가(seer)들은 천사와 악마 같은 초자연적인 존재들과 대화를 한다. 그리고 꿈과 비전을 통해 미래에 벌어질 일들을 목격한다. 사실 성서에 등장하는 묵시문학들은 일관적인 문학적 구조가 없이 산만하게 전개되기 때문에 이해하기가 쉽지 않다. 이 때문에 2천 년 서양 역사 속에서 묵시문학을 잘못 해석해서 수많은 사람들을 혼란에 빠지게 했다. 가령, 다니엘과 요한계시록 같은 묵시문학을 토대로 수많은 이단들이 세상의 종말을 특정하고, 사회적 문제를 일으키기도 했다.

1970년 후반부터 서구의 성서 학계는 묵시문학을 체계적으로 연구하기 시작한다. 그중에서 시카고 대학의 콜린스 교수는 묵시문학에 대한 방대한 연구들을 내놓기 시작했는데, 그는 묵시문학이 크게 세 가지 특징을 지니고 있다고 주장한다. 첫째, 묵시문학은 이야기 구조(narrative framework)를 지닌다. 환상과 꿈을 꾼 주인공, 묵시가가 나레이터로 등장한다. 이를 해석하기 위해 천사같은 신적인 인물들과 동행하는 이야기가 전개된다. 둘째로 묵시가는 하늘 여행(heavnly journey)을 한다. 신비한 장소를 방문하고, 이상한 장면을 목격하게 된다. 이 과정 속에서 미래에 벌어질 일들을 목격하기도 한다. 셋째는 미래에 벌어질 일들에 관한 이야기가 등장하는데, 사실적이기보다는 은유적이고 상징적인 언어로 기록된다.

묵시문학의 사회적, 역사적 배경

그렇다면 묵시문학은 어떠한 시대적 환경 속에서 배태되는 것일까? 대부분의 묵시문학은 위기의 순간에 탄생한다. 나라와 민족이 이방 국가의 침입으로 흔들릴 때 묵시문학이 태동한다. 유대의 묵시문학은 그리스 세력과 로마 제국의 예루살렘 함락이라는 위기의 순간에 쓰여졌다. 사실 묵시문학이라는 장르는 보편적인 것이다. 가령 조선시대에 쓰인 『정감록』은 임진왜란과 병자호란으로 고통받던 조선민중들의 새로운 세상에 대한 집단적 꿈을 기록한 일종의 묵시적 문헌이다. 계룡산에 정진인이란 메시아가 도래해서 억눌린 민중들의 한을 풀어주는 이야기이다. 또한, 구한말 서구 열강들에 의해 침탈된 조선의 민중들이 만들어 낸 묵시 사상 중 대표적인 것이 수운 최제우(1824-1864)가 창도한 동학이다. 또한, 김일부(1826-1898)의 정역(正易)과 강증산(1871-1909)의 천지공사(天地功事)와 같은 사상은 '새 하늘과 새땅'을 대망하는 한국적 묵시사상이라고 할 수 있다. 이들 사상은 한결같이 구시대의 낡은 질서를 변혁시켜 새로운 세상을 열자는 종말론적 담론들로 가득 차 있다. 가령 동학의 후천개벽(後天開闢)은 새로운 우주를 열자는 장대한 종말론적 비전을 담고 있다. 마치 요한계시록의 새 하늘과 새 땅에 관한 비전과 흡사하다. 이처럼 묵시문학은 역사 속에 닥친 고난을 새로운 세상을 위한 신의 계획이라고 이해한다. 묵시문학을 통해 고통받는 민중들은 위로를 얻고, 새로운 세상에 대한 희망을 얻게 된다.

유대묵시문학은 세상을 두 가지 세력의 대립으로 이해하는데, 선과 악의 대립이다. 이렇게 세상을 두 가지 대조적인 질서의 대립으로 보는 것을 이원론(dualism)이라고 한다. 이원론은 고대 페르시아 사람들의 세계관으로 알려져 있다. 페르시아의 종교, 조로아스터교는 세상을 선과 악의 각축장으로 본다. 세상이 평화로울 때는 선한 신, 아후라 마즈다(Ahura Mazdā)가 지배하는 시대이고, 세상이 혼란스러울 때는 악한 신, 앙그라 마이뉴(Angra Mainiu)가 지배하는 시대라는 한다. 이러한 페르시아의 이원론은 기원전 5세기부터 고대 근동 지방에서 유행하기 시작한다. 페르시아 제국이 바벨론 제국을 정복하고 고대 근동세계를 지배하면서 이원론은 가장 인기 있는 세계관이 되었다. 페르시아가 바벨론을 정복하면서, 포로로 잡혀온 이스라엘의 지도층들은 예루살렘으로 귀환을 하게 된다. 기원전 3세기부터 그리스 세력이 지중해를 지배하면서 묵시가들이 본격적으로 활동을 시작한다. 학자들은 이사야서의 마지막 부분(제3 이사야, 55-60장)이 장르적으로 예언문학이라기보다는, 묵시문학적 특징을 지닌다고 지적한다. 가령 스가랴의 나머지 부분(9-14장)도 묵시문학적 형태를 보인다. 폴 핸슨은 이런 것들을 초기 묵시문학(protoapocalyptic literature)이라고 주장하는데, 예언서에서 묵시문학으로 넘어가는 과도기적 양상을 보여준다.

새로운 시대를 반영하는 사상은 새로운 형태의 장르를 탄생시킨다. 예를 들어, 소설이라는 장르는 18세기 산업혁명과 깊은 관련이 있다. 즉 새롭게 대두되는 부르주아와 노동자 계급의 정서와 서사를 담기 위한 최적의 장르로 소설이 등장한다. 빅토르 위고(Victor-Marie Hugo, 1802-1885)와 찰스 디킨스(Chales Dickens, 1812-1870)의 소설들이 주로 부르주아와 노동자들을 주인공으로 내세우고 있는 것도 이 때문이다. 이처럼 새로운 시대는 새로운 문학 장르를 요청한다. 묵시문학의 탄생도 이와 유사하다. 묵시문학은 기원전 2세기부터 기원후 2세기까지 최고의 전성기를 맞는다. 수많은 작품들이 이 시기에 쓰여지는데, 성서에는 포함되지 않는, 에녹서, 희년서, 12족장의 묵시 등과 같은 수많은 외경 문서들이 이 시기에 등장한다. 주목할 것은 신약성서에 포함된 27개의 문헌들도 모두 이 시기, 즉 묵시문학의 전성 시기에 쓰였다는 점이다. 이 때문에 독일의 성서학자, 케제만(E. Käsemann, 1906-1998)은 유대 묵시문학이 신약성서의 매트릭스(모체)라고 주장했다. 한마디로 묵시문학이 신약성서에 커다란 영향을 주었다는 것이다.

묵시문학의 주요 사상들

묵시문학에 나타난 주요 사상들과 특징은 무엇일까? 먼저 종말의 보편성이 강조된다. 누구나 예외 없이 역사와 우주의 종말에 직면하게 된다고 강조한다. 앞서 지적했듯이, 묵시사상은 페르시아의 이원론적 사고를 배경으로 한다. 공간적으로도 하늘과 땅에 관한 이원론, 시간적으로는 과거와 미래의 이원론, 그리고 윤리적으로는 선과 악의 이원론을 극명하게 보여준다. 다음은 예정론(predestination)인데, 신이 자신이 정한 시간표에 따라 역사와 우주의 미래는 결정되어 있다는 것이다. 이러한 극단적인 생각은 압도적인 악의 세력에 대한 신의 철저한 심판을 기대하기 때문이다. 이 때문에 묵시문학은 배타적인 성격이 강하다. 즉 적과 원수, 그리고 악의 세력에 대해 일말의 동정도, 구원도 없는 배타적 심판을 이야기한다. 묵시문학에 나타나는 야웨의 이미지는 무장(warrior)에 가깝다. 종말 전쟁, 즉 아마겟돈(Armageddon, 이즈르엘 평야에 있는 고대의 격전장으로 요한계시록에서는 이곳에서 종말전쟁이 벌어진 것으로 묘사한다)의 대전쟁에서 천사의 군대와 함께 악의 군대와 맞서 싸우는 군사적 이미지가 강하게 나타난다. "내가 속히 너에게로 가서, 내 입에 나오는 칼을 가지고 그들과 싸우겠다"(요한계시록 2:16).

묵시문학은 과거나 현재보다 미래에 초점을 둔다. 그리고 악의 세력을 심판할 종말에 관한 이야기는 사실적이고 직설적인 언어라기보다는 상징과 코드, 그리고 비의적인 언어로 표현된다. 왜냐하면 현실에서 자신들을 압제하는 세력들이 눈치채지 못하게 내부자의 언어로 악의 세력을 비판하기 때문이다. 그리고 묵시문학은 미래의 비밀과 더불어 천상의 비밀을 자주 이야기한다. 이러한 비밀을 듣게 되는 사람은 신에게 선택받은 신앙의 영웅들이다. 즉 히브리 성서에 등장하는 유명 인물들, 가령 에녹, 아브라함, 이사야, 에스라, 다니엘, 바룩과 같은 전설적인 인물들이 묵시가로 설정된다. 이들은 신적 존재와 직접적인 교류를 하는데, 몇 가지 패턴이 나타난다. 먼저 그들에게 환상을 보여주고, 그 환상에 대해 전설적 인물들이 결론적인 이야기를 전해준다. 이들이 보는 환상에도 몇 가지 패턴이 있다. 하늘 여행이 등장하고, 천사의 이끌림을 받아 대화하며, 자신이 목격한 환상에 대한 해석이 동반된다. 이들 묵시가들은 또 신비한 일들을 목격하게 되는데, 하늘 궁전, 하나님의 보좌, 칠층 천, 하늘 성소, 불과 얼음, 천사의 서열, 악한 천사 등을 환상 중에 목격하게 된다. 마지막 심판과 이를 극복할 희망을 이야기한다. 묵시문학의 주제 중에 등장하는 부활이라는 개념은 신약성서에서 매우 중요한 사상으로 발전한다.

신약성서는 예수의 부활을 하나님의 종말 사건으로 해석한다. 그리고 천상의 인자(人子)라는 묵시 사상의 개념이 예수에게 투영된다. 예수는 복음서에서 간혹 자신을 묵시문학에서 이야기하는 인자(son of man)라고 자임한다. 인자는 종말 심판에서 하나님을 대리할 천상적 존재로 간주된다. 예수의 부활을 체험한 그의 제자들은 예수가 바로 하나님의 대리자, 즉 인자라고 생각한다.

다니엘서의 묵시사상

히브리성서 중에서 묵시문학에 해당하는 문헌으로는 다니엘서를 들 수 있다. 다니엘(Daniel)이란 인물은, 기원전 6세기 바벨론 제국의 포로로 잡혀가 느부갓네살 왕의 꿈을 해석해서 유명해진 예언자이다. 다니엘은 놀라운 묵시로 미래를 예언했는데, 사자굴에 갇혀서도 기적적으로 생존한 인물로 알려져 있다. 훗날 다니엘의 묵시와 환상은 신약성서의 대표적인 묵시문학, 요한계시록에 커다란 영향을 주게 된다. 다니엘서는 기원전 6세기 바벨론을 배경으로 하고 있지만, 실제로는 기원전 2세기 안티오쿠스 에피파네스 4세의 박해 시기(175-163 B. C.)에 기록된 문헌으로 여겨진다. 에피파네스의 유대교 박해 이야기는 마카베오 상권 1장 41절 이하에 기록되어 있는데, 그가 유대교 박멸을 위해 내린 칙령은 다음과 같다.

> 예루살렘 성소와 성직자들을 모독할 것. 이교 제단과 신전과 우상을 만들고, 돼지와 부정한 짐승을 희생 제물로 바칠 것. 그들의 아들들을 할례받지 못하게 하고, 온갖 부정한 것과 속된 것으로 그들 자신을 혐오스럽게 만들도록 할 것. 그리하여 율법을 잊고 모든 규정을 바꾸게 할 것. 왕의 말대루 하지 않는 자는 사형에 처할 것.

이러한 압제와 박해의 시대에 하시딤(Hasidm)이라는 경건한 유대인 그룹들은, 과거 다니엘의 이야기를 통해 저항의식을 고취했다. 다니엘서 11장 32절은 이러한 사실을 간접적으로 시사한다. "그가(안티오쿠스 에피파네스 4세)

또 언약을 배반하고 악행 하는 자(헬레니스트)를 속임수로 타락시킬 것이나 오직 자기의 하나님을 아는 백성(하시딤)은 강하여 용맹을 떨치리라." 따라서 다니엘서의 기록목적은, 박해에 직면한 유대인들을 격려하고, 임박한 종말의 비전을 제시함으로써 현재의 고난을 돌파할 용기와 희망을 제공하는 데 있다고 볼 수 있다.

다니엘서의 문학적 구조는 크게 두 부분으로 나누어 볼 수 있다. 먼저 1장에서 6장은 다니엘과 세 명의 친구들이 박해에도 불구하고 유대교 신앙을 지킨 이야기이다. 그런데 2장이 전형적인 묵시문학의 특징을 보여주는데, 바로 다니엘이 바벨론의 왕, 느부갓네살의 꿈을 해석하는 장면이 등장한다. 느부갓네살은 꿈에서 네 개의 재료를 사용한 거대한 신상이 무너지는 꿈을 꾸게 되는데, 이것을 다니엘이 해석하여 준다. 이 꿈은 바벨론 제국과 이후 이스라엘을 정복했던 제국들의 패망을 예견하는 상징적 내용이다. 느부갓네살이 꿈에서 본 거대한 신상은 네 가지로 재료로 구성되어 있었다. 황금으로 된 머리는 바벨론의 지배를 상징하고, 은으로 된 몸통은 메대와 페르시아의 지배를 의미한다. 또 청동으로 된 허리 부분은 그리스의 통치를, 그리고 철과 진흙으로 된 다리 부분은 장차 로마의 지배를 상징한다. 그런데 난데없이 날아온 돌멩이 하나가 이 거대한 신상을 무너뜨린다. 이 돌멩이의 정체가 무엇일까? 블레셋의 장수, 골리앗을 물리친 다윗의 돌멩이가 연상된다. 이스라엘 사람들은 다윗의 후손으로부터 나라를 구할 메시아(구원자)가 나올 것이라고 기대했다. 느부갓네살의 꿈에 나타난 거대한 신상을 무너뜨린 돌멩이는 바로 다윗의 후손에서 나올 메시아를 상징한다고 볼 수 있다. 그리고 신약성서의 저자들은 예수를 다윗의 후손, 즉 메시아라고 믿었다.

두 번째 파트는 7장에서 12장이다. 7장과 8장에는 그 유명한 다니엘의 환상이 기록되어 있다. 네 마리 짐승의 환상과 숫양과 숫염소의 환상이다. 거대한 네 마리 동물들은 이스라엘을 지배했던 제국주의 세력을 상징한다. 외경 문서인, <에녹서>에 등장하는 동물의 묵시에는 고대 이스라엘을 지배했던

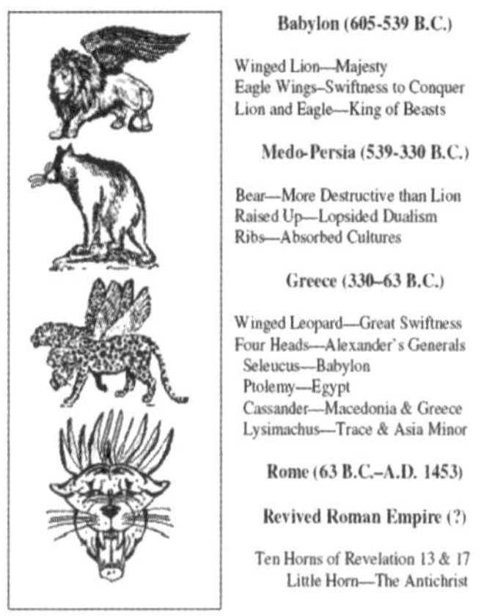

제국들을 사나운 동물에 비유하고 있다. 마지막 12장에 등장하는 하나님의 명령은 다니엘서가 묵시문학이라는 사실을 시사한다. "너 다니엘아, 너는 마지막 때까지 이 말씀을 은밀히 간직하고, 이 책을 봉하여 두어라. 많은 사람이 이러한 지식을 얻으려고 왔다 갔다 할 것이다 (4절)… 다니엘아, 가거라, 이 말씀은 마지막이 올 때까지 은밀하게 간직되고 감추어질 것이다 (9절)." 옆의 그림은 다니엘의 환상을 묘사한 것들이다.

그렇다면 유대 묵시문학이 지니는 의의는 무엇일까? 먼저 묵시문학은 현실적인 악의 세력에 신음하던 유대 민중들의 치열한 투쟁 현장에서 탄생한 문학이다. 그리고 유대 묵시문학에 등장하는 초역사적인 언어 방식은 악과 대면하고 있는 고통스러운 현실을 우회하기 위한 문학적 전략으로 이해할 수 있다. 또 유대 묵시문학은 악과 고통의 문제가 지닌 역사적, 사회적 차원에 대한 문제의식을 보여준다. 잘못된 현실 세계를 타파하기 위해 초월적인 신의 임재를 기대하고, 이에 상응하는 인간의 결연한 자세를 요청한다. 그리고 묵시문학은 고난의 역사에 휩쓸린 사람들이 자신들의 삶의 지향점을 초월적인 신앙 어법으로 표현하고 있다.

서양 회화와 영화에 나타난 묵시사상

묵시문학의 테마는 예술가들의 상상력을 사로잡아 왔다. 뒤러(Albrecht Dürer, 1471-1528)는 요한계시록 6장에 등장하는 <묵시록의 4기사>을 소재로 한 판화작품을 남겼다. 이 그림에 등장하는 4명의 기사는 종말에 일어날 전쟁, 심판, 그리고 죽음을 상징한다. 또한, 16세기 플랑드르의 화가, 브뤼겔(Pieter Brueghel, 1528-1569)은 묵시문학에 등장하는 천사의 이야기를 다룬, <배반한 천사의 추락, 1562>이라는 작품을 그렸다. 묵시문학에서는 타락한 천사가 사탄으로 간주된다. 요한계시록에 따르면, 종말 심판 때 천사와 악마는 아마겟돈에서 대전쟁을 벌인다.

뒤러, 묵시록의 4기사, 1483-1485

브뤼겔, 배반한 천사의 타락, 1562

종말론은 할리우드가 반복적으로 사용하는 소재이기도 하다. 그러나 시대에 따라 종말의 방식은 다양하게 변화한다. 성서는 천사와 사탄의 전쟁으로 인한 종말을 이야기하지만, 현대사회는 핵무기, 기후변화, 그리고 최근에는 AI에 의한 종말을 이야기한다. 일본의 애니메이션 감독, 미야자키 하야오가 제작한, <바람계곡의 나우시카>는 성서에 등장하는 예언과 성취, 그리고 종말에 관한 담론을 차용하고 있다. 바람계곡에 사는 공주, 나우시카는 핵전쟁으로 파괴된 자연을 회복시키는 메시아적 인물이다. 그녀는 예수처럼 자기희생을 통해 자연과 인간의 관계를 화해와 상생으로 인도한다. 혹자는 <바람계곡의 나우시카>가 남성이 아니라, 여성 메시아를 통해 파괴된 자연의 회복을 이야기하고 있다는 점에서, 에코 페미니즘(eco-feminism)적 요소를 지니고 있다고 지적하기도 한다. 한편 할리우드가 제작한 <메트릭스>나 <터미네이터>와 같은 영화들을 인공지능에 의한 인류의 종말을 다루고 있다. 이러한 종말담론의 변화는 시대마다 직면한 위기상황이 다르다는 것을 보여 준다.

토론주제 ……………………………… ⑤

01.

유대 묵시문학이 지닌 특징은 무엇인가?

02.

구한말에 등장하는 조선의 묵시문학에는 어떤 것들이 있을까?

03.

묵시문학이 형성되는 역사적 조건은 무엇일까?

참고문헌 … ⑤

1. 존 J. 콜린스/ 박요한 영식 옮김, 『묵시문학적 상상력』. 서울: 카톨릭출판사, 2006.

2. 오택현, 김호경, 『알기 쉬운 성서 묵시문학연구』. 서울: 크리스천 헤럴드, 1999.

3. 폴 핸슨/ 이무용, 김지은 옮김, 『묵시문학의 기원』, 서울: 크리스챤다이제스트, 1996.

6

신약성서 새로운 약속

6장

신약성서
새로운 약속

신약성서란 무엇인가? 이 질문에 올바로 답변하기 위해서는 우선, 신약이란 뜻을 알아야 한다. 신약(新約)이란 말뜻 그대로, 새로운 약속(new covenant)을 의미한다. 영어로는 뉴 테스터먼트(New Testament)라고 한다. 그렇다면 무엇에 대한 새로운 약속이라는 것인가? 그것은 유대교의 경전인, 히브리 성서에 등장하는 이스라엘과 야웨 하나님과의 약속에 대한 대칭적 개념이다. 기독교인들은 히브리 성서를 '오래된 약속'이란 뜻에서 구약(舊約) 성서라고 부른다. 신약성서를 저술한 사람들은 예수를 통해, 야웨 하나님과의 계약이 새롭게 갱신되었다고 생각했다. 그들은 이스라엘의 범죄로 파기된 '오래된 약속'이 예수를 통해 새롭게 실현되었다고 생각했다. 즉 예수가 새로운 계약의 창시자라는 생각이 구약성서에 이미 예언되어 있다고 그들은 믿었다. 구약성서에 등장하는 예언서 중 하나인, 예레미야서 31장 31절에는 다음과 같은 말이 등장한다. "앞으로 내가 이스라엘과 유다의 가문과 새 계약(new covenant)을 맺을 날이 온다." 예수의 생애와 죽음, 그리고 부활 사건을 체험한 추종자들은, 이 사건이야말로 오래된 약속(즉, 구약)을 넘어서 인류에게 주는 새로운 하나님의 언약(신약)이라는 생각을 지니게 된다.

신약성서는 모두 27권으로 구성되어 있는데, 모두 예수 사후에 기록된 문헌들이다. 신약성서에 포함된 문헌들은 모두 예수가 그리스도, 즉 구약성서가 예언한 메시아(구원자)라는 것에 동의한다. 예수의 언행을 기록한 4권의 복음서들(마태복음, 마가복음, 누가복음, 요한복음), 제자들의 선교행적을 기록한 사도행전, 바울의 편지 13권, 회람용 서신 8권, 최후의 심판을 다룬 요한계시록으로, 총 27권의 책들이 신약성서에 포함되어 있다. 예수는 자신의 활동과 가르침에 관한 어떠한 기록도 남기지 않았다. 예수 사후인 주후 약 30부터 40년 사이에 그의 생애와 가르침들이 추종자들의 입과 입으로 전해지게 된다. 주후 50년부터는 바울이라는 인물이 로마 제국의 대도시들에 산재해 있던 초기 기독교 공동체들을 조직하고, 올바른 신앙으로 교육하고 격려하기 위한 목적으로 편지들을 작성하기 시작한다. 현존하는 가장 오래된 초기 기독교에 관한 기록들은 바로 바울의 편지들이다. 바울은 자신의 편지에서 예수의 죽음과 부활이 지닌 신학적 의미들을 이야기한다. 그러나 바울은 예수에 관한 일관된 교리를 기록한 것이 아니라, 수신자 교회들이 봉착한 상황에 맞추어서 신자들에게 필요하다고 생각되는 예수에 관한 신학적, 신앙적 메세지를 전달한 것이다. 예수에 관한 본격적인 이야기가 수록된 책들은 예수와 바울 사후에 등장한다. 기원후 70년부터 비로소 예수의 지상적 삶을 이야기 형식으로 정리한 복음서들이 등장하기 시작한다. 베드로와 야고보, 요한, 그리고 바울과 같은 예수의 첫 세대 제자들이 죽음을 맞이하자, 이들이 입으로 전한 예수에 관한 이야기들이 사라질 것을 우려한 후속 세대들이 그 이야기들을 문서로 정리하기 시작한다. 이 과정에서 마가복음을 필두로, 마태복음과 누가복음과 요한복음이 기록되기 시작한다. 이들은 민간에 구전으로 떠도는 예수에 관한 다양한 이야기들을 수집하여 기록하는데, 먼저 예수의 수난 이야기를 기점으로 기적 이야기와 말씀과 가르침을 연대기적 틀로 정리한다.

그러나 복음서 저자들의 관심은 예수에 관한 객관적인 역사를 기록하는 데 있지 않았다. 그들은 각자 자신들의 신학적 전망에서 그리스도로서 예수의 의미를, 특히 그의 수난과 부활이 지니는 의미를 증언한다. 예를 들면, 요한복음을 기록한 사람은 자신의 저술 목적을 다음과 같이 말한다. "이 책을 쓴 목적은 다만 사람들이 예수는 그리스도이시며 하나님의 아들이심을 믿고, 또 그렇게 믿어서 주님의 이름으로 생명을 얻게 하려는 것이다"(요한 20:31). 즉 복음서의 저작 동기는 예수에 관한 객관적 역사를 보도하기보다는, 자신들의 신앙을 전파하고 변증하기 위한 데 있었다.

기원후 2세기가 넘어서면서 초기 기독교 그룹들은 베드로, 야고보, 요한, 바울과 같은 사도들의 가르침을 정리하기 시작하여, 이들의 이름으로 회람서신들을 기록한다. 흔히 목회서신과 공동서신들이 이러한 문서들이다. 이들 문서들에서 우리는 로마 제국의 주요 도시들에서 자리 잡기 시작한 초기 기독교 운동의 제도화 과정을 목격하게 된다. 이제 초기 기독교는 유대교와 완전히 결별한 채, 독자적인 종교로서 나름의 형태를 갖추기 시작한다. 이들 문서들은 감독, 장로, 집사의 역할과 자격을 규정함으로써, 조직으로서 교회 내부의 위계질서를 명문화한다. 또한, 로마 제국의 기독교 박해와 영지주의와 이방 종교의 영향으로부터 기독교회의 정체성을 지켜 나가는 모습을 보여주기도 한다. 이처럼, 목회서신과 공동서신은 2세기 외부 세계에 대한 초대 교회의 도전과 응전의 모습을 간접적으로 확인할 수 있는 소중한 문서이다. 한편 신약성서 마지막에 위치한 요한계시록은 90년도 도미티안 황제(Domitian, 81-96년 간 통치)의 박해 시기에 기록된 일종의 저항 문서이다. 요한계시록은 비유와 상징으로 로마의 권력을 강력하게 비판한다. 로마는 사탄의 세력이며, 신의 심판에 의해 멸망할 짐승으로 간주된다. 따라서 요한계시록은 현실의 엄혹한 박해를 신앙의 힘으로 극복하고자 하는 신앙적 판타지 문학이라 할 수 있다.

이렇듯 신약성서는 한 권의 책이 아니라, 다양한 책들을 모은 문집(collection)이라 할 수 있다. 즉 주후 50년대부터 130년 사이에 그레코-로만의 도시들에서 활동했던 다양한 저자들에 의해 기록된 27권이 신약성서를 구성한다. 신약의 문헌들은 초기 기독교 그룹들의 신학적 다양성을 보여준다. 그러나 예수가 그리스도라는 사실에는 모두가 동의한다. 예수가 그리스도라는 신앙적 진실이 자신들의 곤고한 삶 속에서 어떤 의미를 지니고 있는

가를 질문하며, 예수의 의미를 다채롭게 신학적으로 변주하고 있다. 그렇다면 다음과 같은 질문이 생긴다. 왜 신약성서는 27권만으로 구성되었는가? 예수에 관한 다른 책들은 없었을까? 만일 다른 책들이 있었다면 누가 이런 책들을 무슨 이유 때문에 신약성서에 포함시키지 않았을까? 27권만을 선택한 기준은 무엇일까? 이런 질문에 적절히 답하기 위해서 우리는 신약성서의 형성과정을 연구하는 정경화(正徑化) 과정을 이해해야 한다.

왜 신약성서는 27권인가

모든 문화권에는 그들의 문화적, 도덕적 규범들을 설정하는 데 중요한 기준점을 제공하는 종교 경전들이 있다. 예를 들어, 동북 아시아 국가들은 논어, 중용, 대학과 같은 유교 경전들이 내포하는 윤리관을 삶의 규범으로 삼아왔다. 이에 비해 동남 아시아나 티벳 등과 같은 불교 문화권에서는 『법구경』이나 『아함경』과 같은 초기 불교의 경전들이 정경의 위치를 점하고 있다. 정경이란 영어로 캐논(Canon)이라고 부르는데, 이 말은 원래 갈대를 의미하는 히브리어 카네(qaneh)에서 유래했다. '카네'는 곧은 갈대 또는 막대기라는 말이다. 이 말에 상응하는 헬라어가 Kanon인데, 그 뜻이 나중에 단순히 갈대나 막대기를 의미하기보다는 무엇을 재고 측량하는 기준, 표준의 뜻으로 사용되었다. 이 단어는 4세기경 기독교 신학자들에 의해 교회의 신앙과 삶의 기준을 제공하는 선별된 올바른 책이란 뜻을 지칭하기 위해, 정경(正經)이라는 의미로 사용되기 시작했다. 따라서 정경이란, 신앙과 예배의 기준을 제공하는 절대적 권위를 지닌 책들을 의미한다. 초기 기독교는 유대교가 형성한 구약 정경에 상응하는 신약 27권을 정경으로 선택했다.

기독교에서 자신들의 신앙과 삶의 기준을 잡아주는 규범이 필요했던 것은 어떤 이유에서 일까? 정경화의 동기를 살펴보자. 첫째는 자신들의 전승을 보존해야 했기 때문이다. 예수는 그의 가르침이나 자신에 대해서 문서로 기록을 남기지 않았다. 예수나 그와 함께 활동을 했던 직계 제자들이 세상을 떠난 후에, 구전으로 전해져 내려오는 이야기들(전승들)을, 구전보다 변형이나 왜곡이 상대적으로 덜한, 문자로 기록해 두는 문서화 작업이 필요했다. 전승 보존의 차원에서 입에서 입으로 전하는 구전보다 문서화가 지속성과 안정성에서 보다 유리하였기 때문이다.

둘째는 기독교의 정체성을 위협하는 위기가 발생해서, 어떤 표준, 규범에 의해서 기독교의 정체성을 확립하고 유지해 나가야 했기 때문이다. 기독교의 정체성에 위협을 가했던 내외부적인 상황은 이러하다. 기독교 외부적으로는 1세기 경에 유대교의 경전이 정리되고 완결된다. 타낙의 개별 문헌들이 형성되는 것은 각기 다른 시기에 이루어지지만, 이것이 정경화 되는 것은 기원후 1세기 후반, 얌니아 회의를 통해서 결정된 것으로 전해진다. 예수가 처형된 후, 기독교는 유대교를 배경으로 출발해서 점차 독립적으로 자신들의 정체성을 만들어 가게 되는데, 이러한 일련의 과정에서 유대교가 자체의 경전을 정경화 하면서 유대교 내부의 예수 추종자들이 중요하게 생각한 예수의 가르침들을 인정하지 않았던 것이다.

2세기 유대교 회당의 공식 기도문인(비르카트 하 미님, Birkata ha Minim 문자적으로는 '이교도에 대한 축복'이라는 뜻이다.)에는 나사렛파(예수의 추종자들로 추정함)에 대한 저주가 포함되어 있다. 이런 것들은 1-2세기 유대교와 기독교의 갈등과 분리의 정황을 짐작하게 해준다. 이처럼 유대교 경전의 정경화는 당시 기독교를 긴장시키고, 자신들만의 독자적인 정체성과 그것을 규정할 규범의 필요성을 절실하게 느끼도록 했던 것이다. 한편, 기독교 내부적 요인으로는 다양한 이단들의 발생을 들 수 있다. 이단들로 인해서 기독교 내부에 혼란이 초래되었던 것이다. 대표적인 사례로, 마르시온파를 들 수 있는데, 마르시온(Marcion, 85-167년)은 예수를 중심으로, 즉 예수의 가르침이 기독교의 중심이 되어야 한다고 가르쳤고, 상대적으로 유대교 전통을 계승하는 부분들을 불필요한 것으로 강조하였다. 그는 흑해 연안의 시노페 출신의 부유한 선박 업자 출신으로 종교심이 강한 인물이었다. 그는 자신의 부를 이용하여 로마의 기독교인들에게 대단한 영향력을 행사한다. 20만 세스터스라는 엄청난 은화를 로마교회에 헌금한 이후, 마르시온은 로마교회에서 주요 인물로 급부상한다. 그런데 마르시온의 신앙은 소위 예수의 제자그룹들이 지닌 신앙과는 다른 경향을 보였다. 그는 구약성서의 가치를 인정하려 들지 않았고, 구약에 묘사되는 하나님은 편협하며, 폭력적인 신이라고 생각했다. 마르시온은 예수가 가르친 사랑과 평화가 넘치는 신은 구약의 폭력적인 신과는 무관하다고 생각했다. 그래서 그는 구약의 정경체제와는 다른 새로운 신앙의 기준이 될 만한 문서들을 수집하기 시작했다. 마르시온은 유대교의 율법에 부정적인 바울의 편지들에 주목했다. 바울의 편지들은 예수 사후에 가장 일찍 기록된 문헌들이었고, 바울의 독자들은 본토 팔레스타인에 있던 유대인들이 아니라, 지중해 연안의 대도시들에 흩어져 살고 있던 희랍사상에 개방적인 디아스포라 유대인들과 그리스인들과 로마인들이었다. 따라서 바울의 편지들은 상대적으로 구약성서에 등장하는 다양한 유대 율법이나 관습에 대해 자유로운 태도를 취했다. 마르시온은 바울의 서신 중 아포스톨리콘(Apostolikon)이라고 불리던 10개의 서신과 누가복음을 자신의 정경으로 간주한다.

그러나 야웨의 옛 언약과 새 언약을 모두 인정하였던 기독교의 입장에서 마르시온의 이러한 가르침은 위험스러운 것으로 여겼다. 또한 마르시온의 입장과 반대편에 있었던 에비온파는 극단적으로 유대 전통을 강조하여, 율법을 고수하는 등 (야웨 하나님에 대한 강조로 예수는 하나님의 양자로 신성을 인정받게 되었다는 양자론을 주장하는 등) 또 다른 측면에서 교회 내부의 혼란을 초래하였다. 그 외에도 예수의 재림을 열광적으로 기다리는 영 열광주의자들인 몬타누스파들도 등장하여 기독교 내부는 다양한 주장들로 인한 갈등과 혼란이 발생하였다. 기독교는 자신들이 추구하는 삶과 신앙의 내용을 정리하고 규범화해야하는 상황에 직면하였던 것이다.

기독교는 공동체 안에서 널리 사용되고 있었던 문헌들을 검토하고 점검함으로써 권위 있는 문헌들을 통해서 그 안에 있는 전승을 보존 및 계승하고, 그것으로 자신들의 사상과 생활을 질서 잡고 표준화 하려고 하였다. 가치가 있는 문헌들을 선택하는 데는 몇 가지 기준들이 있었는데, 우선 기독교 공동체 안에서 높이 평가되어 사용되고 있는 경우들, 이미 공동체의 인정을 받고 있었던 문헌들을 가치 있는 것으로 판단하고자 하였다. 또한, 다른 인정받고 있는 옛 문서에 해당 문헌이 인용되고 있는 경우는 좋게 평가하였다. 이미 검증된 문헌을 통해서 기독교 문헌의 가치를 평가하는 방식이었던 것이다. 또 다른 기준은 사도적 기원(apostolicity)을 포함하고 있는 문헌을 중요시 한 것이다. 이것은 전승의 내용이 예수로부터 나와서 그의 제자들, 사도들로 이어지는 전통을 확인하는 것이었다. 예수나 그의 사도들의 저작은 확인되고 있지 않으며, 고대 사회에서 익명이나 다른 사람의 이름을 빌어서 글을 쓰는 경우가 있었기 때문에 (오늘날과 같은 저작권 보호가 없었던 사회였던 것이다.), 어떤 문서의 사도적 기원을 저자명으로 확인하기는 한계가 있었다. 따라서 교회는 문헌의 내용이 교회에 계승되어 내려오고 있었던 사도적 전승을 이어받고 있는지 아니면 그와는 다른 사상을 담고 있는 지 판단하고자 하였다. 기독교는 그들이 보유하고 있었던 기독교 문헌들에 대해서 기독교 공동체가 가지고 있었던 공통적인 체험들을 기반으로, 문헌의 가치와 의미를 평가하여, 자신들의 정체성을 만들어나갈, 기준과 표준을 형성해 내고자 한 것이다.

정경화의 과정은 단순화하여 정리하면 세 단계 정도로 요약할 수 있다. 첫 번째 단계는 개별의 문서들이 기록되는 단계이다. 앞에서 설명했듯이 전승의 보존과 기독교의 내외부적 상황에 대응하기 위해서, 예수의 가르침, 사도들의 가르침을 문서로 기록해 두는 단계이다. 이 시기는 대략 기원후 50-150년 정도에 이루어진 것으로 판단하고 있다. 이후 정경으로 인정받는 문서들은 대개 이 시기에 기록된 것으로 평가를 받는다. 바울의 편지들이

50-60년대 기록된 것으로 평가받고 있는데, 신약 문서들 중에서 가장 먼저 기록된 것으로 알려져 있다. 신약의 첫 책이 마태복음이라서, 이 문헌이 가장 먼저 기록된 것이 아닐까 생각할 지도 모르겠는데, 그렇지 않다. 60-100년 경에는 복음서들과 사도행전, 요한계시록이, 그리고 다른 책들이 2세기 초반에 기록되는 것으로 보고 있다. 이 시기에는 유대교의 타낙 이외에, 새로운 규범으로서 "주님의 말씀"이 중요하게 부각되며, 이것이 유대교와 기독교를 경계짓는 중요한 요소가 된다.

둘째, 권위 있는 문서의 목록들이 등장하는 시기이다. 기원후 150-200년에는 교회의 지도자들마다 공동체 구성원들에게 추천하는 또는 비추천하는 문헌의 목록들이 만들어져서 다양한 문서 목록들이 등장한다. 교회 교부들인 이레네우스 목록, 테툴리아누스 목록, 클레멘스 목록, 오리게네스 목록 등이 등장하는 것이다. 따라서 이 시기에는 전체 교회에 통일된 문서 목록이 아직 존재하지 않았다는 것을 알 수 있다. 또 오늘날 신약 목록에는 포함되어 있지 않은 문헌들이 권위 있는 책으로 추천되고 읽혔다. 예를 들면, 헤르마스 목자서, 베드로 묵시, 바나바서, 클레멘스 1서, 디다케 같은 책들이다. 또 지금과는 다른 정경 목록이 발견되기도 하였다. 2세기말의 것으로 추정된 '무라토리 정경'은 지금 개신교 정경 목록에는 없는 솔로몬 지혜서, 베드로의 묵시를 목록에 가지고 있고, 4세기 중반의 '몸센 정경'에는 현재 목록의 일부가 누락되기도 하였다.(요한서신들 중1개, 베드로서신들 중 1개만 포함됨)

셋째, 고대 교회에서 정경이 확정되는 단계이다. 기원후 200-400년 기간 동안에 교회들은 전체적인 합의의 과정을 통해서 기독교 신앙과 삶의 기준이 되는 정경을 확정하게 된다. 오늘날의 정경 목록과 일치하는 목록은 367년 동방 교회 아타나시우스 주교의 목록으로 밝혀져 있다. 아타나시우스는 최초로 카논(Kanon, Canon)이라는 명칭을 사용한 것으로 알려져 있고, 서방 교회가 아타나시우스 목록을 지지함으로써, 동서방 교회에서 통일된 목록의 카논, 정경을 가지게 된 것이다. 이렇게 해서 기독교는 유대교와는 구분되는 자신들만의 규범집을 형성하고 그를 통해서 기독교의 독자적인 정체성과 내적 통일성을 지향해 가게 된다. 313년 콘스탄틴 황제(Flavius Valerius Constantinus, 280-337)의 기독교 공인으로 박해받는 자의 종교에서 지배자의 종교로 변신하게 되는 기독교는, 내적으로 다양한 입장들을 정리해야만 했다. 기독교의 이념으로 로마 제국을 통치하기 원했던 콘스탄틴의 입장에서는 다양한 입장들의 난립을 막고, 제국 통치를 위해 일원화된 교리와 신학이 필요했다. 즉 하나의 제국, 하나의 황제에 상응하는 통일된 신학이론이 필요했던 것이다. 이러한 필요에 의해 황제가 개최한 종교회의가 325년에 열린 니케아 종교회의(the Council of Nicaea)였다. 이 회의를 통해 기독교인들이 고백하는 사도신경(Symbolum Apostolorum)이 형성된다. 이후 베드로의 계승자임을 자임한 로마 교회가 로마 제국의 보편적 교회(Catholic church)로서 등극하였고, 정경화 작업을 주도하게 된다. 사실 2세기까지만 해도 교회의 공식 정경은 구약성서였다. 그러나 마르시온의 등장과 영지주의의 출몰로 위협을 느낀 초기 기독교는 선택과 배제의 작업을 통해, 27권 체제로 정경화 작업을 4세기 무렵에 마무리하게 된다. 한편 예루살렘의 감독이었던 시릴(Cyril of Jerusalem, 313-386)은 『요한계시록』을 배제한 채, 현재의 신약성서 26권을 교회의 정경으로 인정했다. 그러나 1년 후인 367년 알렉산드리아의 감독 아타나시우스(Athansius, 296-373)에 의해 현 형태의 27권 체제가 확정된다.

그러나 신약정경의 범위와 기준을 놓고 논란은 계속되어 왔다. 댄 브라운의 소설을 영화화한, <다빈치코드, 2006>를 통해서 대중들에게 신약 외경 문서의 존재가 알려졌다. 신약성서에 포함되지 않은 <마리아 복음서> 그리고 <빌립복음서>의 존재와 『내셔날 지오그라피』를 통해 <유다복음서>의 원본이 대중들에게 공개되었다. 학자들은 이러한 복음서들을 신약 정경에서 제외된 것이라 하여 외경 복음서(Apocryphal gospel)라고 부른다. 이들 외경 복음서의 신학적 내용들은 전통적인 예수 이해와는 전혀 다른 관점을 지니고 있어, 초기 가톨릭교회는 이들 문헌들을 이단적인 것으로 간주하였다. 초기 교부들의 작품 속에 이들 문헌의 내용이 간헐적으로 소개되고 있지만, 그 전모를 알 수 없던 중에 1945년 12월, 이집트 남부 나그함마디(Nag Hammadi)에서 항아리에 감추어진 52개의 파피루스 문헌들이 우연히 한 농부에 의해 발견되었다. 이 문헌들은 당시 이집트인들이 사용하던 문자였던 콥틱어(Coptic)로 기록된 것인데, 3-4세기에 걸쳐 형성된 것으로 학자들은 추정한다. 그런데 그 내용이 정경 복음서의 내용과는 사뭇 달라 흥미롭다. 예를 들면, 도마복음서는 정경 복음서와는 다른 예수의 가르침을 보여준다. "여러분이 둘을 하나로 만들 때, 안을 밖으로, 밖을 안으로, 위를 아래로 만들 때, 남성과 여성을 하나로 합치고, 남성이 남성이 아니고 여성이 여성이 아니게 만들 때... 여러분은 하나님의 나라에 들어갈 것입니다. (22절)." 이러한 도마복음서의 가르침은 정경 복음서에 등장하는 예수의 가르침과는 다른 것이었다. 즉 예수를 믿음의 대상으로 간주하기보다는 깨달음의 선구자로서 상정한다. 영지(靈知, Gnosis, 구원의 신비로운 지식)를 깨닫는 자는, 예수와 같은 인물이 될 수 있다고 가르친다. 도마복음의 예수는 제자들에게 하나님의 나라가 자아발견의 상태와 동일하다고 가르친다. "오히려 하나님 나라는 너희들 자신 안에 있고, 또 너희들 밖에 있다. 너희들이 자신을 알게 되면, 너희들은 알려지게 될 것이고, 또한 너희들이 살아계신 아버지의 아들들이라는 것을 알게 될 것이다."

기독교 영지주의 문헌들이 금기시된 또 다른 이유는, 이들 문서가 여성 친화적인 성격을 지니고 있다는 사실이다. 초기 기독교 공동체들이 남성들을 중심으로 한 가부장적 서열구조로 제도화되던 시기에, 베드로보다 막달라 마리아가 우월하게 묘사되는 영지주의 문서들의 존재는 부담스러운 것이었다. <빌립복음서>는 마리아의 우월성을 다음과 같이 묘사한다. "구세주의 친구는 막달라 마리아이다. 그러나 그리스도께서는 모든 제자들보다는 그녀를 더 사랑하셨으며, 그녀의 입에 자주 입맞춤을 하시곤 했다." 여기서 언급되는 예수와 마리아와의 입맞춤은 문자적인 의미로 이해되어서는 곤란하다.

이는 일종의 알레고리적 표현으로, 예수와 마리아 사이의 영적 친밀감을 의미한다. 신비주의 문헌들은 종종 신과의 합일을 성애적인 표현으로 묘사한다. 히브리 성서의 <아가서>는 외형적으로는 남녀 간의 사랑을 노래한 연애 문서이다. 그러나 고대 유대인들이, 이 문서를 자신들의 경전으로 편입시킨 이유는, 이러한 사랑 노래를 신과 인간의 관계를 나타내는 비유적인 표현으로 이해했기 때문이다. 그러나 영지주의 문헌들의 과격한 사상과 자유로운 표현들은 초대 기독교 교부들에게 용납되지 않았다. 따라서 점차 이들 문헌들은 폐기되기 시작했고, 역사 속에서 희미한 자취만을 남기고 말았다. 그러나 최근에 발견된 영지주의 문헌들의 존재는, 콘스탄틴 황제의 기독교 일원화 작업 이전에, 다양한 신학적 입장을 가진 다채로운 기독교 그룹들이 존재했다는 사실을 보여준다.

신약성서의 지리적, 역사적 배경

예수가 십자가에 처형당한 후, 그의 제자들의 활동 무대는 팔레스타인에서 지중해에 산재한 로마 제국의 대도시들로 확대된다. 바울은 그리스 북부의 데살로니가와 남부의 고린도, 시리아의 안디옥, 소아시아의 에베소와 같은 도시들에서 선교 활동을 진행한다. 베드로는 로마에서 활동하다가 네로의 박해 시에 그곳에서 순교한다. 이처럼 신약성서의 지리적 배경은 팔레스타인과 지중해 전역에 흩어진 대도시들이라 할 수 있다. 신약성서 27권 모두가 예수와 그의 추종자들의 전통 언어인 히브리어나, 또는 당대의 팔레스타인 민중들의 일상 언어였던 아람어가 아닌 헬라어로 기록되었다는 사실은 무엇을 의미하는 것일까? 그것은 신약성서가 당시의 그레코-로만(Greco-Roman) 문화라는 국제적인 문화적 조류 속에서 생산되었다는 것을 의미한다. 신약성서가 지중해 지역에서 일상적으로 사용되었던 코이네 헬라어(Koine Greek)으로 기록되었다는 점, 신약성서에 에베소, 고린도, 크레타, 아테네와 같은 지중해 지역의 도시들이 언급되고 있는 점, 지중해 기후에서 자라는 무화과나무, 올리브나무 등 자연 환경과 생활 풍속에 대한 언급들도 신약성서의 배경들을 드러내 준다.

그레코-로만 문화라는 것은, 주전 3세기 마케도니아의 알렉산더 대왕의 정복 전쟁의 여파 속에서 시작되었고, 이후 로마에 의해서 계승된 당대의 지중해 지역의 문화적 조류를 일컫는 말이다. 페르시아 제국을 멸망시킨 알렉산더 대왕은 자신의 스승, 아리스토텔레스의 훈육 덕분에 그리스 문화를 자신의 점령지에 이식하려고 애를 썼다. 그러나 알렉산더는 일방적으로 그리스 문화만을 자신의 식민지에 강요하지는 않았다. 그는 타문화에 대해 개방적인 태도를 취한 것으로 유명하다. 그의 동방원정 길에는 수많은 학자들이 동행했으며, 제대한 부하들을 현지의 여인들과 결혼시켜 정착하게 만들었다. 이후 지중해 연안 지역을 중심으로 그리스식의 도시국가들이 건설되었고, 차츰 헬라어가 공용어로 확대되었다.

알렉산더 대왕 사후에 그의 거대한 제국은 둘로 분할된다. 이집트를 중심으로 프톨레미 왕조가 성립된다. 이집트의 클레오파트라 여왕은 바로 그리스의 혈통을 지닌 프톨레미 왕조의 후손이었다. 한편, 유대를 포함한 시리아 지역은 셀루커스 장군의 후손들이 통치하게 되는데, 이들의 지나친 헬라화 정책은 유대교의 유일신 사상과 마찰을 일으킨다. 결국, 주전 168년부터 164년까지 진행된 마카비 혁명(Maccabean Revolt)으로 유대는 독립을 쟁취하게 된다. 히브리 정경에 포함되지 않은 외경인 마카비아서는 당시의 시대 상황을 알려주는 귀중한 문헌으로 간주된다. 그러나 마카비 형제들에 의해 이룩된 하스몬 왕조(Hasmonean Dynasty, 142-63 B. C.)는 내부의 권력 다툼으로 와해된다.

기원전 2세기부터 지중해의 패권은 신생국가인 로마로 넘어가고 있었다. 비록 알렉산더 사후에 그의 후계자들이 건립한 왕조들은 로마에 의해 패망의 길을 걸었지만, 로마는 기본적으로 그리스의 문화와 관습을 그대로 계승하고 있었다. 여전히 헬라어는 상업과 행정 언어로 사용되었고, 지중해의 그리스 도시들은 주요한 교역과 교육의 거점으로 영향력을 행사하고 있었다. 한편 로마의 군벌, 폼페이 장군은 기원전 63년 예루살렘을 함락시키고 팔레스타인을 로마의 식민지로 복속시킨다. 로마 제국은 팔레스타인을 직접 통치하기보다는 유대지역의 군벌이었던 헤롯 가문을 대리 정권으로 내세웠다. 누가복음에서 아기 예수의 학살을 명령한 헤롯 대왕(Herod the Great, 73 B. C. - 4 B. C.)은 로마의 시민 전쟁 와중에 시이저의 군대를 지원함으로써 정치적 특혜와 후원을 받게 된다. 시이저의 계승자 아우구스투스(Augustus, 63 B. C.- A. D. 14) 황제도 여전히 유대인들에게 세금 감면과 징병 면제와 같은 우대 정책을 실시하였다. 헤롯 대왕은 기원전 4년에 사망하기까지 약 30 여년이 넘는 긴 재위기간 동안, 팔레스타인 지역을 헬라화하는데 큰 역할을 담당하였다. 북쪽 갈릴리 지역의 티베리우스로부터 남쪽 유대의 마사다 성채까지 수많은 헬라식 건축물들이 들어섰다. 그 중 유명한 것이 예루살렘 성전이다. 1세기 유대의 역사가 요세푸스(Flavius Josephus, A. D. 37-100)는, 이 건물이 요란한 헬라식 장식으로 치장되었다고 기록한다. 헤롯 대왕이 죽은 후, 그의 영토는 세 명의 아들들에게 분할되었다. 그러나 남쪽 유대 지역을 통치하던 아킬라오스(Archelaus)는 무능한 통치로 인해, 기원후 6년에 로마 제국에 의해 숙청되었다. 이후 이 지역은 로마에 의해 파송된 지방장관(prefect)에 의해 직접 통치되었다. 그러나 유대인들의 종교적인 자치권은 인정되어, 대사제들로 구성된 산헤드린(Sanherdrin)이란 의회를 중심으로 유대 사회를 종교적으로 치리할 수 있었다. 예수를 십자가에 처형한 본디오 빌라도(Pontius Pilate, 26-36년 유대통치)는 5번째 파견된 로마의 지방장관이었다.

로마가 막강한 군사력으로 지중해 세계를 재편할 당시, 지중해의 중요한 도시마다 수많은 유대인들이 흩어져 살고 있었다. 이들을 디아스포라(Diaspora) 유대인이라고 하는데, 기원전 5세기경 바벨론 제국의 포로로 잡혀간 유대인들로부터 디아스포라의 역사가 시작된다. 이들은 로마 제국의 주요 상업도시들에 산재하여, 자신들만의 고유한 신앙과 풍습을 지키며 독특한 문화를 일구어 나갔다. 북아프리카의 알렉산드리아에 있던 유대인들은 기원전 3세기경에 히브리 성서를 헬라어로 번역하였다. 전설에 의하면 이집트의 프톨레미오 2세(Ptolemy Ⅱ, 285-246 B. C.)가 알렉산드리아의 도서관에 배치할 목적으로, 히브리 성서를 헬라어로 번역하려고 했고, 이를 당시 예루살렘의 대제사장, 엘리아자르에게 요청하였다고 한다. 이스라엘의 12지파에서 유능한 학자들을 각각 6명씩 선발되어 모두 72명으로 구성된 번역위원들이 알렉산드리아로 파송되었고, 이후 이들은 세 달 동안 각각 독립된 거처에서 번역 작업을 마친 후, 번역본을 대조해 보았다고 한다. 후대 사람들은 이 번역본을 칠십인역(LXX, Septuaginta)이라고 부른다. 이 헬라어 성서는 신약성서의 저자들에게 심대한 영향을 끼쳤다. 초기 기독교인들의 성경은 바로 이 칠십인역이었으며, 신약성서 최대의 저자인 바울은 히브리 성서를 인용할 때마다, 칠십인 역을 사용하고 있다.

헬라화의 파급력은 팔레스타인 사회에도 예외는 아니어서 유대의 엘리트들도 점차 헬라문화에 동화되었다. 예수와 동시대에 알렉산드리아에 거주했던 유대의 지식인, 필론(Philon, 20 B. C.- A. D. 50)은 모세의 율법을 헬라 철학적으로 변증하려고 했다. 특히 그의 알레고리적인 히브리 성서 해석은 신약 성서의 저자들에게 깊은 영향을 미쳤다. 또한 신약성서에 포함되어 있는 바울의 편지 속에서도 헬라의 수사학과 스토익 철학자들의 용어들이 빈번하게 사용된다. 신약성서 전체가 대중적 헬라어(Koine Greek)로 쓰였다는 사실 자체가 헬라문화가 얼마나 예수 당대의 유대인들의 일상 속에 깊숙이 침투해 있었는지를 보여준다.

최근의 팔레스타인 고고학의 성과는 예수가 살았던 팔레스타인 지방의 헬라화 정도를 예측하는데 있어서 귀중한 자료들을 제공해 준다. 예수의 고향 나사렛에서 4마일 정도 떨어져 있는 세포리스(Sepphoris)라는 고대 도시가 발굴되었는데, 이 도시는 기원전 4년 유대 반란자들을 도왔다는 혐의로 로마군에 의해 파괴되었다가, 예수의 청소년 시절에 갈릴리의 분봉왕 헤롯 안티파스에 의해 재건되었다. 이 도시는 전형적인 그레코-로만의 도시계획에 따라 건설되었다. 콜로세움과 같은 원형 경기장은 물론 로마식 목욕탕과 회랑들이 즐비한 전형적인 그레코-로만의 도시였다. 이러한 세포리스의 발견은 예수 당시의 갈릴리 호수 주변의 도시들이 그레코-로만 양식으로 건축되었으며, 당시 갈릴리 사람들의 헬라화 정도가 우리의 상상을 뛰어 넘는 것이었음을 보여준다. 최근의 연구자들은 예수가 헬라 문화의 영향을 깊이 받았으며, 예수의 행태와 가르침에 헬라적 요소가 발견된다고 주장한다. 다우닝 (G. F. Downing)은 예수와 바울이 순회 설교가였다는 사실로부터, 이들의 운동 방식이 당시 헬라의 견유철학파의 행태와 유사하다고 주장한다. 그의 주장에 따르면 예수는 견유철학자들과 유사하게 소박한 삶을 살았고, 그들과 마찬가지로 자연의 세계에서 삶의 지혜를 찾았다는 것이다. "하늘의 새를 보아라. 씨를 뿌리지도 않고, 거두지도 않고, 곳간에 모아들이지도 않으나, 너희의 하늘 아버지가 먹이신다" (마태 6:26)라는 예수의 가르침은 무소유를 주장한 견유철학자들의 언행과 상통한다는 것이다. 비록 견유철학자들이 예수 시대에 갈릴리나 시리아에서 활동했다는 직접적인 증거는 없지만, 다우닝의 주장은 예수 시대의 팔레스타인 지역이 그레코-로만 문화에 직접적인 영향을 받고 있다는 점을 지적한 설득력 있는 주장이라 할 수 있다.

신약성서의 언어

신약성서는 헬라어로 기록되어 있다. 당시 지중해 사람들이 사용하던 대중적인 코이네 헬라어(Koine Greek)으로 쓰여 있다. 코이네 그리스어는 플라톤이나 아리스토텔레스와 같은 철학자들이 사용하던 클래식 그리스어와는 다소 차이가 있다. 대중들이 사용하던 보다 일상적인 그리스어가 코이네 헬라어라 할 수 있다. 신약성서가 당시 지중해를 지배하던 로마 제국의 언어,

라틴어가 아니라 코이네 헬라어로 기록된 것은 가장 보편적으로 사용되던 언어였기 때문이다. 그리고 기독교가 히브리 종교/문화권에서 태동되었음에도 신약성서가 코이네 헬라어로 기록되었다는 것은 기독교의 청중들이 다문화적이었다는 것을 의미한다. 예수 사후에 그의 제자들은 로마 제국 전역으로 흩어진다. 이들은 이탈리아, 소아시아, 북아프리카로 선교 여행을 다니며 자신들의 새로운 종교적 신념을 전파하였다. 당시 지중해에서 행해지던 무역과 상거래, 그리고 학문의 공용어는 그리스어였다. 신약성서는 이러한 환경의 산물이라고 볼 수 있다.

신약성서를 읽을 때, 현대의 독자들이 고려해야 할 우선적인 사항은 신약의 문헌들이 종교적인 목적으로 기록되었다는 사실이다. 다시 말해 신약 성서는 예수에 관한 역사적인 정보를 일반 대중들에게 제공할 목적으로 기록된 문헌들이 아니라는 점이다. 이 때문에 신약성서는 고백적이고, 비유적인 언어를 많이 사용한다. "하나님의 나라는 겨자씨와 같다"라는 문장을 생각해 보자. 이 문장은 과학적인 언어(scientific language)가 아니라, 고백적인 언어 (confessional language)의 특징을 지니고 있다. 본질상으로 하나님의 나라는 겨자씨와 같을 수 없다. 그러나 하나님 나라의 은밀한 성장과 겨자씨가 지니는 어떤 속성이 유사하기 때문에, 비유적으로 하나님 나라는 겨자씨와 같다는 메타포(metaphor)가 가능한 것이다. 따라서 겨자씨는 하나님 나라에 대한 알레고리라고 할 수 있다. 이처럼 신앙의 언어는 입증 가능한 과학적 언어와는 다른 차원을 지닌다. 이를테면 "삼각형의 내각의 합은 180도이다"라는 말과 "예수는 우리의 죄를 사해주신 구세주이다" 말은 성격상 큰 차이를 지닌다. 전자는 수학적 논리로 모두에게 객관적으로 입증 가능한 명제를 말한다. 그러나 후자는 종교적 신념의 언어로서, 모든 사람이 수긍할 수 있는 객관적 사실의 문제를 다루고 있지 않다. 즉 예수를 그리스도로 고백하는 종교적 신념을 공유하는 사람들 사이에서 동의될 수 있는 주관적 차원의 언어이다. 이러한 점에서 복음서가 묘사하고 있는 예수의 기적이나 부활 이야기는 고백적 차원에서 그 의미가 이해되어야 하는 것이지, 과학적으로 설명될 수 있는 것들이 아니다.

한편 신약성서의 언어들은 개인적이기보다는 공동체적이다. 즉, 신약성서의 예수에 관한 증언과 고백들은 그의 삶과 죽음, 그리고 부활에 관한 담론들을 전승, 보존하고 발전시킨 초기 예수 공동체들의 정황과 밀접한 연관을 지닌다. 예를 들면, 마가복음 저자는 예수의 수난을 강조한다. 마가복음에 따르면 예수는 종교 당국자들뿐만 아니라, 그의 직계 제자들의 몰이해와 무지 때문에 고통 받는다. 세 차례에 걸친 (마가 8:31; 9:31; 10:33) 예수의 '수난 예고'를 이해하지 못한 제자들은 결국 십자가 처형의 현장에서 모두 도망친 것으로 묘사된다. 마가복음에 드러난 이러한 예수의 수난 모티브는, 이를 기록한 저자(또는 저자가 속한 공동체, '마가'로 임의로 지칭한다.)의 역사적 경험과 긴밀한 연관을 갖는다. 즉 마가는 70년경 유대-로마 전쟁의 참화 속에서 고난받고 수난당하는 자신의 공동체 멤버들에게 예수의 수난을 상기시키고 강조함으로써, 자신들의 수난을 신학적으로 정당화하고 합법화한다. 그리고 이를 통해 현재 직면한 어려움을 상징적으로 해소시키고 있는 것이다. 결국 마가는 예수의 수난사 속에 자신들의 역사적 경험을 투영시키고 있는 것이며, 예수의 수난 이야기 속에 자신들의 수난 이야기를 오버랩(overlap) 시키고 있다. 이러한 점에서 복음서의 예수 이야기는, 이를 기록한 초기 예수 공동체들의 사회 전기(socio-biography)로 간주될 수 있다. 그들은 예수의 이야기를 자신들의 신앙/실천의 모델로 변형하고 재해석하고 있다. 다시 말해 신약성서를 형성한 초기의 예수 추종자들은 자신들의 삶 속에서 예수의 삶을 재현하려 했으며, 자신들의 고난과 종교적 신념을 예수에게 투사하고 있는 것이다.

신약성서의 문학적 형태

신약성서를 1세기 알렉산드리아 도서관의 사서가 분류했다면 어떤 장르로 구분하였을까? 역사? 전기문학? 서간문학? 그것도 아니면 철학서로? 사실 신약성서는 다양한 문학적 카테고리를 내장하고 있다. 신약성서는 일종의 수집물로 문서들의 기록 순서대로 배열된 것은 아니다. 신약성서는 복음서라 불리는 4권의 책으로부터 시작되는데, 마태복음, 마가복음, 누가복음, 요한복음의 순서로 되어있다. '복음'이라는 단어는 원래 그리스어, 유앙겔리온(euangelion)에서 유래한 말로, 이것은 좋은 소식(good news)이라는 뜻이다. 원래 이 말은 그레코-로만 세계에서 로마 황제에 관한 공적인 소식을 알리는 단어로 사용되었다. 가령, 황제의 군사적 활동이나, 복지 정책이나 제의 행사를 알릴 때, 이 단어가 이용되었다고 한다. 초기 기독교 저술가들이 황제의 지방 행정장관인 본디오 빌라도에게 정치범으로 처형당한 예수의 일대기를 '유앙겔리온'이라고 부른 것에서, 이들의 반-로마적 정서를 읽게 된다. 이들에게 있어 진정한 복음이란 로마 황제의 권력에 의해서 이루어지는 것이 아니라, 예수의 자기희생 속에 나타난 타인에 대한 섬김과 사랑이었던 것이다. 최초로 유앙겔리온이라는 단어를 예수의 생애를 기록한 문서에 사용한 사람은 마가였다. 그에 의해서 예수의 행동과 가르침을 이야기 형태로 기록한 문서를 지칭하는 용어로 '복음서'란 단어가 사용되기 시작한다.

복음서의 문학적 양식을 굳이 그레코-로만의 문학과 비교해 정의해 본다면, 일종의 전기문학에 해당한다. 예수 당시의 지중해 세계는 신화적인 영웅들과 역사적 위인들에 관한 대중적 전기 문학이 유행하였다. 1세기 지중해에서 유통되던 아리탈로지(Aretalogy) 문학은 신적 영웅(Divine man)들의 비극적인 삶을 이야기 형태로 기록하고 있다. 우리에게 알려진 풀루타르크의 위인전이 대표적인 사례이다. 복음서가 예수의 가르침과 활동에 관한 연대기적 방식을 채택하고 있지만, 현대적 의미에서 그것을 예수에 관한 객관적인 역사물이라고 보기는 힘들다. 왜냐하면 복음서는 현대의 자서전처럼 예수라는 역사적 인물의 전체적 삶을 기술하는 데 관심이 없기 때문이다. 또한 예수라는 인물에 영향을 미친 다양한 문화적이고 역사적인 요소들을 설명하지도 않는다. 마태복음과 누가복음만이 예수의 탄생과 어린 시절에 대한 간략한 에피소드를 전할 뿐, 다른 복음서들은 예수의 유년기와 청년기를 비롯하여 그의 교육적 배경이나 성장 배경에 대해 무관심하다. 신약 정경에 포함된 4권의 복음서는 그의 공생애를 중심으로 이야기를 전개하고 있으며, 특히 예루살렘에서의 1주일간 벌어진 예수의 최후 행적과 부활 이야기에 많은 지면을 할애하고 있다. 예수의 갈릴리 활동기사에서는 찾아 볼 수 없는 섬세한 관심이, 예수의 체포와 재판 그리고 십자가 처형 이야기 속에 두드러진다. 이는 복음서 저자들의 주된 관심이 예수의 수난과 처형에 있었음을 반증한다. 심지어 요한복음은 자신의 이야기의 절반 정도를, 예수가 예루살렘에서 보낸 최후의 몇 일 동안에 행한 일에 할애하고 있다. 이러한 복음서의 서술태도를 연구한 학자들은, 복음서라는 장르는 긴 서문을 지닌 예수의 수난 이야기(Passion narrative)라고 정의한다. 예수의 생애에서 벌어진 모든 사건들은 그의 십자가 처형에 관한 전조와 암시로 처리된다. 따라서 복음서의 문학적 형식과 내용은 역사적이고 자서전적인 측면에서 규정되기 보다는, 복음서를 기록한 저자들의 신학적 관점에서 파악되어야 한다.

신학(theology)이라는 단어는, 신(神)을 의미하는 그리스어, 테오스(theos)와 논리적 분석을 의미하는 로고스(logos)가 결합되어서 만들어진 어휘이다. 즉 "신에 관한 학문"이라는 뜻이다. 신학은 인류를 향한 신의 행동과 의지, 그리고 본성을 연구하는 종교적인 학문 분야이다. 신학자들은 종교적인 세계관에 표현되고 있는 믿음의 체계를 정의하고 해석하는 사람들이다. 이러한 면에서 복음서 저자들은 신학자들이라고 할 수 있다. 왜냐하면 그들은 예수의 삶과 가르침에 내재되어 있는 종교적이고 신학적인 의미를 천착하고 있기 때문이다. 복음서의 저자들은 자신들이 수집한 다양한 예수 전승들을 독특한 신학적 전망으로 편집하고 해석한다. 따라서 복음서는 고백적인 차원을 지니며, 복음서가 묘사하는 예수는 신학적으로 재해석된 신앙의 그리스도(Christ of faith)라고 할 수 있다.

신약성서에 포함된 문헌들의 문학적 장르 중에는 초기 기독교 지도자들의 행적을 기술하고 있는 역사적 이야기(historical narrative)가 포함되어 있다. 사도행전(the Book of Acts)이 이러한 서술 방식을 사용한다. 이 책은 기독교의 기원과 예수의 제자들이 어떻게 예루살렘으로부터 로마까지 선교 활동을 하였는지를 이야기 형식으로 담고 있다. 부활한 예수의 승천으로부터 시작하여 바울의 로마 활동을 마지막으로 기술한다. 사도행전은 30년에서 60년 사이에 벌어진 초기 기독교의 분화와 발전을 살펴볼 수 있는 매우 귀중한 문헌이다. 최근의 학자들은 누가-행전(Luke-Acts)이라는 이름으로 두 저작을 상호 연관시켜 연구하기도 한다.

신약성서의 앞부분에 수록된 5권의 책들은 모두 예수와 그의 제자들의 행적에 관한 이야기들이다. 그러나 이후 대부분의 책들은 거의 모두 편지 양식으로 되어 있다. 그리스와 현재의 투르키에 지역에 산재한 기독교 공동체들에게 보내는 초기 기독교 지도자들의 '편지 글'이다. 이들은 자신들이 세운 교회나 자신들이 영향력을 행사할 수 있는 기독교 공동체에 바른 신앙생활을 권면하고 위로하려는 목적으로 편지라는 장르로 기록된 것들이다. 신약성서의 편지글 중에서 바울과 그의 후계자들이 작성한 편지들이 가장 많은 분량을 차지한다. 특별히 바울의 친서인, 데살로니가 전서, 갈라디아서, 고린도 전/후서, 빌립보서, 로마서, 빌레몬서 등의 7개 서신들은 복음서가 기록되기 20년 전에 이미 초기 기독교 그룹들 사이에서 유통되며, 보존되고 있었다. 이를 제외한 나머지 편지들은 예수의 직계 사도였던 베드로, 야고보, 유다 그리고 요한의 이름으로 보내진 서신들이다.

신약성서 맨 마지막을 차지하는 요한계시록은 묵시문학이라는 독특한 장르에 속한 책이다. 계시록(Revelation)이라는 단어는 그리스어, 아포칼립시스(apocalypsis)에서 유래된 단어로서, '감추어진', '비밀에 싸인'이란 의미를 갖고 있다. 다른 유대의 묵시문학과 유사하게 요한계시록은 세상의 감추어진 신의 비밀을 폭로하는 드라마틱한 이야기로 구성되어 있다. 계시록의 하이라이트는 마지막 때에, 신이 우주적 전사(Cosmic Warrior)로 등장하여 사탄과 그의 세계를 섬멸하는 것에 있다. 극단적인 선악 이원론의 세계가 등장한다. 이러한 묵시 사상적 세계관은 초기 기독교인들의 상징적 우주(symbolic universe)를 구성하는 매우 중요한 요소였다. 복음서에서는 예수가 빈번하게 세상의 종말을 말한다. 세상의 마지막 때에 관한 이야기를 학자들은 종말론(eschatology)이라고 말한다. 이 단어는 세상의 끝을 의미하는 그리스어 에스카톤(eschaton)과 학문을 의미하는 '호 로고스'(ho logos)가 결합된 말이다. 따라서 종말론이란 마지막 때에 벌어질 일들에 관한 이야기나 신념에 대한 것을 언급할 때 사용되는 어휘이다. 또한 종말론에는, 죽음과 사후의 심판, 하늘과 지옥, 부활에 관한 종교적 신념들도 포함되어 있다.

신약성서를 구성하는 문서들이 앞서 살펴본 4개의 커다란 범주에서, 그 문학적 형태와 장르가 파악될 수 있지만, 좀 더 세밀하게 분석하면 이들 4개의 장르 외에도 하부 장르들(subgenres)이 존재한다. 예를 들어 복음서는 크게 보면 예수에 관한 자서전적 이야기(biographical narrations)이지만, 이 이야기들을 구성하는 다양한 하부 장르들을 발견할 수 있다. 예를 들면 족보들(genealogies), 비유(parables), 격언(aphorism), 기도문(prayers) 등이 있다. 그리고 요한복음에는 니고데모와의 대화(3장)나 사마리아 여인과의 대화(4장)와 같은 긴 비유적인 담론(metaphorical discourse)들이 등장한다. 또한 사도행전에는 공식 연설문이나 사적인 대화 그리고 항해일지 등이 발견된다. 한편 바울의 편지에는 헬라식의 수사학이 등장하며, 야고보서에는 지혜 문학적 특징이 드러난다.

신약성서를 어떻게 읽을 것인가?

신약성서는 먼저 역사적으로 읽어야 한다. 이 말은 신약성서가 기록된 당대의 역사와 사회적 정황을 고려하며 읽어야 한다는 것이다. 신약성서의 원래 독자는 현대인들과는 전혀 다른 세계관과 우주관 속에서 살았던 고대인들이었다. 그들은 과학적으로 세계와 우주를 설명할 줄 몰랐으며, 프로이트와 칼 융이 알려준 인간의 무의식도 알지 못했다. 그들의 우주는 신들이 다스리는 신화적 세계였으며, 질병과 정신질환은 악마의 영역이었다. 그들의 생활세계를 지배하는 것은 현대의 이성적 질서가 아니었다. 수천 년을 지배해 온 종교적 전통과 습속이었다. 예수 당시 유대 사회의 가장 중요한 가치는 돈이 아니라, 정결(Purity)이었다. 신 앞에 얼마나 정결하느냐에 따라 그 사람의 가치가 결정되었다. 물론 정결의 기준과 순서는 고위 사제들에 의해서 결정되었다. 따라서 신약성서의 본문들을 올바로 이해하기 위해서는, 그 시대의 사상과 문화적 맥락을 이해하는 작업이 선행되어야한다 (성서 해석학에서는 이를 What it meant를 밝히는 작업이라고 한다). 이러한 접근을 통해서 최소한의 합리적 해석의 기초가 생기게 되는 것이다. 그러나 이것만으로는 부족하다. 신약성서가 전하는 당대의 의미를 우리 시대의 문제의식과 연결하여 재해석하는 작업이 필요하다 (이를 What it means를 밝히는 작업이라고 한다). 이러한 해석의 두 차원이 조화롭게 순환할 때, 신약성서는 우리의 삶과 비로소 소통할 수 있게 되는 것이다.

현대의 독자들은 자신들의 문화와 사회가 제공하는 선입견(전이해)을 지니고 성서를 읽을 수밖에 없다. 따라서 모든 사람들이 동의할 수 있는 보편타당한 성서 해석은 쉽지 않다. 기독교가 수많은 종파와 교파로 분열된 것도 서로 상이한 성서 해석을 둘러싸고 투쟁한 결과 때문이다. 개신교의 개막을 알린 16세기 종교개혁도 로마 교황의 성서 해석에 대한 루터의 도전으로부터 시작된 것이다. 사회적 계층, 인종, 성별에 따라서도 성서 해석은 달라질 수 있다. "부자가 하나님 나라에 들어가는 것보다 낙타가 바늘귀로 들어가는 것이 더 쉽다"는 예수의 말씀에 어떤 계층의 사람들이 더 쉽게 동의할 수 있을까?

성서가 모든 사람들에게 열린 텍스트로 다가서기 위해서는 독선적 해석을 지양해야 한다. 독점적 성서 해석으로 인해 발생된 해악은 이미 역사가 증언하는 바이다. 어떤 성서 해석도 자신이 속한 사회와 시대의 이데올로기부터 자유로울 수 없다면, 과연 객관적인 성서 해석은 어떻게 가능한가? 여기에 대한 적실한 답변을 마련하는 일은 결코 쉬운 일이 아니다. 다만 신약성서를 특정한 신념이나 교리에 기반하여 이해하기보다는, 보다 폭넓은 전망, 예를 들면, 문(文), 사(史), 철(哲)이라는 인문학적 전망 등에서 독해하는 것, 즉 모든 세대의 인류를 위한 고전으로 읽는 것이 보다 많은 이들에게 도움을 줄 수 있을 것이라고 생각한다.

고전의 가치는 단순히 과거의 역사와 문화 속에서만 평가될 수는 없다. 우리 시대가 직면한 다양한 문제들에 대해 고전이 여전히 의미 있는 답변을 제시해 주지 않는다면, 우리는 더 이상 그것을 고전으로 간주할 수 없을 것이다. 사실 신약성서는 우리와는 지리적으로도 문화적으로도 엄청나게 다른 시공간에 살았던 사람들이 남긴 문헌들이다. 가령, 800년 전에 쓰인, 한국인의 바이블, 『삼국유사』에 등장하는 이야기들은 현대인들을 당혹스럽게 만든다. 밤길을 걷는 화랑들에게 별들이 내려와 길을 밝혀 준다는 이야기나, 피리 소리로 왜적을 물리친 만파식적의 전설은 과학적 사고방식으로는 이해하기 힘든 이야기들이다. 그러나 우리가 여전히 삼국유사에 매혹되는 것은, 이러한 신화적인 이야기의 이면에 담겨있는 의미(meaning) 때문이다. 자연과 우주와 교감하며 살았던 우리 조상들의 신화적 사유 속에는, 현대인들이 자칫 간과하기 쉬운 삶에 대한 총체적인 인식이 숨어 있기 때문이다. 사회적 이권과 쾌락만을 추구하면서 불나방처럼 부유하는 현대인들에게 필요한 것은 자본주의적 가치보다, 별과 바다로 상징되는 우주와 자연과 대화할 수 있는 상상력이 아니겠는가!

신약성서를 읽는다는 것은 마치 새로운 세계로 떠나는 여행과 같은 것이다. 2000년을 거슬러 올라가 우리와는 전혀 다른 관습과 문화 그리고 역사를 지닌 고대인들의 꿈과 희망을 엿보는 것이다. 마치, C. S, 루이스의 <나니아 연대기>에서, 벽장을 통해 새로운 세계로 들어선 어린 아이들처럼, 신약성서의 세계로 들어서기 위해 우리에게 필요한 것은 미지의 세계를 향한 모험심, 그리고 상상력이다. 그 곳에 신 앞에 구원을 갈망했던 모든 인류의 기나긴 꿈이 숨어 있다.

토론주제 ······························ ⑥

01.

인류의 고전으로서 <신약성서>가 지니는
현대적 의미와 가치는 무엇일까?

02.

신약성서의 시대적 배경을 알아보자.

03.

왜 신약성서는 27권으로 한정되었을까? 신약외경,
즉 신약성서에 포함되지 않은 책들에는 어떤 것들이 있을까?

참고문헌 … ⑥

1. 정승우, 『인류의 영원한 고전, 신약성서』. 서울: 아이세움, 2005.
2. 바트 어만/ 오세원 옮김, 『신약성서- 초기 그리스도교 문헌역사 서설』. 서울: 서커스, 2024.
3. 조태현, 유승원, 차정식, 『뒤집어 읽는 신약성서』. 서울: 기독교서회, 1999.

7 역사적 예수 생애와 사상

7장

역사적 예수 생애와 사상

예수의 생애와 가르침을 담고 있는 4권의 복음서는 예수에 관한 객관적 정보를 담고 있는 역사적 문헌이 아니다. 앞에서도 지적했듯이, 복음서는 예수를 그리스도로 믿게 하려는 신앙적 목적을 지닌 변증적 성격이 강한 책들이다. 따라서 복음서마다 독특한 신학적 관점에서 예수를 그리스도로 묘사하고 있다. 즉 복음서는 신앙의 그리스도(Christ of Faith)에 초점을 맞추고 있지, 역사적 인물로서의 예수(Jesus of history)에 관심이 있는 것이 아니다. 따라서 역사적 인물로서 예수를 알기 위해서는, 2천년 전 팔레스타인의 시대적 배경 속에 그의 언행을 살펴보는 것이 중요하다. 만약에 우리가 이순신이나 정약용의 삶과 사상을 살펴보려면, 그들이 활동했던 역사적 배경을 먼저 살펴보아야 한다. 인간 이순신의 활동을 이해하기 위해서는 임진왜란이라는 역사적 배경 속에서, 또 다산의 실학사상을 이해하기 위해서는 정조시대의 정치, 사회적 환경을 먼저 이해하여야 한다. 이처럼 예수의 가르침과 활동을 이해하기 위해서는 그가 살았던 시대를 먼저 살펴보는 것이 중요하다. 그래야 그의 가르침과 활동이 지닌 의미를 보다 명료하게 이해할 수 있다. 그러나 기독교회는 예수를 신앙의 대상으로만 간주했기 때문에 지난 2천년간 그의 가르침과 행적을 관념화하고 비역사화하였다. 도스또예프스끼는 <카라마조프가의 형제들>에 등장하는 대심문관 단락을 통해, 서구 기독교의 잘못된 예수 이해를 비판하였다. 이 소설 속에서 세비야의 이단 심문관은 다시 찾아온 예수를 거부한다. 한밤중에 그는 감옥을 찾아가 예수에게 교회의 권력을 방해한다면 화형에 처할 수밖에 없을 것이라고 협박을 한다. 도스또예프스끼는 대심관의 이야기를 통해, 예수의 가르침과 행적이 권력화된 교회에 의해 얼마나 왜곡되었지를 고발하고 있다. 김지하의 희곡, <금관의 예수>에도 도스또예프스끼와 비슷한 문제의식이 나타난다. 즉 2천년 동안 교회는 예수의 머리에 금관을 씌워 숭배의 대상으로만 전락시켰기 때문에 그의 가르침과 이미지가 심각하게 훼손되고 왜곡되었다고 지적한다. 이 때문에 예수의 원래적 가르침과 행적을 복원하기 위해 예수에 관한 역사적 질문은 매우 중요하다. 역사의식이 결여된 신앙은 맹목적이기 쉽다. 이제 예수를 신화적 인물이 아닌, 역사적 인물로 인식하기 위해 그가 살았던 역사적 환경을 살펴보자.

예수는 2천년 전 팔레스타인이라는 시공간에서 활동했던 인물이다. 그는 신이 머지않아 유대를 억압하는 로마 제국을 심판할 것이라는 임박한 종말을 기대했다. 예수가 선포한 하나님의 나라(Kingdom of God)는 앞서 살펴본 유대 묵시사상에서 유래한 것이다. 예수가 태어나기 60여년 전에 로마는 팔레스타인을 자신들의 식민지로 삼았다. 이후 팔레스타인은 로마의 경제적, 정치적, 군사적 폭력에 시달릴 수밖에 없었다. 예수 당대의 유대인들은 로마로부터 독립하기 위해 수시로 무장 투쟁을 벌이기도 했다. 당시 유대 역사가, 요셉푸스(Flavius Josephus, A. D. 37-100년경)의 기록에 따르면, 로마군의 빈번한 십자가 처형으로 나무를 구하기가 힘들 정도였다고 한다.

고대부터 팔레스타인은 지리적으로 다양한 이방 문화가 교차하던 지역이었다. 기원전 3세기부터 유대 지식인들 사이에서는 헬레니즘이 유행하기 시작했다. 가령 이집트의 알렉산드리아에서 활동했던 유대 철학자, 필론(Philon, 20 B. C.-A. D. 50)은, 유대교를 헬레니즘의 관점에서 설명하는 책을 저술하기도 했다. 로마는 헬레니즘의 계승자로 자처하면서 기원전 1세기부터 팔레스타인 전역에 대규모의 토목공사를 진행했다. 팔레스타인 해안가인 가이샤리아 빌립보에 거대한 항구를 건설했고, 갈릴리 호수에는 티베리우스

항구를 건축했다. 그리고 예수가 어린 시절을 보냈던, 나사렛에서 4킬로 정도 떨어진 곳에 세포리스라는 거대한 로마식 도시를 건설했다. 예수는 로마풍의 도시를 좋아하지 않았는데, 이 때문인지 가버나움와 같은 시골 마을을 기반으로 활동했다. 당시 경건한 유대인들은 그레코-로만 문화를 좋아하지 않았는데, 거대한 수로와 목욕탕, 극장, 원형 경기장, 그리고 이방 신전들은 유대교가 금지하는 것들로 가득했기 때문이다.

로마 제국은 자신들의 식민지에 군대를 주둔시켜 정치적 소요를 폭력적으로 진압했다. 요셉푸스의 기록들 속에는 로마 총독들이 군대를 동원해서 유대인들을 폭력적으로 제압한 이야기가 자주 등장한다. 가령, 기원전 4년, 갈릴리 유다라는 랍비출신의 인물이 로마에 납세 거부 운동을 벌였다가 추종자들 3천 명과 함께 십자가에 처형되었다. 복음서에는 무수히 많은 장애인들이 예수를 따르는 장면들이 자주 목격된다. 시각장애인, 절름발이, 그리고 집도 없는 떠도는 수천 명의 군중들이 며칠씩 굶주린 채 예수를 따라 나선다. 이러한 장면들은 유대 민중들이 로마 제국의 일상적인 폭력에 시달렸다는 반증이다. 이러한 민중들은 하나님 나라라는 새로운 세상을 선포하는 예수에게 매료되게 된다. 마치 구한말에 양반들의 폭정으로 가렴주구에 빠진 조선의 민중들이 후천개벽을 주장하는 최제우의 동학에 열광한 것과 같다고 할 수 있다.

예수 당시의 유대교에는 다양한 분파들이 존재했다. 첫째, 로마와 결탁해서 종교적 기득권을 누렸던 사두개파(Sadducees)는 고위 사제들로 구성되어 있었다. 이들은 산헤드린이란 최고의회를 구성하여 모세율법에 의거해 유대인들을 종교적으로 다스렸다. 이들은 나중에 로마 총독, 빌라도와 결탁하여 예수를 십자가 처형으로 제거한다. 둘째, 바리새파(Pharisees)는 일종의 유대교 평신도 운동그룹인데, 모세의 율법을 엄격하게 지키는 걸로 유명한 유대교 분파였다. 복음서에서 이들은 예수와 자주 논쟁을 벌인다. 셋째, 엣세네파(Essenes)는 일종의 유대교 은둔주의자들로, 이들은 예루살렘 성전의 사제들이 타락했다고 비판했으며, 자신들만의 엄격한 유대교 수도원 공동체를 만들었다. 이들은 엄격한 입회 절차를 거쳐 선발된 소수의 신도들만 받아들인 것으로 유명했다. 1948년 사해 근처 쿰란동굴에서 이들이 남긴 고대 유대교 문헌들이 발견되었다. 엣세네파는 유대 로마 전쟁 당시 로마군에 의해 전멸당한다. 그리고 무장독립단체로 유명한 젤롯당(Zealot)은 무기를 소지하고 로마를 팔레스타인에서 쫓아내기 위해 열심히 투쟁했던 단체였다. 이들은 73년 사해 근처 마사다 성채에서 로마와 끝까지 싸우다가 전멸당한다. 이외에도 예수 당시에는 수많은 메시아 운동 그룹들이 존재했다. 대표적인 것이 세례요한 그룹이다. 이들은 요단강에서 세례를 주고, 금욕주의적 경건운동을 펼치며 메시아의 도래를 기대했다. 4권의 복음서 모두 예수가 요단강에서 세례요한에게 세례 받는 장면을 기록하고 있다. 최근 일부 학자들은 예수가 처음에는 세례요한의 메시아 운동에 가담했다가, 나중에 분리되어 독자적으로 활동했던 것으로 추정하기도 한다. 어쨌든 예수는 이렇게 다양한 유대교 분파들 속에서 자신만의 독특한 하나님 나라 운동을 전개한 인물이라고 할 수 있다.

예수의 비유와 하나님 나라

복음서가 묘사하는 예수의 가장 두드러진 모습은 가르치는 자이다. 특히 마태복음은 예수를, 모세를 능가하는 이스라엘의 위대한 선생으로 묘사한다. 마태복음의 문학적 구성은 예수의 다섯 개의 가르침을 중심으로 형성되어 있다. 소위 산상설교(마태 5-7장)는 예수가 모세와 같이 산 위에서 권위 있게 제자들을 가르치는 것으로 묘사된다. 마태는 부활한 예수의 첫 명령이 '가르쳐 지키게 하라'는 것이었다고 보도한다(마태 28:20). 이 때문에 예수는 제자들과 추종자들에 의해서 랍비(Rabbi)라는 호칭으로 자주 불리워 졌다. 랍비라는 말은 유대교의 선생을 지칭하는 말이다. 그러나 예수는 당시 유대교의 랍비들과는 다른 방식으로 가르쳤다. 그는 유대교의 율법과 규례에 얽매이지 않았고, 모든 사람이 신 앞에서 종교, 인종, 그리고 성에 대한 차별 없이 모두 존귀한 존재라고 가르쳤다. 당시 그리스와 로마의 철학자들처럼 소수의 제자들에게만 가르침을 제공하지 않고, 스스로 제자들을 찾아 나섰다. 가령, 갈릴리 호숫가에서 일하던 베드로를 발견하고, 이제 고기 잡는 어부가 아니라 사람을 낚는 어부, 즉 인간을 구원으로 인도하는 구도자가 되기 위해 자신을 따르라고 설득했다. 예수의 가르침은 어렵지 않았기 때문에 지식인들보다는 갈릴리 민중들에게 더 인기가 많았다.

예수의 가르침 중에서 가장 특징적인 것이 바로 비유(parable)이다. 예수의 가르침에서 핵심이라 할 수 있는 '하나님 나라'는 비유로 곧잘 이야기되었다. 하나님 나라의 정체가 무엇인지 묻는 제자들에게, 예수는 직접적인 정의(definition)를 피하고, '겨자씨', '밭에 감추어진 보화' 등과 같은 비유를 통해 이야기한다. 그렇다면 비유란 무엇일까? 비유를 나타내는 영어의 파라블(parable)이란 단어는, 헬라어 파라볼레(παραβολή)에서 유래한다. 파라볼레는 '…옆에', '…곁에'라는 뜻을 지닌 전치사 파라(παρα)와 '던지다', '제시하다'라는 뜻의 희랍어 동사인 발로(βάλλω)가 결합되어 만들어진 단어이다. 다시 말해 '무엇을 제시해서 대비시키고 비교시킨다'는 의미를 갖고 있다. 다드(C. H. Dodd)는 파라볼레를 다음과 같이 정의한다. "간단히 말해서 비유란 자연이나 일상생활에서 이끌어낸 은유(metaphor)나 직유(simile)를 말한다. 생생하고도 낯선 이미지로 듣는 사람들의 관습적인 상식에 도전하며, 기존 질서에 의혹을 지니게 만듦으로써 비유가 전하는 전복적 이야기의 세계에 참여케 만든다." 이런 점에서 비유는 메타포로 간주될 수 있다. 아리스토텔레스는 『시학』에서 메타포는 차별성(dissimilars)에서 유사성(similarity)을 발견하는 직관적 지각이라고 주장한다. 메타포는 A와 B의 차별성(A≠B)에도 불구하고, A와 B가 일치(A=B)되는 수사적 기술을 뜻한다. 가령 하나님 나라(A)와 겨자씨(B)는 본질상 같지 않다. 그렇지만 하나님 나라의 은밀한 성장과 겨자씨가 지니는 어떤 속성이 일치하기 때문에 하나님 나라는 겨자씨와 유사하다는 말할 수 있다. 아래 그림은 복음서에 등장하는 '씨 뿌리는 사람의 비유'(막 4:1-9, 마 13:1-9, 눅 8:4-8)를 빈센트 반 고흐가 그린 것이다. <씨뿌리는 사람, 1888>

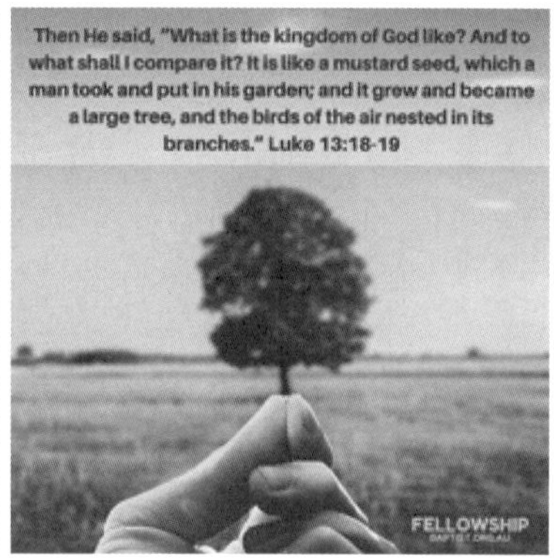

마가복음은 예수가 비유가 아니면 말씀하지 않았다고 기록한다(마가 4:34). 그렇다면 왜 예수가 하나님 나라를 비유로 이야기한 것일까? 당시 갈릴리 민중들에게 하나님 나라는 너무나 자명한 것이었기 때문에 구태여 상세하게 설명할 필요를 느끼지 못했기 때문이다. 주변 강대국들의 빈번한 외침으로 인해 고통받았던 유대 민중들은 자신들을 억압으로부터 구원해줄 메시아를 대망하게 된다. 제2 성전기에 형성된 유대 묵시문학은 다양한 메시아 사상을 보여준다. 복음서의 저자들은 예언서나 유대 묵시문학에 나타난 메시아 대망 사상을 예수에게 투영하고 있다. 예를 들어 누가복음에서 예수는 자신의 공생애 첫 취임 연설에서 이사야서 61장 1-2절을 인용하고 있다. 여기에서 예수는 자신의 사역의 목적을 이스라엘의 희년선포와 연결 짓고 있다. 이를 통해 예수는 하나님의 나라가 희년의 정치나 경제적 해방과 무관하지 않다는 사실을 시사하고 있다.

예수의 청중들은 대부분 교육받지 못한 하층민들이었다. 이 때문에 예수는 이들에게 익숙한 씨 뿌리는 이야기, 겨자씨, 포도나무, 무화과나무와 같은 갈릴리 촌락의 삶을 유비적으로 이용하여 하나님 나라의 성격을 설명할 수밖에 없었다. 예수는 당시의 유대교사들처럼 인습적인 전통의 권위에 입각해서 호소하지 않고, 전복적 지혜(subversive wisdom)를 가르친다. 가령 누가복음 10장에 등장하는 사마리아인의 비유는 고통받는 이웃을 외면하는 제사장과 레위인보다 자선을 베푼 사마리아인을 진정한 이웃으로 등극시킨다. 예수는 당시 유대인들의 인습적인 상식을 뒤집어서 원수처럼 간주되던 사마리아 사람이 강도 만난 유대 상인의 참된 이웃으로 제시한다. 그는 비유를 통해 당시 갈릴리 민중들의 상상력과 집단 지성에 호소했다.

예수가 비유로 하나님 나라를 가르친 또 다른 이유는, 인간의 언어로 적절하게 설명하기 힘든 궁극적인 진리(ultimate concern)와 관련이 있기 때문이다. 예수는 비유를 통해 자신의 청중들로 하여금 하나님 나라의 의미를 하나로 고착시키지 않고, 그 의미를 확장시킨다. 리꾀르(P. Ricoeur)는 비유 언어를 언어의 다중성과 연관지어 이해했다. 즉 비유의 애매성으로부터 단어의 다중적 의미가 형성될 수 있다는 것이다. 비유를 통해 예수는 하나님 나라가 갖는 의미의 스펙트럼을 확장 시킨다. 가령 하나님 나라는 겨자씨의 미미한 시작과 상상을 초월한 결과로 비유되며(마가 4:30-32), 노동 시간과 무관하게 품꾼들에게 임금을 지급하는 포도원 주인으로 묘사되고(마태 20장), 혹은 밭에 감추어진 보물을 발견한 사람의 뜻밖의 기쁨으로 나타난다(마태 13:44). 이처럼 비유를 통해 예수가 하나님 나라의 다채로운 성격을 묘사한 것은, 인간의 언어로 포착될 수 없는 하나님 나라의 상징적 성격 때문인지도 모른다. 불교의 선사들은 불립문자(不立文字)를 말함으로써, 인간의 궁극적 깨달음(진리)이 말로 형용하기 어려운 세계라는 것을 깨우쳐 준다. 언어는 달(진리)을 가리키는 수단에 지나지 않을 뿐, 달 그 자체가 아니듯, 하나님의 나라는 인간의 언어로 포착될 수 없는 궁극적 진리에 가까운 것이어서 예수가 비유를 사용했는지도 모른다.

예수의 비유 이야기에서 볼 수 있는 가장 놀라운 점은 의외성이다. 청중들은 예수의 비유 이야기에서 자신들의 상식적인 세계관이 여지없이 도전받고, 무너지는 경험을 하게 된다. 가령 비유의 세계에서는 사마리아인과 같은 유대인들의 원수가 선한 이웃으로 등장하고, 대제사장과 레위인 같이 유대사회에서 존경받는 이들이 위선자로 전락한다(참고, 누가10: 25-37). 대부분의 학자들이 비유를 역사적 예수의 진정한 말씀으로 인정하는 것은, 예수 당대의 그 누구도 이러한 형태로 가르치지 않았기 때문이다. 그래서 다양한 예수의 가르침 중에서도 비유 이야기가 가장 독창적이고 독특한 것으로 간주된다.

비유 이야기에 담긴 전복적인 세계관의 실례로는, 마태복음 20장에 등장하는 포도원 품꾼들의 이야기를 선택할 수 있다. 이른 아침에 포도원 주인이 노동시장에서 일꾼을 채용하려고 한다. 그는 하루 임금으로 1데나리온을 약속하는데, 당시 1데나리온은 팔레스타인 노동자들의 하루 품삯에 해당하는 액수였다. 포도원 주인은 일꾼이 부족했는지 아침 9시와 12시에 또 다른 일꾼을 채용한다. 그런데 일손이 더 필요했던지 주인은 오후 3시와 5시에도 장터에 나가서, 일거리가 없어 빈둥거리는 노동자들을 딱하게 여기고 그들을 고용한다. 저녁이 되자 주인은 맨 나중에 온 사람들부터 일당을 주기 시작했는데, 놀랍게도 1데나리온을 지급한다. 고작 1-2시간 밖에 일하지 않았는데 하루 일당을 받았으니 얼마나 고마웠겠는가! 이 광경을 보면서 이른 아침에 포도원에 고용된 사람들은 당연히 더 많이 받을 것으로 기대했을 것이다. 그런데 똑같이 1데나리온을 받자, 사람들은 항의한다. "마지막에 온 사람들은 한 시간밖에 일하지 않았는데, 찌는 더위 속에서 온종일 수고한 우리와 똑같이 대우하시는군요"(마 20:12). 그러나 포도원 주인은 이들의 항변에 대해, 자신이 원래 약속한 1데나리온을 주지 않았느냐고 반문합니다. "친구여, 나는 그대를 부당하게 대한 것이 아니오. 그대는 나와 한 데나리온으로 합의하지 않았소? 그대의 품삯이나 받아 가지고 돌아가시오. 그대에게 주는 것과 꼭 같이 이 마지막 사람에게 주는 것이 내 뜻이오"(마가 20:13-14). 이 비유는 자본주의 셈법으로는 도저히 이해할 수 없다. 예수는 인간의 계산으로는 알 수 없는 하나님 나라의 경제 질서를 비유로 이야기한다. 이 비유의 초점은 포도원 주인으로 상징되는 하나님의 자비이다. 포도원 주인은 최소의 투자로 최대의 이익을 얻으려는 목적으로 일꾼들을 고용하지 않았다. 그는 자본가의 마인드로 이들을 고용한 것이 아니라, 자선가의 마음으로 일자리가 없어 굶주리는 노동자들을 돕고자 했던 것이다. 예수 당시 팔레스타인은 로마 제국의 경제적 수탈과 지속적인 흉작으로 수많은 사람들이 기아에 시달렸다. 땅을 잃은 농부들이 많았고, 일거리를 찾아서 마을과 도시를 옮겨 다녔다. 이런 사람들에게 포도원 주인은 무조건적인 환대(unconditional hospitality)를 베푼다. 그러나 주인의 자비심은 쉽게 이해될 수 없었다. 이른 아침부터 일한 노동자들의 항의는 일견 타당해 보인다. 그러나 이들은 공정함이란 관점만으로 포도원 주인의 자비를 판단한다. 이에 대한 주인의 답변은 "내가 선하기 때문에 너의 눈이 악하다는 말이냐?"(15b절)이다. 악한 눈(evil eye)이란 고대 지중해 사회에서 시기하는 눈을 의미한다. 마태복음 20장에 등장하는 포도원 주인의 비유는 하나님의 무조건적 환대에 관한 내용이다. 그리고 시기와 질투의 눈으로만 이웃에게 베풀어지는 환대를 판단하지 말라는 것이다. 마태복음 20장의 이야기는 이후 수많은 화가들과 작가들에게 커다란 영향을 주었다. 가령 렘브란트는 이 이야기를 아래 오른쪽의 그림에서 묘사하고 있다. 테이블에 앉은 주인이 품꾼들에게 돈을 나누어 주고 있는데, 주인의 인자한 표정과 창문으로 들어오는 하나님의 은혜의 빛을 강조하고 있다.

렘브란트, 포도원의 품꾼들, 1637

한편 영국의 예술가이자, 사회운동가였던 존 러스킨(John Ruskin, 1819-1900)은 마태복음 20장에 등장하는 포도원 주인의 비유를 통해 19세기 영국 자본주의의 폐해와 시장경제학의 모순을 지적한다. 그는 이윤만을 추구하는 '악마의 경제학' 대신 자비와 도덕에 기초한 '인간의 경제학'을 강조하였다.

이처럼 예수의 비유에서는 상식적인 일상의 질서가 붕괴되며, 차별과 특권의 장벽을 옹호하는 가치들이 역전된다. 예수의 가르침에 따르면, 신의 선하심은 인간들의 생각을 넘어서 있다. 하나님 나라의 의(義)는 인간들이 서로 판단하고 구분하는 '의'와는 다른 것, 곧 무한한 자비와 은총에 기초하고 있다. 어려운 이웃에게 베풀어지는 자비와 환대를 기뻐하지 않는 사람은, 그들 자신이 받은 은총으로부터 스스로를 단절시킨다는 것을 포도원 주인의 비유가 잘 보여준다. 이 비유를 제자들에게 들려준 다음 덧붙이는 예수의 코멘트가 비유의 전복적 성격을 잘 보여준다. "꼴찌들이 첫째가 되고 첫째들이 꼴찌가 될 것이다"(막 20:16). 이처럼 촌철살인의 짤막한 경구의 힘을 통해, 예수는 기존 질서와 관념에 새로운 의미를 부여하며, 이를 통해 일상 속에 숨겨진 신의 은총과 신비를 청중들 스스로 깨닫도록 한다.

하나님 나라에 관한 예수의 가르침에서 한 가지 특이한 점은, 그가 한 번도 하나님 나라를 명시적으로 정의한 적이 없다는 것이다. 앞에서 살펴본 것처럼 예수는 비유로 하나님 나라의 성격을 표현하고 있다. 가령 "하나님 나라는 겨자씨와 같다"(막 4:30), "하나님 나라는 마치 밭에 감추어진 보물과 같다"(마태 13:44)고 하는 예수의 화법에서 우리는 하나님 나라가 특정한 공간에 존재하지 않는다는 것을 깨닫게 된다. 즉 예수의 하나님 나라에 관한 비유들은 하나같이 하나님의 나라가 사람에게 어떤 현실을 가져오느냐에 대해서 말하고 있을뿐, 그 나라가 '무엇'이냐에 대해서는 설명하지 않는다.

하나님의 나라는 헬라어로 바실레이아 투 데우(basileia tou theou)라고 한다. 이 단어에 대한 영어 번역으로 통용되는 하나님의 왕국(the kingdom of God)이라는 말은 적절한 번역이 아니다. 왜냐하면 마치 하나님의 나라가 하나님이 거하시는 곳, 혹은 신자들이 죽어서 하나님과 함께 거할 어떤 장소를 의미하는 인상을 주기 때문이다. 바실레이아(basileia)는 헬라어 동사 바실레우오(basileuō)(통치하다)에서 나온 명사로서, 공간적인 의미보다는 동사적인 실행의 의미를 가지고 있다. 따라서 바실레이아(basileia)는 '통치하다'라는 동사적 의미를 가진 영어, reign이나 rule로 번역하는 것이 적절하다. 따라서 하나님의 나라(the regin of God, the rule of God)는 '하나님의 통치하심' 또는 '다스리심'을 의미한다고 볼 수 있다. 이 개념은 시편 103장 19절, 이사야 52장 7절과 같은 히브리 성서로부터 온 것으로, 마가복음은 "때가 찼다. 하나님 나라가 가까이 왔다"라고 말하면서, 하나님 나라의 도래가 임박했다는 것을 강조한다(마가 1:15). 이 구절에서 '때'는 헬라어의 카이로스(Kairos)를 번역한 것인데, 카이로스는 일상적인 시간이 아니라, 신의 종말 시간표와 관련된 결정적인 '순간'을 지칭할 때 사용되던 단어이다. 따라서 마가의 선포는 신의 통치가 완성될 시간이 최종적으로 도래했다는 뜻이다. 마가에게 하나님의 나라는 이미(already) 예수의 치유, 귀신 축출, 이적들을 통해 나타나고 있는 것이다. 예수 시대의 우주관에 따르면 질병과 자연의 재앙적인 위력은, 모두 생명을 위협하고 파괴하는 악마의 세력들에 의한 것으로 간주되었다. 신의 통치는 이러한 악마적 세력을 멸하는 하나님의 권능과 깊은 연관이 있다.

누가복음서는 예수의 첫 취임 연설을 이사야서 61장 1-2절을 인용해서 이야기한다. "주의 성령이 내게 임하셨으니 이는 가난한 자에게 복음을 전하게 하시려고 내게 기름을 부으시고 나를 보내사 포로 된 자에게 자유를, 눈 먼 자에게 다시 보게 함을 전파하며 눌린 자들 자유롭게 하고 주의 은혜의 해를 전파하게 하려 하심이라" (누가 4:18-19). 이것은 예수의 하나님 나라 운동이 히브리 성서의 희년(Jubilee)에 나타난 정치, 경제적 해방과 연관되어 있다는 것을 시사한다. 또한, 하나님 나라의 비유 중에서 많은 부분이 잔치로 묘사되고 있다. 마태복음과 누가복음은 하나님의 나라를 모든 이에게 개방된 종말 잔치에 비유한다. "많은 사람이 동과 서에서 와서, 하늘나라에서 아브라함과 이삭과 야곱과 함께 잔치 자리에 앉을 것이다"(마태 8:11). "하나님의 나라에서 음식을 먹는 사람은 복이 있습니다."(누가 14:16). 이러한 비유들을 가능케 한 것은, 묵시적 상상력 이전에 실재했던 배고픈 갈릴리 민중들의 현실이 자리하고 있었기 때문이다. 로마의 강압적인 수탈 체제 속에서 굶주리던 갈릴리 민중들이 함께 식탁을 나누는 현실이 바로 하나님 나라라는 예수의 묘사는 큰 의미를 지닌다. 하루를 연명할 양식을 위한 간구가 주기도문(마 6:9-13; 눅 11:2-4)에 삽입된 사실과 물고기 두 마리와 떡 다섯 개로 수천 명이 나눠 먹었다는 기적 이야기는 이러한 민중들의 배고픈 현실과 이를 극복하고자 하는 그들의 변혁적 상상력이 어우러져 형성된 이야기였을 것이다.

비록 복음서는 하나님 나라의 청사진을 구체적으로 묘사하는 예수의 진술을 담고 있지는 않지만, 그 나라를 얻은 사람들의 감정을 '기쁨'이라고 표현한다. 마태복음 13장은 하나님 나라를 발견한 자의 기쁨을 밭에 감추어진 보물을 은밀히 발견한 소작농의 기쁨에 비유하고 있다. 특히 누가복음 15장은 하나님 나라를 소유한 기쁨을 세 가지 비유로 나타낸다. 첫 번째는 잃어버린 양을 찾은 목자의 기쁨을(누가 15:3-7), 두 번째는 잃어버린 드라크마 동전을 찾은 여인의 기쁨을(누가 15:8-10), 세 번째는 잃어버린 아들을 찾은 아버지의 기쁨을 이야기하고 있다(누가 15:11-32). 그런데 이런 기쁨들은 막연한 추상적인 기쁨이 아니라, 변화된 조건 앞에서의 기쁨이고, 잃은 것을 다시 찾은 심지어는 모든 것과 바꿀 만한 새것을 발견한 데 대한 기쁨이라고 할 수 있다.

그렇다면 하나님 나라의 도래는 언제일까? 현재일까, 아니면 미래의 특정한 시기일까? 사실 이 문제는 기독교 역사에서 무수한 논란을 가져온 첨예한 이슈였다. 왜냐하면 복음서에는 하나님 나라의 현재적 성격에 관한 예수의 언급과 그것의 미래적 도래에 대한 말씀이 동시에 보존되어 있기 때문이다. 마태 6장 10절과 누가 11장 2절은 하나님 나라의 미래적 도래를 암시하고 있다. 이 구절 속에 나타난 주기도문의 두 번째 탄원인, "나라가 임하게 하시오며"는 미래를 의미한다. 한편 마가복음 1장 15절의 "때가 찼다. 하나님의 나라가 가까이 왔다"는 이미 하나님 나라가 현재에 도래했음을 암시한다. 여기서 "때가 찼다"는 선포는 현재완료형으로 표현되어 있다. 또 누가복음 17장 21절과 도마복음 3절의 "하나님 나라는 너희 가운데 있다"라는 말도 하나님 나라의 현존성을 나타내는 구절로 이해될 수 있다. 이렇게 하나님 나라의 도래시기에 대한 상반된 입장을 보여주는 복음서의 구절들에 대해 학자들은 다양한 해석을 제시해 왔다. 19세기 독일의 신학자 리츨(A. Ritschl, 1822-1889)은 하나님 나라를 역사 내적인 것으로 이해했다. 리츨은 하나님의 나라는 인간들이 함께 이루는 사랑의 공동체이자 최고의 선이라고 주장한다. 그는 누가복음 17장 20-21절에 나오는 하나님 나라의 현재적 성격을 채택하고, 그 나라는 인간들 속에서 시작되며 역사 내적인 발전 속에 수립된다고 이해했다. 그러나 리츨은 하나님 나라의 종말론적 성격에 관한 복음서의 언급들을 의도적으로 회피했다. 이러한 리츨의 자유주의적 해석에 반대하고, 하나님 나라의 종말론적 성격을 강조한 학자는 그의 사위였던 바이스(J. Weiss, 1863-1914)였다. 바이스는 1892년에 출판한 『하나님 나라의 설교』(Die Predigt vom Reich Gottes)에서 묵시 사상적 맥락에서 예수의 하나님 나라를 이해했다. 마가복음 4장 28절을 근거로 바이스는 예수가 하나님의 주권에 의해 이루어질 우주적 파국 이후에 다가올 새로운 세상을 기대했다고 주장했다. 즉, 예수의 하나님 나라는 본질적으로 미래적인 성격을 지닌다는 것이다. 이러한 바이스의 주장은 슈바이처(A. Schweitzer, 1875-1965)에 의해 보다 정교하게 다듬어진다. 슈바이처의 주장에 따르면, 예수는 하나님의 통치가 임박할 거라 기대했고, 이러한 기대 때문에 12명의 제자들을 파송했다는 것이다. 슈바이처는 마태복음 10장 23절을 근거로, 예수는 자신의 제자들이 이스라엘의 선교를 완성하기도 전에 메시아가 올 것이라고 기대했다고 주장했다. 그러나 기대한 종말은 오지 않았고, 오지 않는 종말을 앞당기기 위해 예수가 십자가의 고난을 자초했다는 게 슈바이처의 주장이다. 따라서 산상설교(마태 5-7장)과 같은 예수의 윤리적 교훈은 최종적인 가르침이 아니라, 하나님 나라의 도래 이전까지만 유효한 중간 윤리(Interim Ethics)일 뿐이라는 것이다. 이러한 슈바이처의 주장은 일면적이라고 할 수 있다. 왜냐하면 하나님 나라의 현재적 성격을 여실히 드러내는 예수의 말씀에 대해 슈바이처는 적절한 설명을 하지 못하기 때문이다.

슈바이처의 약점을 보완하기 위해, 다드(C. H. Dodd, 1884-1973)는 하나님 나라의 종말론적 성격과 현재적 성격을 포괄시킨 실현된 종말론(realized eschatology)이라는 주장을 내놓았다. 다시 말해 예수는 자신의 활동 안에 모든 종말론적 기대가 성취됐었다고 간주했다. 따라서 최후의 심판에 관한 예수의 말씀은 미래적인 것이라기보다는 현재 하나님의 통치에 대면하고 있는 사람들을 구분하는 것과 관련이 있다고 주장한다. 다드의 실현된 종말론은 예수의 기이한 행적들을 하나님 나라의 현재적 도래의 표징으로 이해한다. 그러나 하나님 나라의 최종적 완성은 현재에 이루어질 수 없는 미래의 것이다. 마가복음서에서 예수는 그날과 그때는 아무도 모른다고 경고하면서 하나님 나라의 도래에 대한 섣부른 예측을 경고하고 있다(참고, 마가 13장). 즉 하나님 나라는 기쁨으로 현존할 수 있지만, 그 궁극적 완성은 미래의 것이다. 예수는 하나님 나라의 완성을 위해 자신의 청중들을 초대하고 있는데, 마치 작은 겨자씨가 점차 성장해서 거대한 나무가 되어 새들이 깃들일 수 있을 만큼 커가는 것처럼, 하나님 나라도 초대된 사람들 사이에서 성장해 간다는 보았다. 이런 점에서 하나님 나라는 '이미'(already) 시작되었지만, 그 궁극적 완성은 '아직'(not yet) 도래하지 않은 미완의 나라라고 할 수 있다. 즉 현재의 실천과 미래의 희망 사이에 존재하는 긴장을 성실하게 견디는 사람들을 요청하는 그런 나라인 것이다.

예수와 하나님 아빠

예수는 유대교의 신앙의 대상이었던 야웨에 대해서, 당대의 유대인들과는 매우 다른 이해를 지니고 있었다. 그는 심판과 징벌의 하나님 야웨보다는 용서와 사랑의 신으로서 야웨를 강조했다. 원칙적으로 유대인들의 신(神) 사상은 배타적인 유일신 사상(radical monotheism)이었다. 유일신 사상은 고대 근동의 다른 문명들이 가진 다신론적 전통과는 상당히 다르다, 유대인들은 '야웨만이 유일하신 하나님'(mono- Yahwehism)이라는 사실을 강조했다. 토라(모세오경)의 가장 핵심적인 주제를 나타내는 십계명(Ten commandments)의 제1계명과 제2계명도 이러한 유일신 사상을 잘 드러내고 있다. 고대 유대사회에서 중요한 절기 중 하나인 일곱 번째 달인 티쉬리월 제10일에 시행하는 대속제일(The Day of Atonement, Yom Kippur)이라는 절기가 있다. 이 때 대제사장만이 홀로 예루살렘 성전의 가장 은밀한 지성소에 들어가 하나님의 이름인 야웨(Yahweh)를 부를 수 있었다. 이만큼 신의 이름은 거룩한 것으로 간주되었는데, 평소에는 '주님'이란 뜻의 아도나이(Adonai)라는 단어를 야웨 이름 대신 사용했다. 유대인들에게 야웨는 초월적인 절대주권을 지닌 존재였다. 히브리 성서는 야웨를 두 가지 존재로 이해한다. 먼저, 야웨는 이집트에서 고통받던 히브리 사람들을 구원한 구세주(redeemer)로 이해되었다. 가장 오래된 이스라엘 사람들의 신앙고백인 신명기 26장은 바로 구세주로서의 하나님을 기억하고 있다.

> 내 조상은 떠돌아다니면서 사는 아람 사람으로서 몇 안되는 사람을 거느리고 이집트로 내려가서, 거기에서 몸붙여 살면서, 거기에서 번성하여, 크고 강대한 민족이 되었습니다. 그러자 이집트 사람이 우리를 학대하며 괴롭게 하며, 우리에게 강제노동을 시켰습니다. 그래서 우리가 주 우리 조상의 하나님께 살려 달라고 부르짖었더니, 주님께서 우리의 울부짖음을 들으시고, 우리가 비참하게 사는 것과 고역에 시달리는 것과 억압에 짓눌려 있는 것을 보시고, 강한 손과 편 팔과 큰 위엄과 이적과 기사로, 우리를 이집트에서 인도하여 내셨습니다. (신 26:6-8)

이 문장들은 토라가 문서로서 형성되기 이전 시기, 즉 구전시대에 전승되던 고대 이스라엘인들의 가장 오래된 신앙고백문이다. 이 고백문의 핵심적인 내용은 야웨가 압제당하던 이집트에서 자신들을 구원해 준 신이라는 것이다. 학자들에 따르면 역사 속의 구원자로서의 야웨에 대한 신앙 경험이 가장 원초적인 것이라고 한다. 이러한 경험 위에 바벨론 포로기를 거치면서 고대근동의 창조신화의 영향 속에서 야웨를 창조주로 인식하기 시작했다는 것이다. 창세기 1-2장에 나타난 창조기사는, 조물주로서 피조물과 질적으로 구분되는 창조주(creator)로 야웨를 고백한다. 고대 이스라엘 사람들은 자연물을 숭배하지 않았다. 자연을 창조한 인격적 존재를 상정함으로써 자연을 '비신화화'했다. 즉 자연 자체가 신성한 것이 아니라, 그 자연을 창조한 야웨가 신성하다는 것이다. 이러한 초월적 신 이해는 야웨와 인간의 질적인 차이를 강조함으로써 점점 야웨와 인간사이의 간격을 넓히게 된다. 신구약 중간기(Intertestamental period)의 유대 문헌들이 지혜(Wisdom)와 천사(Angel) 같은 신적인 매개자들을 등장시키는 이유는 '가까이하기에는 너무나 먼 당신'인 야웨에게 다가서기 위한 신학적 고충에서 나온 시도의 일환으로 이해할 수 있다.

그러나 예수는 야웨를 다정한 아빠처럼 느끼는 종교적 감수성을 지닌 인물이었다. 예수의 신 이해가 당시 유대교의 신 이해와 대별되는 점은, 일상성과 친근성에 있다. 전통적인 유대교가 이해하는 야웨의 이미지가 초월적 군주와 가부장의 모습이라면, 예수의 야웨 이해는 일상적이고도 친근한 '아빠'의 이미지에 가깝다. 히브리 성서의 예언자들이 대부분 공의(公義)의 하나님을 강조한 반면, 예수는 조건 없는 사랑의 이미지로 하나님을 묘사한다. 누가복음 15장에 소개되고 있는 소위 '탕자의 비유'는, 분배받은 가산을 탕진하고 돌아온 둘째 아들을 조건 없이 사랑하는 아버지의 이미지로 하나님을 비유하고 있다. 냉정한 태도로 몇 년 만에 거지꼴로 집에 돌아온 아우를 멸시하고, 아버지의 무조건적 사랑을 못마땅하게 바라보는 큰아들의 태도는 사랑이 결여된 공의만을 요구했던 당대 유대인들의 태도를 간접적으로 비판하고 있다. 렘브란트는 이 유명한 이야기를 그림으로 남겨 놓았는데, 무조건적으로 둘째 아들을 받아들이는 아버지의 모습과 못마땅하게 동생을 내려다보는 형의 모습이 대조되고 있다.

렘브란트, 돌아온 탕자, 1668-1669

탕자의 이야기는 죄 많은 둘째 아들을 아무런 조건 없이 용서하는 아버지의 사랑을 보여준다. 예수는 제자들에게 하나님을 아바(Abba)라고 부르라고 가르쳤다. 여기서 '아바'라는 말은 예수 시대의 갈릴리 민중들의 일상 언어였던 아람어로 '아빠'라는 뜻이다. 신을 아빠로 호명하는 것은 당시 유대교에서는 유래를 찾을 수 없는 파격적인 언사였다. 예수 시대의 어떤 랍비도 야웨를 '아바'로 부르지 않았다. 이러한 사실로부터 우리는 예수가 신을 마치 아빠와 같이 느낄 수 있는 섬세한 종교적 감수성을 지닌 인물이었다는 사실을 감지할 수 있다. 예수는 한 송이 들꽃과 하늘을 나는 작은 새에게 베푸는 신의 은총을 이야기한다(마태 6:26-29). 이는 천상의 세계에 홀로 침잠하고 있는 지고한 신 이해와는 너무나 다르다. 사소한 일상의 삶 속에서 느끼고, 가까이할 수 있는 신! 예수가 느끼고 깨달은 야웨의 현존은 바로 이러한 것이었다.

예수의 특징적 활동

예수는 추종자들뿐만 아니라, 외부인들에 의해서 종종 '랍비'라고 불리웠는데, 이는 예수의 독특한 가르침이 남긴 인상적인 기억 때문이었다. 최근의 역사적 예수 연구자들은 예수의 가르침의 형태가 당시 그레코-로만 세계의 견유철학자(cynic philosopher)과 유사하다는 점에 주목했다. 알렉산더 대왕과의 에피소드로 잘 알려진 디오게네스(412-323 B. C.)를 시조로 삼는 헬라철학자들은 당시의 상식적 세계관을 조롱하며 거리를 떠돌았다. 자족과 청빈, 그리고 내면적 평화를 지향했던 견유철학자들은 말 그대로 개와 같이 이리저리 떠돌며 부와 명예와 같은 기존 가치를 조롱했다. 이들은 그레코-로만의 대도시를 전전하며 자신들의 철학을 선전했는데, 이들의 반사회적 행태는 당시 사회에 큰 반향을 일으켰다. 이들은 짤막한 아포리즘과 경구들을 이용해서 기존의 상식적인 세계관을 비판했다. 최근의 학자들은 예수의 가르침에서 견유철학자들과 유사한 아포리즘을 발견할 수 있다고 주장한다. 가령, "부자가 하나님 나라에 들어가는 것보다 낙타가 바늘귀로 들어가는 것이 더 쉽다"(마태 19:23, 누가 18:25). "누구든지 손에 쟁기를 잡고 뒤를 돌아보는 사람은 하나님 나라에 합당하지 않다"(누가 9:62). 이러한 예수의 말씀들은 상식적인 세계관을 전복하고 있다.

예수가 견유철학자들로부터 영향을 받았다는 것을 직접적으로 확인할 수는 없다. 그러나 예수의 언행에서 어느 정도 견유철학자들과의 유사성을 발견할 수 있다. 첫 번째로 견유철학자들은 한곳에 정착하지 않고 장소를 옮겨 다니며 자신들의 가르침을 선전했다. 예수 또한, 특정한 장소에 안주하지 않고 끊임없이 돌아다니면서 자신의 가르침을 펼쳤다. 예수는 도보로 팔레스타인들의 촌락들을 방문하며, 때로는 배를 이용해 갈릴리 호수 주변의 작은 마을들을 여행한다. 심지어 제자들에게 무소유로 선교 여행을 하라고 권고한다(마가 6:9). 신약성서의 네 복음서 모두 예수의 이러한 행동 패턴을 보도하고 있다. 특히 가장 일찍 기록된 마가복음서는 예수를 끊임없이 길(hodos)을 걷는 인물로 묘사하는데, 그는 길에서 제자들을 만나고 길 위에서 가르치면서, 병든 자와 귀신들린 자들을 길 위에서 치유한다. 심지어 길 위에서 군중들의 환영을 받고, 골고다 길 위에서 고난을 겪고, 길 위에서 선 채로, 즉 십자가에서 처형을 당한다.

두 번째로, 예수의 가르침 중에는 견유철학자들이 즐겨 사용했던 촌철살인의 재치 있는 경구들과 유사한 가르침이 많이 발견된다. 예를 들어, 로마 황제에게 세금을 내는 것이 적절한가를 따지면서 예수를 난처하게 하려 했던 바리새파 사람들과 헤롯 당원에게, 예수는 이렇게 말한다. "황제의 것은 황제에게 돌려주고, 하나님의 것은 하나님께 돌려드려라"(마가 12:17; 마태 22:21; 누가 25). 또 소유의 문제로 번민하며 끝내 예수를 따르지 못한 부자 청년을 두고 예수는 "부자가 하나님의 나라에 들어가는 것보다 낙타가 바늘귀를 지나가는 것이 더 쉽다"라고 이야기한다. 그리고 과거의 전통에 얽매어 새 시대의 도래를 감지 못하는 바리새인들에 대해 "만일 소경이 소경을 인도하면 둘이 다 구덩이에 빠질 것이다"(마태 15:14; 누가 6:39)라고 말한다. 이러한 예수의 재치 있는 경구는 그 참신성과 파격성 때문에 민중들의 입과 입을 통해 회자되었고, 그 짧고 독특한 표현은 민중들의 기억에 오래도록 남아 있을 수 있었다. 이러한 이유 때문에 최근의 역사적 예수 연구자들은 이러한 예수의 아포리즘에 주목한다. 예수의 아포리즘은 전통적인 속담과 격언이 담아낼 수 없는 놀라운 위트와 참신한 감각을 담고 있다. 전통 사회의 격언이 통속적인 지혜로서 문화 자체의 집단적이고 관습적인 세계관을 반영한다면, 예수의 아포리즘은 특정 개인의 색다른 관점이나 개념을 나타낸다고 볼 수 있다. 진부한 일상적 세계관에 얽매여 시대의 징조를 알지 못하는 기득권 세력에게 대항하는 가장 중요한 예수의 무기가 바로 그들의 상식을 뒤집는 풍자의 아포리즘이었던 것이다.

예수가 견유철학자들의 가르침을 공유할 수 있었을 개연성은 당시 팔레스타인에서 진행된 로마 제국의 헬라화 정책으로 높아질 수 있다. 예수가 태어나기 반세기 전부터 로마 제국은 자신들의 식민지 정책을 원활하게 수행하기 위해서 팔레스타인의 요충지에 항구, 도로, 수로, 원형극장 등과 같은 대규모 토목공사를 진행했다. 가령 예수가 성장했던 나사렛에서 불과 4마일 정도 떨어진 곳에 헬라풍의 대도시 세포리스가 건설되었다. 이 도시는 헤롯 대왕(Herod the Great, 73 B. C.-AD 4년) 사후에 갈릴리 유다의 저항운동으로 축발된 내전을 진압하는 과정에서 로마군에 의해 초토화되었다. 그러나 헤롯의 아들, 안티파스(20 B. C.-AD 39, 예수 당시의 갈릴리와 페레아의 통치자로, 누가복음에 따르면 그는 예수의 재판에 관여하기도 한 인물이다)는 세포리스를 로마풍의 도시로 재건하는데, 원형 경기장, 목욕탕, 극장 그리고 큰 회랑 등을 건설하여 전형적인 로마의 도시로 거듭나게 했다. 세포리스의 건설시기가 예수의 청소년기와 겹치는데, 일군의 학자들은 나사렛에 거주했던 예수가 목수였던 아버지 요셉을 따라 세포리스 건설에 부역으로 동원되었을 것이라고 주장한다. 헬라화 된 세포리스에도 당시 그레코-로만의 대도시를 떠돌던 견유철학자들의 모습을 찾아볼 수 있었을 것이고, 예수에게 이들의 독특한 언행이 깊이 각인되었을 수도 있다. 그러나 이러한 주장은 신약성서의 지원을 받을 수 없기 때문에 역사적 가정으로 남을 수밖에 없다. 복음서는 단 한 번도 세포리스라는 지명을 언급하지 않는다.

예수의 행적을 기록한 복음서들에 따르면, 예수는 대략 3년간의 공적 활동을 한 것으로 추정된다. 이 기간 동안 예수는 매우 독특한 행적들을 남겼는데, 12제자의 규합, 갈릴리에서의 활동, 전복적인 가르침, 각종 치유기적, 퇴마 행위, 갸롯 유다의 배신, 예루살렘에서의 기소와 재판, 수난, 그리고 부활과 같은 일들이다. 이러한 예수의 놀라운 행적은 신약성서에 수록된 네 개의 복음서, 마태, 마가, 누가, 요한복음서에 자세히 기록되어 있다. 예수의 자신의 공적 활동을 시작하기 전에 지지그룹, 즉 제자들을 선발한다. 마태, 마가, 그리고 누가복음서에는 12명의 명단이 등장한다. 수많은 예수의 제자들 중에서 이들 12명을 특별히 사도(使徒, apôstolos)라고 부르는데, 이 말은 신의 부름을 받은 자들이라는 뜻이며, 예수에게 특별한 사명을 부여받은 제자들이란 의미이다. 그렇다면 왜 예수는 12명을 사도로 임명했을까? 여기에는 특별한 이유가 존재한다. 신-구약 중간기에 형성된 유대의 묵시문학에는 야웨와의 깨진 관계를 다시 회복하는 이야기가 자주 등장한다. 가령 바룩서 4-5장에는 이스라엘이 이방 민족을 통한 야웨의 징계를 받았지만, 결국, 이스라엘이 '동과 서로부터' 모아들일 것이라고 예언한다. 또 벤시락 48장 10절에서 엘리야는 야곱의 지파들이 회복될 것이라고 말하며, 쿰란 문서 역시 이스라엘 지파의 종말론적 회복을 다음과 같이 기대한다. "이스라엘의 12지파가 성전예배에서 재현될 것이며, 모든 지파가 군대를 갖추고, 이 군대는 열두 지파의 안내를 받을 것이다." 이러한 배경 속에서 예수는 이스라엘의 회복을 위해 12명의 제자들을 규합한 것으로 보인다. 왜냐하면 12이라는 숫자는 전통적으로 이스라엘의 12지파와 관련 있기 때문이다. 즉 예수는 12지파로 상징되는 이스라엘의 회복과 구원을 위해 12제자를 선발했다고 볼 수 있다.

또한, 예수가 촉구한 이스라엘의 회개라는 주제는 이스라엘의 종말론적 회복과 밀접한 관련이 있다. 회개를 뜻하는 헬라어, 메타노이아(mêtanôia)는 히브리어, teshubahd에서 유래했다. 이 단어는 주로 예언자들이 잘못을 범한 이스라엘을 야웨에게 돌아오도록 촉구할 때 자주 쓰인 말이다. 특히 이사야서에서 이러한 용례를 자주 발견하게 되는데. "나는 너(이스라엘)의 악행을 먹구름처럼 흩어버렸고, 너의 죄를 뜬구름처럼 날려 보냈다. 나에게 돌아오너라. 내가 너를 구해 내었다", "불의한 자는 그 가던 길을 돌이켜라. 허영에 들뜬 자는 생각을 고쳐라. 야웨께 돌아오너라, 자비롭게 맞아주시리라. 우리의 하느님께 돌아오너라, 너그럽게 용서해 주시리라". 하나님 나라에 관한 예수의 가르침은 이스라엘에 대한 예언자들의 회개 촉구와 유사하다. 예를 들어 마태복음 3장 2절과 마가복음 1:15절에서 예수는 "회개하라 하늘나라가 가까이 왔다"라고 선포하고, 하나님의 나라에 합당한 태도로 회개를 강조한다. 이처럼 예수의 하나님 나라 선포가 이스라엘의 회복신학과 관련이 있다는 사실은, 예수의 활동이 유대교 내부의 갱신운동이라는 사실을 보여준다. 예수는 자신이 율법이나 예언자의 말을 폐하러 온 것이 아니라, 완성하러 왔다고 강조한다. 그는 모세율법의 일점일획도 모두 이루어질 거라고 주장한다(마태 5:17-18). 이에 반해 예수사건의 의미를 그레코-로만의 대도시들에 전파한 바울은 유대적 유산과 율법에 대해 부정적인 언급을 사슴치 않는다. 이는

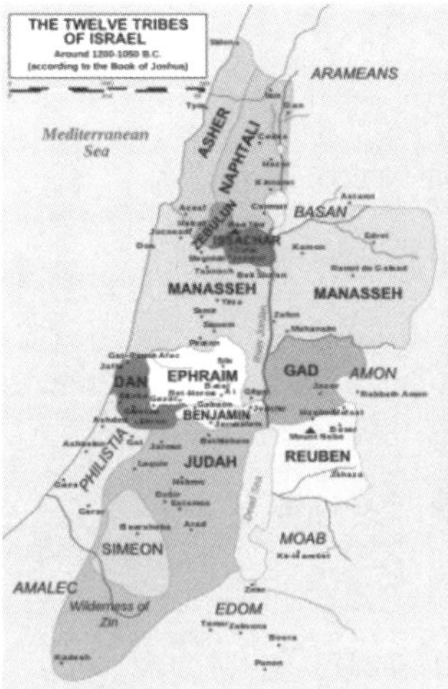

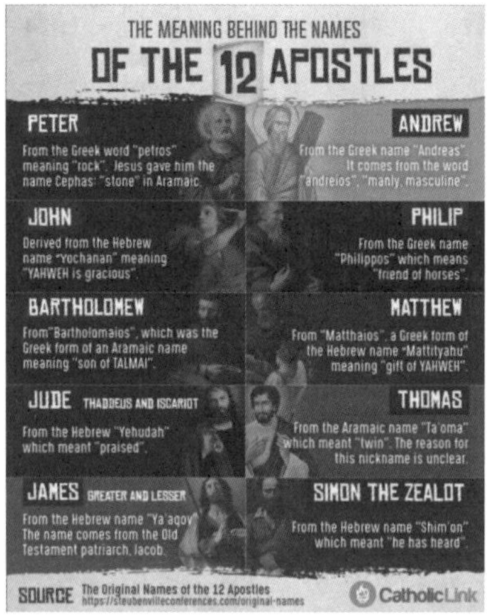

이스라엘의 12지파들의 영토

예수의 가르침이 갖는 지역적 특수성을 벗어 버리고, 그레코-로만의 새로운 청중들을 포섭하기 위한 바울의 고투 속에서 나온 것이었다. 그러나 예수의 하나님 나라 운동은 유대교의 테두리 내에서 이해되어야 한다. 예수는 유대교의 율법들이 지향하는 정신을 보다 철저히 내면화한 유대교 내부의 개혁 운동가로 보아야 한다.

예수와 식탁교제

하나님 나라에 대한 예표와 현실적인 실현 방식으로 채택한 예수의 실천 전략 중 하나는 유대교의 정결법이 죄인으로 규정한 사회적 소외자들과의 식탁교제(table fellowship) 운동이었다. 누가는 특별히 하나님의 나라를 잔치, 또는 먹고 마시는 것, 즉 식탁교제와 관련지어 언급하고 있다. "사람들이... 하나님 나라에서 잔치 자리에 앉을 것이다"(누가 13:29). "하나님의 나라에서 음식을 먹는 사람은 복이 있습니다"(누가 14:15). "너희로... 내 밥상에서 먹고 마시게 하고..."(누가 22:30). 고대사회에서 행해진 식탁교제는 인류학자들이 의식(ritual)이라고 부른 것에 속한다. 지위의 변화를 확인하고, 또 그러한 변화를 가져오는 의례와는 달리, 의식은 공동체 안에서의 역할과 지위를 확증하고 정당화하는 일상적이고 예측 가능한 사건이라 할 수 있다. 다시 말해, 식탁교제의 소우주는 일상의 사회관계라는 대우주의 축소판이다. 비록 식탁교제에 다양한 사회적 지위를 가진 사람들이 포함될 수 있다고 해도, 특별한 상황이 아닌 통상적인 경우에는 그런 일이 일어나지 않는다. 왜냐하면 함께 음식을 먹는다는 것은, 흔히 있는 공통의 사회적인 지위는 물론 공통의 사상이나 가치를 공유하는 것을 함의하기 때문에 '누가 누구와 먹는가?', '누가 어느 자리에 앉는가?', '무엇을 먹는가?', 또 '어디에서 먹는가?', '어떤 이야기가 어울리는가?', '누가 무엇을 하는가?' 등의 질문이 매우 중요하다. 이러한 질문에 대한 답변은 확실히 식탁교제가 보여주는 사회적 관계에 대해 많은 것을 보여준다. 중요한 헬라적 자료들에는 이러한 문제에 관한 많은 증거들이 기록되어 있다. 히브리 성서의 <레위기>가 적시하는 음식 규례를 보면, 음식을 먹을 때, 의례적인 정결이 요구된다. 또한, 고대 그리스나 로마사람들이 종교적인 축일이나 장례 때, 식사를 함께 할 사람들을 모집했다. 예수시대의 유대교 분파였던 바리새파 사람들도 이러한 종류의 식탁교제를 중요하게 여겼다. 이들은 외부 사람들과는 구분된 자기 그룹 멤버만의 식탁교제를 고수했다. 부정을 피하기 위해, 문자적으로 '땅의 사람들'을 의미한 암하렛츠의 식사초대는 받아들이지 않았다. 만약 그런 사람을 집으로 초대하는 경우에는 주인이 손님에게 자신이 제공하는 의식적으로 깨끗한 옷을 걸치도록 했다. 고대로마의 자료들도 이와 유사한 정보를 제공한다. 사회적 지위가 다른 손님들은 다른 방에 배정됐고, 그들의 사회적 지위에 따라 음식이나 와인도 다른 종류가 제공되었다.

복음서에 묘사되는 예수의 식탁교제는 당시 지중해 사회의 이런 관행에 정면으로 배치되는 것이었다. 이런 예수의 행태를 보고 그의 적대자들은 예수가 "먹기를 탐하고 잔칫집에 가는 것을 좋아하는 자"라고 비난하기도 했다. 복음서에 보도되는 오병이어의 급식 기적은 아마도 예수의 식탁교제가 갖는 해방적 의미와 당시 갈릴리 민중들의 메시아적 상상력이 결합되어 만들어진 이야기라고 할 수 있다. 중요한 것은 예수가 기적을 행했는가, 아닌가라는 문제보다 급식 기적 이야기가 담고 있는 의미이다. 예수의 식탁교제는 유대교의 정결 이데올로기를 해체한다. 예수는 의도적으로 죄인들과의 식사교제를 통해 죄인이라고 규정된 그들의 사회적 지위를 복권 시킨다. 예수의 이러한 식탁 공동체 비전은 그의 최후의 만찬을 통해 다시 한번 확인된다. 자신의 죽음을 목전에 둔 시점에서 제자들과 밥을 먹었다는 것은 무엇을 의미할까? 최후의 만찬이 지니는 의미를 단순히 종교적으로만 생각할 것이 아니라, 그 속에 담긴 사회/정치적 의미를 읽어내는 것이 중요하다. 예수는 자신의 마지막 밥상에서 제자들에게 자신의 운동을 계승할 것을 다짐시킨다. 우리말 성경에 예수가 최후의 만찬에서 떡을 '떼어'라는 말에 해당하는 헬라어는 에클라센(eklasen)인데요, 원래 이 말은 '부수다'라는 말에 더 가까운 표현이다. 유월절에 유대인들이 먹는 빵은 누룩을 넣지 않았기 때문에 마치 마른 진흙처럼 부숴진다. 예수는 자신의 육신을 상징하는 빵을 '부수어'서 제자들에게 나눠 줌으로써 자신의 죽음을 예시하고 있는 것이다. 예수는 아마도 육신이 '찢기어'지는 십자가 처형보다는, 몸이 '부수어지는' 석형을 예상했던 게 아닌가 하고 짐작할 수 있다. 돌로 치는 석형은 당시 유대교의 종교 모독죄에 해당하는 죄인을 처형하는 방식이었다. 사도행전 7장 58절에는 종교 모독죄로 고발된 스데반이 석형으로 순교하는 장면이 등장한다.

예수가 제자들과 마지막 행한 식탁교제가 매우 상징적인 의미들로 가득 차 있다. 우선, 최후의 만찬이 주는 분위기가 비밀스럽고 은밀하다는 점이다. 예수는 만찬의 참가자를 자신의 직계 제자들로 제한한다. 최후의 만찬에는 비밀 결사운동 단체에서나 볼 수 있는 비장한 분위기가 감돈다. 스승은 침묵 속에서 자신의 죽음을 상징적으로 암시하며, 제자들에게 자신의 죽음을 기억하라고 상기시킨다. 떡과 포도주로 상징되는 예수의 몸과 피는 제자들의 가슴속에 깊이 각인된다. 이런 점에서 예수의 마지막 식탁교제는 종교적인 의미를 넘어 무언가 비밀 결사체의 정치적인 결단 의식처럼 느껴지기도 한다. 식탁교제가 차지하는 의미는 비단 예수 생전에만 국한되지 않는다. 제자들은 예수와의 마지막 식탁교제를 제의화한다. 예수의 십자가 처형 이후에,

실패한 예수 운동의 불씨를 점화한 것도 바로 식탁교제의 자리에서 이루어진다. 누가복음은 엠마오로 낙향하는 제자들이 부활한 예수를 알아본 시점을 식사하는 자리였다고 보도한다 (24:30-31). 이는 의미심장한 이야기가 아닐 수 없다. 이처럼 모든 사람에게 평등한 식탁은 예수가 꿈꾸었던 하나님 나라의 주요 모티프 중 하나라고 할 수 있다.

예수의 식탁교제는 이방인의 사도, 바울에게 계승된다. 갈라디아 교회에 보낸 편지에서 바울은, 안디옥에서 유대인과 이방인의 식탁교제를 망쳐버린 베드로를 자신이 맹비난했다고 적고 있다. 예수 사후 예루살렘에서 중요한 위치에 있던 베드로가 시리아 안디옥 교회를 방문한다. 베드로는 이방 크리스천들과 식사를 하는 도중에, 갑자기 들이닥친 보수적인 유대 크리스천들의 비난이 두려워서 식탁교제를 중도에 포기한다. 이러한 베드로의 행동은 이방인과 유대인의 구분을 철폐하려 했던 예수의 식탁교제의 정신을 위배하는 것이라고 바울은 비판한다. 또한, 바울은 고린도 교회에 보내는 첫 번째 편지에서 가난한 교인들과 함께 식탁을 공유하지 않는 부유한 교인들의 태도를 맹렬히 비판한다. 이처럼 예수의 식탁교제는 이후 시대까지 중요하게 기억되고 실행되었다. 아마 세계 종교 중에서 밥 먹는 행위 자체를 제의화하고 신학화한 종교는 기독교밖에 없을 것이다. 후일 동학의 2대 교주 해월 최시형은 일완지식함천지인(一碗之食 含天地人)이라는 말을 남겼는데, 이 말의 뜻은 "밥 한 그릇에 하늘과 땅과 사람이 들어 있다"라는 말이다.

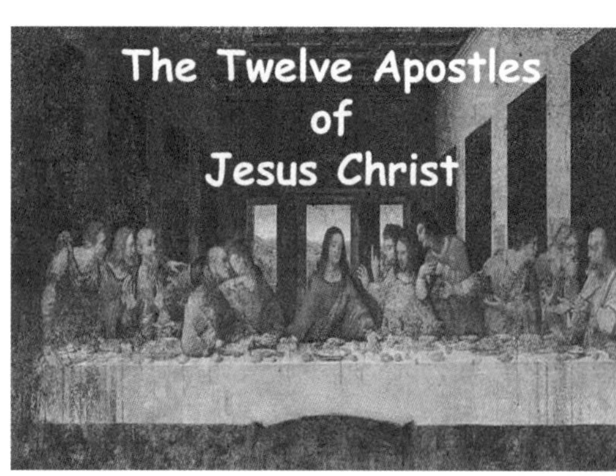

다빈치, 최후의 만찬, 1490

위 그림은 예수의 마지막 식탁교제 장면을 그림으로 형상화한, 다빈치의 <최후의 만찬>이다. 중앙에 있는 예수를 중심으로 12명의 제자들이 예수의 놀라운 말을 듣고 수군대는 장면을 원근법으로 묘사한 것이다. "내일 너희 중에 한 사람이 나를 팔아

넘길 것이다.” 그림에서 식탁 위에 놓인 음식들을 보면, 유대인의 명절, 유월절에 먹는 포도주와 누룩이 들어있지 않은 빵이 놓여있다.

예수의 기적 이야기

예수의 특징적인 활동 중 하나는 각종 병든 자들을 고치는 기적적인 치유 행위이다. 복음서들은 그의 치유 기적 때문에 예수 운동이 활성화되었던 것으로 보도한다. 그러나 예수는 이러한 치유 능력을 자신의 영향력을 과시하는 수단으로 이용하지 않았다. 예수는 치유된 자의 믿음을 강조하거나, 그들을 향한 하나님의 자비를 강조할 뿐, 자신의 능력을 과시하기 위해 병자들을 치유하지 않는다 (누가 17:19). 오히려 예수는 치유 기적(healing miracle)을 하나님 나라의 현존을 드러내는 표지(sign)로 생각했고, 기복적 의미를 축소하고자 했다. 예수 당시에는 카리스마적인 기적 치유자들이 널리 알려져 있었다. 그중에서도 예수와 동시대의 인물인 하니나 벤 도사(Hanina Ben Dosa)의 일화는 유명하다. 유명한 바리새파의 랍비였던 가말리엘은 자신의 아들이 병들자, 치유를 부탁하기 위해 두 명의 제자를 벤 도사에게 보냈다. 벤 도사는 그 사정을 전해 듣고, 잠시 자신의 거처 위층 방으로 들어가 기도를 하고 내려와 제자들에게 가말리엘 아들의 열이 그의 몸에서 떠났다고 알려주었다. 이러한 일화는 예수가 원거리에서도 병을 치유했다는 복음서의 이야기와 유사하다(마 8:5-13; 요 4:43-54). 나사렛 북쪽에 위치한 벤 도사의 무덤은 지난 2천 년 동안 유대인들에 의해 신성한 장소로 여겨져 왔다. 이처럼 예수 시대에는 카리스마적 인물들에 의한 치병 행위가 보편적이었다.

예수 당시 병(illness)에 대한 개념과 규정은 현대와는 무척 다르다. 오늘날 병에 대한 규정은 의학적인 진단을 통해 의사가 내리지만, 예수 시대의 병에 대한 진단은 의학적인 것이기보다는 종교적인 것이었다. 의사가 아닌 사제들이 판단을 내렸다. 더욱이 당시의 병은 유대교의 정결법과의 관련 속에서 규정되었기 때문에, 병은 죄의 결과로 인식됐다. 따라서 예수 시대의 병자는 죄인의 또 다른 표현이었다. 유대교의 정결/부정의 체계(Clean/Unclean system)는 유대 사회를 구성하는 가장 강력한 규범이자 가치관으로 작용했다. 유대교에 따르면, 병자들은 부정한 사람들이었고, 야웨의 율법을 어긴 죄인들로 간주되었다. 그래서 이들은 제사장의 인준을 통해 죄인이 되고, 공동체로부터 격리되었다. 그러나 예수는 정결/부정의 체제가 사회적 약자에게 억압의 기제로 작동하는 것에 대항했다. 가령 그는 안식일에 병자를 고칠 수 없다는 유대의 관습법에 정면으로 도전했다. 마가복음은 안식일에 손이 오그라든 사람을 예수가 고침으로서 유대 당국자들을 분노케 했다는 기사를 전하고 있다 (마가 3:1-6). 복음서는 예수가 의도적으로 안식일에 치유기적을 일으키면서, 경직된 안식일 법이 병자들의 사회적 권리를 억압하고 있다는 사실을 폭로했다.

예수의 치유기적에는 단순히 병자들의 육체적 회복만이 아니라, 그들의 사회적 권리를 복원시키는 의미가 있다. 가령 예수는 한센병자를 고치고, 그 회복을 제사장에게 추인받으라고 권고한다 (마태 8:4). 이러한 과정을 통해 병자는 더는 죄인이 아니라, 공동체의 일원으로 복원되기를 예수는 기대한다. 최근 의료인류학자들은 병을 illness와 disease로 구별한다. 먼저 illness는 병을 규정하는 데 있어 사회/문화적 배경을 강조한다. 즉 누가 병을 규정하느냐는 문제가 그 병의 사회적 성격이 정해진다는 것이다. 수전 손택(Susan Sontag, 1933-2004)은 『은유로서의 질병』에서, 질병은 단순히 개인이 가진 증상이나 통증이 아니라, 사회적 기호라고 주장한다. 즉 모든 사회는 특정한 병에 대한 잘못된 편견과 메타포를 지니고 있다는 것이다. 예수 당시의 유대사회는 병을 객관적으로 규정하기보다는 종교적이고 문화적인 측면에서 은유적으로 규정했다. 즉 병의 본질이 과학적이고 객관적인 것으로 파악되기보다는 기존의 종교와 문화적인 이데올로기와의 관련 속에서 이해되었다는 것이다. 이와는 다르게 disease는 객관적이고 과학적으로 규명되는 질병을 의미한다. 의료인류학적 측면에서 보자면, 예수의 치유 기적의 대상이 된 것은 disease라기보다는 당시의 종교 문화적으로 규정된 illness에 가깝다고 볼 수 있다.

예수의 치유기적 이외에도 복음서는 예수가 갈릴리 호수의 풍랑을 잠잠케 한 기적(막 4:35-41)이나 물 위를 걸은 이야기(막 6:47-52)와 같은 일종의 자연을 통제한 기적 이야기를 등장한다. 이러한 이야기들은 당시 갈릴리 민중들의 예수에 관한 해방적 상상력이 출애굽 사건과 연결되면서 형성된 이야기라고 할 수 있다. 바로의 추격 부대들을 홍해에 수장시킨 모세의 기적과 요단강을 기적적으로 건넌 엘리야-엘리사의 기적 이야기 등이 예수의 신비로운 행적들과 민중들의 자유로운 상상력과 상승작용하면서 형성된 이야기였다.

예수와 엑소시즘

초기 예수 전승 중에서 복음서 기자들에게 인상적으로 기억되어 수집, 전승된 예수의 중요한 활동 중 하나가 바로 귀신축출 이야기이다. 현대의 정신의학에서는 귀신들림을 빙의 현상이라고 부르며, 일종의 다중인격 분열증과 같은 정신병으로 간주한다. 프랑스의 식민지였던 알제리의 의사, 프란츠 파농(Frantz Fanon, 1925-1961)은 식민지 주민의 정신병 발병률이 높은 이유를 제국주의의 사회/정치적 억압과 긴밀히 연관되어 있다는 사실을 발견한다. 파농에 따르면 식민지 당국의 억압적 통치가 사회적 아노미 현상을 야기해 원주민들을 사회, 문화적 정체성의 혼란으로 몰고 가고, 결국, 정신병을 유발하게 된다는 것이다. 이러한 파농의 분석을 예수 시대에도 적용할 수 있다. 예수의 시대 역시 로마 제국의 지배와 이에 결탁한 성전체제의 착취 구조가 유대사회의 심각한 불평등을 야기했다. 또 밀려드는 그레코-로만 문화에 유대인들의 종교, 문화적 정체성은 크게 흔들렸다. 복음서에는 집도 절도 없이 정처 없이 예수를 따라 유랑하는 '무리'들이 수없이 등장한다. 날품팔이꾼, 거지, 병자들, 여인들, 그야말로 종교/사회/문화적으로 소외당한 유대 사회의 민중들이 예수의 주된 추종 세력이었다는 사실을 우리는 어떻게 이해할 수 있을까? 타이센(G. Theissen)은 예수 운동이 가능했던 사회적 정황을 당시에 만연한 '사회적 무근성'에서 찾고 있다. 즉 로마 제국의 지배와 수탈로 인해 유대사회의 정신적, 물질적 토양이 뿌리 채 뽑혔다는 것을 의미한다. 이처럼 예수시대는 정신병이 범람하기 좋은 사회적 분위기를 갖추고 있었다.

예수 시대의 사람들은 현대인들과는 달리 실재하는 악의 세력을 믿었다. 마가복음 5장에는, 이방 지역인 데가볼리를 방문한 예수 일행이 무덤에 기거하던 '군대'라는 귀신들린 자를 치유하는 이야기가 등장한다. 여기서 흥미로운 것은 귀신의 정체가 '군대', 즉 헬라어로 레기온(region)이라는 사실이다. 레기온은 6000명 정도의 병력으로 구성된 로마의 최정예 보병 군단을 지칭한다. 이들의 무자비함과 용맹함은 지중해 세계에서 악명이 높았다. 마가복음 5장 11절의 돼지 떼에서, '떼'에 해당되는 헬라어는 아갈레(agelē)인데, 이 말은 바로 로마군의 무리를 지칭하는 데 사용되던 단어였다. 또 13절에 '내리 달리다'는 말에 해당되는 희랍어 동사는 오르메센(ōrmēsen)'인데, 이 단어는 로마 군대가 전투에서 돌격할 때, 그 장면을 표현하기 위해 자주 쓰이던 동사라고 한다. 이처럼 거라사의 군대 귀신 축출 이야기에는 로마 군대를 상징하는 어휘들로 가득 차 있다.

한편 돼지는 불결한 가축으로 여겼기 때문에 유대인들은 돼지고기를 먹지 않았다. 그러나 로마군에게는 주요 식량원이었다. 때문에 돼지는 데가볼리와 같은 이방 지역에서만 사육될 수 있었다. 마가복음 5장 13절에서 예수가 '레기온'을 돼지 떼로 들어가라 명령한 이야기에는 반로마 정서가 숨어있다. 당시 유대인들은 로마군인들을 돼지처럼 더럽고 불결한 놈들이라고 경멸했다. 로마군을 암시하는 돼지 떼는 결국, 예수의 명령에 의해 바다에 빠져 죽는다. 아마 이 대목에서 예수의 제자와 청중들은 출애굽 사건을 떠올렸을 것이다. 출애굽기 15장은 이집트를 탈출한 히브리 사람들을 뒤쫓던 바로의 군대들이 모두 홍해에 빠져 죽는 이야기가 등장한다. 출애굽기 15장 4-5절은 이 장면을 이렇게 노래한다. “바로의 병거와 그 군대를 바다에 던지시니, 빼어난 장교들이 홍해에 잠겼다. 깊은 물이 그들을 덮치니, 깊은 바다로 돌처럼 잠겼다.” 즉 마가복음의 군대귀신 축출 이야기에는 출애굽기의 이야기가 오버랩되어 있는 것이다. 물로 심판을 받은 파라오의 군대처럼, 로마의 레기온도 그렇게 야웨의 심판받을 것이라는 유대 민중들의 염원이 이 이야기 속에 담겨있다. 즉 로마의 군국주의를 조롱하고 풍자하는 이야기로 읽힐 수 있다.

로마 제국의 건설은 군사력에 의해 이루어진 폭력의 결과였다. 로마의 평화를 일컫는 팍스 로마나(Pax Romna)라는 구호가 유대 민중들의 눈에는 당시 로마 제국이 자신의 지배를 합리화하기 위한 거짓 이데올로기에 불과했다. 팍스 로마나는 레기온의 군사력으로 이루어진 거짓 평화인 것이다. 시오노 나나미의 <로마인 이야기>는 이러한 로마 제국의 폭력성을 간과하고, 철저히 위로부터 역사를 보는 제국주의적 사관이 드러나 있다. 예수 당대의 팔레스타인 민중들은 결코 로마 제국을 긍정적으로 평가하지 않았다. 요한계시록은 로마를 멸망할 가증한 짐승으로 묘사하고 있다. 초기 기독교인들은 예수의 평화를 로마의 힘에 의한 폭력적 평화와 대조시켰다. 신약에서 가장 빈번히 등장하는 단어가 바로 평화(eirênê)라는 사실은 이러한 분위기를 반증한다. 이런 점에서 마가복음 5장에 보도되는 거라사 지방에서 벌어진 예수의 축귀 이야기 속에는, 예수가 로마 군인들을 유대 땅에서 몰아내 주기를 갈망하는 유대 민중들의 염원이 투영되어 있다고 볼 수 있다.

예수와 여성

고대 유대 사회는 철저히 남성 중심의 가부장 사회였다. 여성은 결혼 전에는 아버지 권위에 예속돼 있다가 결혼 후에는 남편의 권위에 복속됐다. 고대 이스라엘에서 결혼한 여성이 남편을 주인이라고 부른 것에서 알 수 있듯이, 아내는 남편의 소유물로 간주되었고, 혈통을 잇고 유지하는 역할을 통해서 그 가치를 인정받았다. 바벨론 포로기 이후의 유대 사회에서도 여성의 지위는 별반 다를 바가 없었다. 여성은 율법을 배울 수도 없었고, 회당에서 가르칠 권리도 없었다. 율법 교사들은 여성을 제자로 받아들이지 않았고, 유대의 남성들은 자신이 이방인으로 태어나지 않은 것과 여성으로 태어나지 않은 걸 감사하는 기도를 했다. 로마 제국 역시 황제를 기점으로 한 가부장적 사회질서 속에서 유지되던 사회였다. 로마 가정의 공적인 수장을 파터파밀리아스(paterfamilia)로 불렀는데, 로마의 가정에서 모든 구성원들은 연장자인 아버지의 권위에 복종하는 것이 일반적인 상례였다. 고대 로마 사회에서 아버지는 장성한, 심지어는 결혼한 딸들을 제재할 권한을 갖고 있었다. 이처럼 파터파밀리아스의 권위에 기초한 가부장적인 왕권은 로마의 제국주의 사회를 유지하는 근간이었다. 더욱이 가정에서의 가부장적 체제는 미시적인 영역에서 로마의 통치 이데올로기를 재생산하는 기구가 됐고, 무엇보다 이 제도는 고대 로마 제국을 효율적으로 통치하기 위한 사회적 습속이자 제도로 작동했다.

이러한 시대 분위기 속에서 예수가 자신 주위에 많은 여성 추종자들을 두고 있었다는 사실은 당시 유대 사회에서 '스캔들'이 되었다. 스캔들이라는 말은 원래 헬라어의 '올가미, 방해물, 거침돌' 등을 의미하는 헬라어 스칸달론(skandalôn)에서 유래한 말이다. 여성 추종자들을 공개적으로 받아들인 예수는 당시의 경건한 유대인들에게 사회적 풍속을 해치는 유대 사회의 '거침돌'로 간주되었다. 복음서는 예수 운동에 있어 여성들이 핵심적 역할을 담당한 것으로 기록하고 있다. 엄격한 가부장제 사회에서 여성의 이름들이 빈번하게 언급된다는 사실은, 실제 역사적 예수 운동에서 여성들의 위치와 역할이 두드러졌다는 것을 의미한다. 특히 예수의 언어에서 여성들의 삶을 반영하는 어휘들이 종종 발견되는 것은, 그가 당시 유대 여성들의 곤궁한 삶을 깊은 연민으로 바라보았다는 것을 뜻한다. 신랑을 기다리는 처녀, 잔치, 맷돌, 누룩, 식탁, 옷 깁기, 물동이 등은 여성의 삶과 밀접한 관련이 있는 단어들이다. 2천 년 전에 유대 남성의 입에서 이런 단어들이 쓰인다는 것은 특기할 만한 일이다. 예수와 여성들과의 만남에서 형성된 에피소드들이 대개 긍정적으로 묘사되고 있다는 것도 주목할 만하다. 예를 들어, 마가복음 7장 26절에 등장하는 수로보니게 여인은 적극적 신앙을 지닌 긍정적인 인물로 묘사된다. 또 예수는 불의한 재판관에게 지치지 않고 탄원하는 과부의 태도를 적극적 신앙의 모범적 유형으로 소개하고 있다(누가 18:2-5). 또한, 비록 작지만 자신의 전 소유를 바친 과부의 행위를 칭찬하고 있다. 이처럼 여성들에 대한 예수의 평가는 긍정적이었다. 심지어 십자가 처형의 마지막 자리를 지킨 사람들은 남성 제자들이 아니라 여성들이었다(참고, 마가 15:40). 마가복음은 이 여성들이 갈릴리에서부터 예수를 좇아 섬기던 자들이었다고 부언한다. 그런데 '좇아'로 번역된 헬라어는 아콜루데오(akoloutheō)이라는 단어인데, 이 단어는 제자도(discipleship)와 연관된 단어였다. 다시 말해 진정한 제자는 죽기까지 예수를 따를 수 있어야 한다는 것이다.

사실 아콜루데오 동사는, 베드로가 갈릴리 호수에서 처음 예수를 만나 그를 따를 때 사용됐던 단어이다. 그런데 이 단어가 여인들의 활동을 묘사하는 데 쓰였다는 사실은 여인들이 제자들과 동등하다는 것을 나타낸다. 마가복음은 제자들의 활동을 묘사할 때 의도적으로 디아코네오(diakoneō)라는 단어를 사용하지 않는다. 마가복음의 신학적 의도 속에서 여인과 제자들은 모두 예수를 좇았다(아콜루데오). 그러나 죽음을 불사하고 끝까지 예수를 '섬김'에 있어서는, 제자들은 탈락하고 여인들만이 성공하고 있다. 따라서 여인들은 섬김의 자세를 중도에서 포기한 제자들과는 달리, 섬김의 실천을 끝까지 따른 인물들이었다고 마가복음은 기록한다. 이처럼 예수를 끝까지 좇아 섬겼던 여성들에 대한 마가의 긍정적인 묘사는 단순히 마가의 문학적 구도로만 이해될 수는 없다. 왜냐하면 이러한 여성에 대한 태도는 마가 자신의 생각이기보다는 역사적 예수의 여성에 대한 태도에서 유래했을 가능성이 크기 때문이다. 그러나 예수 운동이 초기의 카리스마적 분위기를 상실해 가면서 교회에서 여성들의 역할은 점차 축소되기 시작한다. 초대 교회가 로마 제국의 종교로 탈바꿈하는 과정 속에서 점차 제도화 과정을 거친다. 이러한 과정 속에서 위계와 질서의 이름으로 여성들을 가부장적 지도력에 복속시켰던 것이다. 일례로, 로마서 16장 7절에서 바울이 인사를 전하고 있는 로마의 가정 교회 지도자 유니아(Junia)는 여성의 이름이다. 그런데 중세 사본에는 남성형 이름인 유니아스(Junias)로 바뀌어 있었다. 이것은 교회가 점차 가부장적으로 제도화 되면서, 유니아라는 여성의 지도력을 인정할 수 없었던 이들에 의해 남성의 이름으로 바뀐 것이었다. 초기의 예수 운동이 카리스마적인 지도자를 중심으로 한 종파적 분위기에서 점차 제도화(institutionalization) 되면서 가부장적 위계 질서의 필요성이 대두된다. 이러한 분위기 속에서 초대 교회 내에서의 여성들의 역할과 행동들은 억제되기 시작한다. 초기에 기억된 여성에 대한 예수의 진보적인 견해들이 점차 가부장적으로 채색되기 시작한다.

예수와 바리새파

복음서는 예수가 도처에서 유대교 당국자들과 논쟁하는 이야기들이 기록되어 있다. 예수의 말씀에 대한 구전 과정을 연구하는 학자들은 이를 '논쟁 설화'라고 분류한다. 복음서에서 예수와 가장 많이 충돌하는 유대교 분파는 바리새파인데, 이들은 끊임없이 예수의 탈율법적 행동과 가르침을 비난한다. 마가복음에 따르면 바리새파는 예수의 초기 사역부터 등장하여 예수를 살해하려고 모의하는 집단으로 묘사된다. 마태복음 23장은, 성전에서 예수가 이들의 위선적인 행동을 맹렬하게 비난하는 장면을 보도한다. 예수는 바리새인과 율법학자들을 "(자신들이) 지기 힘든 무거운 짐을 묶어서 남의 어깨에 지우지만, 자기들은 그 짐을 나르는 데, 손가락도 꼼짝하려고 하지 않는다"라고 비판한다. 지금도 법은 약자의 편이기보다는 강자의 도구이듯이, 당시 유대교의 다양한 율법 조항이 일반 민중들의 삶을 무겁게 옥죄이고 있었다. 가령 안식일에 지켜야 할 조항은 무려 38가지나 되었다. 안식일에는 1마일 이상을 걸을 수도 없었고, 곡식을 추수해도, 물건을 운반해도 안되었다. 안식일에 노동을 금지하는 조항들은 하루 벌어 하루를 연명하는 당시 팔레스타인 민중들이 현실적으로 도저히 지킬 수 없는 것들이었다. 결국, 이들은 율법학자들이나 바리새인들에 의해 '죄인'으로 규정될 수밖에 없었다. 복음서는 곳곳에서 안식일 준수 조항 때문에 이들과 갈등하는 예수의 모습을 보여준다. 마가복음은 제자들이 배가 고파 안식일에 밀 이삭을 잘라먹자 금지조항을 들먹이며 비난하는 바리새인들과의 논쟁을 소개하고 있다. 배고픈 민중들의 현실은 외면한 채, 율법의 이름으로 이들을 '죄인'으로 만드는 현실에 예수는 분노한다. 제자들을 비난하는 바리새인들에게 예수는 "안식일이 사람을 위해 생긴 것이지, 사람이 안식일을 위해 생긴 것이 아니다"라고 공박한다. 이러한 예수의 언사는 모세율법에 대한 비난이기보다는, 율법의 근본정신인 정의와 자비를 저버린 채, 약자를 억압하는 도구로 전락시킨 바리새파에 대한 날 선 비판이었다.

그런데 최근의 연구는 예수와 바리새인들의 갈등이 예수 당대의 것이라기보다는 예수 사후에 그의 추종자들과 바리새파와의 갈등을 예수의 당대의 것으로 투영시킨 것이라는 주장이 설득력을 얻고 있다. 70년 중반경 유대-로마 전쟁의 참화 속에서 요하난 벤 자카이(Johanan ben Zekkai)라는 바리새파 출신의 저명한 랍비가 예루살렘 성전을 초토화시킨 로마군과 협상하여

얌니아(Jamnia)라는 곳에서 유대교 재건운동을 벌인다. 이곳에서 그의 제자들은 토라를 중심으로, 히브리 성서의 정경화 작업을 진행한다. 특별히 쉬모네 에스레(Shemoneh Esreh)라는 18개의 축복 기도문을 작성하는데, 이 중 12번째 기도문이 바로 '나사렛 이단'에 관한 저주 기도이다. 즉 예수의 추종자들을 저주하는 기도문이다. 이 기도문이 의미하는 것은, 주후 80년대 후반에 이르러서야 비로소 예수운동이 유대교로부터, 그것도 타의에 의해 분리되었다는 사실이다. 이때부터 예수운동은 바리새파를 중심으로 한 유대교와 공식적으로 분리되면서 독자적인 종교운동으로 변모한다. 현재 신약성서에 있는 복음서들은 이러한 시대적 여건 속에서 기록된 문서들이다. 특히 마태복음 23장과 요한복음 9장은, 주후 80년대 이후에 전개된 바리새파와 초기 예수운동 간의 갈등 상황을 반영하고 있다. 비록 복음서에 기록된 예수와 바리새파의 갈등이 후대에 각색된 측면이 있다 해도, 예수가 이들과 갈등했을 것이라는 생각은 충분한 역사적 개연성을 지닌다. 왜냐하면 예수의 가르침과 행동은 당시 유대교의 엘리트들이 수긍할 수 없는 파격적인 것이었기 때문이다.

예수의 수난 이야기

신약성서에 편입된 4개의 복음서 모두 예루살렘에서의 예수의 마지막 한 주간의 행적을 상세히 보도하고 있다. 흥미로운 것은 예수의 생애를 다루고 있는 책의 전체 분량 중에서, 그의 마지막 한 주간의 행적이 전체의 5분의 1을 차지한다. 왜 복음서 저자들은 예루살렘에서의 예수의 마지막 일주일에 그토록 관심을 기울이고 있는 것일까? 그것은 애초에 초기 예수 추종자들에게 예수에 관한 이야기들 중에서, 무엇보다 그의 수난과 부활이 차지하는 의미가 심대했다는 사실을 말해준다. 현대 학자들은 예루살렘에서 벌어진 예수의 마지막 행적을 기록한 복음서의 이야기 단락을 특별히 수난사(Passion story)라고 분류하고, 그 각별한 의미를 강조한다. 다시 말해 초기 기독교인들은 예수의 수난 이야기를 중심으로 그의 나머지 행적들이 부가하여 복음서라는 문학적 양식이 태동시킨 것이다.

예수가 그리스도(Christ, 구세주)로 고백되기 시작한 시점은 그의 생전이 아니라, 부활사건 이후라고 볼 수 있다. 예수의 죽음과 부활의 의미를 깨달은 초기 기독교인들은, 히브리성서의 예언자들이 예수의 십자가 고난을 예언한 것으로 생각했다, 이러한 이해 속에서 예수가 야웨의 구원사역의 매개자임을 고백한다. 복음서는 바로 이러한 수난사건과 부활체험을 경험한 초기 예수운동그룹의 신앙고백을 반영하고 있다.

복음서들은 하나같이 성전에서의 예수의 과격한 행동을 보고한다. 사실 예루살렘 성전 체제에 대한 예수의 비판은 그만의 고유한 것이 아니었다. 당시의 엣세네파나 젤롯당들 또한, 예수와 마찬가지로 성전체제의 친로마적 성격과 이에 기인한 부정과 부패에 나름대로 저항하고 있었다. 최근에 고고학자들은 기드론 계곡에서 예수 시대의 것으로 추정되는 제사장들의 방대한 집터를 발굴했다. 온돌과 로마식의 목욕탕 시설은 그들이 얼마나 호화스럽게 살았는지를 보여준다. 이들 제사장들은 성전에 기생하면서 각종 이권 사업에 개입하여 엄청난 부를 누렸다. 예수가 성전의 환전상들의 탁자를 뒤집고, 상업 행위를 금지시킨, 소위 성전청결 사건은 이러한 제사장들의 부패에 대한 당시 유대 민중들의 분노를 예수가 대변한 것으로 볼 수 있다. 예수는 유대의 정결법과 그 하위 법들로 유지되던 정결/부정의 체제에 의한 성전 이데올로기의 기만성을 폭로했다. 예수 당시 예루살렘 성전은 종교적 기관이기를 포기한 또 하나의 수탈 기관이었다. 훗날 유대-로마 전쟁 와중에 예루살렘을 점령한 젤롯당들이 제일 먼저 한 일이, 성전에 보관된 채무 문서를 불사르고, 대제사장들을 처형한 일이다. 소득의 십 분의 일에 해당하는 성전세를 비롯해, 절기마다 예루살렘을 방문하는 서민들에게 각종 명목으로 돈을 거둬들였다. 심지어는 대제사장들의 묵인 아래 공공연하게 환전 사업 같은 각종 이권 사업들이 성전 안에서 자행되었다. 화려한 예루살렘 성전을 찬탄해 마지않던 제자들에게 예수는, 예루살렘 성전이 돌 하나도 돌 위에 남지 않고 다 무너질 것이라고 저주한다(마가 13:2). 성전에 대한 예수의 공격적인 언사와 환전상들의 가판대를 뒤집어엎는 소란은, 그렇지 않아도 예루살렘의 치안질서를 걱정하던 성전 당국자들과 로마 경비병들의 주목을 받기에 충분했다.

유월절이라는 유대 민족의 해방절 시기에는 전국각지에서 수많은 순례자들이 예루살렘 성전으로 몰려들었다. 이 시기에는 평소 가이샤리아에 주둔하고 있던 로마군이 치안 유지를 위해 예루살렘으로 이동했다. 이들은 유대 군중들을 자극하지 않기 위해 예루살렘 경내에는 들어오지 않고, 성전 경내를 볼 수 있었던 안티오커스 성곽에서 자칫 일어날 수도 있을 민중 소요를 감시했다. 이러한 긴박한 시기에 예수의 과격한 언동은 예기치 않은 소요사태를 야기할 수 있는 것으로 간주됐다. 그렇다면 왜 예수가 하필이면 유월절이라는 절기를 선택해서 예루살렘에 입성했을까? 유월절은 유대민족이 이집트를 탈출한 날을 기념하기 위한 일종의 독립 기념일이다. 로마 당국자들은 유월절의 이러한 성격을 잘 알고 있었기 때문에, 혹시나 민중 소요나 폭동이 일어나지 않을까 무척이나 긴장하고 있었다. 예수는 예루살렘에 입성할 때 제자들에게 은밀히 나귀를 준비시킨다. 예언자 스가랴에 따르면 "나귀는 메시아가 올 때, 그가 타게 될 짐승이었다"(스 9:9). 예수는 메시아를 대망하는 군중들의 기대에 부응하는 일종의 메시아적 시위를 펼쳤던 것이다. 복음서에 등장하는 예수의 메시아적 행동들이 실제 벌어졌는가 하는 것은, 또 다른 상세한 논의가 필요하다. 그러나 역사적 예수가 부패한 성전체제에 도전했고, 이로 인해 박해를 자초했다는 사실은 역사적 개연성을 지닌다고 볼 수 있다.

복음서에는 예수의 수난과 부활 이야기가 자세히 기록되어 있다. 그러나 복음서보다 20년 정도 일찍 기록된 바울의 편지에는 십자가 처형의 동기와 진행과정이 철저히 누락되어 있다. 복음서들이 자세히 묘사하고 있는 예수의 재판과정과 고소 이유, 그리고 십자가의 처형 장면이 바울의 편지에는 전혀 등장하지 않는다. 바울은 단지 예수의 죽음이 지니는 신학적 의미에만 천착한다. 그는 예수의 죽음과 부활 속에 드러난 야웨 하나님의 보편적 의로움에 주목한다. 또한, 예수의 십자가와 부활이 지니는 종말론적 의미를 강조한다. 다시 말해 바울은 예수사건을 종교적 관점에서 탈역사화 시키고 있다. 그에 따르면 예수의 죽음은 인류의 죄를 대속하기 위한 하나님의 구원 사건으로, 또는 인간의 죄로 말미암아 하나님과의 끊어진 관계를 잇는 화해의 사건으로 이해한다(롬 5:10-11). 이처럼 바울은 예수의 죽음이 갖는 사회적이고 정치적인 맥락을 외면한 채, 예수의 십자가 처형이 지닌 구속사적 의미만을 강조하고 있다. 이러한 바울의 영향으로 기독교인들은 예수의 죽음이 하나님의 섭리에 의한 당연한 귀결로 생각하는 경향이 있다. 이러한 생각에 따르면 예수가 마치 자신의 죽음을 수긍하고, 기꺼이 받아들인 것으로 간주하게 된다. 복음서 기자들 역시 이러한 차원에서 예수의 십자가 처형을 이해하고 있다. 가령 예수는 겟세마네에서의 처절한 기도를 통해 처형을 앞둔 자의 고뇌를 극복하고, 인류의 죄를 담당하기 위해 기꺼이 십자가 처형을 감수했다는 것이다. 그러나 이러한 생각은 예수의 죽음에 대한 신학적 해석일 뿐, 예수의 처형을 역사적으로 규명하려는 시도와는 다른 것이다.

예수의 죽음에 대한 복음서의 기록은 예수의 처형을 둘러싼 사실을 규명하려는 현대판 르포 기사가 아니라, 그의 죽음이 지니는 신학적 의미를 반추하기 위해 쓰인 이야기라 할 수 있다. 다시 말해, 복음서의 수난 이야기 속에는 예수의 죽음을 구속사적으로 해석하기 위한 초기 기독교 공동체의 신학적 관점이 배여 있다. 사실 복음서에 묘사된 예수의 재판 이야기는 여러가지 점에서 역사적 개연성을 확보하기 힘든 점들이 많다. 우선, 예수가 실제로 대제사장들과 로마 총독 앞에서 공식적인 재판을 받았는지가 확실하지 않다. 예수와 같이 미미한 갈릴리 촌사람이 당대의 최고 권력자 앞에서 공식적인 신문절차를 거쳐 사형을 언도받았다는 사실은, 당시의 분위기 속에서는 상상하기 힘든 일이기 때문이다. 설령 예수의 재판이 사실이었다고 해도 재판에 참여하지도 않은 추종자들이 어떻게 그토록 상세하게 재판과정을 기억해서 다음 세대에 전할 수 있었는지 또한, 의심의 여지가 있다. 또한, 예수를 재판하기 위해 유대교의 최고 의결기구인 산헤드린이 야밤에 소집되었다는 것도 개연성이 없다. 당시의 유대법에 따르면, 재판은 밤에 이루어질 수 없었다. 더군다나 대제사장과 산헤드린이 유월절 밤중에 일개 갈릴리 목수를 위해 소집됐다는 것이 역사적으로 개연성이 희박하다. 이러한 점들 때문에 복음서에 기록된 예수의 심문 이야기는 실제 역사라기보다 신학화된 역사라고 볼 수밖에 없다.

예수의 수난사에 대한 복음서 저자들의 서술에는 수많은 차이점이 존재한다. 가령 마가는 예수가 '자색 옷'을 입고 있었다고 기록한 반면, 마태는 예수가 '주홍색 옷'을 입고 있었다고 기술한다. 이것은 단순한 실수가 아니다. 마가의 '자색 옷'은 로마의 황제만이 입을 수 있는 색깔의 옷이었고, 마태의 '주홍색 옷'은 로마 군인들이 입었던 빨간색 망토를 의미한다. 마가는 예수에게 '자색 옷'을 입힘으로써 상징적으로 그가 왕과 같은 인물임을 암시하려고 한 것이다. 또 예수의 재판과정도 마가와 누가가 서로 다르게 보도한다. 마가는 예수의 수난 이야기를, 대제사장의 심문, 고난당함, 베드로의 부인 순서로 배열한 반면, 누가는 베드로의 부인, 고난당함, 대제사장의 심문 순으로 구성한다. 또한, 누가는 마가와 달리, 예수가 자신의 메시아적 정체성에 관해 다소 모호하게 언급하는 것으로 설정한다 (누가 22:67-70).

이처럼 복음서에 나타난 예수의 수난이야기들은 역사적인 서술이기보다는 복음서 기자들의 주관적인 전망이 가미된 것들이다. 그러나 역사적 차원에서 예수의 죽음을 살펴보면, 자신의 의지와는 상관없는 로마의 물리적인 폭력에 의한 살해라고 할 수 있다. 따라서 예수의 처형을 자연사를 의미하는 '죽음'이라는 단어로 처리하는 것은, 십자가 사건이 내포하고 있는 불의한 폭력에 대한 고발의 의미를 희석시키는 것이 될 수 있다. 오히려 '죽임'이라는 단어가 예수의 십자가 처형이 지니는 부당성을 더 잘 드러내 준다고 생각한다. 예수의 처형은 자발적인 것이 아니라, 로마 제국의 폭력에 의한 것이었기 때문이다. 따라서 예수의 '죽임'을 인류의 구원을 위한 신적인 섭리로 보는 신학적 해석 이전에, 그 '죽임'의 원인을 역사적으로 따져보는 것도 의미가 있다. 사실 초기 기독교인들이 예수의 죽임에 대한 기억을 오래도록 보존하고 그것의 의미를 반추했다. 복음서에 기록된 수난 이야기의 행간을 자세히 읽어보면 예수가 억울한 죽음을 당했다는 고발의 의도를 간파할 수 있다.

복음서에 따르면, 예수가 체포되고 기소된 주된 이유는 신성모독과 성전에 대한 비판적 언사 때문이었다. 그러나 당시의 법 절차에 따르면, 이러한 사유로 십자가 처형이 언도되지는 않았다. 왜냐하면 이에 해당하는 처벌은 유대 관습법에 의해, 돌로 때려죽이는 석형이었기 때문이다. 그렇다면 왜 예수는 유대의 종교법에 따라 석형에 처해지지 않고, 로마 총독의 인가가 필요한 십자가 처형을 당한 것일까? 예수가 십자가 처형을 당했다는 사실은 그가 로마인들의 눈에 위험한 인물로 비쳤다는 것을 암시한다. 로마의 십자가 처형의 대상은 두 부류의 사람들에게 가해졌는데, 정치적 반란자들과 반항적인 노예들이었다. 로마의 시민들에게는 십자가 처형이 좀처럼 행해지지 않았다. 대신 중범죄자들에게는 참수형이 언도되었다.

예수보다 70년전에 십자가에 처형된 역사적 인물이 있었다. 스탠리 큐브릭의 영화로 알려진 <스파르타쿠스>는 주전 70년경 검투사 출신으로 로마 제국에 반란을 일으킨 인물이었다. 스팔타커스의 반란이 실패하자, 그의 추종자 수천 명이 로마로 향하는 아피아 가도 위에서 십자가 처형을 당했다는 것은 잘 알려진 이야기이다.

스파르타쿠스에 등장하는 십자가 처형 장면

예수 당시에 십자가 처형을 당한 또 하나의 유명한 인물은 갈릴리의 유다라는 랍비인데, 이 사람은 주전 3년경에 로마에 대한 납세 거부 운동을 벌이며 갈릴리 산악지대에서 무장 투쟁을 이끌었던 게릴라 운동의 지도자였다. 유다의 항쟁은 로마군에 의해 진압당하고, 3천 명에 이르는 유대인들이 십자가로 처형당했다고 한다. 사실 복음서에서는 예수의 반-로마적인 행적을 발견하기 힘들다. 오히려 마가복음은 로마의 백부장을 예수의 메시아적 정체를 이해한 긍정적 인물로 묘사한다 (마가 15:39).

그렇다면 예수를 죽음으로 몰고 간 세력은 누구였을까? 복음서를 면밀히 읽어보면 예수와 갈등을 벌인 주체들은 유대의 종교 당국자들이었다. 그들은 예수의 사역 초기부터 그의 목숨을 노리는 자로 묘사된다. 복음서들은 예수 처형의 일차적 책임을 유대교의 지도층들에게 돌리고 있다. 한편 마태복음은 로마의 총독 빌라도를, 예수의 무죄를 밝히고 그를 살리기 위해 백방으로 애쓰는 인물로 묘사한다 (마태 27:18-23절 참조). 그러나 브랜든(S.G.F. Brandon)은 복음서에 등장하는 빌라도에 관한 긍정적인 서술이 역사적 사실과 다르다고 주장했다. 그의 주장에 따르면, 복음서 기자들이 빌라도를 긍정적으로 묘사한 이유는 기독교가 로마에 위험한 종교가 아니라는 초기 기독교인들의 변증적 노력과 관련이 있다는 것이다. 유대 역사가 요셉푸스의 기록에 의하면 빌라도는 굉장히 잔혹하고 부패한 인물이었다. 그는 10년 동안(주후 26-36년) 혹독하게 유대 민중들을 다스렸고, 유대에 총독으로 부임할 당시, 카이사르가 그려진 군기를 앞세우고 예루살렘에 입성해서 민중들의 분노를 자초했다. 또 수리시설 확장이라는 미명 아래 성전의 재산을 탈취했고, 이에 항의하는 유대인들을 잔혹하게 살해했다고 한다. 당시 알렉산드리아에 거주하던 유대인 철학자 필론(Philon, 20 B. C.-A. D. 50)은 이렇게 잔혹한 빌라도의 인간성에 대한 아그리빠 1세의 부정적인 코멘트를 기록하기도 했다. 이러한 빌라도가 갈릴리의 출신 예수에게 그토록 동정을 베풀었다는 것은 받아들이기 힘들다. 따라서 예수의 십자가 처형에 대한 실제적 책임은 사도신경의 고백대로 본디오 빌라도에게 있다고 할 수 있다.

아프리카의 성자로 알려진 알버트 슈바이처(Albert Schweizer, 1875-1965)는 자신의 저서『역사적 예수 연구, 1906』에서 예수의 죽음과 관련된 전통적인 견해와는 다른 이색적인 주장을 내놓았다. 그의 주장에 따르면, 예수가 스스로 자신의 종말 프로그램을 앞당기기 위해 예루살렘으로 돌진하여 죽음을 맞이했다는 것이다. 즉 예수는 하나님 나라가 자신의 생애에 올 것이라고 기대했던 일종의 종말론적 예언자였는데, 자신의 죽음을 담보로 종말을 앞당기기 위해 유월절에 예루살렘을 입성했다. 예수는 의도적으로 과격한 언행을 자행해서 십자가 처형을 자초했다는 것이다. 슈바이처는 이러한 예수의 행동이 1세기 팔레스타인의 종말론적 세계관 속에서 이해될 수 있다고 주장했다. 종말론적 하나님 나라의 대망에 대한 강렬한 열망이 예수로 하여금 스스로 죽음을 자초했다는 점에서, 슈바이처는 예수의 십자가 처형을 일종의 신념적 자살로 이해하고 있다. 이러한 주장은 예수가 스스로 메시아적 자의식을 가진 종말론자였다는 가설에 입각해야만 가능한 것이다. 현대의 대다수의 학자들은 예수가 메시아적 자의식에 사로잡혀 있었다는 주장에 다소 회의적이다.

한편 게자 버마스(Geza Vermes, 1924-2013)는 예수의 죽음을 우발적인 것으로 이해한다. 버마스에 따르면 유월절이라는 극도로 긴장된 시기에 성전 상인들의 상을 뒤엎은 예수의 소동이, 그 어떤 폭동도 용납하지 않았던 성전 당국과 로마인들의 눈에는 성전의 치안을 위태롭게 할 요소가 다분한 것으로 보였다는 것이다. 또 그의 과격한 언사와 행동은 자연히 로마와 성전 당국의 주위를 끌었고, 유대 민족의 해방절인 유월절이라는 시기적 특수성이 예수의 소란을 더욱 엄중히 다스리게 했을 것이라고 추정한다. 평소 같으면 가볍게 다스려질 수 있었던 예수의 언행이 유월절이라는 긴장된 분위기에서는 시범 케이스로 십자가형이라는 엄중한 중벌로 다스려졌다는 것이다. 이러한 버마스의 견해는 예수의 죽음이 타살이었다는 점에 비중을 두고 있다.

그렇다면 십자가 처형의 실제적 과정은 어떻게 진행되었고, 예수의 직접적인 사인은 무엇이었을까? 1968년 예루살렘에서 일군의 고고학자들이 주후 70년경 로마군에 의해 처형된 사람들의 유골 36구를 발견했다. 그중 요하난이라는 인물의 유골함에서 7인치 정도의 쇠못이 박혀 있는 발바닥 뼈를 발견한다. 이는 그가 예수와 동일한 방식의 처형, 즉 십자가 처형을 당했다는 것을 의미한다. 거기에는 십자가로부터 떨어진 것으로 추정되는 올리브 나무조각들이 붙어 있었다. 이 발견을 토대로 학자들은 십자가 처형에 관한 보다 정확한 역사적 사실들을 알게 된다.

서구 회화사를 통해 예수의 십자가 처형을 극사실주의적으로 잘 표현 그림으로, 사람들은 16세기에 그려진 그뤼네발트(Mattias Grünewald, 1470-1528)의 <십자가 처형, 1515>을 꼽는다. 그림 속의 양은 예수를 상징하며, 붉은 옷을 입은 세례요한이 십자가에 달린 예수를 보며 말한다. “보라 세상 죄를 지고 가는 하나님의 어린양이다.”

이 그림을 보면, 예수는 두 손바닥과 발목에 대못이 박힌 채 십자가에 매달려 있다. 멜 깁슨의 영화, <Passion of Christ, 2004>에서도 로마의 군인들이 예수의 손바닥에 못을 박는다. 그러나 이것은 역사적으로 정확하다고 할 수 없다. 당시의 십자가 처형 방식은 죄수들의 손바닥에 못을 박는 게 아

그뤼네발트, 십자가 처형, 1515

니라, 손목에 나무를 댄 채 못을 박았다. 죄수들은 패티블롬이라고 불리는 십자가의 가로 들보 위에 눕혀진 후에 못 박혔다. 처형을 집행하는 로마 군인들은 7인치에서 5인치 정도 되는, 끝이 가늘고 뾰족한 대못을 죄수의 손바닥이 아니라, 손목에 박았다. 왜냐하면 손목에 못을 박아야 손이 단단하게 고정되기 때문이다. 만약 손바닥에 못이 박히게 되면, 죄수의 몸무게 때문에 손바닥이 찢겨서 십자가에서 떨어진다. 손바닥에 못을 박는 과정에서 죄수의 팔 근육이 늘어나는데, 학자들은 아마 6인치 정도 늘어났을 것이라고 추정한다. 그 과정에서 양쪽 어깨가 탈골된다. 손목에 못박기가 끝나면, 병사들은 들보를 들어 올려서 수직 기둥에 부착시키고, 그다음에는 죄수의 발목에 못을 박는다. 일단 죄수가 십자가에 수직으로 매달리게 되면 질식 상태에 빠지면서 서서히 고통을 느끼며 죽게 된다. 질식하는 이유는 근육에 충격이 가해지면서 횡격막의 수축으로 호흡곤란을 느끼게 된다. 숨을 내쉬기 위해서는 십자가 위에서 발을 세워야 하고, 그래야 근육이 잠시 동안 이완될 수 있었다. 이런 상태에서 발에 박혀 있는 못은 점점 뼈를 깊이 파고든다. 죄수의 호흡이 점차 줄어들기 시작하면서 소위 호흡 산독증(혈액 속에 있는 이산화탄소가 탄산으로 분해되면서 혈액의 산성이 증가하는 것)에 빠지게 된다.

주후 3세기의 로마의 시인은 십자가형의 참혹함을 이렇게 묘사한다. "그들은 포박당하여 가장 뼈아픈 고통을 받으며 못 박힌다. 그들의 시체는 새들의 먹이가 되고 개들은 모질게 씹어 먹는다." 결국, 십자가 처형을 당한 죄수들은 이러한 죽음의 메커니즘에 따라 처참한 최후를 맞게 된다. 심지어 시신조차 온전히 보존할 수 없는 것이 상례였다. 그러나 복음서들은 예수의 시신을 아리마대 요셉이란 후원자의 도움을 받아 바위 무덤에 매장했다고 기록한다. 이러한 일은 십자가형을 당한 죄수에게는 이례적인 일이었다. 최근에 예루살렘 근처에서 십자가에 처형된 남자의 유골이 유골함에서 발견됐는데, 이는 지극히 예외적인 경우라 할 수 있다.

멜 깁슨의 영화, <그리스도의 수난>은 복음서에 기록된 예수의 수난 이야기를 토대로 겟세마네 동산에서의 체포와 십자가 처형까지 12시간 동안 벌어진 일들을 극사실주의적 수법으로 영상화 했다. 지나칠 정도로 예수의 '몸'에 가해진 참혹한 폭력이 인상적이었는데, 예수의 수난에 내재된 의미보다는, 그의 육체적 '고통'만이 부각되고 있었다. 이 영화가 논란이 된 것은 예수의 십자가 처형의 책임을 유대인들에게 돌리고 있기 때문이었다. 자칫 반유대적 감정을 야기할 수 있다는 우려가 제기되기도 했다. 복음서의 저자들은 예수를 죽인 책임을 유대인에게 전가하고 있다. 마가복음은 예수의 갈릴리 초기 활동에서부터 유대 종교 당국자들이 예수를 죽이기로 모의했다고 보도한다. 더욱이 복음서는 예수의 재판에서 당시 로마의 유대 총독이었던 본디오 빌라도가 예수를 석방하기 위해 상당히 노력했다는 묘사한다. 반면 5세기에 형성된 소위 사도신경(使徒信經, Symbolum Apostolicum, 기독교가 로마 제국의 국교가 된 후에 형성된 공식적인 신앙고백문)은 주범으로 빌라도를 명백하게 언급한다. "본디오 빌라도에게 고난을 당하사 십자가에 못 박혀 죽으시고..." 그렇다면 왜 복음서는 빌라도를 우호적으로 묘사한 것일까? 앞서 언급한 브랜든이라는 학자는, 복음서 기자들이 본디오 빌라도를 우호적으로 묘사한 이유를 정치적으로 설명하려고 한다. 즉 기독교가 로마 제국에 정치적으로 위협적이지 않다는 것을 변증하기 위해, 빌라도가 예수를 변호했다는 것이다. 이러한 브랜든의 주장이 사실이라면, 역사적 예수의 실제적 처형의 책임과 원인을 복음서의 기사에만 의존해서 밝히는 것은 적절하지 않다.

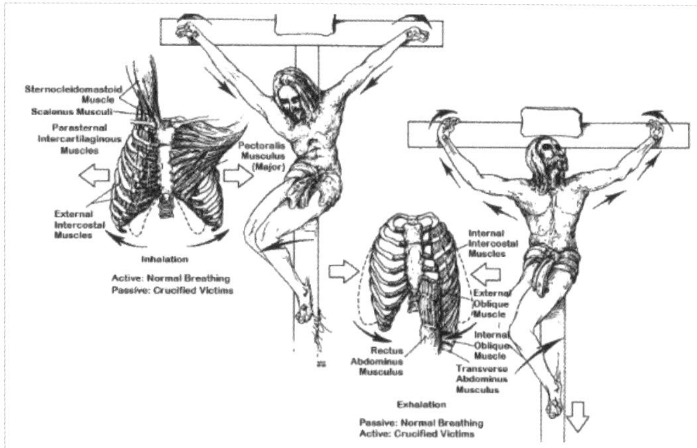

해부학으로 설명한 십자가 사인

그렇다면 과연 예수의 죽음에 일차적으로 책임을 져야 하는 사람은 누구일까? 역사적으로 개연성 있는 답변은 빌라도로 대표되는 로마 권력과 이에 결탁한 예루살렘 성전체제라고 할 수 있다. 그러나 예수의 처형에 책임이 있는 역사적 개인을 지목하는 건 불가능하다. 또 의미 있는 작업도 아니다. 만일 누가 예수를 죽였는가(who killed Jesus?)라는 문제에만 집착한다면 반유대주의의 문제에서 벗어날 수 없다. 홀로코스트의 비극 이면에는 유대인들에 대한 유럽의 기독교인들의 역사적 편견과 증오심이 자리하고 있었다. 그들에게 유대인들은 예수를 살해한 '이교도'들이었다. 이러한 증오심은 잘못된 이해에서부터 출발한 것이다. 엄밀히 말해서 예수는 기독교인이 아니었다. 그리스도 이전의 역사적 예수는 경건한 유대인이었다는 사실을 기억하지 못한다면, 언제든지 반유대주의라는 망령이 역사 속에서 재현될 수 있을 것이다. 따라서 예수의 십자가 처형과 관련된 질문은 바뀌어야 한다. 즉 무엇이 예수를 죽였는가(what killed Jesus?)로 질문의 프레임을 바꾸어야 한다. 그것은 로마의 폭력적인 식민통치와 이에 유착했던 유대의 종교권력이라는 구조악 때문이었다, 예수는 이러한 구조악의 희생자였다. 지금도 이러한 구조악 때문에 무수한 사람들이 신음하며 죽어가고 있다. 잘못된 자본의 논리와 구조적인 정치, 경제적 문제로 수많은 제3세계 민중들이 가난과 전쟁의 고통 속에 죽어가고 있다. 이런 점에서 무엇이 예수를 죽였는가를 묻는 것은 신학적으로 중요한 질문이다. 독일의 신학자, 메츠(J. B. Metz, 1928-2019)는 예수 그리스도의 수난 이야기는 악의 세력에 대한 하나님의 열정적 항거를 회상하는 위험한 기억이라고 말한다. 그리고 이 기억이 위험한 이유는 우리를 불의한 악의 세력에 대한 저항과 투쟁으로 이끌기 때문이라고 주장한다. 예수의 수난 이야기는 그와 같은 순교자를 다시 요구하는 우리 시대의 구조악의 정체를 되묻게 만든다.

토론주제 ⑦

01.

역사적 예수와 신앙의 그리스도의 차이점은 무엇인가?

02.

예수가 가르친 하나님 나라의 속성에 대해서 이야기해 보자.

03.

도스또예프스끼의 『카라마조프가의 형제들』에 나오는 대심문관의 단락을 읽고, 전통교회가 예수에 관해서 훼손시킨 것이 무엇인지 토론해 보자.

참고문헌 … ⑦

1. 정승우, 『예수, 역사인가 신화인가』. 서울: 책세상, 2005.

2. 하비 콕스/ 오강남 옮김, 『예수 하버드에 오다』. 서울: 문예출판사, 2004.

3. 엔도 슈사쿠/ 이평준 옮김, 『예수의 생애』. 서울: 카톨릭출판사, 2021.

8

복음서의 예수 신앙의 그리스도

8장

복음서의 예수
신앙의 그리스도

앞에서 우리는 역사적 인물로서 예수를, 1세기 팔레스타인의 역사, 사회, 종교적 배경에서 살펴보았다. 그럼, 이제 신약성서에 포함된 4개의 복음서(마태, 마가, 누가, 요한)가 이야기하는 예수에 대해서 알아보자. 복음서가 진술하고 있는 예수는 신앙고백의 대상이 되는 그리스도(구원자)이다. 그리스도라는 말은, 히브리어의 메시아(מָשִׁיחַ, messiah)가 그리스어의 크리스토스(Χριστός)와 영어 Christ를 거쳐 한글로 번역된 단어이다. 메시아라는 말은 '기름부음을 받은 자'라는 뜻을 가진 히브리어의 메시아를 70인역에서 그리스어로 번역하는 과정에서 처음 사용되었다. 고대 유대교에서는 야웨의 부름을 받은 민족의 구원자들(왕, 제사장 등)에게 올리브 기름을 머리에 붙는 풍습이 있었다. 즉 메시아는 유대 민족의 구원자, 해방자를 뜻한다.

신약성서에는 메시아(그리스도)이신 예수의 가르침과 행적을 기록한 네 권의 복음서가 수록되어 있는데, 이를 정경 복음서(canonical gospel)라고 한다. 정경 복음서란 말은 외경 복음서를 전제한다. 외경 복음서란, 신약성서에 포함되지 않는 복음서들을 말한다. 가령, 도마 복음서, 유다 복음서, 마리아 복음서 등이 외경 복음서에 속하는데, 이들 문헌들은 2세기 초반에 유행하던 영지주의(Gnosticism)에 영향을 받은, 정경 복음서보다 뒤늦게 저술된 것들이다. 초기 기독교 지도자들은 외경 복음서가 정통 신앙에 위배되는 내용을 담고 있다고 이단시하였다. 영지주의 복음서들은 초기 기독교 교부들에 의해 단편적으로만 언급되었다. 교부들이 영지주의 복음서들을 이단시한 것은, 이들이 예수의 육체성을 거부하기 때문이다. 1945년 이집트의 나그함마디에서 영지주의 문헌들이 출토되면서 그 전모가 드러나게 되었다. 외경 복음서들은 전반적으로 예수에 대한 믿음보다는 구원에 이르는 신비한 지식인, 영지(靈知, Genosis)에 강조점을 둔다. 그러나 정경 복음서는 영지에 대한 '깨달음' 보다는 예수에 대한 '믿음'을 강조하며, 예수께서 육체로 오신 것을 강조한다.

신약성서는 마태복음으로 시작해, 마가복음, 누가복음, 요한복음 순으로 편집되어 있는데, 기록 연대나 사상적 중요도에 따라 배열한 것은 아니다. 복음서의 순서에 대한 학자들의 견해는 다양하지만 가장 설득력 있는 주장은, 마태가 신약성서의 첫 번째 책으로 선정된 것은 히브리 성서와의 연속성 속에서 예수의 삶을 보도하고 있기 때문이라는 것이다. 마태는 예수의 족보를 유대인의 시조인 아브라함으로부터 시작하고, 예수를 율법의 계승자로, 구약의 예언을 성취한 인물로 묘사한다. 따라서 신약의 복음서를 현재의 형태로 배치한 초기 기독교인들은 예수 이야기를 히브리 성서와의 긴밀한 관계 속에서 이해하고자 했다는 것을 알 수 있다. 원래 복음서에는 지금과 같은 명칭이 붙어 있지 않았다. 2세기부터 예수의 제자 그룹들이 복음서를 선택하는 과정에서 마가복음, 마태복음 같은 타이틀을 붙이기 시작했다. 예수의 직계 제자들은 갈릴리 출신의 촌사람들이었고, 그리스어를 능숙하게 구사할 만한 인물들은 아니었다. 따라서 복음서는 예수의 직계 제자 그룹에 의해 쓰였다기보다는, 예수에 관한 구전 전승을 보전하고 있던 3세대 기독교인들에 의해 기록됐다고 보는 것이 훨씬 개연성이 있다.

복음서는 구전문학의 산물이라 할 수 있다. 예수 사후에 그에 관한 이야기가 사람들의 입에서 입으로 전해졌다. 20세기 초반 독일 학자들은 예수의 어록만을 수집한 Q자료(말씀이라는 독일어, Quelle에서 유래)라는 어록집이 존재했다는 가설을 내세웠다. 그런데 실제로 1945년에 나그함마디에서 발견된 영지주의 계열의 도마복음은 예수의 어록, 114개로만 구성된 문헌이었다.

따라서 예수의 어록을 기록한 문서들이, 복음서가 존재하기 이전에 유통되었을 가능성이 매우 높다고 볼 수 있다. 학자들은 마가복음을 예수에 관한 최초의 복음서로 간주한다. 마가는 입에서 입으로 전해지던 예수에 관한 다양한 구전 전승들을 기초로, 예수 이야기에 일정한 연대기와 서사적 구조를 덧붙여 복음서라는 형태의 문헌을 남기게 된다. 마가복음의 기록 연대는 70년경 유대-로마 전쟁이 벌어지던 시기나, 혹은 그 직후에 기록된 것으로 추정된다. 한편, 마태와 누가는 마가복음과 예수의 어록집을 토대로 자신들이 수집한 다양한 예수 이야기를 창의적으로 결합해서 자신들의 복음서를 기록하였다. 학자들은 마가와 마태, 누가의 복음이 서로 긴밀한 자료적 연관성을 갖고 있어서, 이 복음들을 공관복음이라고 부르기도 한다.

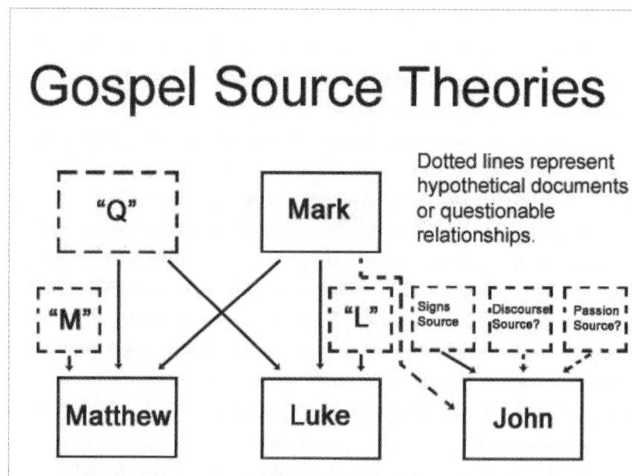

반면, 신약성서의 네 번째 복음서인 요한복음은 공관복음과는 사뭇 다른 분위기를 갖고 있다. 요한복음은 공관복음과는 다른 예수 전승의 계보와 자료를 가지고 있다. 요한의 예수는 공관의 예수와는 달리, 하나님 나라보다는 영생이라는 주제에 초점을 맞추고 있다. 또 요한복음은 예수의 비유는 소개하지 않고, 사마리아 여인과 니고데모와 나눈 대화 등 논쟁과 담화들을 소개하고 있는 것이 특징이다.

복음서의 4가지 상징들

정경 복음서에 속한 네 복음서는 전통적으로 각각의 상징을 지니고 있다. 마태는 천사(사람의 모습을 함), 마가는 사자, 누가는 수소, 그리고 요한은 독수리로 상징된다(상징들의 기원에 대해서는 114쪽을 참고하라). 마태복음이 천사로 상징되는 이유는 마리아가 예수를 잉태했을 때 천사 가브리엘이 방문했기 때문인데, 이 이야기는 마태복음에만 등장한다. 또 누가가 황소로 상징되는 이유는 누가복음 1장 5절에 등장하는 제사장, 스가랴 때문인데, 수소는 제사장들을 위한 희생 제물이었다. 누가복음에만 등장하는 탕자의 비유에는 송아지 잡는 이야기가 등장한다. 이 때문에 누가는 수소로 상징된다. 마가의 상징은 사자이다. 마가복음에서 예수는 사자처럼 광야에서 크게 외치며 등장한다. 영화 <나니아 연대기, 2005>에 아슬란이라는 사자가 등장하는데, 아슬란은 예수를 상징한다. 요한복음의 상징은 독수리이다. 독수리는 부활하고 승천한 그리스도의 상징이다. 요한복음은 예수를 초월적 캐릭터를 가진, 태초에 로고스로 존재한 신적이고 천상적인 존재로 묘사한다.

아래 사진(왼쪽)은 프랑스 아를르에 있는 중세 고딕성당, 생 트로핌 대성당 입구 위에 새겨진 조각이다. 예수는 가운데 성서를 들고 천상의 보좌에 앉아 있다. 그리고 그 주변에 복음서를 상징하는 네 가지 상징물이 조각되어 있다. 왼쪽 상단부터 시계 반대 방향으로, 마태를 상징하는 천사, 마가를 상징하는 사자가 있고, 또 누가를 상징하는 수소, 그리고 요한을 상징하는 독수리가 조각되어 있다. 연세대학교의 상징이 독수리인 것은, 학훈이 요한복음 8장 31절, "진리를 알지니 진리를 너희를 자유케 하리라"에서 유래했기 때문이다. 오른쪽에 있는 사진은 이탈리아 베니스에 있는 유명한 St. Mark 교회의 모습이다. 맨 위에 황금으로 조각된 사자상이 보인다. 전설에 따르면 이 교회 지하에는 마가복음을 쓴 마가 성인의 유골이 있다고 한다.

생 트로핌 대성당 입구에 새겨진 복음서의 상징들

베니스의 성 마가 교회

복음서의 구조와 내용

복음(福音)이라는 말은 기쁜 소식(good news)이라는 뜻이다. 그리스어 유앙겔리온(euangelion)에서 유래했다. 영어의 가스펠(Gospel)은 God spell의 줄임말로, '하나님이 하신 축복의 말'이라고 한다. 유앙겔리온이란 말은 로마 황제의 방문을 뜻하는 말에서 유래했다. 황제의 방문이 로마인들에게는 기쁜 소식이었다. 왜냐하면 황제가 방문할 때, 배고픈 시민들에게 빵과 서커스를 제공했기 때문이다. 이러한 뜻의 유앙겔리온이라는 단어를, 예수가 이 땅에 오셔서 보여준 행적을 기록한 책의 타이틀로 초기 기독교인들이 차용한 것이다. 즉 예수의 가르침과 행적이 인간들에게 진정한 구원의 길을 보여주었기에 기쁜 소식이라는 것이다.

그렇다면 복음서는 당대의 그레코-로만의 문학들과 비교하면 어떤 유형의 장르에 속할까? 여러 가지 주장들이 있지만, 당시 그리스와 로마의 신적 영웅들의 전기를 다룬, 아리탈로지 문학과 유사하다고 한다. 가령, 필로스트라토스(Philostratos, 170~250)의 『티아나의 아폴로니우스의 생애』와 크세노폰(Xenophon, 430-354B.C)의 『메모라빌리아(Memorabilia)』와 같은 그리스 세계의 전기물과 유사하다는 것이다. 그렇지만 복음서가 지닌 독특한 특징들이 존재하기 때문에, 초기 기독교의 독특한 장르라고 보는 것이 적절하다. 복음서는 예수의 탄생, 갈릴리 호수를 중심으로 한 그의 공적 활동에 드러난 가르침과 기적들, 논쟁들, 그리고 예루살렘에서 일주일 동안 벌어진 체포와 재판, 십자가 처형, 그리고 부활 등의 이야기로 구성된 서사적 형태의 작품이라고 할 수 있다. 그런데 복음서마다 예수에 관한 관점과 전망들이 다소 다르다는 것에 주목할 필요가 있다. 마태와 누가는 참고 자료로 마가복음과 예수의 어록집(Q)을 공통으로 사용한다. 그러나 마태와 누가는 공통의 자료 외에도 자신들만의 참고 자료를 가지고 복음서를 저술했기 때문에 차이점도 존재한다. 가령, 마태에 등장하는 예수의 산상 설교는 누가에서는 발견되지 않는다. 또한, 누가에 등장하는 유명한 '탕자의 비유'는 마태에는 존재하지 않는다. 한편 요한복음은 마태복음과 누가복음, 그리고 마가복음과는 전혀 다른 구조와 내용을 지니고 있다.

요한복음에는 하나님 나라에 관한 예수의 비유가 등장하지 않는다. 그리고 예수의 기적 이야기는 2장-12장에서 7개만 등장한다. 그리고 14장 이후부터 예수의 긴 고별 담론이 등장한다. 또 요한복음에는 예수가 '사랑한 제자'로 지칭되는 인물이 등장한다. 이러한 차이점이 존재하는 이유들은 복음서 저자들이 사용한 구전 자료의 차이와 신학적 전망들이 각각 달랐기 때문이다.

20세기 초반 독일의 학자들은 복음서를 연구하면서 복음서 저자들이 사용한 것으로 추정되는 자료들을 분석하기 시작했다. 복음서가 문서로 존재하기 이전에 입에서 입으로 전해지던 구전 전승(oral tradition)의 흔적을 분석하는 것을, 양식비평(form criticism)이라고 부른다. 양식(form)이란 구전 전승의 다양한 문학적 유닛을 말한다. 찬양시, 기적 이야기, 수난 이야기, 갈등 이야기 등과 같이 구전 과정에서 말로 전달하기 편한 구전 양식들이 생겨난 것이다. 2차 대전 이후 유럽의 성서학자들은 각 복음서의 저자들이 이러한 다양한 구전 자료들을 수집하고, 그것을 자신들의 신학적 관점과 전망에 따라 편집하여 복음서를 저술하였다고 주장했다. 이것을 편집비평(redaction ciriticism)이라고 부른다. 편집비평은 복음서들의 다양한 편집 의도를 밝히는 것이다. 가령, 마태복음의 크리스마스 이야기에는 동방박사 이야기가 등장한다. 그런데 누가복음에는 동방박사 이야기가 없고, 들판의 목자들이 천사를 목격한 장면만 기록되어 있다. 이러한 차이점은 어디에서 연유하는 것인가? 그리고 왜 마가에는 크리스마스 이야기가 없는가? 이러한 질문에 답변하는 것이 편집비평의 목적이라 할 수 있다. 편집비평은 복음서 저자들의 차이점 배후에는 예수를 바라보는 각각의 신학적 관점이 달랐기 때문이라고 생각한다.

외견상 신약성서에 수록된 4개의 복음서들은 비슷한 스토리 라인을 가진 것처럼 보인다. 즉 예수의 탄생, 갈릴리에서의 활동, 예루살렘에서의 수난, 그리고 십자가와 부활 등. 그러나 자세히 읽어보면 각각의 복음서는 자신들만의 독특한 특징을 가지고 있다. 그럼, 정경 복음서들이 지니고 있는 각각의 특징을 살펴보자.

마태복음

마태복음은 첫 번째 문장을 이렇게 시작한다. "아브라함의 자손이요 다윗의 자손인 예수 그리스도의 계보는 이러하다"(마태 1:1). 마태복음 1장은 예수가 믿음의 조상, 아브라함과 골리앗을 물리친 위대한 왕, 다윗의 후손이라고 주장한다. 마태는 유대교의 핵심적인 주류 라인을 예수가 계승하고 있다는 것을 강조한다. 아브라함이란 인물은 이스라엘 민족의 시조 즉, 우리의 단군과 유사한 인물이다. 창세기의 저자는 아브라함을 이스라엘 민족의 기원으로 설정한다. 또한, 다윗은 이스라엘이라는 고대국가를 정비한 인물이다. 그는 숙적 블레셋 족속을 물리치고, 고대 왕국의 기틀을 다진 인물이다. 바벨론과 그리스, 그리고 로마 제국의 압제에 끊임없이 시달려 왔던 유대인들은 다윗왕국을 점차 이상화시켜 왔다.

마태복음서 저자가 이처럼 예수를 아브라함과 다윗의 혈통에 편입시키는 이유는, 예수가 이스라엘의 영웅들의 계보를 잇고 있다는 생각 때문이다. 다시 말해 히브리 성서와의 연속성 속에서 예수의 생애와 사상을 이해하려는 마태의 시도가 예수의 족보를 탄생시킨 것이다. 마태는 빈번히 구약을 인용함으로써 예수가 이미 히브리 성서에 예언되고 예기된 인물이라는 사실을 강조한다. 가령, 마리아의 약혼자 요셉의 꿈속에 나타난 천사는 구약성서의 이사야서를 다음과 인용하며, 마리아의 임신이 이미 신적으로 예정된 사건임을 고지한다. "보아라, 동정녀가 잉태하여 아들을 낳을 것이니, 그의 이름을 임마누엘이라고 할 것이다"(이사야 7:14). 마태는 복음서 중에서 히브리 성서를 가장 많이 인용하고 있다. 이는 마태가 유대적 전통 속에서 예수를 이해하고자 한다는 것을 알 수 있다. 마태복음은 예수를 모세와 비교하면서, 그의 가르침을 소개한다. 이것을 모세유형론(Mose Typlogy)이라고 부르는데, 마태는 예수를 출애굽의 지도자, 모세와 비교하며 예수의 우월성을 보여주고자 한다. 가령 마태복음 5-7장에서 예수는 마치 모세가 시내산에서 십계명을 받은 것처럼, 산 위에서 제자들을 가르친다. 특히 5장에서 예수는 '옛사람'(모세)을 능가하는 가르침을 주는 분으로 묘사된다. 마태복음에는 다섯 개의 긴 예수의 가르침이 등장한다. 1) 산상설교(5-7장), 2) 파송설교(10장), 3) 비유설교 (13장), 4) 공동체를 위한 설교 (18장), 5) 종말설교 (23-25장). 이러한 구조는 마태복음서 저자가 히브리 성서의 모세 오경을 의식하고 있었다는 것을 보여준다. 특별히 마태복음 5장부터 7장은 바로 이러한 사실을 잘 보여주는 단락이다. 학자들은 이 구절을 소위 산상설교(the Sermon on the Mount)라고 부르는데, 예수가 갈릴리 촌락 인근의 산 위에서 제자들에게 가르쳤던 내용을 담고 있다. 산상설교는 근대의 급진적 평등사상에 심대한 영향을 끼쳤다. 톨스토이와 간디, 그리고 마틴 루터 킹 목사 등은 자신들의 비폭력 저항주의의 토대를 산상수훈에 두고 있다. 산상수훈은 8개의 복(Beatitudes, 마태 5:1-10)을 가르치는 것으로 시작된다.

> 마음이 가난한 사람은 복이 있다. 하늘 나라가 그들의 것이다. 슬퍼하는 사람은 복이 있다. 하나님이 그들을 위로하실 것이다. 온유한 사람은 복이 있다. 그들이 땅을 차지할 것이다. 의에 주리고 목마른 사람은 복이 있다. 그들이 배부를 것이다. 자비한 사람은 복이 있다. 하나님이 그들을 자비롭게 대하실 것이다. 마음이 깨끗한 사람은 복이 있다. 그들이 하나님을 볼 것이다. 평화를 이루는 사람은 복이 있다. 하나님이 그들을 자기의 자녀라고 부르실 것이다. 의를 위하여 박해를 받은 사람은 복이 있다. 하늘 나라가 그들의 것이다.

예수는 산상설교 서문에서 세상과 대조되는 가치를 제시한다. 예수가 복이 있다고 지적하는 사람들의 면면은 이 세상의 가치와는 상반되게 사는 사람들이다. 가난, 슬픔, 온유, 자비, 평화, 정의와 같은 궁극적 가치들을 수행하려고 노력하는 자들이 하늘 나라의 주체임을 반복적으로 강조한다. 산상설교에서 예수는 우리의 생각과는 달리, 물질이 풍요한 사람을, 명예와 권력이 있는 사람을, 학벌과 외모가 뛰어난 사람들을 복이 있다고 말하지 않는다. 팔복에 따르면 가난하고 온유한 사람들이 하늘의 권세와 지상의 땅을 소유할 것이라고 말한다. 그렇다면 온유란 무엇일까? 온유란, 타인의 뜻을 힘으로 압박하거나, 자신의 의지를 강제적으로 관철지 않고, 인내를 가지고 온화함과 부드러움으로 행하는 것이다. 한마디로 예수는 산상설교를 통해 세상의 가치를 전복하고 있는 것이다.

한편, 마태는 마가복음에서 사용되던 '하나님의 나라'(basileia tou theou)보다는 하늘 나라(basileia tōn ouranōn)를 더 선호한다. 그러나 '하늘'은 '하나님'에 대한 셈어적인 완곡어법에 해당한 것일 뿐, 두 단어가 내용적으로 다른 의미를 지니는 것은 아니다. 마태의 예수는 하늘 나라를 의(義, diakaiosyne)와 연결시킨다. 즉 하늘 나라는 정의(justice)를 위하여 핍박받는 사람의 것이다(마태 5:10). 마태복음은 하늘 나라에 들어갈 의의 수준을 다음과 같이 말한다. "너희의 의가 율법학자들과 바리새파 사람들의 의보다 낫지 않으면, 너희는 하늘 나라에 들어가지 못할 것이다"(마태 5:20).

마태복음은 하늘 나라를 모든 이에게 개방된 종말잔치에 비유하고 있다. "많은 사람이 동과 서에서 와서, 하늘 나라에서 아브라함과 이삭과 야곱과 함께 잔치 자리에 앉을 것이다" (마태 8:11). 이러한 비유를 가능하게 한 것은 실재하였던 배고픈 민중들의 현실이었다. 로마의 강압적인 수탈 체제 속에서 굶주리던 갈릴리 민중들이 모여 함께 식탁을 나누는 현실이 바로 하늘 나라라는 예수의 말씀은 큰 의미를 지닌다. 하루를 연명할 양식을 구하라는 간구가 주기도문(마태 6:9-13)에 삽입된 사실과 물고기 두 마리와 떡 다섯 개로 수천 명이 나누어 먹었다는 마태복음 14장의 이야기에는 이러한 민중들의 배고픈 현실과 이를 극복하고자 하는 변혁적 상상력이 어우러져 만들어진 이야기였을 것이다.

비록 마태복음서는 하늘 나라의 청사진을 직설적으로 묘사하는 예수의 진술을 담고 있지 않지만, 그 나라를 얻은 사람들의 감정을 '기쁨'이라고 표현한다. 마태복음 13장은 하나님 나라를 발견한 자의 기쁨을 밭에 감추인 보물을 은밀히 발견한 소작농의 기쁨에 비유하고 있다. 한편 마태복음 20장에는 포도원 일꾼들의 뜻밖의 기쁨에 관한 이야기가 기록되어 있다. 예수는 하나님 나라를 이른 아침에 일꾼들을 구하러 나가는 포도원 주인에 비유한다. 이 이야기가 내포한 전복적인 세계관은 품꾼들의 일당을 지불하는 주인의 불공정한 태도에서 드러난다. 이 비유의 초점은 하나님을 상징하는 포도원 주인의 자비이다.

파졸리니 성(Saint) 마태

레온하르트가 연주한 바흐의 「마태 수난곡」 표지

마태복음에 등장하는 예수의 마지막 당부는 다음과 같다. "내가 너희에게 분부한 모든 것을 가르쳐 지키게 하라. 볼지어다 내가 세상 끝날까지 너희와 항상 함께 있으리라"(마태 28:20). 부활한 예수는 마지막 순간 제자들에게 자신의 가르침을 지키라고 당부한다. 앞에서도 살펴보았듯이 마태복음은 예수의 가르침을 중요시한다. 이처럼 마태복음은 유대교와의 연속성 속에서 예수를 묘사하는 동시에, 예수가 유대교의 가르침을 뛰어넘는 위대한 교사라는 사실을 강조한다. 아래 영화는 이탈리아의 감독, 파졸리니(Pier Paolo Pasolini, 1922-1975)가 제작한 <마태복음의 예수, 1964>이다. 흥미로운 것은 파졸리니 감독은 종교적 시각을 배제하고, 맑시스트의 관점에서 예수의 인간적 생애를 다루고 있다는 점이다. 이 영화 속에서 예수는 가난한 자들의 편에 서서 권력자들에게 항거하는 반항적 인물로 묘사되고 있다. 한편 바흐는 마태복음에 기록된 예수의 수난 이야기를 음악극으로 만든 <마태 수난곡, Matthew Passion, 1727>을 작곡하기도 했다.

마가복음

마가복음은 예수의 생애를 서사적 형태로 다룬 최초의 복음서로 평가된다. 마가는 당시 갈릴리 민중들 사이에서 떠돌던 예수에 관한 다양한 구전 전승들을 채집하여 서사적 형태로 기록했다. 마가복음은 다음과 같이 시작된다. "하나님의 아들, 예수 그리스도의 복음의 시작이라"(마가 1:1) 마가는 마태와는 달리 예수의 유대적 족보에는 관심이 없다. 예수의 탄생 이야기도 생략한 채, 예수의 공생애 이야기를 바로 시작한다. 그리고 자신의 이야기를 복음이라고 규정한다. 마가복음의 특징은 예수의 활동을 길과 연관시키고 있다. "너희는 주님의 길을 예비하고, 그의 길을 곧게 하여라"(마가 1:3). 마가는 예수를 철저히 길을 가는 사람으로 묘사한다. 그것도 무언가 다급하게 길을 가는 사람으로 그리고 있다.

마가가 사용하는 독특한 어법 중에 하나가 유두스(euthys)라는 헬라어의 빈번한 사용이다. 이 말은 우리말로 '즉시' 또는 '곧'이라는 부사의 역할을 하는 단어이다. 한글 개역성경은 유두스(euthys)를 '곧'이라고 번역하고 있다. 마가복음 1장만 해도 이 단어가 무수히 사용되고 있다. 가령, 1장 10절은 "곧 물에서 올라 오실새", 18절에서는 "곧 그물을 버려두고 좇으니라", 그리고 20절에서는 "곧 부르시니 그 아비 세베대를 삯군들과 함께 배에 버려두고..." 등으로 나타난다. 또한 마가복음은 길 위에서 예수와 제자들 사이에 일어난 이야기가 자주 등장한다. 학자들은 이러한 단어의 빈번한 사용을 마가의 세

련되지 못한 헬라어 실력 탓으로 생각하기도 한다. 그러나 마가는 유두스(euthys)라는 단어를 사용하여, 예수의 생애가 지니는 긴박성을 적절히 표현하고 있다. 예수는 하나님 나라의 임박한 도래를 자신의 삶 속에서 철저히 실천한다.

따라서 그의 삶은 일상적인 삶의 질서와 전통적인 지혜를 해체시키는 언행으로 가득 차 있다. 먼저 된 자가가 나중 되고, 나중 된 자가 먼저 되는 나라, 권좌 위의 왕보다 들판의 목자들에게 먼저 예고되는 하나님 나라, 부자의 황금보다 가난한 여인의 동전이 칭찬받는 나라! 마가가 전하는 예수의 대안적 세상은 갈릴리 민중들에게는 한시라도 빨리 이 땅에서 실현되어야 할 나라였다. 마가의 투박한 문장들은 민중들의 삶의 현장 속에서, 입과 입으로 전달되었던 예수 이야기의 변혁성을 생생하게 전달하고 있다. 따라서 '유두스'라는 단어의 빈번한 사용은 그의 어색한 글 솜씨를 드러내기 보다는, 원래의 역사적 예수 운동이 지니고 있던 긴박성과 임박성의 분위기를 잘 드러내 주고 있다.

또한, 마가복음은 호도스(hodos)라는 단어를 빈번하게 사용하는데, 이 말은 길(way)이라는 뜻이다. 마가는 예수와 그의 추종자들이 갈릴리를 거쳐 예루살렘으로 가는 '길 위'(on the way)에서 벌어진 다양한 에피소드를 보도한다. 이런 점에서 만일 마가의 예수 이야기를 영화화한다면, 일종의 로드 무비(Road movie)의 형식으로 재현될 수 있을 것이다. 마가에 따르면 시몬과 안드레는 갈릴리 해변을 걷던 예수에 의해 노동의 현장 한복판에서 제자로 발탁된다. 이러한 장면은, 모든 것을 이해관계 속에서 판단하는 현대인의 눈으로는 매우 즉흥적인 행동이 아닐 수 없다. 그러나 이들에게는 임박한 하나님 나라의 운동에 동참하고 싶어하는 '동무' 혹은 '동지'로서의 연대의식이 있었던 것 같다. 그러나 제자들이 따라야 했던 예수의 길은 그리 녹녹한 것이 아니었다. 마가복음 6장은 제자들이 길을 나설 때 지켜야 하는 원칙을 다음과 같이 전하고 있다. "그들에게 명하시기를, 길을 떠날 때에는, 지팡이 하나밖에는 아무것도 가지고 가지 말고, 빵이나 자루도 지니지 말고, 전대에 동전도 넣어 가지 말고, 다만 신발은 신되, 옷은 두 벌 가지지 말라고 하셨다." 예수는 철저하게 제자들에게 무소유를 요구하고 있다. 타이센(G. Thessien)은 이러한 예수의 급진적인 무소유행을 실천한 제자들에 의해서, 역사적 예수의 급진적인 윤리명령이 보존되고 후대에 전달될 수 있었다고 주장한다.

마가복음은 힘겹게 예수의 길을 따르는 제자들의 고뇌와 번민을 여과없이 보여준다. 그들은 예수의 정체와 행동에 대해서 자주 의심과 회의의 눈초리를 보낸다. 군중들을 사로잡은 놀라운 기적과 가르침에 환호하던 제자들은 이러한 대중적 인기를 세력화하지 않는 예수를 이해하지 못한다. 이러한 분위기를 마가복음 8장은 잘 보여주고 있다. 가이샤라 빌립보의 여러 마을로 향하는 길 위에서 예수는 제자들에게 다음과 같이 묻는다. "너희는 나를 누구라 생각하느냐?" 얼핏 보면, 이 질문은 제자들에게 예수 자신의 정체성을 묻는 것처럼 들린다. 성질 급한 베드로가 즉석에서 정답을 말한다. "선생님은 그리스도이십니다." 베드로의 고백은 질문의 핵심을 건드린 듯 보인다. 그러나 그의 답변은 진실을 담보하지 못한, 내용 없는 껍데기와 같은 스테레오 타입의 답변이었다는 것이 금방 드러난다. 다시 말해, 베드로는 그리스도로서의 예수의 길을 '영광과 권력의 길'로 이해했지, 그것이 '고난의 길'이라는 사실을 깨닫지 못했다. 예수는 베드로의 이해를 다음과 같이 정정한다. "인자는 반드시 고난을 받고, 장로들과 대제사장들과 율법학자들에게 배척을 받아, 죽임을 당하고 나서, 사흘 후에 살아나야 한다"(마가 8:31).

이러한 예수의 답변에 대해 베드로는 부정적으로 반응한다. 한글 표준새번역 성서는 베드로의 행동을 다음과 같이 번역한다. "베드로가 예수를 바짝 잡아당기고, 그에게 항의하였다." 여기서 '항의하다'로 번역된 헬라어 단어는 에피티마오(epitimao)인데, 이 단어는 무엇인가 다른 사람의 잘못된 행동을 비난할 때 사용되는 헬라어 동사이다. 한국교회가 가장 많이 사용하는 개역성경은 이 단어를 '간하매'라고 번역함으로써, 베드로의 과격한 항변을 완화시키고 있다. 그러나 원문의 의미를 충실하게 살려 이 문장을 번역하자면, 베드로는 예수의 말씀에 대해 저항했다는 뜻이 된다. 즉 베드로는 예수의 수난예고를 일종의 패배주의 노선으로 생각하고 강력하게 비판했다는 것이다. 이에 대해 예수는 베드로를 사탄이라고 몰아치고 꾸짖고 있다. "사탄아 내 뒤로 물러가라. 너는 하나님의 일을 생각하지 않고, 사람의 일만 생각하는구나!" 여기서 우리는 예수의 길과 베드로로 대변되는 제자들의 길이 어긋나고 있음을 알게 된다.

마가복음의 중요한 주제 중에 하나가 바로 제자들의 무지(misunderstanding)이다. 마가는 예수의 수난 예고를 세 차례에 걸쳐 반복적으로 보도한다. 8장 31절, 9장 31절, 그리고 10장 33절이다. 마가의 예수 이야기는, 이 세 차례의 수난 예고를 주된 플롯(plot)으로 삼아 전개된다. 마가의 예수는 분명하게 자신의 고난과 죽임당함을 세 차례나 반복적으로 예고했음에도, 제자들은 이를 의도적으로 외면한다. 아마도 제자들은 예수의 길을 따라왔지만, 그 길의 최종적 목적인 십자가의 고난은 외면했던 것 같다. 따라서 마가는 예수의 처형 현장에 자리를 지켰던 자들은 제자들이 아니라, 세 명의 여성들뿐이었다고 증언한다.

그렇다면 어떤 이유 때문에 제자들은 예수의 길을 끝까지 따르지 못했던 것일까? 무엇이 예수의 길과 제자들의 길을 어긋나게 만든 것일까? 제자들은 당시 유대인들 지니고 있던 통상적인 메시아 기대를 지니고 있었다. 이들은 다윗과 같은 왕적인 메시아 이미지를 예수에게 투영시키고 있었다. 즉 정복과 권력의 길을 예수에게 기대한 것이다. 그들은 예루살렘으로 향하는 예수의 발걸음을 권좌로 향한 승리의 행진으로 오해했다. 제자들은 예수가 말한 하나님 나라는, 부패한 종교귀족들과 로마의 제국주의자들을 섬멸하고 새로운 권력을 쟁취함으로써 완성할 수 있다고 생각했다. 이것은 힘과 정복으로 새 시대의 도래가 가능하다고 믿었던 또 다른 폭력의 신화였다.

예수 시대에 이미 로마는 자신의 식민지로 통하는 무수한 길의 건설을 통해, 힘과 무력에 의한 로마의 평화(Pax Romana)라는 제국의 이데올로기를 유지하고 완성했다. 로마 제국이 자신의 제국 안에 건설한, 무수한 도로들은 평화와 사랑의 길이기보다는 전쟁과 폭력으로 타인을 굴복시키는 파괴의 길이었다. 이에 대해 예수는 하나님의 뜻 속에 자신의 의지를 무력화시키는 버림의 길을 제자들에게 가르쳤다. 철저히 자신을 버림으로 역설적으로 진리를 얻을 수 있다는 것이 예수의 가르침이었다.

마가가 전하는 예수의 길은, 히브리 성서가 전하고 있는 길의 정신에 기초하고 있다. 히브리 성서가 묘사하는 야웨 하나님은 애초에 장소에 거하는 신이 아니었다. 그는 길 위에 생존하는 신이었다. 이스라엘의 조상, 아브라함은 길을 떠나라는 야웨의 부름에, 당시 수메르 최고의 문명도시 우르(Ur)를 떠나 변방의 땅, 가나안으로 길을 떠났다. 또한, 출애굽기는 모세의 영도로 이집트를 탈출한 히브리 노예들이 아라비아 광야의 길 위에서 벌이는 이야기이다. 이들은 가나안 땅으로 향하는 길을 갈 때만이 자신들의 신앙적 정체성을 유지할 수 있었다. 그들이 길 떠나기를 멈추고 안주했을 때, 신앙은 마치 고인물처럼 쉽게 부패해졌다. 예수는 장소의 신으로 고착된 이스라엘의 신앙을 길의 종교로 전환시킨 인물이다. 다윗 왕조 이래로 예루살렘이라는 특정 장소에 하나님을 붙잡아 둠으로써 장소의 종교로 전락한 유대교를 출애굽의 전통이 보여주는 '길'의 종교로 복원시키려는 것이 바로 예수의 시도였다. 이러한 점에서 마가복음이 예수의 이야기를 길의 구도에서 설정한 것은 적절한 것이었다.

마가복음은 주후 70년경 유대와 로마의 전쟁 와중에서 기록된 책이다. 전쟁의 참화 속에서 수난의 길을 걸었던 마가복음의 청중과 독자들은, 예수의 수난과 자신들이 현재 겪고 있는 수난을 일치시킨다. 예수가 당했던 고난 이야기는 바로 자신들이 현재 당하고 있는 고난의 예시였다고 느꼈다. 마가복음은 예수가 재판과 십자가 처형 과정에서 제자들과 군중들에게 버림받는 장면을 강조한다. 이처럼 마가의 예수는 홀로 수난을 담당하는 하나님의 고난의 종(suffering servant, 이사야 53장 참조))이다. 마가는 예수의 수난을 전쟁의 참화로 고통받고 있던 초기 기독교인들의 삶에 투영시킨다. 그리고 현재의 고난을 신앙적으로 합법화해서 이를 극복하려고 했다. 다시 말해 예수가 당했던 수난 이야기는 바로 자신들이 현재 당하고 있는 고난의 예시였다고 느꼈다. 그리고 예수가 희망하였던 하나님 나라가 장차 그들이 꿈꾸어야 할 미래의 좌표였다고 생각했다. 그들은 예수를 통해 자신들의 고난을 이해했으며, 예수의 부활을 통해 현재의 고통을 극복하고 위로 받았던 것이다.

마가복음은 섣불리 길의 완성에 대해 말하지 않는다. 신약성서 사본들을 연구하는 학자들은 현존하는 가장 오래된 마가복음의 사본은 16장 8절에서 끝난다고 지적한다. 지금 우리가 지니고 있는 마가복음서의 16장 9절부터 20절까지는 2세기에 첨가된 편집구라는 것이다. 가장 오래된 고대의 마가복음의 사본들은 예수의 빈 무덤을 방문하는 여인들의 두려움을 보도하는 것으로 마무리를 짓는다. 마태나 누가, 그리고 요한복음과는 달리 부활한 예수와 제자들의 상봉 장면이 오리지널한 마가복음에는 나타나지 않는다. 그렇다면 왜 마가의 원저자는 그토록 중요한 예수의 부활 이야기를 누락시키고 있는 것일까? 단서는 16장 7절에서 발견된다. 무덤을 방문한 여인들에게 흰 옷을 입은 젊은 청년이 그들에게 한 가지 사실을 상기시킨다. "그(예수)는 그들(제자들)보다 먼저 갈릴리로 가실 것이니, 그가 그들에게 말씀하신 대로, 그들은 거기에서 그를 볼 것이라고 하시오." 다시 말해 부활한 예수를 만나기 위해서는 갈릴리로 길을 떠나야 한다는 것이다.

누가복음

누가복음은 다음과 같은 문장으로 시작된다. "우리 가운데서 일어난 일들에 대하여 차례대로 이야기를 엮어내려고 손을 댄 사람이 많이 있었습니다"(누가 1:1). 누가는 예수의 이야기를 정리하려는 사람들이 많았다고 이야기한다. 그리고 자신이 "모든 것을 시초부터 정확하게 조사하여 보았다"고 말한다. 누가는 데오빌로(Theophilus)라는 로마의 고위층에 보고하는 형태로 자신의 복음서를 시작한다. 이처럼 누가는 다른 복음서와는 달리 당시 그레코-로만 사회의 역사 서술 방식을 채택하여 자신의 이야기를 기술한다.

누가는 마태와는 달리 예수의 족보로 시작하지 않고 세례요한의 탄생 이야기로 시작한다. 그리고 예수의 탄생 이야기가 소개되는데, 마태의 성탄 이야기와 매우 다르다. 먼저 누가는 예수 탄생의 역사적 배경을 명시하고 있다. 누가복음 2장 1-2절에 따르면, 예수는 로마의 황제, 아우구스투스의 치세 때, 시리아의 로마 총독 구레뇨가 인구조사를 실시할 기간에 베들레헴에서 태어났다고 기록하고 있다. 베들레헴은 이스라엘의 왕, 다윗의 탄생지였다. 누가는 예수가 다윗 가문 출신이라는 것을 강조하기 위해, 베들레헴을 강조한다. 그리고 누가는 예수의 탄생과 행적, 그리고 그의 죽음과 부활을 연대기적 맥락에서 기록하고 있다. 이로부터 그가 역사적 자의식을 지닌 인물이었다는 것을 알 수 있다. 아우구스투스 황제 통치시대에 예수가 탄생했다는 것을 누가가 강조한 이유는, 로마의 통치와 그리스도의 통치를 은연중에 대비시키려고 했기 때문이다.

아우구스투스를 필두로 한 로마 황제들의 통치는 군사력과 금권에 기반한 것이었다. 그러나 그리스도의 통치는 이와는 반대되는 평화와 섬김에 기반한 것이었다. 로마의 원로원은 아우구스투스가 사망한 후, 그를 로마의 평화를 이룩한 신으로 추앙하였다. 식민지 도시들에 거대한 황제상이 세워졌고, 신민들은 황제를 신으로 경배하는 황제제의(imperial cult)에 정기적으로 참석해야 했다. 누가복음 1장 46절 이하에 등장하는 마리아의 찬가는 예수의 탄생이 지니는 정치적 의미를 다음과 같이 표현한다. "그의 팔로 힘을 보이사 마음이 교만한 자들을 흩으셨고, 권세 있는 자를 그 위에서 내리치셨으며 비천한 자를 높이셨고, 주리는 자를 좋은 것으로 배불리셨으며 부자는 빈 손으로 보내셨도다." 누가는 아기 예수가 "여관에 있을 곳이 없어 마굿간의 구유"에서 태어났다고 기록한다. 이것은 당시 지상의 최고 권력, 로마 제국의 황제들을 간접적으로 비판한 것이다. 하나님은 추운 겨울 누추한 말구유에 자신의 아들을 내려보냈다. 예수는 시작부터 높고 아름다운 곳보다, 낮고 천한 곳에 현존하신 분이었다는 것을 누가는 강조한다. 누가복음은 다른 복음서에 비해 가난한 자에 대한 관심이 높다. 예를 들면, 누가복음 10장에 등장하는 어리석은 부자의 비유와 16장의 부자와 거지 나사로의 이야기에서 가난한 이웃에 관한 누가의 애정 어린 관점을 확인할 수 있다. 누가복음 12장 33-34절에서 예수는 다음과 같이 말한다. "너희 소유를 팔아서, 자선을 베풀어라. 너희는 자기를 위하여 낡아지지 않는 주머니를 만들고, 하늘에다가 없어지지 않는 재물을 쌓아 두어라. 거기에는 도둑이나 좀의 피해가 없다. 너희의 재물이 있는 곳에 너희의 마음도 있을 것이다."

아우어바흐(Erich Auerbach, 1892-1952)는 『미메시스, 1946』에서 높고, 화려한 것을 지향하는 그리스-로마의 미학을 숭고의 미학이라고 평가했다. 이에 반해 초기 기독교는 낮고, 천한 곳을 지향했던 예수를 믿었기에 이것을 미천의 미학이라고 지적했다. 그리스-로마의 문화는 아킬레우스와 오딧세우스와 같은 전사들을 숭고한 영웅으로 경배하였다. 그러나 초기 기독교는 십자가에 못 박혀 죽은 예수를 주님(kyrios)으로, 그리고 순교자들을 영웅으로 숭배하였다. 누가의 탄생 이야기는, 낮고 초라한 세상에 오신 그리스도의 겸손한 섬김의 모습을 보여준다.

마태의 성탄 이야기는 남자들이 중심이 되어 전개된다. 헤롯, 요셉, 동방박사 등 남성들이 이야기를 이끌어간다. 이에 비해, 누가의 성탄 이야기는 여성들이 주도적인 역할을 한다. 엘리사벳과 마리아, 그리고 여성 예언자 안나가 중요한 역할을 한다. 이러한 누가의 설정은 고대 로마와 유대사회에서 파격적인 것이었다. 당시 여성들은 모든 공적인 장소에서 배제되었고, 심지어 법정에서 여성들의 증언은 효력이 없는 것으로 치부되었다. 그렇다면 왜 누가는 여성들을 탄생 이야기에 등장시키는가? 그것은 새로운 메시아의 시대는 황제를 기점으로 하는, 대제사장을 중심으로 하는 가부장적 질서와는 다르다는 것을 보여주기 위해서이다. 예수로부터 시작되는 메시아의 시대에는 여성들이 더이상 핍박받고 소외되지 않고 중요한 역할과 소임을 담당하게 될 것이라고 암시한다. 누가복음은 다른 복음서와 달리 여성들이 예수 이야기에서 중요한 역할을 담당한다. 마르다와 마리아 이야기, 요한나, 수산나, 적극적인 과부의 이야기 (18장) 등 여성들이 하나님 나라의 주역임을 보여준다.

누가복음은 예수의 활동을 연대기적으로 서술한다. 그는 갈릴리에서 예루살렘으로 행하는 예수의 선교활동을 중심으로 자신의 복음서를 작성했다 (누가 9:51-21:38). 누가복음은 예수를 잃어버린 자(죄인, 이방인)들을 찾아 나서는 사랑의 구원자로 묘사한다. 가령 누가복음 10장에는 사마리아 사람의 비유가 등장한다. 당시 사마리아인들은 유대인들에게 배척당했던 사람들이었다. 그런데 예수는 당시의 사회적 통념을 전복하며, 사마리아 사람을 유대인들의 진정한 친구로 등극시키고 있다. 또한, 15장에 등장하는 잃은 양의 비유, 되찾은 드라크마의 비유, 소위 탕자의 비유는 모두 잃어버린 것들을 찾아 나서는 목자, 여인, 그리고 아버지의 모습을 보여준다. 이 비유들은 모두 죄인들을 찾아 나서는 예수의 모습을 보여준다. 아래 그림은 렘브란트와 고흐가 누가복음 10장에 등장하는 선한 사마리아 사람의 이야기를 그린 것이다. 유대인들이 존경하던 대제사장과 레위사람이 자신들의 동족을 외면하고 지나치지만, 천대받던 사마리아 사람이 강도를 만나 죽어가는 유대인 상인을 여관으로 데려가 자신의 돈으로 치료해 준다. 예수는 진정한 이웃이 누구냐며 오만하게 예수에게 질문하던 유대 청년에게 이 이야기를 들려주면서 오히려 그에게 반문한다. "너는 이 세 사람 가운데 누가 강도 만난 사람에게 이웃이 되어 주었다고 생각하느냐?"(누가 10:36).

누가의 예수는 12사도들에게는 유대인 선교를, 70인 제자들에게는 이방 선교를 담당하게 한다. 이것은 누가가 속한 공동체가 선교에 매우 큰 관심을 지녔으며, 자신들의 포괄적 선교의 정당성을 예수를 통해 찾았기 때문이다. 누가는 특별히 예수의 이방선교에 대한 관심을 보여주는데, 누가복음 10장에는 제자들 70명을 파송하는데, 당시 70이란 이 세상에 존재하는 모든 나라들의 숫자를 상징한다. 누가는 선교의 동력을 성령(Holy spirit)에 의한 것으로 생각한다. 누가복음에서 예수는 성령의 충만함으로 선교를 진행한다. 누가복음의 결말은 다음과 같다. "그의 이름으로 죄 사함을 받게 하는 회개가 예루살렘에서 시작하여 모든 민족에게 전파될 것이다"(누가 24:47). 누가는 예수의 가르침이 모든 민족들에게 전파되는 것이 중요하다고 생각했다. 이 때문에 부활한 예수도 제자들에게 땅끝까지 선교할 것을 당부한다.

요한복음

요한복음은 공관복음(마태복음, 마가복음, 누가복음)과는 매우 다른 관점에서 예수를 묘사한다. 요한복음의 첫 문장은 다음과 같다. "태초에 말씀(Logos)이 계셨다." 태초라는 말은 우주가 있기 전이라는 말이다. 요한복음은 예수가 하나님과 함께 태초부터 존재했다고 생각했다. 즉 요한에게 있어 예수는 하나님과 하나이신 그리스도(메시아), 다시 말해서 신-왕(God-King)이다. 이처럼 요한복음은 다른 복음서와는 달리 예수의 존재를 창조 이전의 신적 존재로 상정한다. 즉 예수는 태초의 말씀, 즉 로고스로 간주된다. 로고스(Logos)란 원래 고대 지중해 세계에서 우주 운행의 원리를 의미했다. 기원전 5세기경 에베소의 철학자, 헤라클레이토스(Heraclitus, 535-475 B. C.)는 우주의 이법(理法)을 로고스라고 주장했다. 많은 학자들은 요한복음의 기록 장소를 헬라클레이토스가 오래 전에 활동했던 에베소(Ephesus)라고 추정하고 있다. 당시 에베소는 지중해에서 가장 부유한 도시 중 하나였고, 수많은 철학자들이 활동하던 곳이었다. 이러한 환경 속에서 요한복음의 저자는 로고스 사상을 차용하여 예수의 선재성을 강조한다. 요한복음 1장은 태초에 로고스가 있었고, 그 로고스가 육화된 것이 예수라고 주장한다 (요한 1:1-14). 한편 요한복음의 예수는 독특한 어투를 사용하는데, "나는 ...이다"(ego eimi)라는 어법이다. 예를 들면 다음과 같은 언급들이다.

렘브란트, 선한사마리아인, 1633

고흐, 선한사마리아인, 1890

"나는 생명의 빵이다"(6:35). "나는 세상의 빛이다"(8:12). "나는 양의 문이다"(10:7). "나는 부활이요 생명이다"(11:25). "나는 길이요 진리요 생명이다"(14:6). "나는 참 포도나무이다"(15:1). 이와 같은 어투는 히브리 성서에서 야웨가 자신을 표명하는 말과 유사하다. 즉 요한복음에서 예수는 야웨와 같은 어투를 사용하고 있다는 것이다. 이것은 요한복음서 저자가 예수를 야웨와 하나인 분으로 묘사하고 있다는 것을 의미한다. 이러한 요한복음의 그리스도 고백의 배후에는 당시 로마 제국에서 황제이면서 동시에 신(신-왕)으로 숭배되었던 로마 황제에 대한 저항의 의미가 내포되어 있다.

요한복음에는 공관복음(마태, 마가, 누가)에 등장하는 하나님 나라에 관한 비유가 전혀 등장하지 않는다. 그 대신에 영원한 생명(eternal life)에 관한 담화들이 등장한다. 가령 요한복음 3장에서는 예수와 니고데모가 나눈 긴 대화가, 그리고 4장에서는 사마리아 여인과 예수의 대화가 등장한다. 이러한 담화들 속에는 요한의 독특한 신학적 주제들이 내포되어 있는데, 한 사례로 물이 생명과 구원의 메타포로 등장하는 것을 들 수 있다. 예수는 한 밤중에 자신을 찾아온 니고데모에게 물과 성령으로 거듭나지 않으면 하나님 나라에 들어 갈 수 없다고 말한다. 또 사마리아 여인과는 우물가에서 영원히 목마르지 않는 물에 대해서 이야기를 나눈다. 요한복음 7장 38절에서 예수는 "나를 믿는 사람은, 성경이 말한 바와 같이, 그의 배에서 생수가 강물처럼 흘러나올 것이다"고 말한다. 요한복음 13장에서 예수는 대야에 물을 담아 제자들의 발을 씻긴다. 그리고 19장 34절은 십자가에서 최후를 마친 예수의 옆구리를 감시병이 창으로 찌르자, 피와 물이 나왔다고 증언한다. 이처럼 요한복음은 물에 대한 충분한 이미지와 상징을 사용하여 심오한 신학적 담론들을 만들어 낸다.

예수와 벤허가 서로 물을 주는 장면

1959년 윌리암 와일러 감독은 <벤허>라는 대안적 예수 영화를 만들어 큰 성공을 거두었다. 아카데미 작품상, 감독상, 남우주연상 등 11개의 부문의 상을 휩쓸었으며, 이후 10년 동안 박스 오피스 최고의 흥행을 기록하였다. 이 영화는 벤허라는 복수심에 불타는 강인한 유대 사나이의 고난과 역경의 삶을 주축으로 진행된다. 그런데 우연처럼 그의 삶의 고비마다 예수가 관여하게 된다. 우리나라에도 60년대에 상영이 되어 큰 인기를 끌었고, 텔레비전을 통해 수차례 추억의 명화로 소개되기도 하였다. 많은 관객들은 <벤허>하면, 이 영화의 상징처럼 되어 있는 스펙타클한 전차 경주 장면을 떠올릴 것이다. 그러나 <벤허>에는 '목마름'이라는 요한복음의 주제와 긴밀히 관련된 두 가지 장면이 등장한다. 첫 번째는 영화 전반부에 유다 총독의 살인미수범으로 억울하게 누명을 쓴 벤허가 노예로 끌려가는 장면이다. 작열하는 태양 아래에서 타는 듯한 목마름을 견디지 못하고 쓰러지는데, 이때 그에게 예수가 물을 건네 준다. 두 번째 장면은 영화 후반부에 등장한다. 골고다의 처형장으로 십자가를 매고 끌려가던 예수가 쓰러진다. 이번에는 벤허가 예수를 알아보고 물 잔을 건넨다. 벤허의 목마름과 예수의 목마름! 이 영화는 가족에 대한 복수라는 벤허의 갈망과 사랑이라는 예수의 갈망이 교묘하게 영화를 이끌어가는 플롯으로 작용한다. 물이라는 매개를 통해 예수와 벤허는 영적 교감을 하게 되고, 벤허는 복수의 화신에서 사랑의 사도로 변화한다. <벤허>에서 물은 상징적인 의미를 지닌다. 즉 인간의 궁극적 갈망을 해갈시켜주는 생수를 뜻하는 것이다.

복음서의 부활이야기

예수의 부활은 복음서의 선포 중에서 가장 핵심적인 사안이다. '하나님이 예수를 죽은 자들로부터 다시 살렸다'는 주장은 신약성서를 관통하는 핵심적인 주제이다. 또한, 기독교의 탄생은 역사적으로도 이러한 신앙고백을 하는 사람들의 결사체에서 시작된다. 사도행전의 보도에 따르면, 예수의 부활을 믿는 120명의 사람들이 마가의 다락방에 모여 최초의 '교회'를 시작한 것으로 되어 있다. 부활사건의 중요성은 다음과 같은 바울의 말에서도 확인되다. "그리스도께서 살아나지 않으셨다면, 우리의 선포도 헛되고, 여러분의 믿음도 헛될 것입니다"(고전 15:14).

그러나 보다 면밀히 4권의 복음서를 살펴보면 부활 이야기에 상당한 차이점이 존재한다. 가령, 마태는 큰 지진과 천사를 이야기하지만, 마가는 두려워 떠는 여인들의 이야기로 마감한다. 한편 누가는 엠마오로 가는 두 사람에게 나타난 부활한 예수를 보도하며, 요한은 막달라 마리아와 도마와 제자들에게 나타난 부활한 예수의 이야기를 기록하고 있다. 이처럼 복음서마다 부활을 체험한 인물들과 장소가 차이점을 보이고 있다. 20세기 최고의 신약성서 학자, 불트만(R. Bultmann, 1884-1976)에게 어떤 목사가 찾아와 질문을 했다고 한다. "교수님은 예수님의 부활을 믿으십니까?" 불트만은 다음과 같이 대답했다고 한다. "어떤 부활이요?" 이러한 불트만의 답변은 부활에 관한 불신앙을 뜻하는 것이 아니다. 그는 복음서마다 부활에 관한 이야기가 다르다는 사실을 지적한 것일 뿐이다. 정경 복음서(Canonical Gospels)에 포함된 4권의 복음서는 모두 부활에 관한 보도로서 자신들의 이야기를 종결 짓는다. 사실 복음서의 예수 이야기는 부활이라는 신앙체험의 프리즘을 통하여 과거의 예수 이야기를 재현한(representation) 것이다. 다시 말해, 부활이라는 강력한 신앙사건이, 제자들이 예수를 '기억'하는 방식에 커다란 영향을 끼치게 된 것이다. 따라서 복음서의 예수 이야기는 부활절 이후의 예수를 그리스도(메시아)로 깨닫게 된 제자들의 신앙담론이라 할 수 있다. 이런 점에서 복음서의 부활 이야기는 역사적 사실(historical fact)의 차원에서 확인될 수 있는 것이 아니다. 즉 부활은 고백적 사건(confessional event)으로 다루어질 수 있는 신앙적 진실(faithful true)에 관한 것이라 할 수 있다. 부활한 예수는 그를 처형한 빌라도나 대제사장들에게는 나타나지 않았다. 그는 자신의 하나님 나라 운동에 헌신했던 제자들에게만 자신을 드러내 보였다. 이것이 의미하는 바는 무엇일까? 그것은 예수의 부활은 제자들 사이에서 일어난 예수에 대한 새로운 자각이었다고 생각할 수 있다.

19세기 계몽주의 시대의 지식인들은 예수의 부활을 이성적으로 받아들일 수 없었다. 그들은 예수의 제자들이 그의 시체를 훔쳤다고 주장하기도 했으며, 예수가 잠시 기절했다 살아난 것이라고 강변하기도 했다. 그러나 이러한 주장들은 복음서에서 언급되는 부활을 죽기 이전의 육신을 그대로 재생시키는 소생(resuscitation)으로 간주한다. 그러나 복음서가 증언하는 예수의 부활(resurrection)은 죽은 사람의 시체가 이전의 방식으로 되살아나는 소생에 관한 이야기가 아니다. 이 이야기의 주체는 죽임을 당한 예수가 아니라, 불의한 세력에 의해 죽임당한 의로운 자를 일으켜 세우시는 하나님 자신이다. 십자가에 죽임을 당한 예수는 허무에 떨어지지 않고, 오히려 무상한 현실에서 벗어나 하나님의 참되고 영원한 생명 안으로 들어갔다는 믿음이 부활 이야기의 요체인 것이다.

사실 부활에 관한 이야기 자체만을 놓고 본다면 복음서의 기록은 그다지 독특한 것이라 할 수 없다. 왜냐하면 죽은 자의 부활에 관한 이야기들은 고대 유대 사회나 그레코-로만 문화에서도 발견되기 때문이다. 히브리 성서의 다니엘서 12장이나 에스겔 37장에서 비록 간접적이기는 하지만 고난과 순교를 당한 사람들의 부활을 암시한다. 또한, 예수와 첨예한 갈등을 벌인 것으로 복음서에 묘사되는 바리새파 사람들도 몸의 부활(resurrection of the body)을 믿었던 것으로 알려진다. 그레코-로만의 종교에서도 신인(divine man)들의 부활에 관한 이야기는 잘 알려져 있었다. 가령, 디오니소스(Dionysus)와 아폴로니우스(Apollonius)의 생애는 여러 가지로 예수의 삶과 유사한 패턴을 가진 것으로 알려져 있는데, 그들 역시 예수처럼 살해당한 후, 불멸의 몸으로 부활하는 것으로 묘사된다. 그러나 예수의 부활이 이들과 다른 점은 새로운 시대와 공동체를 개막했다는 것이다.

초기 기독교는 예수의 부활사건을 경험한 소수의 제자그룹으로부터 시작된다. 이들은 이제 새로운 종말론적 구원의 시작을 예감했다. 히브리의 예언자들이 고대하던 메시아가 바로 예수라는 사실을 그들은 자신들의 부활체험과 더불어 믿었던 것이다. 나사렛 예수의 추종자들은 히브리 성서의 묵시문학적 전통 속에서 예수의 부활을 이해하고 해석하고자 하였다.

복음서는 예수의 부활과 관련하여 두 가지 종류의 이야기를 들려준다. 첫째는 예수의 빈 무덤에 관한 것이고, 둘째는 제자들에게 부활한 예수가 나타났다는 이야기이다. 마가복음은 여인들이 예수의 시체가 없는 빈 무덤만을 확인하는 것으로 보도한다. 한편, 마태와 누가는 무덤을 찾아간 여인들과 제자들이 부활한 예수를 직접 목격하는 것으로 되어 있다. 공통점은 일요일 이른 아침에 막달라 마리아와 여인들이 예수의 무덤을 방문했다는 점이다. 이들은 예수의 시신을 발견하는 대신에 '한 젊은 남자' 또는 '천사'를 만나게 된다. 이들은 무덤을 방문한 여인들에게 무덤이 비어 있는 것은 누가 예수의 시체를 가져갔기 때문이 아니라, 하나님이 죽은 자들로부터 그를 일으키셨기 때문이라고 말한다. 그러나 복음서들의 부활에 관한 보도에는 상이한 점들이 발견된다. 우선 부활의 목격자들 명단에서 큰 차이가 존재한다. 또한,

예수의 부활을 알리는 인물들이 다르게 묘사된다. 보다 현저한 차이는 예수의 현현(나타남)의 장소가 마가복음은 '갈릴리'로, 누가는 '예루살렘'으로 나타난다. 마가의 예수가 자신의 부활현현의 장소로 갈릴리를 채택한 것은 그곳에서 새롭게 시작될 하나님 나라 운동을 전제한 것이다. 한편 누가의 예수가 선택한 예루살렘은 최초의 교회가 시작된 장소이며, 누가에 따르면 세계선교의 전초기지였다.

신약성서는 부활에 해당되는 그리스어 단어로, 2가지를 사용한다. 아나스타시스(anastasis)와 에게이로(egeirō)가 그것이다. 이 두 단어는 복음서에서 주로 잠이나 병 그리고 죽음이나 억압에 맞서 일어나는 것을 의미한다. 영어에서 부활(resurrection)과 봉기(insurrection)는 같은 어간을 가지고 있다. 부활은 '일어난다'는 의미에서 봉기와 동의어로 볼 수 있다. 따라서 부활의 현장은 예수를 따르던 사람들이 스스로 일어서는 곳이다. 부활한 예수가 '갈릴리' 그리고 '예루살렘'에서 다시 만나자고 한 것은 그곳에서 새롭게 일어나는 제자들의 하나님 나라 운동 속에 함께 하겠다는 의미로 볼 수 있다.

누가복음 24장의 엠마오 마을로 걸어가는 두 제자의 이야기 속에서 우리는 부활사건이 지니는 현재성의 의미를 발견하게 된다. 그날은 부활절 일요일이었다. 존경하던 스승, 예수의 십자가 처형으로 자신들의 운동이 끝났다고 생각한 익명의 두 제자가 엠마오로 지친 발걸음을 옮긴다. 이때 왠 낯선 사나이가 이들과 동행하게 되는데, 곧 제자들이 나누는 이야기에 대해 묻게 된다. 제자들은 의아한 눈초리로 되묻는다. "예루살렘에 머물러 있었으면서, 이 며칠 동안에 거기에서 일어난 일을 당신 혼자만 모른단 말입니까?" 이윽고 제자들은 예수의 처형에 대해서 들려준다. 이들은 이런저런 이야기를 나누며, 목적지인 엠마오에 도착한다. 이제 그 낯선 사나이가 헤어지려하자, 제자들은 자신의 집에 그를 초대한다. 저녁식탁에 그들이 앉자, 그 낯선 사람은 빵을 들어 기도를 드리고 그것을 떼어 제자들에게 나누어 준다. 그 순간 제자들은 그가 부활한 예수임을 깨닫는다. 그러나 이미 예수는 사라져 보이지 않았다고 누가는 전한다. 이 이야기는 예수의 부활이 지니는 현재성을 강조한다. 즉 부활한 예수는 엠마오의 제자들과 동행한 것처럼, 우리와 함께 길을 걷고 있다는 신앙적 진실을 은유하고 있다. 역사적 예수 연구가, 크로싼(D. Crossan)은 이 엠마오의 이야기가 "최초의 기독교인들의 생각과 실천을 비유와 같은 어느 오후 속에 압축시킨 은유적 이야기"라고 간파했다. 그는 다음과 같은 함축적인 말로 엠마오 기사가 지닌 신앙적 진실을 포착한다. "엠마오는 결코 일어나지 않았다. 엠마오는 항상 일어난다(Emmaus never happened. Emmaus always happens.)" 아래 그림은 엠마오의 부활 이야기를 다룬 카라바지오(1601)와 렘브란트의 그림(1648)이다.

카라바지오, 엠마오의 저녁식사, 1600-01

렘브란트, 엠마오의 저녁식사, 1648

알버트 슈바이처(Albert Schweitzer, 1875-1965)는 예수의 부활에 대해서 다음과 같이 평가한다. "예수라는 한 젊은이가 굴러오는 역사의 바퀴를 단신으로 막아섰다. 그러나 역사의 거대한 수레바퀴는 그대로 굴러 이 젊은이를 압살하고 말았다. 그러나 이상한 일이 벌어졌다. 살해된 그의 시신에 그 바퀴가 그대로 붙어 돌아갔는데, 그것이 점점 커지고 커져서 마침내 굴러가던 바퀴를 정지시켰을 뿐 아니라, 그것을 반대 방향으로 전환시켰다." 이러한 슈바이처의 부활 이해는 예수의 부활사건이 내포한 역사적 진실을 적절하게 지적한 것으로 볼 수 있다. 왜냐하면 2000년 전 예루살렘에서 일어난 작은 사건이 발단이 되어 마침내 로마 제국이 예수에 굴복하고 역사의 방향이 바뀌어졌기 때문이다. 그러나 슈바이처의 평가 속에는 어떻게 이러한 역사의 전환이 일어났는지에 대한 설명이 없다.

히브리서 13장 12-13절은 예수의 고난과 부활 사건이 어떻게 초기 기독교 공동체 내에서 진행형의 사건이 되고 있는지를 보여주는 대목이다. "그러므로 예수께서도 자기의 피로 백성을 거룩하게 하시려고 성문 밖에서 고난을 받으셨습니다. 그러므로 우리도 진영 밖으로 나가 그에게로 나아가서, 그가 겪으신 치욕을 짊어집시다." 히브리서는 예수가 처형 당한지 70년 이후에 쓰여진 문서이다. 그런데 지금 누가 영문 밖에 있다는 것일까? 히브리서 저자는 지금 로마 제국에 의해 고문당하고, 옥에 갇히고 처형당하는 초기 기독교인들의 현장이 바로 영문 밖이라고 호소한다. 즉 부활한 그리스도 예수를 만나는 수난의 현장이라는 고백이다. 부활한 그리스도를 계속적인 현존(continuing presence)으로 체험하는 장소는 고난받는 자들과 연대하는 그리스도인의 공동체라는 것이다.

예수 이야기가 복음서마다 다른 이유

복음서마다 이런 차이가 존재하는 것은, 복음서를 기록한 저자들이 예수에 관한 다양한 신학적 관점을 갖고 있었다는 것을 의미한다. 이들이 처한 역사, 문화, 종교적 정황도 달랐다. 마태는 유대적 유산을 여전히 중요하게 간주하는 분위기 속에서 마태복음을 기록했고, 마가는 유대-로마의 전쟁 중 고난을 받는 정황 속에서 예수 이야기를 기록했다. 그리고 누가는 이방 선교의 중요성이 대두되던 분위기 속에서 예수와 제자들의 선교를 강조하였고, 요한복음은 유대교 회당과 로마 제국의 박해에 저항하는 가운데 예수 이야기를 기록하게 된다. 이처럼 신약성서에 수록된 네 개의 복음서는 저마다의 시대적 도전과 이에 대한 신학적 응전으로 독특한 예수의 이야기를 들려주고 있다.

이처럼 초기 기독교 공동체들은 자신들의 역사적, 사회적 경험 속에서 각기 강조점을 달리한 예수의 기억술을 간직하고 있었다. 그들은 이야기 형태로 예수에 관한 기억들을 보존하려고 애썼고, 예배라는 제의적 양식을 통해 예수의 이야기를 반복적으로 재현했다. 앤소니 기든스(Anthony Giddens, 1938-)는 자아의 서사(narrative of self)라는 개념을 통해 한 개인이 어떻게 자신의 정체성을 형성해 갈 수 있는지를 설명하였다. 그에 따르면 자아의 서사는 근원적인 가치나 신념의 체계로서, 자신의 꿈과 상처, 또 관계들이 복합적으로 작용해서 만들어진다. 그리고 자아의 서사를 구성하는 과정은, 상당한 내면적 성찰과 고통을 수반할 수밖에 없다고 주장한다. 초기 기독교 공동체들은 십자가 처형을 당한 나사렛 예수의 수난을 자신들의 경험과 결부시켜 자아의 서사를 구성했다. 복음서의 예수 이야기는 복음서를 태동시킨 원시 기독교 공동체 멤버들의 집단적인 자아의 서사라고 할 수 있다. 초기의 기독교 공동체들은 예수 이야기를 통해 자신들의 집단적 정체성을 형성해 나갔다는 것이다. 인간은 이야기적 구성을 통해 무로 사라져 버리는 시간적 삶에 어떤 의미와 정체성을 부여하게 된다. 리꾀르(Paul Ricoeur, 1913-2005)는 이것을 이야기적 정체성(narrative identity)이라고 지적한다. 초기 기독교 공동체는 예수라는 상징적 매개를 통해 실재와 소통했다. 복음서는 인간 실존의 의미가 이야기적 서술로 구현되고 재생된다는 것을 보여주는 좋은 실례라 할 수 있다. 복음서의 예수 이야기는 곧 복음서를 태동시킨 원시 기독교 공동체들의 자기 이야기와 밀접하게 연관되어 있다. 그들은 예수의 수난 속에서 자신들의 수난을 보았고, 또 예수의 부활을 통해 자신들의 고난을 극복했던 것이다.

토론주제 ································ ⑧

01.

공관복음서에 묘사된 예수 이야기의 차이점들은 무엇인가?

02.

왜 요한복음은 예수의 신성(divinity)를 강조할까?

03.

예수의 부활에 관한 서술에서 복음서들은 어떤 차이점을 지니는가?

참고문헌 … ⑧

1. 김선정, 『예수를 바라보는 세 가지 시선』. 서울: 동연, 2019.
2. 로버트 카이저, 『요한의 예수 이야기』. 서울: 한국장로교 출판사, 1995.
3. 클리브 마쉬, 스티브 모이스/ 이승호 옮김, 『복음서의 예수연구 입문』. 서울: 기독교문서선교회, 2017.

9

서양 회화 속 예수

9장

서양 회화 속 예수

앞 장에서 우리는 신약성서에 수록된 4개의 복음서가 각기 다른 신학적 전망에서 예수 이야기를 전개했다는 것을 살펴보았다. 이것은 예수 사후 반세기 만에 예수에 관한 다양한 견해와 해석들이 형성되었다는 것을 의미한다. 그렇다면 지난 2천 년 동안 기독교가 서유럽문화권 속으로 전파되면서 예수의 이미지는 어떻게 변화되었을까? 유럽의 유명한 박물관과 미술관에는 예수에 관한 다양한 예술 작품들이 소장되어 있다. 중세 로만 카톨릭과 르네상스, 그리고 근대의 화가들이 남긴 예수의 이미지는 무척이나 다양하다. 가령, 카타콤의 벽화에 그려진 예수와 렘브란트의 예수는 매우 다르다. 개신교 작가들이 남긴 예수와 러시아 정교회의 이콘 작가들이 그린 예수는 또 다른 분위기를 연출한다. 근대에 서양 선교사들에 의해 기독교를 받아들인 한국인들의 뇌리에 새겨진 예수에 관한 전형적인 이미지는, 푸른 눈과 금발, 그리고 오똑한 콧날을 지닌 삼십 대의 서양 남성의 모습이다. 이러한 이미지에 결정적으로 영향을 끼친 그림이 있다. 미국 시카고 태생의 화가, 워너 살만(Warner Sallman, 1892-1968)이 1940년에 그린 예수의 초상이다. 이 그림은 2차 세계대전에 참전한 미군들을 위해 배포된 것으로 불과 2년 만에 4백만 장의 판매고를 올렸다고 한다. 이후 이 그림은 미국인들에게 가장 보편적인 예수 이미지로 각광을 받았다. 이 그림 속의 예수는 실제 유대인 예수의 모습이라기보다는 이상적인 백인의 얼굴을 하고 있다. 물론 살만은 유대인 예수의 모습을 사실적으로 그리기보다는 영혼의 구세주로서의 예수의 모습을 재현하고자 했을 것이다.

워너 살만, Head of Christ, 1940

살만은 15세기 이후, 서양 종교화에 등장하는 도상(圖像)을 채택하고 있는데, 예수는 고개를 살짝 돌린 자세를 취하고 있다. 고개를 살짝 돌린 이러한 자세를 미술사에서는 '4분의 3 자세'라고 한다. 중세에는 예수의 신적 권위를 나타내기 위해 완전한 정면이나 측면의 자세를 선호하였지만, 15세기부터 얀 반 에이크(Jan van Eyck, 1390-1441)와 같은 플랑드르 지방의 화가들에 의해 등장인물을 자연스럽고 편안한 느낌으로 묘사하기 위해 3/4 자세가 사용되기 시작한다. 이러한 자세는 귀족들보다는 시민계급의 초상화에서 주로 등장한다 (양정무, 『미술 이야기 6: 초기 자본주의와 르네상스의 출현』, 57-59 참조).

살만이 온유하게 묘사한 예수 얼굴 전면에는 신성을 암시하는 은은한 빛이 감돌고 있다. 그렇다면 살만은 어디에 근거해서 이러한 예수의 얼굴을 그리게 된 것일까? 사실 신약성서 어디에도 예수의 용모에 관한 기록은 찾아볼 수 없다. 유대교의 그림자에서 미처 벗어나지 못한 원시 기독교(primitive Christianity)는 신의 아들의 형상을 그릴 수 없었다. 십계명의 두 번째 계명은 신의 모습을 형상화하는 것을 반대하고 있었기 때문이다. 그러나 초기 기독교가 시각적인 그레코-로만 사회에 동화되어 가면서, 4세기부터 예수에 관한 그림들이 서서히 등장하기 시작한다. 복음(福音)이라는 청각 위주의 선교에서 이미지라는 시각적 수단을 초기 기독교가 선택한 것은 그레코-로만 문화와의 만남을 통해 가능했다.

살만의 그림에는 서구 사회의 백인 남성 중심주의가 반영되어 있다. 더욱이 살만의 예수상은 영혼의 신랑, 혹은 구세주로서의 이미지만을 부각시킬 뿐, 실제 역사적 예수의 풍모를 엿볼 수는 없다. 역사적 예수는 갈릴리 목수 출신의 노동자였고, 그는 평생 갈릴리의 농부들과 고락을 같이 한 인물이다. 그의 비유에는 갈릴리 촌락의 삶을 반영하는 포도나무, 겨자씨, 그물과 같은 농어촌 사회를 반영하는 단어들이 자주 등장한다. 살만의 그림은 그동안 서구 사회가 확대 재생산한 관념적이고 탈역사적인 예수 이미지의 대중판이라 할 수 있다.

2001년 영국의 BBC 방송은 부활절 특집으로 역사적 예수에 관한 4부작 다큐멘터리를 방송한 적이 있다. 그 프로젝트의 일환으로 고대의 유대인 유골들을 토대로 역사적 예수의 얼굴을 컴퓨터 그래픽으로 재구성하였다. 그 결과 BBC의 예수는 살만의 예수와는 사뭇 달랐다. 2천년 전 셈족의 모습을 한 예수는 신장이 160cm가 채 되지 않는 투박한 갈릴리 농부의 모습을 닮아 있었다. 물론 컴퓨터 그래픽이 재현한 예수의 이미지도 역사적 예수의 얼굴을 정확히 복원한 것은 아니었다. 예수 당대의 평균적인 유대인 성인 남성의 얼굴을 과학적으로 재현한 것일 뿐이다. 그러나 이 얼굴은 우리가 그동안 얼마나 예수의 이미지를 관념적으로 그리고 서구적으로만 상상해 왔는가를 폭로한다.

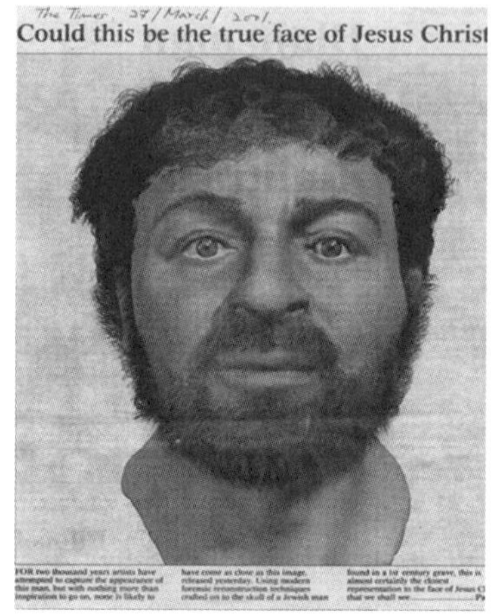

BBC가 복원한 예수상

예수는 서양인들의 '큰 바위 얼굴'이다. 지난 2천년 동안 예수는 서구인들의 이상적 자아상으로 간주되었다. 슈바이처는 『역사적 예수의 탐구』에서 다음과 같이 지적한 바 있다. "모든 시대는 예수 안에서 그 시대의 사상을 발견하였다. 그것은 참으로 예수를 살아 있게 하는 유일한 길이다. 왜냐하면 사람들은 늘 자신들의 성격에 따라서 예수를 만들어 냈기 때문이다." (Albert Schweitzer, The Quest of the Historical Jesus, 403 참조). 칼 융(Carl Gustav Jung, 1875-1961)에 따르면, 예수는 단순한 역사적 인물을 넘어 서구인들의 집단무의식에 존재하는 원형적 자아를 상징한다. 이러한 사실을 우리는 지난 2천년간 서양 회화 속에 나타난 다양한 예수의 이미지 속에서 목격하게 된다. 시대에 따라 예수의 모습은 다양하게 변주되었다. 선한 목동의 모습에서 로마의 제왕적 이미지를 거쳐, 우주의 심판자, 구세주, 영혼의 신랑, 해방자 등으로 시대와 역사에 따라 서구 세계의 예수상(像)은 다양하게 변모해 왔다.

이번 장에서는 지난 2천년 동안 서양 회화에 등장하는 대표적인 예수에 관한 도상들을 살펴보며, 어떻게 예수의 이미지가 젊은 목자에서 제왕의 이미지로, 그리고 인간의 모습으로 변천해 나갔는 지를 살펴볼 것이다. 이러한 변화의 이면에는 각 시대가 예수를 바라보는 패러다임의 변화가 있었기 때문이다. 이를 도상학자 파노프스키(Panofsky, 1892-1968)는 내재적 의미(intrinsic meaning)라고 말한다. 그의 주장에 따르면 내재적 의미란 도상의 "내면에 놓인 원칙들로써 민족, 시대, 계급, 종교 또는 철학적 경향성의 기본적인 태도를 드러내는 것으로, 한 사람의 예술가에 의해 무의식적으로 형상화되어 작품으로 집약된 것이다." (신준형, 『파노프스키와 뒤러』, 24 참조). 이번 장에서는 이러한 파노프스키의 전망을 수용하여 역사의 단계마다 그 시대의 구성원들이 공유한 경험과 집단적 정서가 예수의 이미지 속에 어떻게 투영되고 있는가를 살펴볼 것이다. 다시 말해 그 시대의 에피스테메(épistémè)가 어떻게 예수 도상에 영향을 끼쳤는가를 간략하게 규명할 것이다. 푸코(Michel Foucault, 1926-1984)는 각 시대의 사물과 사건을 분류하고 구성하는 시도들 속에서 발견되는 무의식적인 인식론적 구조를 에피스테메라고 불렀다. 가령 푸코는 『광기의 역사』에서 시대에 따라 광기에 대한 에피스테메가 달랐다는 점을 지적한다. 예를 들어 16세기에 광인들은 격리되지 않았다. 17세기 이성의 시대가 도래하자 광인은 비정상으로 구분되기 시작한다. 18세기 후기 산업사회에 노동력을 제공할 수 없었던 광인들은 격리의 대상이 되었다. 이는 시대에 따라 광인들에 대한 에피스테메가 달랐기 때문이다. 그리고 푸코는 각 시대의 에피스테메를 밝히는 작업을 지식의 고고학이라고 불렀다 (미셸 푸코/이정우 옮김, 『지식의 고고학』 참조). 이번 장에서는 푸코의 에피스테메의 전망에서 각 시대의 예수상의 변화를 설명하고자 한다.

선한 목자에서 우주의 지배자로

현존하는 가장 오래된 예수에 관한 그림은 무엇일까? 그것은 231년경 시리아 근처에 있는 두라 에우로포스(Dura Europos)의 가정교회 제단에 그려진 선한 목자로서의 예수상(像)이다. 4세기 로마의 카타콤의 벽면에도 동일한 예수상이 발견된다. 그렇다면 왜 예수의 모습이 로마의 지하 묘지에 등장하기까지 수세기나 걸렸을까? 예수와 그의 제자들은 신의 형상을 금지하는 유대교의 영향권 속에서 활동했다. 유대교는 기본적으로 청각문화를 지향한다. 신의 모습을 숭배하기 보다는 신의 말씀을 청종하는 것을 강조한다. 고대 유대교의 기도문으로 알려진 신명기 6장 4절은 '셰마(shema) 이스라엘', 즉 '들어라 이스라엘'로 시작된다. 또한, 십계명의 두 번째 계명은 신의 형상화를 반대한다. 유대교가 청각적 이미지를 중시하고 신에 대한 시각적 표현을 금지한 이유는 인간의 감각으로 재현한 형상들이 절대화되는 것을 막기 위함이었다. 이는 유대인들을 지배했던 고대 근동과 그리스 세계가 다양한 신과 영웅들을 숭배하는 것에 대한 반발이기도 했다. 유대의 종교문화는 신과 피조물 사이의 절대적 간격을 강조한다. 따라서 절대자에 대한 인간의 시각적 재현은 필연적으로 자의적인 왜곡의 형태로, 즉 우상으로 간주될 수밖에 없었다. 이런 이유 때문에 예수에 관한 그림을 초기 기독교가 수용하는데 2백년 이상의 세월이 필요했던 것이다. 그러나 예수상의 등장은 복음(good news)이라는 청각적인 신앙문화에만 의존하던 초기 기독교에 새로운 패러다임을 제공한다. 진형준은 예수상의 등장이 지니는 역사신학적 의의를 다음과 같이 평가한다.

그러한 성상 중 원형에 해당하는 것이 바로 예수이다. 예수는 신의 독생자이다. 그리고 그는 인간의 모습을 하고 있다. 예수라는 가시적 인격은 그 안에 신의 말씀과 뜻 그리고 핏줄을 간직하고 있는 존재이다. 예수라는 구체적인 육화. 강림을 통해 신은 하나의 이미지로 나타난다. 즉, 절대적 세계, 비가시적 세계는 예수라는 구체적 이미지 속에서 가시적 세계와 결합한다. 가시적 인격 속에 육화되어 나타난 신의 이미지로서 예수에 대한 찬양과 숭배는 유대 일신교의 오랜 성상 파괴적 전통에 맞서서, 기독교 서구 사회에서의 이미지에 대한 최초의 복권을 가능하게 한다." (진형준, 『성상 파괴주의와 성상 옹호주의』, 66-67).

예수에 관한 시각적 이미지가 등장하는 것은 초기 기독교가 로마문화에 적응하는 과정과 연관이 있다. 기본적으로 헬레니즘은 시각문화였다. 그리스 고전기부터 올림푸스의 제신들이 조각상으로 또는 토기에 그림으로 형상화되기 시작한다. 초기 기독교가 로마 제국의 문화에 점차 동화되어 가면서 그레코-로만 사회의 시각문화를 점진적으로 수용한다. 이는 바울이 이방인 선교를 위해 할례와 음식법과 같은 유대교의 종교적 습속을 폐기한 것과 같이 초기 기독교의 성공적 선교를 위해 필연적으로 수반되어야 할 사항이었다. 이런 상황 속에서 형상(이미지)에 관한 새로운 사고방식이 요청되었다. 이미 예수 당대의 디아스포라 유대인들은 헬레니즘을 적극적으로 수용하고 있었다. 알렉산드리아의 필론(Philon, 20 B. C.-A. D. 50)은 유대교를 헬레니즘의 관점에서 새롭게 해석했다. 그는 플라톤의 『향연』과 『티마이오스』에서 커다란 영향을 받았는데, 플라톤은 가시적 세계 속에 이데아의 잔영이 존재한다고 보았다. 따라서 이미지들은 "하나의 우상이거나 그 자체로 외면해야 할 텅빈 존재가 아니라 그 자체의 응시를 통해 그 안에 들어 있을 본질적 의미를 찾아 최초의 에이도스(Eidos)적 형태(훼손되기 이전의 형태)로의 귀환을 추구해야 할 중요한 존재가 된다" (진형준, 『성상 파괴주의와 성상 옹호주의』, 65).

이미지에 대한 이러한 그레코-로만 사회의 생각들은 다양한 신들에 관한 조각과 회화를 양산했다. 일찍이 지중해 세계에 흩어져 살던 디아스포라 유대인들은 이러한 시각문화에 익숙해져 있었고, 1세기부터 점차 로마 제국에서 자신들의 조직을 확장시켰던 초기 기독교인들은 이러한 문화 속에서 점차 자신들의 신앙을 시각적으로 표현하기 시작한다. 카타콤에서 발견되는 초기 기독교의 벽화들에는 물고기, 돛, 그리고 X.P와 같은 모노그램이 등장한다. 이를 통해 박해받던 초기 기독교인들은 자신들의 신앙을 알레고리적으로 표현하기 시작한다. 4세기에 접어들면서 유대교의 그림자에서 벗어나 독자적 종교로 발돋움한 기독교는 자신의 구세주를 시각적 이미지로 묘사하기 시작한다. 그 대표적인 것이 4세기 초반에 익명의 기독교인이 로마 근교의 지하 묘지, 카타콤에 그려 놓은 선한 목자상이다.

카타콤베 벽화에 나타난 선한 목자, 4세기 초반

이 그림 속에서 예수는 젊은 목자의 모습으로 목에 양을 메고 서 있다. 정경 복음서들은 이미 예수를 젊은 목자로 서술하고 있다. 마태복음 15장 24절에서 예수는 자신을 이스라엘의 잃어버린 양을 찾으러 왔다고 선언한다. 누가의 예수는 잃어버린 한 마리 양을 어깨에 메고 집으로 돌아온 목자로 자신의 사명을 비유한다(누가 15:1-7). 또한, 요한복음 10장 11절에서 예수는 자신을 양을 위해 목숨을 버리는 선한 목자라고 말한다. 한편 바울은 로마서 1장 3절에서 예수를 다윗의 후손으로 언급하는데, 다윗은 골리앗을 물리친 유명한 목동 출신이었다. 다윗의 노래로 알려진 시편 23편은 하나님을 나의 목자라고 노래한다. 이처럼 목자는 유대 문화권 속에서 하나님 또는 그의 대리인을 상징하였다.

그러나 젊은 목자의 이미지는 유대기독교만 사용한 것이 아니었다. 당시 그레코-로만 사회에서도 선한 목자는 박애와 휴머니즘을 상징하는 이미지로 통용되었다. 또한, 고대 그리스 사회에서는 아폴론이나 헤르메스를 청년의 모습으로 그리기도 했는데, 이는 영원성과 생명력을 암시했기 때문이었다. 원래 선한 목자의 도상은 기원전 5세기경 그리스 아르카익 시대에 아테나 여신에게 바칠 송아지를 목에 맨 젊은 남성을 조각한 모스코포로스(Moscophoros)라고 불리는 조각 작품에서 유래했다고 한다 (이덕형, 『비잔티움,

빛의 모자이크』, 73). 이처럼 선한 목자 예수 이미지는 초기 기독교의 독창적인 것이라기 보다는 유대교와 고대 그리스의 다양한 도상을 차용한 것이라 볼 수 있다.

카타콤 벽면에 그려진 예수상을 자세히 살펴보면, 몸무게를 오른쪽 다리에 싣고 왼쪽 다리를 살짝 구부리는 소위 콘트라포스토(contraposto) 포즈를 취하고 있다. 이는 그리스의 비너스 상과 로마의 아우구스투스 황제상에서도 발견되는데, 인물의 사실성과 자연스러움을 부각시키기 위한 표현 방법으로 기원전 5세기부터 등장한다. 그림 속에서 예수는 원로원 귀족들이 입는 주름이 많은 토가(Toga)가 아니라, 로마 청년들의 간편 복장인 투니카(Tunica)를 입고 있다. 이처럼 익명의 화가는 당시 대중들에게 익숙한 그레코-로만 사회에서 유통되던 이미지들을 차용한다. 그리고 기독교 신앙을 우화적으로 표현한다. 이를 이덕형은 치환의 방식이라고 말하는데, 즉 "새로운 상징물을 창조하여 거기에 자신들의 이상을 표현하기보다는 기존에 통용되던 이미지에 새로운 정신적 내용을 결부시키는" 것을 뜻한다 (박정세, 『기독교 미술의 원형과 토착화』, 88).

3세기에 형성된 선한 목자로서의 예수 도상은 비록 그리스와 로마의 문화 속에 등장한 이미지들을 차용하고는 있지만, 앞서 지적한 대로 이미 유통되던 복음서들 속에 등장하는 예수의 이미지를 수용하고 있다. 특히 예수를 어린 양과 목자로 지칭하는 복음서 저자들의 비유적 이미지를 초대 교회가 내면화하고 있음을 선한 목자의 이미지 속에서 확인할 수 있다. 초기 기독교인들이 형상화한 예수의 모습은 그리스와 로마의 엘리트 계층들이 신들을 찬양하고 경배할 목적으로 정교하게 제작한 도상들과 조각들이 보여준 의례적인 엄숙성과는 결을 달리한다. 선한 목자는 숭고미를 자랑하던 그레코-로만의 예술과는 달리 일종의 민중예술이 지닌 소박하고 간결한 이미지를 보여준다. 그래서 예수의 모습을 평면적으로 단순하게 묘사한다. 이러한 배치는 관찰자의 시선을 동일한 공간 내부에 머물 수 있도록 함으로써 심리적 교감을 이끌어낸다. 로마당국의 박해를 피해 지하 묘지에서 예배를 볼 수밖에 없었던 초기 기독교인들에게는 선한 목자로서의 예수는 박해와 순교의 정황 속에 있던 이들에게 위로와 격려의 상징으로 작용하였을 것이다. 박해로 점철된 초기 기독교인들에게 다음과 같은 시편 23편의 구절은 예수를 목자로 상상하기 위한 더 없는 텍스트였을 것이다. "내가 사망의 음침한 골짜기로 다닐지라도 해를 두려워하지 않을 것은 주께서 나와 함께 하심이라."

그러나 콘스탄티누스 황제의 밀라노 관용령으로 초기 기독교는 점차 승리주의의 모습으로 변모한다. 325년 6월에 열린 니케아 회의는 예수의 정체를 하나님과 동질이며 하나의 실체로 정의한다. 이로써 예수는 신의 정체성을 획득하게 되고 우주의 통치자로서의 이미지를 얻게 된다. 니케아 회의가 열리고 반세기가 흘러서 등장한 예수상의 가장 큰 변화는 지배자의 이미지를 획득했다는 것이다. 콘스탄티누스 황제의 후원 속에서 십자가에 처형당한 예수가 이제 역사의 지배자로 입증된 것이었다. 이러한 변화를 테오 순더마이어는 다음과 같이 지적한다.

그리스도의 권력은 모든 사람의 눈에 지배자적인 왕권으로 비쳤다. 새로운 삶의 영역이 그리스도인들에게 열렸고, 그들은 그것을 신학적으로나 예술적으로 표현해야 했다. 절대 권력을 가진, 그래서 지금까지는 그리스도인이 감히 가까이 할 수도 없던, 신적인 영예를 받던 황제가 자신을 그리스도 아래에 두었고, 그리스도를 자신보다 더 높은 최고의 주님으로 인정했다. 황제는 '대리인'이 되었으며, 단지 '현존하는 신'(praesentissimus Deus)이었을 뿐, 더는 신 자신이 아니었다. 황제가 자신을 그리스도의 자리에 위치시켰던 것처럼, 그리스도상도 점차 황제상과 비슷하게 묘사되었다 (테오 순더마이어/ 채수일 옮김, 『미술과 신학』, 258)

철학자 예수, 375년

왼쪽의 그림(철학자 예수, 375년)은 이러한 변화를 여실히 보여주는 대표적인 사례이다. 이 벽화 속에서 예수는 선한 목자와는 전혀 다른 이미지로 표현된다. 즉 권위 있는 우주의 지배자로 형상화 된다. 가부장의 상징인 수염이 등장하고, 머리 뒷면에 신적 권위를 상징하는 후광이 그려진다. 좌우편에 그려진 알파와 오메가는 우주의 시종을 주관하는 자로서의 예수를 상징한다. 이는 요한계시록에 등장하는 예수에 관한 지배적인 이미지이다. 요한계시록 22장 13절에서 예수는 "나는 알파와 오메가요 처음과 마지막이요 시작과 마침이라"고 말한다.

이 그림에서는 예수의 변화된 복장도 확인할 수 있다. 선한 목자가 입고 있던 투니카가 사라지고 로마의 지배계급이 즐겨 입던 토가가 등장한다. 이제 로마 제국의 공식종교가 된 기독교는 자신의 구세주를 지배자의 이미지로 상상하기 시작한 것이다. 점차 예수는 로마의 황제를 닮아 간다. 베젤스(Anton Wessels)는 이러한 예수의 이미지는 후기 고전주의의 황제숭배(imperial cult)로부터 영향을 받았다고 주장한다. 그에 따르면, 로마 제국의 황제숭배에 나타나는 이미지들이 그리스도의 영광을 상징화하기 위해 차용되었고, 승리자 그리스도는 하나님의 손에 의해 세상의 통치자 혹은 우주의 지배자로 왕좌에 앉게 되었다고 한다(Anton Wessels, *Images of Jesus*, 6-7). 가령 6세기 초반에 세워진 라벤나의 산 비탈레 성당의 돔에는 모자이크 양식으로 우주의 지배자인 그리스도가 그려진다. 성당의 중심 공간인 돔은 천상을 향한 창인 동시에 지상을 내려다보는 신의 눈을 상징한다. 이제 이런 곳에 우주의 지배자로 형상화된 예수가 그려지기 시작한다. 예수를 우주의 지배자로 형상화한 것이 바로 왕중왕(king of kings)을 뜻하는 판토크라토르(pantocrator)의 도상이다. 이것의 성서적 근거는 예수를 만물의 지배자로 언급하고 있는 요한계시록 5:11-12절이다.

<판토크라토르 그리스도> 이콘은 시나이산에 있는 카타리나 수도원에서 발견된 6세기경으로 추정되는 판토크라토르의 도상이다. 목판에 밀랍화로 그려진 이 작품은 판토크라토르의 전형적인 모습을 잘 보여준다.

판토크라토르 그리스도 이콘, 카타리나 수도원, 6세기

이 그림 속에서 예수는 고대 그리스인들이 입었던 치톤(Chiton)이라는 튜닉을 입고 그 위에 히마티온(Himation)이라는 일종의 숄을 두르고 있다. 이는 예수가 고귀한 인물이라는 것을 의미한다. 소박한 옷을 입고 있던 양치기 소년의 모습에서 우주의 지배자의 모습으로 변한 것이다. 또한, 예수는 왼손에 보석으로 장식된 필사본 성서를 들고 있고, 오른손에는 왕중 왕(king of kings)을 상징하는 판토크라토르의 포즈를 취하고 있다. 오른손의 세 손가락으로는 삼위일체를 상징하고, 두 손가락은 하늘과 땅을 강복하는 상징적 자세를 취하고 있다. 특기할 만한 것은 예수의 머리에 있는 후광(halo)이다. 6세기부터 비잔틴 세계의 모자이크나 이콘에 등장한 후광은 권력과 초월성을 나타내는 것으로 예수, 성인, 성모, 황제의 일족을 형상화하기 위해 사용되었다. 우센스키(L. Ouspensky)에 따르면 후광은 그리스인들이 태양신 헬리오스를 묘사하기 위해 이용했는데, 이후 로마황제들의 신적 권위를 나타내기 위해 독점적으로 사용되었다고 한다(Leonide Ouspensky, *Theology of the Icon*, 206).

판토크라토르 예수상은 교리적인 기독론(Christology)을 함축한다. 니케아-콘스탄티노플 공의회를 통해 기독교 교리가 이제 로마 제국의 공식적인 정치신학으로의 변모한다. 아무런 교리적인 상징도 없이 단지 알레고리적으로 예수를 표현하던 카타콤의 선한 목자가 이제 로마 제국의 통치 이데올로기를 상징하는 판토크라토르로 탈바꿈한 것이다. 황제의 권위와 제국의 권력을 표현하기 위해 예수는 정면에서 위엄에 찬 시선으로 세상을 내려다본다. 초인적인 위대함과 우주의 심판자다운 위엄을 나타내는 판토크라토르의 도상은 하나의 제국, 하나의 황제, 하나의 구세주라는 로마 제국의 정치 이데올로기를 상징한다. 이제 예수는 우주의 지배자로 표상되었고, 그의 제자들은 황제와 그의 신하들의 형상처럼 그려지기 시작한다.

왕중왕에서 인간 예수로

중세시대에는 기독교 성자들과 관련된 성물숭배가 대유행이었다. 성물숭배는 성지순례와 깊은 연관이 있었다. 천국에 가기 위해서 중세인들은 회개가 필요했고, 교회는 성지순례를 회개의 조건으로 내세웠다. 십자군 전쟁이 일어난 이유 중에 하나로 역사가들은 성물수집 열풍을 들고 있다. 성물은 성지순례객들을 위한 일종의 영적 기념품이었으며, 눈에 보이는 신앙을 얻고 싶은 중세인들의 열망을 보여준다. 11세기부터 시작된 십자군 전쟁으로 예루살렘에 이르는 순례길이 막히자 예수의 제자들이 묻힌 로마, 베네치아, 파리, 산티아고데콤포스텔라(Santiago de Compostela)가 새로운 순례지로 각광을 받기 시작한다. 지금도 중세에 건립된 대성당들에는 이 당시에 수집된 성자의 유골이나 성물들을 보관하고 있다. 베니스의 성 마가교회는 마가복음을 쓴 마가의 유골을, 로마의 바티칸은 베드로의 유물을, 그리고 스페인의 콤포스텔라 성당은 야고보의 유골을 가지고 있다고 주장한다. 중세의 기독교 대중들은 예수와 순교자들의 유물들에는 주술적인 힘이 있다고 믿었다. 이러한 생각은 예수와 바울의 시대에도 존재했다. 복음서는 예수의 치유 기적을 자주 언급한다. 사도행전 19장 12절에는 "바울이 몸에 지니고 있는 손수건이나 두르고 있는 앞치마를 그에게서 가져다가, 앓는 사람 위에 얹기만 해도 병이 물러가고, 악한 귀신이 쫓겨나갔다"고 보도한다. 2세기에 쓰여진 『폴리캅의 순교 *Martyrdom of Polycarp*』에도 기독교 성인들의 유해는 보석보다도 귀중하다고 언급한다. 또한, 중세의 스콜라 철학자, 토마스 아퀴나스(1224-1274)는 기적을 일으키는 성물을 숭상해도 좋다고 승인했다. 이후 로마 가톨릭교회는 1563년 트리엔트 공의회에서 성물숭상을 공식적으로 허용했고, 성물의 진정성을 확인하기 위한 나름의 규약을 마련했다.

중세에 그려진 예수에 관한 도상들은 이러한 성물숭배 열풍과 밀접한 관련을 지니며 등장한다. 당시 예수에 관한 성상들에 요구된 것은 외적인 유사성이 아니라, 기적과 이로 인한 대중들의 신앙적 호기심이었다. 따라서 화가는 교회와 대중들이 선호하는 방식으로 예수의 모습을 묘사할 수밖에 없었다. 이 시기에 그려진 예수 도상의 특징으로는 우선 정면성을 들 수 있다. 동방 정교회의 이콘 제작의 규칙에 따르면 예수의 얼굴은 정면으로 그려져야만 했다. 그리고 예수의 얼굴은 사실성을 배제하고 상징적으로 묘사되어야 했다. 따라서 예수의 얼굴은 긴 얼굴과 긴 코, 그리고 유난히 작게 처리된 턱 등을 과장되게 묘사하여 예수의 신성을 상징적으로 강조한다. 이런 점들 때문에 근대적 초상화가 지향했던 예술적 의미를 중세의 예수 도상에서 찾는 것은 시대착오적이라 할 수 있다. 중세인들은 예수의 얼굴에서 육체적 차원을 넘어 신의 얼굴을 보기 원했던 것이다.

중세인들의 이러한 신앙적인 욕구에 부응하는 대표적인 사례가 바로 동방 정교회에서 유래된 만딜리온(Mandylion)과 카톨릭의 베로니카의 수건(Veil of Veronica)이다. 만딜리온은 시리어로 작은 손수건을 의미한다. 이는 한센병을 앓고 있었던 에데사의 왕 아비가르(Abgar)가 만딜리온에 새겨진 예수의 얼굴을 보고 치유되었다는 전설에서 유래한다. 만딜리온을 자세히 살펴보면, 예수의 얼굴만 묘사되어 있고 목이나 어깨와 같은 상반신은 드러나지 않는다 (만딜리온의 예수 참조).

S. Bartolomeo degli Armeni, Genoa,
만딜리온의 예수, 13세기

이 그림에서 예수의 긴 머리가 얼굴 양측면으로 늘어져 있고, 턱수염은 역삼각형 모양으로 3개가 갈라져 있다. 동방교회의 이콘 제작 메뉴얼에 따라 얼굴은 다소 도식적으로 묘사되어 있는데, 양 눈썹은 활처럼 굽어 있고 코는 매우 곧고 길게 그려져 있다. 판토크라토르의 도상과 비교해 볼 때, 권위적인 이미지보다는 다소 신비적이고 내면적인 분위기를 자아낸다. 만딜리온의 예수상은 일찍이 비잔틴 세계에서 이교도를 물리치는 기적적인 힘이 있다고 간주되어 군기에 부착되기도 하였다.

베로니카의 수건, 1420

한편 베로니카의 수건은 동방에서 전해진 만딜리온 전설을 서방 교회가 변형시킨 것이라 할 수 있다. 기적적으로 수건에 드러난 예수의 얼굴이라는 소재와 경건한 신앙을 지닌 사람들이 기적을 매개한다는 점에서 유사한 형식과 내용을 지니고 있다. 다만 이야기의 배경은 다소 다르다. 골고다 언덕을 지나던 예수에게 베로니카라는 여성이 수건을 건내주는데, 그 수건에 고통스러운 예수의 얼굴이 기적적으로 새겨진다.

프란치스코 수도회가 처음 시작한 '십자가의 길'의 여섯 번째 처소가 바로 베로니카의 일화에 기반한 것이다. 사실 베로니카라는 말은 Vera-icon 즉 진정한 이미지라는 뜻이기도 하다. 따라서 베로니카의 일화는 예수의 성상이 인간의 손으로 창조된 것이 아니라, 기적적인 힘으로 이루어진 성물임을 강조하기 위한 일종의 우화적인 이야기라 할 수 있다. 만딜리온의 전설과 비교해 볼 때 흥미로운 점은 가난한 여성의 동정심 때문에 예수의 성상이 드러난다는 점이다. 만딜리온의 전설이 예수의 치유 기적을 모티프로 이루어졌다면, 베로니카의 이야기는 예수의 고통에 대한 공감(compassion)이라는 플롯을 매개로 형성된다. 전설 속의 베로니카는 예수의 십자가를 짊어진 구레네 시몬처럼 유일하게 그리스도의 고난에 연대한 인물이다 (마태 27:32, 누가 23:26). 어쩌면 베로니카의 이야기는 성상 숭배라는 중세의 신앙적 광풍을 합리화하기 위해 복음서의 수난 이야기(Passion story)를 확대 변조한 것일지도 모른다.

만딜리온과 베로니카의 수건에 등장하는 예수의 얼굴은 인간의 손으로 그려질 수 없고, 기적적으로만 드러난다고 믿는 아케이로포이에토스(acheiropoietos) 전통 속에서 형성된 것들이다. 이러한 전설들을 통해 중세인들은 예수 성상이 인간의 손으로 만든 우상이라는 이콘 반대론자들의 공격을 피해 갈 수 있었다. 즉 기적적으로 드러난 예수의 얼굴을 통해 하나님의 현존을 감지할 수 있다는 것이다. 8세기 초반 성상 옹호론자였던 다마스커스의 요한(Iohannes Damascenu, 676-749)은 이콘은 우상이 아니라, 그리스도의 성육신을 증명하는 닮음(homoiōsis)의 상징적 도구라고 주장한다(이덕형, 『이콘과 아방가르드』, 259-295 참조).

중세시대에 그려진 예수 도상들은 공간감을 표현하는 원근감이 없어 다소 평면적으로 느껴진다. 그리고 인간의 희노애락의 감정들이 예수 얼굴에 드러나지 않는다. 왜냐하면 예수에 관한 그림들은 예술적 감상의 대상이 아니라, 신자들을 명상으로 이끄는 신앙적 힘을 불러일으켜야 하는 공경의 대상이었기 때문이다. 787년 니케아 공의회는 다음과 같이 이콘 화가의 의무를 제한했다. "그림을 창조하는 일은 화가의 창안이 아니라 카톨릭 교회에서 비롯해야 한다... 화가는 그림을 제작하는 일에 있어서 기술적인 측면, 곧 테크네를 생산할 뿐이다." (노성두, 『천국을 훔친 화가들』, 310). 중세시대의 화가는 창작자라기보다는 제작자에 가깝다. 따라서 중세의 예수 도상들은 전반적으로 형식화되었으며, 엄격하고 정형화된 모습을 보여준다.

그러나 르네상스에 들어서면서 종교화에 일대 혁명적인 변화가 생긴다. 인간의 감정을 솔직히 드러내기 시작했으며, 인간의 육체를 긍정하기 시작한다. 따라서 인체를 해부학에 입각해 사실적으로 묘사한다. 가령, 미켈란젤로와 다빈치는 예수를 실제적인 인간의 육체를 가진 존재로 묘사한다. 이러한 르네상스의 성화를 개막시킨 인물이 바로 조토(Giotto di Bondone, 1266-1337)이다. 그가 파도나의 아레나 성당에 그린 <유다의 키스, 1304-6>에는 등장인물들의 측면과 후면을 묘사함으로써 역동적 동작과 감정을 표현한다. 예수를 체포하기 위해 횃불은 든 군인들의 격앙된 감정, 그리고 이에 맞서는 베드로의 분노가 사실적으로 드러난다. 조토는 중세 카톨릭이 종교적 교리 교육의 도구로 사용한 회화를 화가의 창작의지와 감정을 표현하는 매체로 바꾸어 놓았다. 또한, 조토는 중세의 '심판자 하나님 예수'를 '고통받은 인간 예수'로 묘사함으로써 예수를 인간적으로 묘사하는데 중요한 역할을 했다고 평가받는다. 예수를 바라보는 이러한 변화의 원인은 그 시대가 원하던 예수의 이미지가 변했기 때문이다. 북부 이탈리아의 피렌체와 베네치와와 같은 도시들은 동방과의 중개무역을 통해 막대한 부를 축적했고, 상인계급 중심의 코무네(Comune)라는 새로운 정치체제를 수립했다. 이로 인한 인간과 세계를 바라보는 현실적인 사고방식이 생겨난다. 또한, 이 시기 프란체스코를 필두로 한 탁발 수도회의 등장은 예수에 관한 전통적 이미지에 균열을 가한다.

프라 안젤리코, 요한에게 어머니를 부탁하는 예수, 1450

프란체스코나 성 요한과 같은 기독교 신비주의자들은 십자가형의 고난을 받고 있는 예수의 고통을 자신의 고통으로 치환시킨다. 프란체스코는 예수의 십자가 사건을 깊이 묵상하다가 자신의 손과 다리에 성흔(聖痕, stigma)이 새겨졌다고 한다. 이러한 방식으로 14세기부터 북부 이탈리아를 중심으로 예수의 인간적 고통을 강조하는 십자가 그림들이 속속 등장한다. 예를 들어 15세기 중엽에 그려진 프라 안젤리코의 십자가 처형 그림에 등장하는 예수의 모습을 살펴보자.

이 그림은 알레고리적으로 기독교의 속죄론을 표방하고 있다. 십자가 하단에 그려진 해골은 아담의 해골이다. 해골은 도상학(iconography)에서 죽음을 상징하는 기호이다. 도상학(iconograph)은 그리스어로 상(像)을 의미하는 에이콘(εικων)과 '쓰다'라는 그라포(γραφω)의 합성어로 작품 속에 등장하는 상징물이나 상징 그리고 알레고리들을 파악하고 종합하여 해석하는 미술사의 방법론을 의미한다 (홍진경, 『베로니카의 수건』, 31 참조). 도상학에 따르면, 안젤리코(Fra Angelico, 1395-1455)의 그림은 다음과 같이 해석될 수 있다. 아담의 죄로 말미암아 죽음이 발생했고, 예수가 십자가에서 대속의 피를 흘림으로써 인간 세상을 구원했다는 메시지를 담고 있다. 이 그림에서 특징적인 것은 십자가에 달린 예수의 육체를 안젤리코가 묘사하는 방식이다. 일단 예수의 모습을 보면 중세의 분위기와 상당한 차이를 보인다. 죽음을 초월하여 부활을 예감하는 당당한 신의 모습이라기보다는 고통받는 인간의 모습을 하고 있다. 마치 실제 사람이 십자가에 못 박힌 것처럼 예수의 몸에서 무게감과 양감을 느낄 수 있다. 그리고 중세와는 달리 예수의 육체에는 실제적인 균형미가 드러난다. 십자가 하단에 그려진 요한과 마리아, 그리고 제자들의 모습도 인간적 슬픔의 감정을 드러낸다. 예수는 고개를 아래로 돌려 제자 요한에게 어머니를 부탁하는 인간적 대화를 나누고 있다. 이처럼 르네상스의 화가들은 예수를 종교로부터 독립된 한 인간, 섬세한 정서를 지닌 인간으로 묘사한다.

인간의 몸을 지닌 예수상을 그린 대표적인 화가로 미켈란젤로(Michelangelo, 1475-1564)를 들 수 있다. 그는 예수를 거대한 몸을 지닌 심판자로 묘사한다. 그가 시스틴 채플의 벽면에 그린 <최후의 심판>에 등장하는 예수는 근육질의 몸을 지닌 젊은 아폴론 모습이다. 이 작품은 예수의 몸에 관한 새로운 생각을 잘 보여주고 있다.

미켈란젤로, 최후의 심판, 1537-41

이 그림은 요한계시록에 등장하는 최후의 심판자로서의 예수의 이미지를 표현한 것이다. 그림의 중앙 상단부에 거대한 육체를 지닌 젊은 예수의 누드가 등장한다. 르네상스에 들어오면서 수난당하는 예수 몸은 인체의 누드를 보여주는 좋은 소재로 각광을 받는다. 직접적으로 인간의 육체적 아름다움을 드러낼 수 없었던 이 시기의 화가들은 예수의 몸을 통해 인체의 아름다움을 간접적으로 표현했다. 르네상스 시기에 그려진 십자가에 달린 예수의 모습이 반-누드적으로 묘사된 것도 이러한 경향 때문이었다. 이제 인간의 육체는 신의 이미지를 상상할 수 있는 창문일 수 있다는 것이다. <천지창조>에서 우리는 이러한 생각을 엿볼 수 있다. 미켈란젤로는 기독교의 하나님을 권위 있는 남성의 모습으로, 즉 신인동형(神人同形, anthropomorphism)적 관점에서 형상화하고 있다. 존 버거는 누드의 등장을 휴머니즘과 연결시킨다(존 버거/최민 옮김, 『다른 방식으로 보기』, 74 참조). 그리고 개인주의와 관련 짓고 있다. 신중심주의 사회였던 중세는 인간의 몸을 터부시했다. 그러나 르네상스의 에피스테메는 예수의 몸과 인간 육체의 유사성에 주목한다. 즉 예수의 몸을 공동체(교회)의 시각으로부터 탈피하여 개인의 시선으로 관찰하기 시작한 것이다. 종교개혁이 주장한 만인사제설은 신과 인간 사이의 중개인(성직자)를 배제한다. 이제 개인의 신앙적 시선으로 십자가에 못 박힌 예수의 몸을 바라볼 수 있게 된 것이다.

르네상스에 등장한 원근법은 세상을 바라보는 관점이 변했다는 것을 의미한다. 원근법은 2차원 평면에 3차원을 묘사할 수 있는 단순한 미술기법을 넘어 세상을 바라보는 관점의 변화를 의미했다. 이제 신의 시점이 아니라, 인간의 시점이 중심에 놓이기 시작한다. 신이 창조한 세계 내에서 유한했던 인간 존재가 이제 자신의 도구로 무한한 물질세계를 측정할 수 있는 지위에 오른 것이다.

마사초 가 산타 마리아 노벨라 교회에 그린 <성 삼위일체, 1424-1427>는 원근법을 본격적으로 사용한 최초의 그림 중 하나로 평가받는다. 그렇다면 원근법에는 어떤 시대적 에피스테메가 존재할까? 존 버거(John Berger, 1926-2017)는 원근법이 지니는 의미를 다음과 같이 지적한다.

> 유럽 미술 특유의 원근법의 관습은 모든 것이 관찰자의 눈에 집중된 것으로, 초기 르네

상스 시대에 확립되었다. 마치 등대에서 나오는 불빛과 같은 것이다. 단지 차이가 있다면 빛이 앞으로 나오는 대신에 사물의 모습이 빛에 실려 온다는 점이다. 원근법의 관습에서는 사물의 이러한 모습을 현실성(reality)이라고 부른다. 원근법은 두 눈이 아닌 하나의 눈을 가시적 세계의 중심으로 만든다. 무한대의 소실점으로 모이듯이 모든 것이 그 눈으로 집중된다. 한때 우주가 신을 위해 정돈되어 있는 것으로 생각되었듯이, 가시적 세계는 관찰자를 중심으로 정돈된다...이 원근법의 내적인 모순은 신과는 달리 단지 한 장소, 한 순간에만 존재하는 하나의 관찰자를 향해 현실의 모든 이미지가 정돈된다는 점이다... 원근법을 사용하는 모든 소묘와 회화는 그것을 보는 사람들에게 그가 세상의 유일한 중심이라고 이야기한다 (존 버거/ 최민 옮김, 『다른 방식으로 보기』, 21-23).

미켈란젤로의 <최후의 심판>은 그림의 상단부에 있는 예수의 모습이 아래쪽의 인물들에 비해 크게 그려져 있다. 이는 감상자들을 시선을 배려하기 위해 원근법의 원리를 적용한 결과라 할 수 있다. 이는 예수를 바로 보는 시선의 전환을 의미한다. 즉 중세의 판토크라토르의 도상에 표현된 예수의 지배적 시선과는 달리 감상자가 실제로 서 있는 위치, 즉 관객의 시점이 중요해진다. 이로써 세상은 신이 아닌 화가의 시점에 의해 재편된다. 미켈란젤로의 천지창조에 등장하는 예수는 바로 이러한 시선에 의해 재구성된 모습이라 할 수 있다.

이 그림 속의 또 하나의 흥미로운 지점은, 미켈란젤로가 자신의 자화상을 그려 넣었다는 것이다. 거죽이 벗겨져 순교한 바르톨로메오의 얼굴을 자신의 얼굴로 대체하고 있다. 미켈란젤로는 그림을 그리는 과정에 교황청으로부터 당한 부당한 대우를 이런 방식으로 분출하고 있는 것이다. 이는 중세의 화가들과는 다른 자의식을 미켈란젤로가 지냈다는 것을 의미한다. 다음 챕터에서 살펴볼 렘브란트는 미켈란젤로가 지닌 창작자로서의 자의식을 더욱 과감하게 표현한다. 렘브란트는 십자가에 관한 연작 시리즈에서 자신의 얼굴을 십자가 사건 속의 인물들 속에 배치한다.

고뇌하는 예수

기독교의 정통신학은 예수의 본성을 두 가지로 분류한다. 즉 그의 신성(divinity)과 인성(humanity)이다. 예수는 두 가지 본성을 지닌 인물로 서구 기독교회는 고백해 왔다. 그러나 교회의 역사는 예수의 신성을 강조하는 쪽으로 기울어져 왔다. 계몽주의에 들어서면서 지식인들은 예수를 역사적 인물로 즉 예수의 인성에 초점을 맞추기 시작한다. 예수는 우리와 동일한 감정을 지닌 참 인간이었다는 것이다. 계몽주의의 시대사조는 예수의 이미지에도 큰 영향을 미쳤다. 이제 중세와는 달리 예수의 인간성을 드러낸 그림들이 등장하기 시작한다.

근세의 화가들에 의해 묘사된 예수의 이미지를 중세의 성화들과 비교하여 볼 때, 가장 큰 차이점은 천상적 빛이 사라진다는 점이다. 르네상스가 도래하자 점차 과학적이고 사실적인 명암처리가 등장한다. 이를 통해 등장인물의 내면심리를 드러내는 효과와 더불어, 관람자에게 극적인 감정을 불러일으킨다. 다시 말해 빛과 그림자의 명확한 대조를 통해 사실적인 인물묘사가 강조된다. 일명 카이로스쿠로(chiaroscuro)라는 명암처리법이 등장한 것이다. 카이로스쿠로는 이탈리아어로 '밝다'라는 chiaro와 '어둡다'는 의미의 oscuro의 합성어이다. 이 기법은 17세기 바로크 시대에 각광을 받았는데, 특히 바로크 시기의 카라바조와 렘브란트의 그림 속에 잘 나타난다. 빛과 어둠을 극단적으로 대비시킨다는 의미에서 테네브리즘(tenebrism)이라고 불리기도 한다.

렘브란트, 예수의 얼굴, 1655년경

렘브란트, 예수의 얼굴, 1656-59년

왼쪽 그림은 렘브란트가 1650년경에 테네브리즘의 기법으로 형상화한 예수의 얼굴이다. 자신의 동네에 살던 유대인 청년을 모델로 그린 그림이라고 한다.

렘브란트의 예수는 미켈란젤로의 <최후의 심판>에서 보여지는 심판자, 예수와 같은 웅장한 용모와 승리의 자신감에 넘치는 그런 모습이 전혀 없다. 또한, 렘브란트는 예수를 영혼의 연인으로 아름답게 묘사하는 일군의 르네상스 화가들과도 그 궤를 달리한다. 렘브란트의 예수는 삶의 풍상에 시달리고 있는 고뇌에 찬 모습이다. 벨기에의 시인, 베르하렌은 렘브란트가 그린 예수의 얼굴을 다음과 같이 평가한다.

렘브란트가 그린 그리스도의 얼굴에 들어있는, 말로 표현할 수 없는 것은 다름 아니라 그 얼굴이 보여 주는 무한한 인성이 아닌가 한다. 이 인성은 삶의 감미로움과 죽음의 슬픔을 그 안에 담고 있다. 그분의 눈은 너무도 먼 그 어떤 곳에서 이 현세의 고통으로 다가오고 있으며, 그분의 이마는 맑고 부드럽게 이 세상의 어둠에 대해 이야기한다.(발터 니그, 『렘브란트』, 141)

렘브란트는 인간 예수의 고뇌에 찬 내면 풍경을 깊이 있게 표현한다. 그가 그린 예수의 얼굴에는 신의 위엄과 권위보다는 내면적인 인간의 고뇌와 갈등이 드러난다. 그러나 역설적이게도 렘브란트의 예수는 고뇌와 번민 속에서도 신의 자취를 엿보게 한다. 중세의 화가들이 예수의 얼굴 뒤에 후광을 그림으로써 예수의 신성을 작위적으로 표현했다면, 렘브란트는 은은하게 빛나는 예수의 얼굴 안에 신의 빛을 조명한다. 삶의 고통을 가뿐하게 초월하기보다는 힘겹게 끌어안고 가려는 예수의 내면세계를 보여준다. 렘브란트의 그림 속에 등장하는 성서의 인물들은 한결같이 사색과 성찰의 모습을 하고 있다. 가령 그가 그린 예레미야와 바울도 감옥 속에서 깊은 사색에 잠긴 모습을 하고 있다.

렘브란트의 예수는 어두운 분위기 속에 고개를 아래로 살짝 돌린 채 무언가를 응시하는 표정을 짓고 있다. 이런 예수의 모습에서 우리는 전통적으로 생각하던 영광스러운 신의 풍모를 발견하기 힘들다. 그러나 진리를 찾기 위해 고심하고 있는 지성적인 기품을 잃지 않는 인간의 모습을 발견한다. 요한복음의 예수는 자신을 다음과 같이 소개한다. “나는 세상의 빛이다. 나를 따르려는 사람은 어둠 속을 걷지 않고 생명의 빛을 얻을 것이다.” (요한 8: 12). 렘브란트는 이 빛을 예수의 얼굴에서 발견하도록 관객을 유도한다. 이 때문에 하우젠슈타인(Hausenstein)은 “렘브란트의 빛은 육안으로 보는 빛이 아니다. 예언자의 빛이다. 이는 바오로로 변모한 사울의 빛이다. 다마스쿠스에서 일어난 변모 때 비친 영원한 빛이다”라고 말한다 (발터 니그, 『렘브란트』, 57). 이런 점에서 예수 얼굴을 비추고 있는 이 빛은 자연 광선이 아니라 영적인 빛이다. 이 빛은 또한, 렘브란트의 예술적 갈망을 표현하고 있다. 개인적 불행과 파산으로 힘든 노년을 보내고 있던 자신에게 신앙이 주는 위안과 희망을 간접적으로 표현한 것이다. 여기서 우리가 특별히 주목해야 할 것은 예수의 얼굴에 드러난 고뇌와 불안의 감정이다. 빛과 그림자의 대비를 통해 예수의 얼굴에는 모종의 감정적 대립과 긴장이 드러난다. 언뜻 존재의 불안으로 흔들리는 근대인의 초상이 엿보인다. 이런 점에서 렘브란트의 예수는 중세의 성화 속에 등장하는 예수와는 다른 존재이다. 다시 말해 기적과 숭배의 대상이 아니라, 성찰과 연민의 대상인 것이다. 이택광은 연민이라는 감정이 지닌 의미를 다음과 같이 지적한다.

연민은 신화적 영웅의 최후에서 우리가 느끼는 비장미와 다르다. 연민은 동급이다. 평등한 존재에 대한 감정이다. 그런데 비장미는 평등한 게 아니라 위계적이다. 나보다 더 훌륭한 존재가 몰락하고 파멸하는 걸 보면서 느끼는 감정이다 (이택광, 『중세의 가을에서 거닐다』, 221).

렘브란트의 예수에서 볼 수 있는 살포시 숙인 고개와 아래를 바라보는 고요한 시선은 연민의 감정을 자아내게 한다. 그의 그림 속에서는 르네상스의 화가들이 보여주는 장식미와 비장미가 없다. 빛과 그림자 속에 잠긴 예수의 내면 풍경이 도드라질 뿐이다. 때로는 예수의 초상에서 언뜻 렘브란트의 자화상이 엿보인다. 화가 자신의 고뇌가 그림 속 예수에게 투영되어 있는 것 같다. 렘브란트는 예수의 이야기를 과거의 사건으로만 간주하지 않는다. 자신의 삶의 실존 속에서 예수 사건의 현재적 의미를 추구한다. 이는 렘브란트가 자주 예수의 이야기 속에 자신의 모습을 등장시키는 데에서 확인할 수 있다. 1632년에 그린 <십자가에서 내리다>에서 렘브란트는 푸른색 옷을 입고 있는 자신의 모습을 예수의 시신을 끌어내리는 인부들 속에 그려 놓았다. 또한, 1633년에 그린 <갈릴리 바다 폭풍 가운데 있는 예수와 제자들>이란 그림 속에서도 배의 난간에서 힘겹게 버티고 있는 자신의 모습을 등장시킨다. 이로써 렘브란트는 예수 사건을 과거에 일회적으로 끝난 사건이 아니라, 지금 여기에서 자신의 삶의 한복판에서 재현되는 현재적 사건으로 해석하고 있다. 이런 점에서 중세의 예수상들이 공동체의 신앙을 위해 제작되었다면, 렘브란트의 예수는 개인의 초상으로 창작되었다고 볼 수 있다.

렘브란트가 활동하던 17세기는 갈등과 긴장의 시기였다. 코페르니쿠스의 지동설은 전통적인 우주관을 뒤흔들었고, 카톨릭과 프로테스탄트 진영 간의 30년 전쟁은 유럽을 분쟁과 갈등의 상황으로 몰아넣었다. 자신을 신의 자녀로, 타인을 어둠의 자식으로 양분한 강렬한 대립은, 이 시기 화가들로 하여금 강렬한 카이로스쿠로의 분출을 선호하게 만들었다. 또한, 이 시기 네덜란드는 암스테르담을 중심으로 상업 자본주의가 발흥하던 시기였다. 중개무역으로 자본을 축적한 상인들이 도시화를 진척시켰고, 시민계급의 부상은 다양한 문화적 수요를 창출했다. 그중에서도 귀족문화를 흉내 낸 이들의 초상화 수요가 급부상했다. 렘브란트가 이룩한 화가로서의 명성은 이러한 시민계급의 취향으로 인해서 가능한 것이었다. 렘브란트의 작품들은 당시 부상하는 시민계급들의 자의식과 정서를 반영하고 있었다. 무역업을 통한 네덜란드의 상업 자본주의는 호황과 불황의 롤러코스터를 타고 있었다. 일례로

1636년에 암스테르담 경제를 뒤흔든 튤립 구근에 대한 투기 광풍은 이 시대의 모순적인 구조를 여실히 보여준다. 렘브란트가 겪은 삶의 굴곡은 이러한 네덜란드의 사회경제적 분위기와 깊은 연관이 있었다. 렘브란트의 예수상은 이러한 시대적 불안과 모순을 반영한다. 구시대의 우주관이 붕괴하고, 기독교가 제공하는 구원의 교리가 계몽의 이름으로 흔들리기 시작하던 근대인의 불안한 실존을 예수의 얼굴에서 확인하게 된다.

큰 바위 얼굴, 예수

각 시대를 대표하는 예수상 배후에는 당대의 사회, 정치, 문화적 변화의 징후가 존재했다. 푸코가 말한 각 시대의 에피스테메는 예수를 다른 관점에서 구성한다. 각 시대를 대표하는 예수상들 속에는 내재적 의미(intrinsic meaning)가 담겨있다. 즉 역사의 단계마다 그 시대의 구성원들이 공유한 경험과 집단적 정서가 예수의 이미지 속에 투영되어 있는 것이다. 가령 4세기부터 카타콤에 그려진 선한 목자상은 로마 제국의 박해의 와중 속에서 예수를 통해 위로와 희망을 얻고자 했던 초기 기독교인들의 신앙적 염원이 만들어 낸 것이다. 이후 니케아-콘스탄티노플 공의회를 통해 제국의 종교가 된 기독교는 예수의 이미지에 황제의 이미지를 투영한다. 이 결과 생겨난 것이 판토크라토르의 도상이다. 한편 중세의 성지순례는 성인 숭배와 성물숭배라는 새로운 유행을 낳았고, 그 와중에 등장한 것이 만딜리온과 베로니카의 수건이다. 이 성물들에는 중세인들의 신앙적 정서가 깃들어 있다. 즉 예수의 얼굴은 신비로운 힘으로 스스로 드러나야 한다는 아키에로포이에토스의 정신이다.

르네상스의 도래와 더불어 시작된 원근법은 예수에 대한 새로운 인간적 이미지들을 창출한다. 조토와 미켈란젤로의 프레스코화에 등장하는 예수는 인간의 감정과 육체를 지닌 존재로 묘사된다. 17세기 상업 자본주의 중심이었던 암스테르담에서 활약한 초상화가, 렘브란트는 테네브리즘이라는 기법으로 인간 예수의 내면 풍경을 형상화한다. 그는 연민과 불안이라는 근대적 감정으로 예수의 심리를 묘사한다.

서구 사회가 지난 시기 생산한 예수의 이미지는 각 시대의 문화와의 긴밀한 관계 속에서 형성된 것들이다. 따라서 서구의 예수상들은 단지 고립된 대상으로 간주 될 수 없고 당대 사회, 정치, 문화의 맥락에서 이해될 수밖에 없다. 슈바이처가 지적한 대로 각 시대는 그 시대가 요청하는 새로운 전망으로 예수를 재해석한다. 그러한 시도는 예수의 형상에 새로운 생명력을 부여했고, 각 시대는 자신들만의 '큰 바위 얼굴'을 예수에게서 발견한 것이다.

서구 사회가 생산하고 유통시킨 예수의 이미지를 비판적으로 성찰하는 것은 예수의 얼굴을 둘러싼 서구 중심주의와 관념성을 폭로하는 것이다. 서구 사회가 예수의 얼굴에 덧칠해 온 이미지들을 통해 그들의 욕망을 성찰해 보는 것은 분명 의미 있는 일이다. 왜냐하면 이를 통해 우리 시대가 예수를 향해 무엇을 욕망하고 있는가를 반성할 수 있기 때문이다.

토론주제 ⑨

01.

아케이로포이에토스와 판토크라토르의 뜻은 무엇인가?

02.

고대, 중세, 근대를 대표하는 예수에 관한 그림을 이야기해 보자.

03.

각 시대마다 예수의 이미지가 변화된 이유는 무엇인가?

참고문헌 … ⑨

1. 노성두, 『천국을 훔친 화가들』. 서울: 사계절, 2000.

2. 발터 니그/ 윤선아 옮김, 『렘브란트』. 왜관: 분도출판사, 2008.

3. 홍진경 & 니콜, 『베로니카의 수건』. 서울: 예경, 2001.

10

역사적 바울 생애와 사상

10장

역사적 바울
생애와 사상

팔레스타인의 갈릴리 지역에서 시작된 예수의 하나님 나라 운동을 로마 제국 전역으로 확장시킨 일등 공신은 아마도 바울일 것이다. 그는 30여 년을 그레코-로만의 도시들을 전전하며 십자가에 죽임 당한 예수를 인류의 구세주로 선포하였다. 그가 남긴 편지들은 후일 신약성서를 구성하는 주요한 문헌들이 되었고, 그의 사상은 기독교의 핵심적인 교리로 자리 잡았다. 그러나 기독교 역사에서 바울만큼 논란에 휩싸인 인물을 좀처럼 발견하기 힘들다. 그는 예수의 가르침을 로마 제국 전역에 전파한 최대의 전도자로 칭송된다. 바울의 동역자였던, 누가는 예수제자들의 선교행적을 기록한 <사도행전>에서 절반에 해당하는 분량을 바울에게 할애하고 있다. 또한, 바울은 신약성서의 절반에 해당하는 13권의 저술을 남긴 최고의 신학자로 평가된다. 2세기 마르시온(Marcion, AD 84-160)이라는 인물은 바울의 편지 10개와 누가복음만을 가지고 히브리 성서에 대응하는 초기 기독교의 경전체계를 만들고자 하였다. 3세기 영지주의적 기독교 지도자들은 바울의 편지를 가장 중요하게 생각했다. 발렌티누스(Valentinus, c.100 - c.160/180)는 예수가 깨달은 구원의 지식을 바울이 승계하였다고 주장했다.

기독교 역사에서 바울의 사상은 커다란 영향을 미쳤는데, 4세기 어거스틴을 비롯하여 16세기 종교개혁자 마틴 루터에게 바울은 심대한 영향을 미쳤다. 가령, 루터는 카톨릭의 면죄부 판매를 공박하는 신학적 논리를 바울이 남긴 두 편지, 갈라디아서와 로마서에서 발견했다. 흔히 칭의론 혹은 신앙의

인이라 간주되는, "인간은 자신의 공적이 아니라, 신 앞에 믿음으로 의롭게 된다"는 바울의 주장은, 이후 개신교의 핵심 교리가 되었다. 그러나 19세기에 들어서면서 바울의 편지들이 역사비평적으로 연구되기 시작하면서, 그에 대한 비판들이 등장한다. 가령, 철학자 니체(Nietzsche, 1844-1900)는 그의 저서, 『반 그리스도』에서 바울을 통렬히 비난했다. 바울은 예수의 단순하고 소박한 가르침을 비의적으로 변질시킨 음험한 사상가라는 것이다. 아일랜드의 극작가, 버나드 쇼(George Bernard Shaw, 1856-1950)는 바울의 편지에 있는 여성 비하적 발언들을 지적하며, 바울은 모두 여성의 적이라고 말하기도 했다. 그렇다면 과연 역사적 바울의 모습은 어떠했을까?

기독교인들은 사도행전에 보도되는 바울의 행적이, 그에 관한 연대기적 서술이라고 생각하는 경향이 있다. 그러나 사도행전에 기록된 바울의 행적은 역사적 바울의 것이라기 보다는 누가의 신학적 전망으로 재구성된 바울이라고 보아야 한다. 따라서 역사적 바울의 행적을 재구성하기 위해서는 신약성서에 수록된 바울의 친필 편지들을 토대로 하여야 한다. 신약성서에 바울의 이름으로 남아있는 편지는 13편에 이른다. 그러나 실제 바울이 직접 저술한 편지는 7편으로 추정된다 (데살로니카전서, 빌립보서, 갈라디아서, 고린도 전/후서, 로마서, 빌레몬서). 이 편지들의 제목은 모두 로마 제국에 산재하여 있던 도시들의 지명이다. 단 빌레몬서는 오네시모라는 노예의 소유주에게 보낸 개인적인 편지이다. 이들 편지들에는 바울 자신의 목소리뿐만 아니라 지중해 세계에 산재해 있던 초기 기독교 공동체가 직면한 다양한 문제들과 정황들을 담겨 있다.

바울의 편지들은 신약성서에 포함된 문서들 중에서도 가장 일찍 기록되었다. 예수의 행적을 다루고 있는 복음서보다 바울의 편지들은 대략 20년 정도 앞선 시기에 기록되었다. 그러나 복음서 저자들과는 달리 바울은, 지상적 예수(earthly Jesus)의 언행에 관심을 기울이지 않았다. 바울의 편지에는 예수의 하나님 나라 비유도, 기적 이야기도, 심지어는 예루살렘에서의 수난 이야기도 언급되지 않는다. 그보다는 자신이 설립했거나, 관여한 교회들이 직면한 문제들에 대한 신학적 권면과 윤리적 권고에 집중한다. 바울은 초기 크리스천 공동체들이 봉착한 실제적인 문제들(윤리, 이방인 수용, 로마 제국의 박해, 선교 등)을 해결하기 위해 편지를 썼다. 우리는 예수에 관한 이야기를 담고 있는 4권의 복음서가 존재하기 이전에, 바울의 편지들이 쓰여졌다는 사실에 유념해야 한다. 바울은 예수에 관한 체계적인 기록을 남긴 복음서를 알지 못했고, 그가 알고 있던 예수에 관한 정보들은 모두 구전전승(oral tradition)에 의거한 것이었다. 바울은 자신이 핍박했던 예수운동으로 전향한 이후에, 예수에 관한 전승들을 베드로, 야고보와 같은 예수의 직계제자들로부터 전해 받게 된다.

바울은 주후 70년, 예루살렘 성전이 로마군에 의해 파괴되기 이전에 활동했다. 바울이 활동하던 시기의 유대교는 예루살렘 성전을 구심점으로 다양한 유대교 분파들이 서로의 주장들을 일정정도 용인하던 시기였다. 그러나 복음서가 쓰인 시대는 70년 이후로, 사라진 성전체제를 대신하여 랍비 유대교가 등장하던 시기였다. 마태와 요한복음에 언급되는 유대교에 대한 부정적 언급들은 80년대 초기 기독교를 유대교에서 축출시킨 랍비 유대교(Rabbinic Judaism)와 깊은 연관이 있다. 이 때문에 복음서가 반영하는 유대교의 역사적 환경은 바울의 시대와는 사뭇 다르다는 사실에 유념하면서 그의 편지들을 읽어야 한다.

한편 바울이 남긴 글들은 모두 서신(epistle)이라는 장르적 특징을 지니고 있는데, 우리가 알고 있는 일반적인 편지(letter)의 구조와는 다소 다르다. 바울의 활동하던 1세기 그레코-로만 사회의 편지들은 간단한 안부와 인사를 전하고 있는데 반해, 바울의 서신들은 신학적 논변과 윤리적 권면을 다루고 있는, 다소 긴 일종의 에세이 형태의 편지라고 할 수 있다. 바울은 당대의 편지 양식을 빌려와서 자신의 신학적 주장과 윤리적 권고를 담고 있는 독자적인 형태로 발전시켰다. 바울의 서신들은 예수의 생애와 가르침을 기록한 복음서와는 달리, 십자가와 부활사건이 의미하는 보편적 구원의 문제를 천착한다. 즉 바울은 예수의 십자가와 부활사건을 유대인이나 이방인 모두를 향한 하나님의 보편적 공의를 드러낸 종말론적 사건으로 이해한다. 이 때문에 바울의 편지들은 복음서와 달리 신학적 논변이 자주 등장하기에 다소 사변적으로 느껴진다. 그리고 그의 활동무대는 예수와는 달리 1세기 그레코-로만 세계에 건립된 로마, 아테네, 고린도, 에베소와 같은 당대 최고의 도시들이었다. 바울의 서신들에는 당대 그레코-로만의 지식인들이 구사했던 수사학 기법과 논변들로 넘쳐난다. 예수의 갈릴리 청중과는 확연히 다른 대도시의 상인들과 지식인들을 바울은 상대해야 했다. 따라서 예수의 순박한 갈릴리 농촌의 분위기와는 사뭇 다른 바울의 도시적 환경이 그의 편지들에서 나타난다.

복음서에서 바울의 서신들로 이동하면 이야기의 배경과 어투가 너무나 생경하게 느껴진다. 서사구조의 예수 이야기에서 신학적 논변과 윤리적 권고로 가득 찬 바울의 서신이 어렵게 느껴지는 것은 당연하다. 또한, 바울의 서신들은 다양한 문제로 갈등하는 초기 기독교 공동체들에 보내는 글들이기 때문에, 수신자 교회들이 봉착한 구체적 문제들을 이해하지 않고는 이해하기가 힘든 것이 사실이다. 바울의 편지에는 개인적인 입장을 변증하려는 태도와 교회들이 직면한 다양한 문제들이 씨줄과 날줄로 복잡하게 얽혀 있다. 바울은 자신의 주장을 설득하기 위해 당시 그레코-로만의 논쟁기술인 수사학적 어법을 자주 동원한다. 이 때문에 바울의 편지들을 이해하기 위해서는 상당한 주의를 기울어야 한다. 베드로 후서의 저자는 바울의 편지에 관한 당시의 왜곡을 다음과 같이 경고한다.

> 바울은 모든 편지에서 이런 것을 두고 말하고 있는데, 그 가운데는 알기 어려운 것이 더러 있어서, 무식하거나 믿음이 굳세지 못한 사람은, 다른 성경을 잘못 해석하듯이 그것을 잘못 해석해서, 마침내 스스로 파멸에 이르고 말 것입니다 (벧후 3:16).

바울에 관한 오해는 역사를 통해 반복되었다. 2세기 영지주의 마르시온은 바울을 영지주의 교수로 왜곡시켰다. 그는 누가복음과 바울의 10권의 편지만으로 신약성서를 구성하고자 했다. 4세기 어거스틴은 죄에 대해 고뇌하는 양심의 대표자로 바울을 이해하였고, 16세기 종교개혁자 마틴 루터는 바울을 믿음의 전사로만 서술하였다. 한편 19세기 니체는 바울을 예수의 단순한 가르침을 왜곡시킨 음험한 사상가라고 주장하면서, 예수와 바울의 연속성을 극단적으로 부정하기에 이르렀다. 그러나 이들은 바울 사상을 단편적으로만 이해하였을 뿐이다. 바울은 영지주의자도, 고뇌하는 양심의 소유자도, 종교개혁자도, 그리고 예수의 사상을 왜곡시킨 사람도 아니었다. 바울은 단지 유대 사상에 친숙하지 못한 그레코-로만 사회의 이방인들을 위해 자신의 복음을 보편적으로 해석한 인물이었다. 유대적 풍토 속에서 형성된 예수의 생애와 사상은 이방인들에게 낯선 것이었다. 바울에게 필요한 것은 이방인들의 구원을 담보하는 보편적 메시지였다.

바울이 남긴 편지들은 일반적인 신학논문들이 아니라, 지중해 도시들에 산재한 초기 기독교 공동체들이 직면한 다양한 문제들을 해결하는 와중에 쓰여진 상황적 문건들이다. 현대의 바울 연구는, 바울의 서신들을 더이상 무시간적이고 보편적인 신학논문으로 간주하지 않는다. 원래 바울의 서신들은 일반 독자들을 상정하여 쓰여진 대중적이고 보편적인 글이 아니다. 바울의 편지들은 1세기 그레코-로만의 도시들에서 시작된 초기 기독교 공동체 내에서 벌어진 구체적이고, 특수한 문제를 해결하려는 의도에서 쓰여진 상황적 문건들(occasional documents)이다. 예를 들어, 갈라디아서는 진정한 예수의 제자가 되기 위해서는 유대 율법과 할례를 받아야 한다고 강변하는 유대적 크리스천들의 선동으로부터 긴급하게 이방인 크리스천들을 방어하기 위해 작성된 편지이다. 따라서 갈라디아서에 드러나는 바울의 언사는 매우 직설적이고 과격하다. 가령 할례의 문제로 선동하는 이들에게 바울은 아예 "성기를 짜르라"(갈 5:12)는 과격한 언사를 서슴지 않는다. 이와 같은 바울의 극단적인 발언은 갈라디아 공동체가 처한 정황을 염두에 두지 않고는 이해하기 힘들다.

한편 신약문헌 중 가장 일찍 기록된 데살로니가 전서에서 (49년경), 바울은 예수의 지연된 재림 문제와 죽은 신자의 부활 문제로 동요하는 데살로니가 교회 사람들의 질문에 답변하고 있다. 또한, 바울의 칭의론에 관한 교리서로 간주되어 왔던 로마서조차, 스페인 선교지원과 자신의 가르침에 관한 오해를 변증하기 위해 작성된 외교적 성격의 편지로 볼 수 있다(참조, 롬 14장-15:6). 따라서 바울의 편지들은 교회들의 시급한 사안에 대한 실제적 해답을 제공하기 위해서 쓰여진 것이지, 신학적 고담준론을 한가롭게 사색할 목적으로 기록된 것이 결코 아니다. 1세기 초기 기독교 공동체들이 봉착한 실제적 문제들에 관한 답변으로 쓰여진 바울의 편지들이 신약성서에 가장 먼저 선정된 사실은 우리에게 시사하는 바가 있다. 즉 바울의 편지들이 교회의 정경으로 편입된 사실은 가장 특수한 것이 가장 보편적일 수 있다는 주장을 확인하게 한다. 따라서 그의 편지들은 도서관에서 작성된 논문으로서가 아니라, 피와 땀으로 서려 있는 구체적 현장에서 쓰여진 육필로 이해되어야 한다. 그러나 서구의 기독교는 바울을 언제나 천재적인 신학자로 그려왔다. 바울은 현장과 유리된 신학자가 결코 아니다. 오히려 그는 유대인들의 몰이해와 동료 기독교인들의 질시와 로마 제국의 박해를 온몸으로 돌파해 냈다(cf. 고전 4:11-13; 고후 11:23-27). 바울은 갈릴리의 촌락에서 움튼 예수운동(Jesus movement)을 로마 제국의 한복판에 일구어 갔던 조직 운동가였으며, 실천적 목회자로 이해되어야만 한다.

서양 회화 속에 나타난 바울의 얼굴

그렇다면 바울의 인상과 용모는 어떠했을까? 사실 신약성서는 바울의 용모를 자세히 언급하는 구절을 발견할 수 없다. 그러나 고린도 후서 10장 10절은 바울의 용모를 간접적으로 추론할 수 있는 근거를 보여준다. "저희 말이 그 편지들은 중하고 힘이 있으나 그 몸으로 대할 때는 약하고 말이 시원치 않다 하니" 이 글에서 알 수 있듯이 바울의 용모는 그다지 출중한 것이 아니었던 것 같다. 그런데 서양 회화에 등장하는 바울은 대머리와 매부리코로 정형화되어 있다, 아래 그림은 4세기와 6세기에 익명의 크리스천들이 남긴 바울의 이미지이다. 위 왼쪽 그림은 로마의 카타콤에서 발견된 5세기경의 그림이고, 오른쪽은 중세 초반에 그려진 프레스코 그림이다.

Fourth-century fresco of St. Paul from the Catacombs of the Via Dino Compagni, Rome.

동방정교회의 바울 이콘

두 그림 모두에서 발견되는 바울의 용모에 관한 공통점이 있다. 대머리와 매부리코, 그리고 로마의 귀족들이 입는 토가를 걸치고 있다. 그러나 신약성서 어디에도 바울의 이러한 외모에 관한 진술을 찾아볼 수 없다. 그렇다면 서양 회화에서 바울이 대머리와 매부리코로 정형화된 것은 무슨 이유 때문인가? 그것은 5-6세기 에베소에서 기록된 것으로 추정되는 신약 외경문서 『바울과 테클라 행전』에 근거한 것이다. 이 책에서 작가는 바울의 용모를 다음과 같이 묘사한다.

그는 바울이 걸어오는 것을 보았는데, 작은 체구에 머리에는 머리칼이 거의 없고, 다리는 휘어져 있었다. 몸은 건강한 상태로 보였고, 미간이 좁고, 코는 약간 매부리코였다. 그는 은혜가 넘친 모습이어서 때로는 사람의 모습처럼 보였지만 때로는 천사의 얼굴을 가진 것처럼 보였다. (The Acts of Paul and Thecla, 2.3)

또한, 6세기 안디옥의 요한이 남긴 글에서도 바울의 용모를 테클라 행전과 유사하게 묘사한다.

직접 보면 그는 어깨가 구부정하고, 머리에는 흰머리가 드문드문 나 있고 수염이 있으며, 매부리코에 회색 눈을 하고 있으며, 미간이 좁고, 안색은 창백하고 붉은 빛이 혼합되어 있고, 수염이 많았다. 그는 온화한 용모를 가지고 있는 사람으로서 분별력이 있으며, 진지하고 쉽게 다가갈 수 있으며, 다정다감하며 성령에 감동된 분이었다.

최근에 에베소 동굴에서 발견된 바울의 초상

이러한 기록들은 후일 바울의 초상을 그리는 데 있어 하나의 준거점을 제공했다. 대머리와 매부리코, 좁은 미간으로 형상화된 바울의 전형적인 이미지는 이렇게 형성된 것이다. 다음 그림은 최근에 에베소의 동굴에서 발견된 바울과 테클라에 관한 벽화이다. 에베소는 바울이 가장 오래 머물렀던 곳이며, 후대에 바울의 전승과 위서들이 가장 많이 유통되고 작성된 장소이다. 위 그림은 5세기경에 그려진 것으로 추정된다. 테클라의 그림이 심하게 훼손된 것을 볼 수 있는데, 후대의 남성주의자들의 바울과 동등하게 묘사된 테클라의 모습을 용납할 수 없었기 때문일 것이다. 여하튼 이 벽화도 <바울과 테클라 행전>이 묘사된 바울의 인상착의를 충실하게 따르고 있다는 사실이 확인된다.

후대에 에베소를 중심으로 형성된 바울에 관한 인상착의는 그레코-로만 시대의 철학자나 현자의 모습과 유사하다. 에베소 동굴에 그려진 바울의 모습은 로마의 고위층들이 입는 투가를 입고 있으며, 책을 들고 청중들을 가르치는 헬라철학자의 모습을 하고 있다. 그러나 바울은 빌립보 교회에 보내는 편지에서 자신의 출신 배경을 다음과 같이 이야기한다. "나는 난지 여드레만에 할례를 받았고, 이스라엘 민족 가운데도 베냐민 지파요, 히브리 사람 가운데서도 히브리 사람이요, 율법으로는 바리새파 사람이요" (빌 3:5). 이 말에 따르면, 바울은 헬라세계의 철학자이기보다는, 유대교의 보수적인 랍비의 모습에 가깝다. 정통 유대인들은 아브라함의 전통에 따라 태어난 지 팔 일 만에 할례를 받았다. 할례는 야웨의 계약백성이 되었다는 육체적 표징이었다. 또한, 바울은 자신을 베냐민 지파 출신이라고 말한다. 창세기에 따르면 베냐민은 아브라함의 손자인 야곱의 11번째 아들이다. 훗날 이집트를 탈출한 히브리 사람들은 야곱의 12 아들들의 이름을 딴 12지파를 형성하게 된다. 이들은 가나안 땅을 점령한 이후, 레위 지파를 제외한 11지파가 땅을 분배하게 된다.

고대 이스라엘 왕국의 초대 왕, 사울은 베냐민 지파에서 선출되었다. 바울의 히브리식 이름이 사울(Saul)인데, 자신의 조상 중에서 가장 유명한 인물의 이름을 붙인 것으로 추정된다. 그리고 바울은 자신이 바리새파에 속했다고 주장한다. 이들은 당시 유대교의 율법을 연구하고 일상에서 실천하려고 노력했던 유대교 경건주의 분파 중에 하나였다. 사도행전에 따르면 바울은 젊은 시절 고향, 다르소에서 예루살렘으로 유학을 와서 당대 최고의 바리새파 랍비 중의 하나였던 가말리엘 문하에서 모세율법을 공부한 것으로 되어있다. "나는 유대 사람입니다. 나는 길리기아의 다소에서 태어나서, 이 도시 예루살렘에서 자랐고, 가말리엘 선생의 문하에서 우리 조상의 율법의 엄격한 방식을 따라 교육을 받았습니다"(행전 22:3). 이처럼 바울은 전통적인 유대교 가문에서 태어나 바리새파의 문하에서 율법을 공부한 보수적인 인물이었다.

바울은 팔레스타인 본토에서 태어난 인물이 아니라, 디아스포라 유대인 출신이다. 그는 지금의 튜르키에 동남부에 있던 길리기아 주의 다소에서 5-10년경에 출생한 것으로 추정된다. 다소는 문화와 철학 교육의 중심지로 그레코-로만 세계에서 널리 알려진 도시였다. 그리스의 지리학자, 스트라보(Strabo, c. 63 B. C.-A. D. 24)는 자신의 저서 『지리학(Geography)』에서 다소에는 아테네와 알렉산드리아를 능가하는 수사학 학교들이 있었다고 기록한다. 아우구스투스(Augustus) 황제의 선생이었던 다소의 아테노도루스(Athenodorus)

는 당대에 수사학자로 명성을 얻었는데, 마크 안토니(Mark Antony, 83-30B.C)의 뒤를 이어 이 곳을 통치하기도 했다. 다소는 이처럼 바울 당대에 스토아학파의 중심지가 되었다. 바울도 직간접으로 이러한 지적 영향권 속에서 교육받고 성장했을 것이다. 사도행전 21장 39절에서 바울은 로마의 천부장에게 자신이 다소 출신임을 다음과 같이 자랑스러운 어투로 말한다. "나는 길리기아의 다소 출신의 유대 사람으로, 그 유명한 도시의 사람입니다"

사도행전은 바울이 로마의 시민권을 지닌 인물이었다고 보도한다. 그러나 그의 편지에는 이런 말이 없다. 그러나 그는 자주 여행을 다닐 만큼 경제적인 여유가 있었고, 스케노포이오이(skēnopoioi, 가죽제조업)라는 바울의 직업은 당시에 상당히 유망한 직종이었다. 바울이 남긴 편지들은 그가 능숙하게 헬라어 사용자라는 사실을 보여준다. 더욱이 바울의 편지에는 당시 그레코-로만의 지식인들이 사용하던 수사학의 흔적이 발견된다. 바울은 자신의 편지에서 히브리 성서보다는 헬라어로 기록된 70인역(셉튜어진타)를 인용한다. 이러한 증거로부터 우리는 바울이 어린 시절과 청소년기에 헬라식 중등교육을 받았다는 것을 추론할 수 있다. 사도행전의 기록에 따르면, 바울은 아테네의 아레오바고 광장에서 그리스의 철학자들과 능숙하게 지적인 대화를 진행할 능력이 있는 인물이었다 (사도행전 17:18-34).

바울의 편지에는 디아트레베(diatribe)라 불리우는 견유학파적 논증 방식이 자주 등장한다. 디아트레베는 일종의 수사적 대화 문체로서 글을 쓰는 중에 가상적인 대화자가 있는 것처럼 가정하고 자신의 논지를 논쟁적으로 전개하는 글쓰기 방식을 말한다 (참고, 롬 2:1-20; 3:1-9; 9:9; 고전 9). 그가 주로 로마, 고린도, 그리고 빌립보와 같은 로마 제국의 대도시들을 선교지로 삼았다는 사실에서 우리는 충분히 바울의 언어가 예수와 다를 수밖에 없었을 것이라는 사실을 수긍하게 된다.

바울은 예수와 동년배였을 것이다. 그러나 평생 예수와 직접 대면한 경험은 없었고, 예수의 행적에 관한 풍문을 간접적으로 접했을 것이다. 예수의 활동이 팔레스타인의 촌락을 중심으로 전개되었다면, 바울의 활동은 로마와 그리스의 도시들으로 확대된다. 이 과정에서 바울은 유대문화와는 다른 이방문화와 적극적으로 대화했다. 바울은 유대교의 배타적 세계관을 넘어 그리스와 로마인들도 이해할 수 있는 보편적 상징들을 제시한다. 그는 로마서 1장 16-17절에서 복음은 유대인뿐만 아니라 헬라인까지 포괄하는 하나님의 의를 드러낸 사건이라고 역설한다. 또한, 4장에서 아브라함을 유대인뿐만 아니라 모든 인류의 믿음의 선조로 확대 해석한다.

최근 프랑스의 철학자 알랭 바디우(Alain Badiou, 1937-)는 이러한 바울의 사상에서 당대의 특권적 질서를 극복하려는 보편주의를 발견한다. 한편 바울은 문화의 변혁자로서의 크리스천의 사명을 여실히 보여준 인물이었다. 그는 당대의 로마 제국을 유지하는 힘의 논리와는 다른 그리스도의 대안적 질서를 강조했다. 당시 로마 제국은 황제를 정점으로 하는 위계적 사회 시스템을 지니고 있었다. 힘과 권력을 중심으로 상명하복의 가부장적 윤리가 횡행했다. 이와는 대조적으로 바울의 교회들 내부에서는 평등적 형제애라는 변혁적 질서가 장려되었고, 이런 분위기 속에서 여성들과 노예들이 교회 공동체의 중요한 구성원으로 인정받았다 (갈 3:28). 바울은 당대의 주류질서에 대항하여 자신의 공동체 안에서 크리스천들이 궁극적으로 추구해야 할 하나님 나라의 대안적 질서를 실현하려고 노력하였다. 이와 같은 활동 때문에 바울은 로마 제국의 질서를 어지럽히는 위험인물로 간주되었고 수차례에 로마의 감옥에 투옥되는 신세가 되기도 한다. 렘브란트는 로마감옥에 수감된 바울의 모습을 여러차례 그렸는데, 1627년 그린, <감옥 속의 바울>이 가장 유명하다. 그림 속의 바울은 로마의 감옥에 앉아서 편지를 쓰다 생각에 잠겨있다. 그의 침대 왼쪽에 커다란 장검이 걸쳐 있고, 환한 빛이 바울의 머리를 감싸고 있다. 장검은 바울의 순교를 상징하고, 빛은 신의 은총을 의미한다. 바울은 네로 황제의 기독교 대박해 시기에 참수형으로 생을 마치게 된다. 그리고 바울은 베드로와 더불어 로마를 대표하는 순교자로 기억된다.

바울과 그레코-로만 세계

바울의 주된 활동무대는 지중해에 산재해 있던 그레코-로만(Greco-Roman)의 대도시들이었다. 바울은 태생부터 디아스포라 유대인으로 당시 로마의 길리기아 주의 다소 출신이었다. 다소는 로마의 중요한 상업 도시였고, 바울이 활동했던 비시디아 안디옥, 이고니온, 드로아, 그리고 에베소와 같은 도시들은 고대 로마의 도로망이었던 비아 세바스티(Via Sebaste)의 주요 거점에 자리 잡은 대도시들이었다. 한편 네압볼리, 빌리보, 암비볼리, 데살로니가와 같은 그리스 북부에 자리한 바울의 선교 거점들은 로마 제국이 군사적 점령을 용이하게 할 목적으로 건설한 비아 이그나티아(Via Egnatia)의 주요 길목에 자리 잡은 도시들이었다. 이처럼 바울은 로마 제국이 자신의 식민지들을 효율적으로 통치하기 위해 구축해 놓은 군사도로를 역이용하여 그리스도의 평화의 복음을 전파하였다.

바울은 당시 염소가죽으로 만든 피혁 생산지로 유명한 로마 제국의 상업 중심지였던 다소 출신이었기에, 그의 유년기 교육이 당대의 로마식 교육으로 진행되었을 것이다. 또한, 현대의 바울 연구자들은 바울의 서신 도처에서 명백히 드러나는 로마 지식인들의 수사학적 어법을 토대로 이러한 추정을 지원한다. 비록 바울 서신 곳곳에서 당대의 그레코-로만 문화의 영향을 감지할 수 있지만, 바울 사상의 주된 기조는 히브리적 사유를 중심으로 이루어진다. 그는 유대교의 유일신 사상을 기초로 하여 자신의 신학적 사색을 진행시켰고, 그리스도의 죽음에 관한 대속적 이해도 철저히 히브리적인 세계관을 바탕으로 이루어진 것이었다. 한때, 바리새인이기도 했던 바울은 다마섹에서의 종교체험을 통해 구약의 예언서들이 기대했던 메시아가 바로 십자가에 처형된 나사렛의 예수라는 사실을 깨닫게 된다. 그는 예수의 죽음과 부활 속에서 동터오는 하나님 나라의 비전을 읽게 되는데, 바울의 이러한 깨달음은 바로 히브리의 묵시사상을 기반으로 가능한 것이었다.

그러나 바울은 예수 사건의 의미를 보편화한다. 그는 예수 그리스도의 죽음과 부활이 이방인을 위한 하나님의 자비(롬 15:9)라는 사실을 또한, 깨닫게 된다. 더욱이 이방인의 사도로 자처한 바울은 히브리적 세계관에 대한 전이해가 없었던 이방 크리스천들을 위해 자신의 복음이 그들의 문화적 배경 속에서 이해될 수 있도록 '번역'하지 않을 수 없었다. 바울은 이러한 자신의 입장을 고린도 교인들에게 보내는 첫 번째 편지에서 다음과 같이 토로하고 있다.

> 나는 어느 누구에게도 얽매이지 않은 자유로운 몸이지만, 많은 사람을 얻으려고, 스스로 모든 사람의 종이 되었습니다... 율법이 없이 사는 사람들에게는, 내가 하나님의 율법이 없이 사는 사람이 아니라, 그리스도의 율법 안에서 사는 사람이지만, 율법이 없이 사는 사람을 얻으려고, 율법이 없이 사는 사람과 같이 되었습니다 (고전 9:20-21).

이처럼 바울은 복음을 유대인과 이방인 양편 모두에게 효율적으로 전파하기 위해 방편으로 특정 문화에 얽매이지 않는 유연한 태도를 취하고 있다. 때문에 바울은 자신의 전통문화인 유대교뿐만 아니라, 당시의 주류문화였던 그레코-로만 문화도 복음의 관점에서 비판적으로 대화한다. 가령 빌립보서에 기록되어 있는 바울의 그리스도 찬가(빌 2:6-11)를 당시의 사회/정치적 문맥에 터하여 읽어보면, 이 단락은 로마 제국에 만연했던 황제숭배(imperial cult)에 대한 저항의 메시지로 이해될 수도 있다. '죽기까지 순종하신' 그리스도의 이미지는 '통치하고 군림하는' 로마 황제의 이미지와 대조를 이루면서, 황제제의가 성행했던 빌립보에 있는 교인들로 하여금 진정한 구원자의 모습을 재고하게 만든다. 바울은 당시 로마 황제에게 부여되었던 주님(kyriôs)이라는 타이틀을 예수에게 부여한다. 즉, 진정한 '주님'은 로마의 황제가 아니라 그가 임명한 팔레스타인 지방 총독의 손에 의해 십자가에서 죽임을 당한 예수라는 것이 바로 바울이 전하는 '기쁜 소식'의 핵심이었다. 이로써 바울의 복음은 로마 제국의 불의한 폭력에 대한 고발의 의미를 지닌다.

이방인의 사도로 자임했던 바울이 처했던 사회/문화적 환경은 '역사적 예수'의 활동무대와는 너무나 판이한 세계였다. 예수는 갈릴리의 농촌 지역을 무대로 활동했기 때문에 그의 가르침에는 농촌 생활을 반영하는 어휘들로 가득하다. 예를 들어 씨 뿌리는 비유나 포도원의 비유에서도 알 수 있듯이 예수의 가르침은 농촌의 삶을 반영한다. 이에 비해 바울의 편지에는 헬라적 대도시 문화에서 나온 이미지와 어휘들을 빈번하게 사용된다. 예를 들어, 바울은 헬라의 정치적 용어를 사용하고 (빌 1:17; 3:20), 헬라의 경기를 언급하고(빌 2:16; 고전 9:24-27), 헬라의 법률 용어를 사용하고 (갈 3:15; 4:1-2; 롬 7:1), 아울러 헬라의 노예 시장(고전 7:22; 롬 7:14) 혹은 황제의 방문을 축하하는 헬라 의식을 언급한다 (살전 2:19). 더욱이 바울은 '자족'(아우탈케이아 고후 9:8), '본성'(퓌시스, 롬 2:14) 등의 스토아 철학적 개념을 사용한다.

한편 바울은 전문적인 수사학자로 훈련을 받지 않았지만, 그의 편지에 등장하는 표현들은 그가 헬라의 수사학의 영향을 받았음을 보여준다. 가령, 우리는 바울 서신 도처에서 디아트레베(diatribe)라 불리우는 견유학파적 논증 방식의 흔적을 발견하게 된다. 디아트레베는 일종의 수사적 대화 문체로서 글을 쓰는 중에 가상적인 대화자가 있는 것처럼 가정하고 자신의 논지를 논쟁적으로 전개하는 글쓰기 방식을 말한다 (참고, 롬 2:1-20; 3:1-9; 9:9; 고전 9). 그가 주로 로마, 고린도, 그리고 빌립보와 같은 로마 제국의 대도시들을 선교지로 삼았다는 사실에서 우리는 충분히 바울의 언어가 예수의 그것과 다를 수밖에 없었을 것이라는 사실을 수긍하게 된다. 한편 바울이 처했던 시대적 여건 또한, 그의 장거리 선교여행을 가능하게 해 주었다. 군사력에 의한 로마의 평화(Pax Romana)를 실현하기 위해 로마군대가 닦아 놓은 로마의 도로가, 역설적으로 바울에 의해 '그리스도의 평화'를 전파하는 데 유용하게 이용되었다. 또한, 알렉산더 대왕(주전 356-323)에 의해 헬라도시들에 이주된 유대인들에 의해 건설된 회당들이 훗날 바울의 선교활동의 거점 역할을 담당한다. 바울은 자신의 이방선교를 조직적으로 진행하였다. 우선 그는 지중해 지역의 대도시들을 타겟으로 삼는다. 그리고 이곳들을 거점으로 복음전파를 인근 소읍으로 확대하는 방식을 취했다.

바울은 팔레스타인의 농촌문화를 배경으로 성장한 초기 예수운동을 넘어 로마와 그리스의 도시들에 복음을 성공적으로 이식했다. 이 과정에서 바울은 유대문화와는 다른 이방문화와 적극적으로 대화했다. 바울은 유대교의 배타적 세계관을 넘어 그리스와 로마인들도 이해할 수 있는 보편적 상징들을 제시한다. 그는 로마서 1장 16-17절에서 복음은 유대인뿐만 아니라 헬라인까지 포괄하는 하나님의 의를 드러낸 사건이라고 역설한다. 또한, 4장에서 아브라함을 유대인뿐만 아니라 모든 인류의 믿음의 선조로 확대해석한다. 최근 프랑스의 철학자 알랭 바디우는 이러한 바울의 사상에서 당대의 특권적 질서를 극복하려는 보편주의를 발견한다. 한편 바울은 문화의 변혁자로서의 크리스천의 사명을 여실히 보여준 인물이었다. 그는 당대의 로마 제국을 유지하는 힘의 논리와는 다른 그리스도의 대안적 질서를 강조했다. 당시 로마 제국은 황제를 정점으로 하는 위계적 사회 시스템을 지니고 있었다. 힘과 권력을 중심으로 상명하복의 가부장적 윤리가 횡행했다. 이와는 대조적으로 바울의 교회들 내부에서는 평등적 형제애라는 변혁적 질서가 장려되었고, 이런 분위기 속에서 여성들과 노예들이 그리스도 안에서 공동체의 중요한 구성원으로 인정받았다 (갈 3:28). 바울은 당대의 주류질서에 대항하여 자신의 공동체 안에서 크리스천들이 궁극적으로 추구해야 할 하나님 나라의 대안적 질서를 실현하고자 하였다.

바울의 소명과 다마스쿠스 사건

바울은 자신의 유대적 뿌리를 자랑스럽게 간주했던 유대인이었다. 그는 젊은 시절 예수를 추종하는 자들을 유대교의 이단으로 생각하고, 이들을 핍박한 전력이 있는 인물이었다. 이 시절을 바울은 다음과 같이 회고한다.

내가 전에 유대교에 있을 적에 한 행위가 어떠하였는가를, 여러분이 이미 들은 줄 압니다. 나는 하나님의 교회를 몹시 박해하였고, 또 아주 없애 버리려고 하였습니다. 나는 내 동족 가운데서, 나와 나이가 같은 또래의 많은 사람보다 유대교 신앙에 앞서 있었으며, 내 조상들의 전통을 지키는 일에도 훨씬 열성이었습니다" (갈 1:13-14).

사도행전에 따르면, 바울은 교회를 박해하는 인물이었고 최초의 순교자, 스데반의 처형을 지지했던 유대교 보수주의자였다 (참조, 사도행전 8장 1-3절). 그러던 그가 다마스커스에 있는 예수의 추종자들을 체포하러 가던 도중에 신비로운 종교체험을 하게 된다. 그것은 빛 가운데 나타난 부활한 예수를 만난 체험이었다. 사도행전 9장은 이야기를 다음과 같이 기록하고 있다.

사울(바울)이 길을 가다가, 다마스쿠스 가까이에 이르렀을 때에, 갑자기 하늘에서 환한 빛이 그를 둘러 비추었다. 그는 땅에 엎어졌다. 그리고 그는 "사울아, 사울아, 네가 왜 나를 핍박하느냐?" 하는 음성을 들었다. 그래서 그가 "주님 누구 십니까?"하고 물으니, "나는 네가 핍박하는 예수다. 일어나서 성 안으로 들어가거라. 네가 해야 할 일을 일러줄 사람이 있을 것이다"하는 음성을 들려왔다. 그와 동행하는 사람들은 소리는 들었으나, 아무도 보이지는 않으므로, 말을 못하고 멍하게 서 있었다. 사울은 땅에서 일어나서 눈을 떴으나, 아무것도 볼 수가 없었다. 그래서 사람들이 그의 손을 끌고, 다마스쿠스로 데리고 갔다. 그는 사흘 동안 앞을 보지 못하는 상태에서, 먹지도 않고 마시지도 않았다. (행전 9:3-9)

이 사건으로 바울은 자신의 유대적 신념에 대해 깊은 성찰을 하게 된다. 다마스쿠스 사건을 계기로 바울은 예수에 관한 생각을 180도 바꾸게 된다. 어쩌면 바울은 인생을 두 번 살았던 인물이라 할 수 있다. 한번은 율법에 맹종하는 바리새인으로, 다른 한 번은 자신이 그토록 미워했던 나사렛 예수의 추종자로. 이 두 극단의 삶 사이에 바로 바울의 다마스쿠스 체험이 있었다. 사도행전의 저자, 누가는 이 사건을 세 번이나 보도할 정도로 각별한 의미를 두었다 (행 9:3-9; 22:6-11; 26:12-18). 그러나 정작 바울 자신은 이 사건을 갈라디아서에서 암시적으로 짧게 언급하고 지나간다.

그러나 나를 모태로부터 따로 세우시고 은혜로 불러 주신 (하나님께서), 그 아들을 이방 사람에게 전하게 하시려고, 그를 나에게 기꺼이 나타내 보이셨습니다. 그 때에 나는 사람들과 의논하지 않았고, 또 나보다 먼저 사도된 사람들을 만나려고 예루살렘으로 올라가지도 않았습니다. 나는 곧바로 아라비아로 갔다가 다마스쿠스로 되돌아갔습니다. (갈 2:15-17)

비록 바울은 자신의 편지들에서 다마스쿠스에서의 체험을 생생하게 열거하지는 않는다. 그러나 바울은 그곳에서의 체험을 자신의 인생 터닝 포인트로 간주했다. 특히 바울은 이 사건을 계기로 자신이 그리스도의 사도가 되었다고 주장한다.

그런데 맨 나중에 달이 차지 못하여 난 자와 같은 나에게도 나타나셨습니다. 나는 사도들 가운데 가장 작은 사도입니다. 나는 사도라고 불릴 만한 자격도 없습니다. 그것은, 내가 하나님의 교회를 박해했기 때문입니다. 그러나 나는 하나님의 은혜로 오늘의 내가 되었습니다. (고전 15:8)

전통적으로 기독교인들은 다마스쿠스 체험을 유대인 사울(Saul)에서 기독교인 바울(Paul)로 회심한 사건으로 간주한다. 이스라엘의 초대 왕이었던 사울은 베냐민 지파 출신들이었다. 아마도 바울의 부모들은 자신의 아들의 이름을 이스라엘의 비극적 영웅을 기리기 위해 '사울'이라 하였을 것이다. 그러나 이러한 생각은 두 가지 문제점이 있다. 첫째, 사울은 히브리식 이름을, 바울(Paulos)은 로마식 이름을 나타낼 뿐이다. 1세기 바울과 같은 디아스포라 유대인들은 흔히 히브리식 이름과 함께 라틴식 이름을 보편적으로 사용했다. 둘째, 바울이 다메섹 사건 이후 기독교인으로 자신의 정체성을 바꾸었다는 해석은 시대착오적이다. 왜냐하면 바울 당대에는 기독교라는 독자적인 종교가 존재하지 않았기 때문이다. 기독교가 유대교와 결별하여 독자적인 종교로 등장하기 시작한 것은 바울이 순교한 이후인, 80년 중반부터였다.

이 때문에 바울의 다마스쿠스 사건을 유대교에서 기독교로의 종교적 회심(conversion)으로 이해하는 것은 부적절하다. 오히려 바울의 다마스쿠스 사건은 히브리 예언자들의 소명(calling) 체험과 유사하다. 바울은 다마스쿠스 체험 이후에도 여전히 유대교인으로서의 정체성을 지니고 있었고(cf. 롬 11:1; 빌 3:5), 모세율법과 종교적 관습들을 여전히 존중했다. 다시 말해 바울은 다메섹 사건 이후에도 유대인로서의 정체성을 여전히 지키고 있었던 것이다. 따라서 다마스쿠스 사건을 통해 바울은 회심을 했다기보다는, 새로운 소명(calling)을 깨달았다고 보는 것이 적절하다. 바울은 자신의 다마스쿠스 체험을 구약의 예언자, 이사야나 예레미야의 부르심과 유사한 예언자적 소명의 관점에서 묘사한다. 그는 예언자적 모델에 따라, 다마스쿠스 사건을 예수의 십자가 죽음과 부활 속에 드러난 하나님의 공의와 자비를 이방인에게 전달하기 위한 소명 체험으로 이해하였다. 그러나 일부 학자들은 다마스쿠스 사건이 지니는 정치적 차원을 지적한다. 안병무(1922-1996)는 바울의 다마스쿠스 사건이 종교적인 의미를 넘어 정치적 차원을 지닌 것으로 이해한다. 따라서 그는 다메섹 사건을 규정하는데, 회심이나 소명이라는 말보다 전향(轉向)이라는 단어를 선호한다.

완벽한 엘리트인 사울이 세상의 찌꺼기 같은 민중에게 항복한 것이다. 그는 모범적인 엘리트의 대열에 서서 세상의 찌꺼기 같고 전염병 같은 예수의 민중의 대열과 정면으로 대립했던 것인데, 그것에 굴복하고 바로 그가 대립했던 그 대열에 참여한 것이다. 그런 의미에서 그는 "나는 그리스도를 위해 모든 것을 잃고도 그 모든 것을 오물같이 여겼습니다. 그것은 내가 그리스도를 얻고 그리스도 안에서 내가 발견되려는 것입니다"라고 한다. 제힘으로 자신을 구축해 나감으로 자신으로 살 수 있다고 믿었던 그가 그러한 자신을 통째로 비우고 그리스도를 받아들임으로 살 수 있는 자신을 발견한 것이 바로 그의 전향이다.(안병무, "바울의 전향과 소명", 김재성 엮음, 『바울 새로 보기』, 148).

이처럼 안병무는 다마스쿠스 사건을 사회적 주류에서 비주류의 전환이라고 보았다. 바울의 사회적 신분은 예수의 직계제자들과는 비교할 수 없을 만큼 출중했다. 그는 이스라엘의 초대 왕을 배출한 베냐민 지파 출신이었고, 율법으로는 흠잡을 데가 없었으며, 로마의 시민권을 소유한 인물이었다. 이런 바울이 전향을 할 수 있었던 계기를 안병무는 (예수의) 민중이라고 보았다. 바울이 메시아로 선포한 예수는 민중과 자신을 일치시켰고, 다가오는 하나님 나라의 주역을 민중으로 보았기 때문이다. 바울은 예수의 이러한 생각을 계승한다. 그리스 남부 항구도시 고린도에 있는 교우들에게 보내는 편지에서 바울은 자신의 동료들의 사회적 신분을 다음과 같이 적고 있다.

형제자매 여러분, 여러분이 부르심을 받을 때에, 그 처지가 어떠하였는지 생각하여 보십시오. 육신의 기준으로 보아서, 지혜 있는 사람이 많지 않고, 권력 있는 사람이 많지 않고, 가문이 훌륭한 사람이 많지 않았습니다. 그런데 하나님께서는, 지혜 있는 자들을 부끄럽게 하시려고 세상의 어리석은 것들을 택하셨습니다. 하나님께서는 세상에서 비천한 것들과 멸시받는 것들을 택하셨으니 곧 잘났다고 하는 것들을 없애시려고 아무것도 아닌 것들을 택하셨습니다.(고전 1:26-28)

바울은 다마스쿠스 사건을 계기로 예수에 관한 새로운 이해를 얻게 된다. 그는 로마 제국에 의해 십자가 위에서 살해당한 예수의 죽음을 모든 이를 위한 진리 사건으로 선포한다. 바울에게 있어 십자가와 부활 사건은 로마의 법으로도, 유대의 율법으로도 이룰 수 없었던 하나님의 공의를 실현하는 유일한 진리 사건이었다. 모든 차별과 불신과 오해의 담을 허무는 신적인 사건이 바로 그리스도의 죽음과 부활이라는 것이다. 때문에 바울의 다마스쿠스 사건은, 소명인 동시에 모든 인종, 계급, 성적 차별의 장벽을 허무는 전향의 체험으로 이해될 수 있다. 바울은 자신의 '깨달음'을 갈라디아 교인들에게 보내는 편지에서 다음과 같이 토로한다. "유대 사람도 그리스 사람도 없으며, 종도 자유인도 없으며, 남자와 여자가 없습니다. 여러분 모두가 그리스도 예수 안에서 하나이기 때문입니다." (갈 3:28)

미켈란젤로, 바울의 회심, 1542-1545

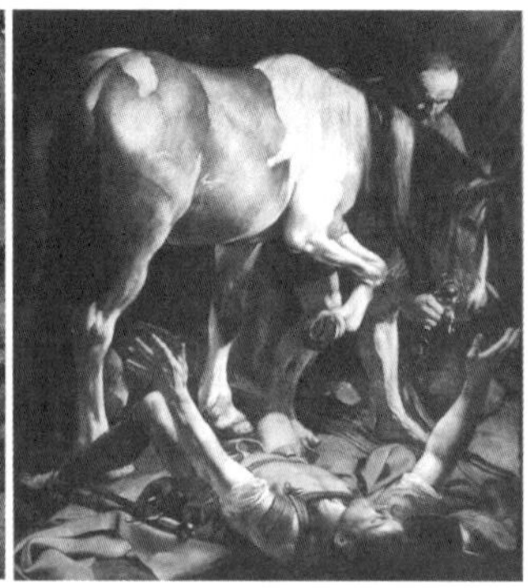
카라바조, 바울의 회심, 1600

바울의 다마스쿠스 사건은 그 극적인 요소 때문에 수많은 화가들의 상상력을 사로잡았다. 대표적으로 미켈란젤로(Michelangelo, 1475-1564)와 카라바조(Caravaggio, 1571-1610)의 작품을 들 수 있다. 위의 오른쪽에 있는 미켈란젤로의 <바울의 회심>은 장대한 천상과 지상의 세계를 양분한다. 그의 그림 속에서 예수는 천상에 속한 존재로 무수한 성인들과 함께 바울에게 빛을 발한다. 한편 바울은 말 위에서 떨어져 땅 위에서 쓰러져 있다. 눈먼 그의 모습은 그리스도의 복음에 대한 무지한 것을 상징한다. 율법이라는 과거의 세계에 고착되어 그리스도가 보여준 새로운 세상을 알지 못하는 바울의 모습을 보여준다.

그러나 카라바조는 천상의 신비로운 이미지들을 과감하게 생략한다. 단지 말에서 떨어진 바울의 몸에 깃든, 볼 수 없는 신성한 빛을 간접적으로 암시할 뿐이다. 미켈란젤로가 다마스쿠스 사건을 시각적으로 신화화하고 있다면, 카라바조는 이를 비신화화하고 있다. 이런 점에서 카라바조의 그림을 종교적 리얼리즘이라 할 수 있다. 즉 카라바조도 다마스쿠스 사건을 바울 개인의 실존적 사건으로 형상화한다. 카라바조는 살인 사건 때문에 예술가로서 이력에 오점을 남긴 자신을 다마스쿠스에서 낙마한 바울과 오버랩 시키고 있다. 이로써 카라바조는 바울의 사건을 자신의 실존적 사건으로 재맥락화하고 있다. 그의 작품 속에 등장하는 어두움은 그의 내면세계를 상징하며, 그 속에 뿜어져 나오는 빛은 그가 갈망하는 구원의 세계를 반영한다. 이러한 빛/어둠의 이중성은 카라바조의 그림 속에서 중요한 상징으로 작용한다. 그는 자신의 작품에 등장하는 인물들의 심리를 빛과 어두움이라는 명암 대조를 통해 탁월하게 포착한다. 이제 바울의 다마스쿠스 사건은 과거에 일어난 사건만이 아니라, 우리 모두의 삶 속에서 재현될 수 있는 실존적 사건이 될 수 있는 것이다. 테네브리즘(tenebrism)이라 불리우는 이 기법은 훗날 렘브란트에게 큰 영향을 미친다.

바울의 칭의론

바울의 가르침 중에서 가장 유명한 것이 칭의론(Justification by faith)이다. 인간은 자신의 선한 행위로 구원을 받는 것이 아니라, 믿음으로 구원받는 것이 칭의론의 핵심이다. 즉 구원은 인간 자신의 선행의 대가로 당연하게 요구되는 것이 아니라, 하나님의 전적인 은총에 의해 가능하다는 것이다.

바울은 갈라디아서 2장 16-17절과 빌립보서 3장 9절, 그리고 로마서 3장 21-26절에서 칭의론을 언급하고 있다. 바울은 율법의 행위와 상관없이 그리스도의 죽음과 부활에 나타난 신의 의(God's righteousness)를 믿는 것으로 구원에 이른다고 주장한다. 전통적으로 서구의 신학사는 칭의론을 인간 일반의 실존적 번민 해결의 해답으로 간주해 왔다. 이러한 실존적 이해를 감행한 인물이 바로 5세기 히포의 대주교였던 어거스틴이었다. 우리에게 『고백록』으로 잘 알려진 어거스틴은 죄로 인한 양심의 문제로 씨름한 전형적 인물이다. 어거스틴으로 시작하여 종교개혁자, 마르틴 루터를 거쳐 현대의 불트만에 이르기까지 바울의 칭의론은 인간 개인의 내면적이고도 실존적 물음에 대한 신앙적 응답으로 간주되어 왔다. 이러한 관념적 이해에는 필연적으로 바울의 칭의론이 설파된 사회역사적 정황이 무시되어 버린다. 다시 말해 왜 바울이 1세기 중반 갈라디아교회에서 칭의론을 주장할 수밖에 없었는가에 대한 물음에 충실한 대답을 할 수 없게 된다.

19세기의 독일의 신학자 브레데(W. Wrede, 1859-1906)는, 바울의 칭의론은 바울 서신들 중 어디에서나 유대교에 대한 투쟁이 문제 될 때만이 등장하는 단락이라고 주장한다. 즉 브레데는 칭의론을 무시간적인 교리가 아니라, 바울이 자신의 적대자들에게 자신의 주장을 옹호하기 위해 사용한 일종의 전투론(kampfeslehre)이라고 이해한다. 이러한 브레데의 주장은 칭의론이 바울의 모든 사상을 포괄하는 중심주제가 아니라는 것이다. 이러한 주장은 칭의론을 신약성서의 중심교리로 이해해 왔던 루터적 전통에 대한 정면 도전이었다. 마틴 루터는 칭의론의 관점에서 성서 전체를 이해고자 시도했다. 따라서 행함을 강조하는 야고보서를 그는 인정할 수 없었다(약 2:14-26). 루터는 칭의 교리에 정면 배치되는 야고보서를 지푸라기 서신으로 평가절하했다. 이후 개신교는 루터의 영향 아래에서 바울의 중심 사상을 칭의론으로 규정해 버렸다. 로마 카톨릭 교회 또한, 종교개혁 직후인 1547년에 트리엔트(Trient) 종교회의에서 사람이 믿음에 의해서 값없이 의롭다 함을 얻는다는 교리를 결의함으로써 칭의론를 공적으로 천명내지 확인했다. 따라서 칭의론을 개신교를 카톨릭과 차별하기 위한 이론적 근거로 사용하는 것은 잘못된 일이다.

우리에게 아프리카의 의료선교사로 더 잘 알려진 슈바이처는 브레데의 주장을 계승한 인물이었다. 1917년에 출판한 <바울과 신비주의>에서 슈바이처는 칭의론을 바울신학의 중심주제로 평가하지 않았다. 그에 따르면 그리스도 안에서의 삶(In Christ)이라는 신비적 연합이 바울의 중심사상이고, 칭의론은 바울의 부수적인 사상에 지나지 않는다고 평가했다.

하버드 대학의 스텐달(K. Stendahl, 1921-2008) 교수는 보다 설득력 있게 바울이 왜 칭의론을 설파하였는지를 밝혀냈다. 그는 "바울의 의인론은 이방인

개종자들도 하나님이 이스라엘에게 주신 약속의 충분한 상속자가 될 수 있다는 권리를 수호하기 위한 특수하고도 제한된 목적을 위해 다듬어진 것"이라고 주장한다. 사실 이방인의 사도로서 바울이 가장 크게 고민한 문제는 바로 초기 기독교 공동체 내부에서 이방인의 위치와 지위 문제였다. 당시 보수적 유대 크리스천들은 이방인들도 할례와 율법 준수를 통해서만이 진정한 예수의 제자가 될 수 있다고 주장하였다. 그들은 아직도 예수사건의 의미를 유대적인 사고 틀에 고착되어 이해하고 있었다. 따라서 이들의 세계관 속에서 이방인들은 하나님의 율법을 모르고 '무법자들'이었다. 성스럽게 선별된 민족이란 유대인들의 종교적 특권의식은, 이방인 신자들을 멸시하게 되었고, 자연스럽게 이들 사이에 사회/문화적 장벽이 존재하게 되었다. 이방인들이 지킬 수 없었던, 할례, 안식일 준수, 정결법 등은 자연스럽게 사회적 장벽으로 작용하게 되었다. 시리아 안디옥교회에서 벌어진 베드로와 바울의 대결은 이러한 장벽이 어떻게 예수공동체(ekkesia)를 분열시킬 수 있는가를 극명하게 보여준 사건이라 할 수 있다. 갈라디아서에서 바울은 당시 벌어진 사건을 다음과 같이 보도한다.

그런데 게바(베드로)가 안디옥에 왔을 때에 잘못한 일이 있어서, 나는 얼굴을 마주 보고 그를 나무랐습니다. 그것은 게바가 야고보에게서 몇몇 사람이 오기 전에는 이방 사람들과 함께 음식을 먹다가, 그들이 오니, 할례받은 사람들을 두려워하여 그 자리를 물러난 일입니다. 나머지 유대 사람들도 그와 함께 위선을 하였고, 마침내는 바나바까지도 그들의 위선에 쓸려갔습니다. 나는 그들이 복음의 진리를 따라 똑바로 걷지 않는 것을 보고, 모든 사람 앞에서 게바에게 이렇게 말하였습니다. "당신은 유대 사람인데도 유대 사람처럼 살지 않고 이방 사람처럼 살면서, 어찌하여 이방 사람더러 유대 사람이 되라고 강요합니까?" (갈 2:11-14)

바울은 베드로의 정결법에 관한 이중적 태도로 인해 이방 크리스천들이 상처받았다는 것을 강조한다. 즉 베드로는 야고보가 보낸 보수적인 유대 크리스천들에게 비난이 두려워 이방 크리스천들과의 식탁교제를 파행으로 이끌었다는 것이다. 부활사건 이후에도 베드로는 여전히 모세율법과 유대적 관습에 대해 보수적인 태도를 견지하고 있었다는 것을 안디옥 사건을 보여준다. 바울은 베드로에게 일관성 있는 태도를 보이라고 지적한다. 그가 말한 복음의 진리는 이방인과 유대인의 장벽을 인정하지 않는다. 그리스도의 죽음과 희생을 기념하는 식탁교제는 유대인과 이방인의 장벽이 더 이상 존재하지 않는 하나님 나라의 종말론적 만찬을 상징하기 때문이다. 바울의 칭의론이 안디옥 사건을 보도한 직후에 언급되고 있다는 사실에 주목해야 한다(갈 2:15-16). 바울은 칭의론을 통해 율법의 의를 빙자해서 자기네들의 사회적, 종교적 특권을 고수하려는 보수적인 유대 크리스천들을 공격하고 있다. 하나님의 의는 바로 이러한 종교/사회적 기득권자들에 의해서 죄인 또는 불경건한 자로 낙인찍힌 사람들에게 나타났다는 것이 바로 칭의론의 핵심이다. 다시 말해 칭의론은 인간 집단 사이의 대립, 갈등, 불평등, 억압, 착취, 소외 등등의 부당한 관계에 있어서 약자를 편들어 그 관계를 올바로 세우시는 신의 구원행위를 나타낸다고 볼 수 있다. 이런 점에서 바울의 칭의론은 사회적 강자들의 불의를 고발했던 구약의 선지자들과 부패한 성전체제와 대결했던 예수의 비판의식을 계승하고 있고 볼 수 있다.

칭의론은 이방인 크리스천들을 믿음이라는 자기 결단 외에 아무런 조건과 자격 없이 기독교 공동체에 받아들여진다는 점에서 환대(hospitality)의 윤리와 밀접한 관련이 있다. 왜냐하면 칭의론은 이방인들에게 유대교의 율법과 전통이 요구하는 어떤 것과도 무관하게 하나님의 새로운 언약백성이 될 수 있다는 것을 의미하기 때문이다. 이러한 바울의 환대의 정신은 (율)법의 바깥에서 작동하는 신의 정의와 깊은 연관이 있다.

환대란 라틴어 호스페스(hospes)에서 유래된 것으로, 주인과 손님이 식탁을 함께 나눈다는 뜻이다. 김현경은 환대의 의미를 다음과 같이 말한다.

환대란 타자에게 자리를 주는 행위, 혹은 사회 안에 있는 그의 자리를 인정하는 행위이다. 자리를 준다/인정한다는 것은 그 자리에 딸린 권리들을 준다/인정한다는 뜻이다. 또는 권리들을 주장할 권리를 인정한다는 것이다. 환대 받음에 의해 후리는 사회의 구성원이 되고, 권리들에 대한 권리를 갖게 된다. (김현경, 『사람, 장소, 환대』, 207).

그러나 바울 당대의 유대사회에는 환대를 가로막는 다양한 사회, 종교적 습속이 존재했다. 가령 1세기 유대교는 정결/부정의 체계(clean/unclean system) 속에서 이방인과의 식탁교제(table fellowship)를 엄격하게 금지하였다. 사도행전 10장에는 베드로가 율법이 금지한 부정한 음식을 거부하는 장면이 등장한다. 이러한 베드로의 태도는 당시 유대인들에게 매우 보편적이며, 상식적인 태도였다. 그러나 바울은 율법이 금지한 이방인들과의 식탁교제를 마다하지 않았다. 로마서 14-15장에 등장하는 약한 자와 강한 자에 관한 권고에서도, 바울은 유대교가 금지한 음식을 먹고 마시는 것이 중요한 것이 아니라, 서로를 그리스도의 사랑으로 환대한 것이 중요하다고 말한다. 이처럼 바울에게 있어서 식탁교제는 예수의 정신을 실천하고, 하나님의 정의를 실현하는 중요한 자리였다.

앞서 살펴보았지만, 바울이 칭의론을 최초로 언급하는 곳은, 안디옥에서 베드로가 정결법을 어겨가며 이방인과 함께 식탁교제를 나눈 자리였다. 바울이 갈라디아서 2장 11-13절에서 언급한, '야고보에게서 온 어떤 이들'의 정체는 율법을 엄격히 준수하던 유대 크리스천들(Jewish Christians)이었다. 그들은 예수의 동생 야고보와 함께 예루살렘 교회의 주요 인물들로 추정된다. 이들은 성전예배에 충실히 참석했으며, 율법이 규정한 할례, 안식일법, 음식법 등을 이방 크리스천들(Gentile Christians)들에게 강요했다. 안디옥에서 베드로는 이들의 비난이 두려워 그 자리에서 물러난다. 이에 대해 바울은 다음과 같이 비판한다. "네가 유대인으로서 이방인을 따르고 유대인답게 살지 아니하면서 어찌하여 억지로 이방인을 유대인답게 살게 하려느냐" (갈 2:14). 바울은 음식법의 대한 베드로의 일관성 없는 태도를 공박한다. 당시의 명예와 수치(honor/shame) 코드에 따르면, 이러한 베드로의 행동은 이방인들에게 커다란 사회적 상처를 안겨주는 행동이었다. 바울은 위선적인 게바의 태도를 공박하는 논리로 칭의론을 언급한다. 바울이 보기에 베드로의 행동은 그레코-로만사회의 사회적 습속을 위반하는 것을 넘어, 예수가 죽음으로 제정한 식탁교제의 정신을 훼손한 것이었다.

예수의 식탁교제는 율법에서 배제된 이들을 향한 무조건적인 환대의 정신에 기반한 것이었다. 복음서가 보도하는 예수의 식탁에는 당시 유대사회에서 거부당한, 여성, 세리, 이방인들로 가득하다. "거저 받았으니 거저주라"는 예수 언사는 무조건적인 환대의 정신을 보여준다 (마 10:8). 또한, 예수는 무조건적인 환대의 식탁을 하나님 나라에 대한 표적(sign)으로 생각했다. 특별히 누가복음서는 하나님 나라를 식탁교제와 관련하여 묘사하고 있다.

> 사람들이 동서남북으로부터 와서 하나님의 나라 잔치에 참여하리니... 무릇 하나님의 나라에서 떡을 먹는 자는 복되도다...너희로 내 나라에 있어 내 상에서 먹고 마시며. (누가 13:29, 14:15, 22:30)

누가의 예수는 타자를 향한 무조건적 환대의 정신을 유독 강조한다. 누가복음 10장에 25절 이하에 등장하는 사마리아인의 이야기는 (율)법 외부에 있던, 이방인을 강도 만난 유대인의 이웃으로 등극시킨다. 이를 통해 예수는 이웃의 범주를 (율)법의 테두리 내에서 규정하려는 율법교사의 고정관념을 전복시킨다. 이웃의 범주를 묻는 율법교사의 질문에 예수는 다른 프레임으로 답한다. 즉 고정된 (율법) 규범으로 이웃을 정의하기보다는, 이야기라는 열린 범주에서 이웃을 재고하게 만든다. 예수는 사마리아인을 등장시켜 이웃에 관한 유대인들의 상식적인 범주를 역전시킨다. 즉 유대의 역사를 통해 부단히 타자화되었던 사마리아 사람이 이상적인 이웃의 모습으로 등장하는 것이다. 존경받는 대제사장도, 레위인도 강도 만난 자신의 동족을 외면했다는 점에서 이웃에 관한 청중들의 상식을 여지없이 해체한다. 사마리아인은 자신들을 악마화했던 유대인을 조건 없이 치료해 준다. 이러한 사마리아인의 행동은 무조건적 환대의 모습이라 할 수 있다. 이처럼 환대의 정신을 강조한 누가는 바울의 가장 가까운 동료였다. 아마도 누가는 이방인을 조건 없이 환대하는 바울의 모습에서 이를 내면화했을 것이다. 그렇다면 무조건적 환대(unconditional and absolute hospitality)란 무엇일까? 데리다(Jacques Derrida, 1930-2004)는 다음과 같이 지적한다.

> 환대의 무조건적인 법이란 어떤 것일지 우리가 생각해 본다면, 그것은 결국, 명령 없고 지시 없고 의무 없는 그러한 법일 터이다. 한마디로 법 없는 법일 터이다. 명령하지 않고 요청하는 호소일 터이다. 왜냐하면 만일 내가 의무에 의해(의무에 맞게 만이 아니라) 환대를 실천하게 되면, 이러한 빚 갚기 환대는 더 이상 절대적 환대가 아니요, 더 이상 빚과 경제를 넘어서 무상으로 제공된, 타자에게 제공된 환대가 아니기 때문이고, 도래자 단 하나(단수성)를 위해, 때아니게 나타난 방문객 단 하나를 위해 발명된 환대가 아니기 때문이다.(자크 데리다, 『환대에 대하여』, 107-8).

데리다는 초대(invitation)와 환대(hospitality)를 구분한다. 그에 의하면, 초대는 주인이 관용(tolerance)의 이름으로 타자를 대하는 방식이다. 그러나 이러한 방식은 강자의 논리를 내장한다. 권력과 지위가 우월한 자가 약자에게 베푸는 시혜적 관점이 존재하기 때문이다. 데리다는 관용이 시혜자의 양보와 자비, 은혜 베풀기에 기댈 수밖에 없는 한, 그것은 힘이 곧 정의라고 하는 강자의 논리에 서게 된다고 지적한다. 이 지점에서 관용을 극복할 윤리적 이념으로 환대(hospitality)라는 말이 요청된다. 다시 말해 초대는 주체 중심적이라면, 환대는 타자 중심적 개념이라고 할 수 있다.

이러한 데리다의 환대개념을 바울의 신앙실천에서 발견하게 된다. 바울은 율법의 요구와는 상관없이 이방인을 환대하였다. 이러한 바울의 급진적 태도 때문에 그는 예루살렘의 보수적인 유대 크리스천들과 여러 차례 마찰을 일으켰다. 그러나 바울은 끊임없이 자신의 구성원들에게 환대를 강조한다. 예를 들어, 바울은 로마 교인들에게 "성도들의 쓸 것을 공급하며 손 대접하기를 힘쓰라" (롬 12:13) 권고한다. 또한, 14장 1절에서 믿음이 약한 자들을 판단하지 말고, 환대하라고 권면한다. 당시 로마교회는 율법이 규정한 음식법으로 인해 내부갈등이 벌어졌다. 우상에게 받쳐진 음식을 자유롭게 먹는 자들을 '믿음이 강한자'들로 불렀으며, 대다수의 이방 크리스천들이 이에 속하였다. 한편, 유대교의 금지 조항 때문에 먹기를 꺼려했던 소수의 유대 크리스천들을 '믿음이 약한 자'라고 조롱당했다(M. Reasoner, *The Strong and the Weak: Romans* 14.1-15.13 in Context, 1-23 참조). 이에 대해 바울은, "그리스도께서 대신하여 죽으신 형제를 네 음식으로 망하게 하지 말라"고 권고한다 (롬 14:14).

또 다른 측면에서 칭의론은 현대사회에 만연해 있는 실적의 원리(performance principle)를 비판적으로 성찰하게 한다. 바울의 칭의론은 현대의 실적주의적 사고방식에 대해, 인간은 자신이 쌓은 실적으로 구원받을 수 없고, 그리스도 안에서 드러나는 하나님의 은혜를 통해서만 구원에 이르게 된다는 사실을 분명히 한다. 부와 명예와 학벌을 쌓아야만 능력 있는 인간이 된다는 현대의 사고방식에 대해, 인간은 자신이 쌓은 실적으로 구원받을 수 없고, 그리스도 안에서 드러나는 하나님의 은혜를 통해서만 구원에 이르게 된다는 칭의론은 분명 자본주의적 삶의 방식에 대한 강력한 경고일 수 있다.

독일계 유대인이었던 사회심리학자 에릭 프롬(E.Fromm, 1900-1980)은 자신의 저서, 『소유냐 존재냐』에서 인간의 삶의 양식을 두 가지로 분류했다. 즉 소유의 삶의 방식과 존재의 삶의 방식이 그것이다. 소유를 통해 삶의 의미를 추구하는 사람들은 끊임없이 자신의 존재가치를 소유의 행위를 통해 충족시키고자 한다. 그들은 무엇인가를 쌓음으로써 구원받으려 한다. 재산을 쌓음으로써, 학벌을 쌓음으로써, 혹은 사회적 직위와 명예를 쌓음으로써 삶의 공허를 보상받으려 한다. 그러나 이들의 소유욕은 그리스 신화에 등장하는 먹어도 먹어도 허기를 채울 수 없어 자신의 육신을 뜯어먹다 죽은 에리직톤처럼 욕망의 굴레 속에서 결국은 파멸하고 만다. 그러나 존재의 삶의 방식을 택하는 자들은 모든 것에 자족한다. 이들은 자기중심성과 이기심을 버리고 끊임없이 자신의 영적 성장을 도모한다. 돈과 명예 그리고 권력과 같은 근사적 가치에 매달리지 않고, 사랑과 평화 그리고 정의와 같은 궁극적 가치를 위해 부단히 자신의 존재를 발전시킨다. 들판에 핀 진달래와 철쭉이 무엇을 소유하기 때문에 아름다운 것이 아니다. 물방울을 투과한 빛이 무지개가 되듯이, 크리스천들이란 신 앞에 믿음으로 투과되어 존재의 찬란한 빛을 발하는 자들이다. 사도 바울은 로마서 1장 17절에서 다음과 같이 말한다. "하나님의 의는 오로지 믿음에 근거하여 일어납니다. 이것은 성경에 기록한바 '의인은 믿음으로 살 것이다' 한 것과 같습니다." 사도 바울의 말처럼 크리스천의 존재방식은 소유가 아니라 믿음에 있다는 사실을 명심해야 할 것이다. 이런 점에서 칭의론은 현대 자본주의 사회의 소유문화에 대한 강력한 경고가 될 수 있다.

루카스 그라나크의 그림 속에 나타난 바울의 율법이해

바울의 칭의론은 당대 유대적 유산에 고착되어 있던 유대적 크리스천들을 반박하는 과정에서 등장한다. 바울 당대의 기독교는 유대교의 그늘에서 벗어나지 못하고 있었다. 예수는 유대교 갱신운동을 전개한 것이지, 유대교에서 벗어난 독자적인 종교를 만든 인물이 아니었다. 자연스럽게 그의 직계 제자들도 유대교의 그림자 속에서 활동했다. 사도행전의 보도에 따르면, 베드로와 요한은 예수의 사후에도 여전히 예루살렘 성전에서 예배를 보았다(행전 3:1). 이들은 예수를 메시아(그리스도)로 인정하면서도, 토라(모세오경)가 유대인들의 정체성으로 규정하는 할례, 안식일 준수, 음식법과 같은 다양한 조항들을 엄격하게 준수하였다. 그러나 바울은 이방 선교를 진행하면서 이러한 것들이 기독교를 다른 문화권으로 확장하는데 방해가 된다는 것을 경험하였다. 그리고 이러한 것이 자칫 유대인들의 선민의식으로 작용하여 이방인과 마찰을 불러 일으킬 수 있다는 사실을 깨닫게 된다.

바울에게 있어 그리스도 사건(예수의 십자가와 부활)은 인간사에 존재하는 모든 부당한 장벽과 불평등을 소멸시킨 하나님의 의로운 사건이었다. 이 때문에 바울은 유대적 전통을 그리스도로 수렴시키고자 시도한다. 이 과정 속에서 모세를 통해 부여된 율법의 의미를 바울은 긍정하면서 동시에 부정한다. 가령, 그는 로마서 3장 20절에서 “율법은 죄를 인식하게 할 뿐이다”라고 부정적인 평가를 내린다. 그러나 얼마 있지 않아 로마서 7장 12절에서 율법을 “거룩할 뿐 아니라 신령하다”고 긍정한다. 이처럼 같은 편지 내에서도 바울은 율법에 대한 상반된 진술을 들려준다. 이 때문에 외견상 바울은 율법에 대해 일관성 있는 태도를 결여하고 있는 것처럼 보인다. 일부 학자들은 율법에 관한 바울의 비일관적 태도보다 자칫 유대인의 종교에 대한 하나의 왜곡된 그림을 전달할 수 있다고 경고한다. 즉 과거 히틀러의 아우슈비츠의 유대인 학살로 대변되는 서구인들의 반유대주의(anti-Semitism)를 부추길 수 있다는 것이다.

사실 바울은 율법이 지닌 나름의 의미를 긍정한다. 그러나 율법으로는 하나님의 의(義)에 인간은 도달할 수 없다고 생각했다. 이러한 바울의 구원관을 카톨릭의 면죄부 판매에 대항하는 논리로 재해석한 인물이 바로 종교개혁자, 마틴 루터라고 할 수 있다. 루터는 갈라디아서 2장과 로마서 3장에 등장하는 소위 칭의론(稱義論, justification by faith) 단락에서 면죄부 판매를 공박할 수 있는 신학적 논리를 발견한다. 즉 구원은 율법의 행함으로 이루어지는 것이 아니라, 예수 그리스도를 믿음으로 가능하다는 것이다. 그리스도를 믿는 것은 구원의 세계로의 진입을 의미하며, 예수의 죽음과 부활에 나타난 신의 은총을 주체적으로 받아들이는 것이다. 이러한 신학적 논리 속에서 루터는 카톨릭의 면죄부 판매를 율법의 행위로 간주했다. 루터에게 있어, 면죄부를 통한 죄의 구원이라는 당시 로만 카톨릭 당국의 논리는 바울 시대의 율법주의자의 행태를 연상시켰다. 사실 루터는 바울의 칭의론에 나타나는 율법과 복음의 문제를 자신이 처해있던 당대의 사회, 정치적 문맥에서 재해석하였다. 그의 칭의론에 관한 해석은 당시 카톨릭 교회와의 투쟁의 과정 속에서 애초 바울이 의도한 것보다 더욱 증폭되고 강조되었다. 이러한 루터의 구원에 관한 대조적 세계관을 잘 보여주는 그림이 남아있다. 16세기 종교개혁의 격전장이었던 비텐베르크의 궁전화가, 루카스 크라나흐(Lucas Cranach the Elder, 1472-1553)의 작품, <율법과 은총, Gesetz und Gnade, 1529>은 루터의 신학적 전망을 알레고리적으로 표현하고 있다. 크라나흐는 율법과 복음의 세계를 대칭적으로 도해하고 있다. 이 그림은 아담과 하와의 범죄로 인해 인간 세상에 들어온 죽음과 율법, 그리고 복음을 통한 이루어지는 인간구원을 우화적으로 보여준다. 이 그림은 구조적으로 정중앙의 나무를 중심으로 왼쪽과 오른쪽의 세계로 명확하게 나누어져 있다. 왼쪽은 율법의 세계를 나타내고, 오른쪽은 은총의 세계를 나타낸다. 율법과 은총의 세계를 나누는 정중앙에 있는 나무의 왼쪽 가지에는 이파리가 하나도 남아 있지 않다. 그것은 율법의 세계에는 생명이 존재하지 않는다는 의미일 것이다. 한편 오른쪽 가지에는 풍성하게 나뭇잎들이 달려 있다. 이는 그리스도의 죽음과 부활을 통해 이 세상에 제공된 하나님의 생명과 은총의 세계를 상징하고 있다. 율법의 세계를 상징하는 그림 왼쪽 상단에는 선악과를 따먹는 아담과 하와의 모습이 보인다. 이들이 지은 죄로 말미암아 인류에게 죄가 발생했다는 의미이다. 그리고 그 대가는 죽음이었다. 그림 중앙에 죽음과 죄를 상징하는 해골과 사탄이 인간의 뒤를 쫓고 있다. 또한, 나무 아래에서 돌 판에 새긴 십계명을 들고 있는 모세가 보인다.

크라나흐, 율법과 은총, 1529

그러나 오른쪽은 신약 즉, 복음을 통한 은총의 세계를 형상화하고 있는데, 십자가 위에 붉은 망토를 걸친 부활한 그리스도가 등장한다. 벌거벗은 인간에게 십자가에 못 박힌 예수를 가리키는 인물은 세례요한이다. 이 작품은 루터의 사상을 시각적으로 잘 표현하고 있다. 즉 구원을 얻는 길은 율법 준수를 통한 선행이 아니라, 그리스도의 대속의 죽음을 믿는 주체적 결단과 믿음으로 이르게 된다는 주장이다. 크라나흐은 다양한 성서의 상징과 알레고리를 동원하여 루터의 신학적 주장을 입체적으로 표현하고 있다. 또한, 이 그림은 <레 미제라블>에 등장하는 장발장과 자베르가 보여주는 대조적인 구원관을 잘 보여주고 있다.

데리다에 의하면 정의는 법의 바깥에 또는 법 너머에 존재한다. 다시 말해 법은 정의를 보장하지도, 정의를 실현하지도 못한다.

> 법은 정의가 아니다. 법은 계산의 요소이며, 법이 존재한다는 것은 정당하지만, 정의는 계산 불가능한 것이며, 정의는 우리가 계산 불가능한 것과 함께 계산할 것을 요구한다. 그리고 아포리아적인 경험들은 정의에 대한, 곧 정당한 것과 정당한 것 사이의 결정이 결코 어떤 규칙에 의해 보증되지 않는 순간들에 대한 있을 법하지 않으면서도 필연적인 경험들이다.(자크 데리다, 『법의 힘』, 37).

이러한 법과 정의의 관계에 관한 데리다의 전복적 사유는 자베르의 법지상주의를 비판할 수 있는 준거점을 던져준다. 데리다의 주장은 (율)법에 관한 바울의 생각과 많은 부분에서 일치한다. 로마서 3장에서 바울은 율(법)으로는 하나님의 정의에 도달할 수 없다고 주장한다. 그는 율(법)으로는 단지 죄를 깨달을 뿐이라고 말한다 (롬 3:20). 그러나 흥미로운 것은 7장에서 바울은 (율)법은 거룩하고 의로우며 선하다고 평가한다. 이러한 바울의 양가적 태도는 데리다가 지적한 것처럼, 법에 근거한 정의의 (불)가능성과 깊은 연관이 있다. 이 때문에 바울은 정의가 (율)법을 통해 구현될 수 없다고 생각한다.

칭의론이 지니고 있는 문제의식을 가장 잘 보여주는 작품이 있다. 빅토르 위고의, 『레미제라블』이다. 이 소설은 19세기 프랑스 혁명기를 배경으로 수많은 인물들을 통해 진정한 삶의 가치를 조명한다. 이 소설에 등장하는 장발장과 그를 쫓는 자베르 경감의 캐릭터는 매우 대조적이다. 장발장은 예수와 같은 인물로서 법을 초월한 은총과 사랑의 삶을 추구하는 인물이고, 자베르는 엄격한 법의 집행을 통해 정의를 실현하려는 인물이다. 그러나 법은 도덕의 최소한이지, 궁극적 목적이 될 수는 없다는 것을 이 소설은 보여준다. 때로 법은 이웃사랑과 사회정의를 실천하는데 지극히 무능하다. 예수는 안식일법이 배고픈 민중들을 삶을 고려하지 않을 때, 이렇게 말했다. "안식일의 주인은 사람이다." 바울 또한, 유대인과 이방인의 사회적 장벽으로 작용하던 유대의 관습법에 대해서 비판적이었다. 자베르의 모습 속에 예수가 비판했던 바리새인들의 모습을 보게 된다. 그는 실로 법 지상주의자라고 할만하다. 법에 기초한 징벌과 처벌만이 사회질서를 안전하게 유지할 수 있다는 것이 자베르의 세계관이다. 이러한 자베르는 은총에 기댄 자기희생의 삶을 사는 장발장의 행동을 전혀 이해하지 못한다. 죽음의 순간에도 타인을 위해 자기를 희생하는 장발장의 모습은 자베르의 가치관 속에서는 도무지 이해할 수 없는 것이었다. <레 미제라블>은 이러한 대조적인 세계관을 지닌 두 인물을 통해 인간을 구원에 이르게 하는 것이 과연 무엇인지를 독자들에게 반문한다.

2천 년 전에 쓰여진 바울의 편지들은 이러한 <레 미제라블>의 세계관과 상응하는 신학적 주제들을 등장한다. 특히 바울의 주요 서신인 갈라디아서

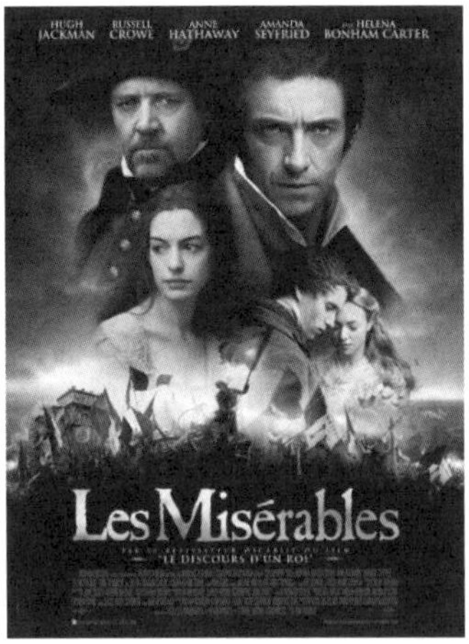

와 로마서는 율법과 복음, 즉 심판과 은총이라는 테마들을 다루고 있다. 바울은 죄를 자각하게 하고 이에 따른 심판과 징벌이라는 준엄한 율법의 세계관으로는 인간은 구원에 이르지 못한다고 생각했다. 그는 예수의 죽음과 부활에 나타난 신의 은총과 사랑만이 인간을 구원할 수 있다고 믿었다. 갈라디아서 3장 24절에서 바울은 율법은 우리를 그리스도께 인도하는 초등교사라고 말한다. 즉 율법은 인간에게 죄를 인식하게 하는 상대적 가치만 존재하지, 그 자체로 궁극적 의미를 지닐 수 없다는 것이다. 바울은 율법이 주어진 것은 인간의 범죄 때문이라고 지적한다 (갈 3:19). 또한, 바울은 로마서 13:10절에서 사랑은 율법의 완성이라고 말한다.

모세율법에 관한 바울의 생각을 논리적인 잣대로 판단하는 것은 적절하지 못하다. 바울은 자신의 편지에서 율법의 모순을 논리적으로 비판하고 있지 않다. 바울은 논리적 일관성을 추구했던 사상가라기보다는 실천적 종교인이었다. 우리는 종교사를 통해 얼마든지 논리적 모순을 말하는 종교사상가들을 발견하게 된다. 가령 불교의 선사들의 세계에서 언어적 모순이란 그다지 중요한 사항이 아니다. 왜냐하면 종교적 깨달음은 종종 언어의 논리를 넘어서 있기 때문이다. 따라서 바울의 율법관을 either/or의 양자택일의 논리로 재단하기보다는, both/and (이것이면서도 저것인)의 초이분법적(trans-dualistic) 사고로 이해되어야 한다. 즉 바울의 율법관은 '이다(긍정)' 이면서 '아니다(부정)'의 변증법을 보여준다. 사실 예수의 십자가 사건 역시 인간의 논리로 포획될 수 없는 하나의 모순적 사실을 드러내고 있다. 무한한 하나님이 인간의 유한성을 체험하는 사건이 바로 성육신(incarnation)의 요지이기 때문이다.

정리하자면, 바울은 하나님의 계시로서의 율법을 제한적으로 긍정한다. 갈라디아서 3장 23-24절에서 율법은 그리스도가 오기 전까지 우리의 개인 교사의 역할을 할 뿐이라고 주장한다. 이제 메시아의 시대에 율법은 제한적 역할밖에 하지 못한다는 것이다. 그러나 율법이 인간 사랑의 걸림돌로 오용될 때, 혹은 억압의 기제로 악용될 때, 바울은 그것을 부정한다. 한편 로마서 10:4에서 바울은 "그리스도는 율법의 완성이다"라고 말한다 (롬 10:4). 즉 율법을 통해 이룩하고자 했던 하나님의 계획이 이제 그리스도를 통해 실현되었다는 것이다. 우리는 바울의 율법관을 통해 그가 얼마나 힘들게 자신의 전통과 유산을 새로운 신앙과 조화시키기 위해 고투했는지를 엿볼 수 있다. 그는 단순히 율법을 버리고 그리스도를 취하는 손쉬운 방법을 버리고 양자를 통합하려고 고뇌한다. 너무나 손쉽게 새로운 풍조와 사상에 떠밀리는 참을 수 없이 부박한 한국의 지식인들에게 이러한 바울의 사상적 고투는 우리의 부끄러운 초상을 되돌아보게 만든다.

바울의 종말론적 윤리

바울은 빌레몬서를 제외한 대부분의 편지에서 신학적 논변 이후에 수신자 교인들을 위한 윤리적 권고를 덧붙이고 있다. 가령 로마서에서 바울은 1장부터 11장에 이르는 긴 신학적 담론을 마친 연후, 12장부터 15장에서 로마 공동체 내에서 벌어진 문제들에 대한 윤리적 권고를 하고 있다. 바울의 윤리적 권고는 그의 종말론적 삶의 자세와 밀접한 관련을 지닌다 (cf. 빌 2:12; 고후 5:10; 롬 2:6-11). 즉, 그리스도의 임박한 재림을 준비하는 삶의 자세로써 신자는 어떻게 살아야 하는가? 라는 문제가 바울의 윤리를 추동하는 주된 동력이라 할 수 있다. 가령, 데살로니가전서 4-5장에서 바울은 심판관 그리스도를 대면하도록 준비하는 거룩한 생활의 중요성을 강조하고 있다. 또한, 고린도 전서 7장에서 바울은 좀 더 구체적으로, 재물, 노예제도, 할례 그리고 특별히 남성과 여성 사이의 관계들에 대한 새로운 삶의 태도를 열거하고 있다.

여기서 흥미로운 것은, 바울이 신자들의 종말론적 삶의 자세를 역설하기 위해 호스 메(hôs mê) 용법을 사용하고 있다. 희랍어의 '호스 메'라는 말은 영어의 'as if... not'의 용법과 유사한 것으로, '마치 무엇 무엇이 없는 것과 같이'를 뜻한다. 가령, 바울은 고전도 전서 7장 29절에서 다음과 같이 충고한다. "이 후부터 아내 있는 자들은 마치 없는 자 같이하며, 우는 자들은 마치 울지 않은 자 같이 하며, 기쁜 자들은 마치 기쁘지 않은 자같이 하며, 매매하는 자들은 마치 없는 자 같이 하며, 세상 물건을 쓰는 자들은 마치 다 쓰지 못하는 자같이 하라. 이 세상의 형적은 지나가기 때문이다." 이러한 태도를 신약에서는 간략히 '호스 메' 사상이라 한다. '호스 메' 사상은 외식적인 태도나 금욕주의를 말하는 것이 아니라, 오히려 세상의 '소유적 삶의 양식'에서 초월해 있는 '순례자적 삶의 방식'을 말하는 것이다. 바울은 고린도 전서 3장 21절에서 바로 '호스 메'적 삶의 자세를 취할 때, 크리스천들이 만물의 주인이 된다고 말한다. 바울은 자신의 교우들에게 부당한 세상의 질서에 대해 적극적으로 항거하라고 말하지 않는다. 오히려 그는 로마 당국의 부당한 조세제도에 대해 심한 거부감을 느끼고 있던 로마의 유대 크리스천들에게 세금을 내라고 충고한다(롬 13장). 또한 노예의 신분에 처해 있던 신도들에게는 주인에게 복종하라고 말한다. 기존의 억압적 제도와 질서를 묵인하는 듯한 바울의 이러한 윤리적 충고 때문에, 바울은 종종 제국주의와 노예제도의 옹호자로 공격받아 왔다. 그러나 이러한 오해는 바울의 종말론적 삶의 태도를 이해하지 못했기 때문에 발생하는 오해들이다. 바울은 자신이 생존하고 있는 동안 그리스도가 재림할 것이라는 종말론적 대망을 지니고 활동했다. 사실 그의 이방인 선교활동도 이러한 종말론적 비전의 결과라 할 수 있다. 왜냐하면 구약의 선지자들은 이방인의 회개를 메시아 도래의 징표로 간주했기 때문이다 (사 11:10 참조)

따라서 바울은 예수의 재림으로 인해 현존하는 질서가 멀지 않아 사라질 것으로 여겼기 때문에, 신자들로 하여금 부당한 현존 질서에 적극적으로 대항하라고 가르칠 필요를 느끼지 못했던 것이다. 바울의 윤리적 가르침은 현존의 질서를 바꾸는 것보다 큰, 즉 그리스도의 재림이라는 종말론적 사건이 도래할 때를 대비한 삶의 태도에 초점을 맞추고 있다. 마치 구한말의 개벽사상가 최제우와 강증산의 '천지개벽'과 '우주공사'와 같은 거대한 묵시적 비전(apocalyptic vision)이 바울을 사로잡고 있었기에, 바울은 몇몇 부당한 인간사의 억압적 제도에 대한 일시적 개혁에는 그다지 큰 관심을 보이고 있지 않는 것이다. 그렇다고 바울은 자신의 '길벗'들에게 현실의 삶을 외면하라고 가르치지 않는다. 그보다는 바울의 윤리는 '이미(already)'와 '아직(not yet)'사이에 살고 있는 기독교인들의 '종말론적 긴장'을 반영한다.

신약문서의 저자들은 시간을 나타내기 위해 대개 두 가지 어휘를 사용한다, 바로 카이로스(kairos)와 크로노스(chronos)라는 단어다. 카이로스는 일상적인 시간을 나타내기보다는 무엇인가, 결정적이고, 특수한 '때'를 나타나기 위해 사용한다. 즉 그리스도의 재림이나, 하나님 나라가 도래하는 그런 '때'를 표현할 때 신약의 기자들은 '카이로스'를 사용한다. 카이로스는 인간의 시간이 아니라 신의 결정적인 '때'를 뜻한다. 예를 들어 마가 기자가 '때가 찼고 하나님의 나라가 가까이 왔다(1:15)' 말할 때, 그는 계절을 나타내는 크로노스가 아니라, 신의 때를 나타내는 카이로스를 사용한다. 바울의 윤리는 이러한 카이로스의 때에 신자들의 삶의 자세를 말하고 있는 것이다.

바울은 신자들의 행동을 에스카톤(Eschaton, 종말)에 결부시킨다. 바울에 따르면 믿는 자의 행동은 종말론적 행동이다. 그는 신자의 윤리적 행동은 하나님의 영이 행사하는 권능의 결과라고 주장함으로써 이 생각을 표현하고 있다. 그러나 바울은 종말의 가까움에 대해서 뿐만 아니라 신자들이 이미 새로운 세대의 백성으로 살고 있다는 사실에 집중한다. 로마서 12-13장에서 신자들은 옛 시대가 아닌 새로운 시대에 부응하도록 권고받는다: "너희는 이

Philippe de Champaigne, Vanitas on Allegory of human life, 1646

세상을 본받지 말고 오직 마음을 새롭게 함으로 변화를 받아 하나님의 선하시고 기뻐하시고 온전하신 뜻이 무엇인지 분별하도록 하라"(롬12:2). 바울은 '믿는 자'들의 윤리를 의무적으로 수행하여야 할 강제적 규정으로 이해하지 않았다. 그에게 있어 윤리적 행동이란 신의 은총으로 거듭난 인간의 자발적 준수로 이해된다. 따라서 기독교인의 윤리는 '의무'가 아니라 '새로운 피조물'로서 마땅히 누려야 할 자유인의 삶의 방식인 것이다.

이러한 바울의 카이로스적 삶의 자세는 로마사회의 라틴어 격문인, 메멘토 모리(memento mori)나 카르페 디엠(carpe diem)과 연관되면서 중세 기독교의 중요한 가르침으로 발전한다. 흔히 '죽음을 기억하라'고 번역되는 메멘토 모리는 삶의 현재성을 강조한다. 즉 인간은 모두 죽음을 향해 달려가는 존재이기에, 항상 죽음이라는 자신의 종말을 기억하면서 현재의 시간을 충만하게 살라는 뜻이다. 피터 위어의 영화, <죽은 시인의 사회>에서 키팅 선생은 학생들에게 카르페 디엠(carpe diem)이란 라틴어 격문을 가르쳐 준다. '오늘을 잡아라'라는 뜻이다. 과거는 이미 지나간 시간이요, 미래는 아직 오지 않은 시간일 뿐 우리가 취할 수 있는 것은 지금 바로 이 순간뿐이라는 뜻이다. 바울이 말한 '호스 메'적 삶의 태도는 가식적인 모습이나 금욕주의를 말하는 것이 아니다. 세상의 소유적 삶의 양식에서 벗어나 순례자적 삶의 방식을 취하라는 권고이다. 이러한 바울의 생각은 예수의 가르침과 상응한다. 예수는 하나님 나라가 도적같이 임한다고 제자들에게 가르쳤다. 따라서 제자들에게 요청되는 삶의 자세는 하루하루를 종말론적 긴장 속에서 살아가는 것이었다. 위 그림은 인생의 유한성을 꽃과 모래시계에 비유한 그림이다

바울과 여성

영국의 극작자 버나드 쇼는 '바울은 여성의 영원한 적이다'라고 말한 적이 있다. 그는 바울 서신들에 나타난 여성 차별적인 언사들을 근거로 바울의 남성 우월주의를 질타하였던 것이다. 그의 주장은 바울 서신들에 나타나는 여성에 대한 차별적 언급들을 살펴볼 때, 일면 타당해 보이기도 한다. 사실 바울의 목회서신이라고 전통적으로 간주되어 왔던 디모데 전서는 변명의 여지가 없는 여성 차별적 언사를 담고 있다. "나는 여자가 가르치거나 남자를 지배하는 것을 허락하지 않습니다."(딤전 2:12). 또한, 에베소서 5장 21절 역시 교회 안에서의 '여필종부'의 미덕을 여성신도들에게 강요한다. 이러한 언급들 때문에 근래의 급진적인 서구의 여성운동가들은 바울을 남성 우월주의자 혹은 여성차별을 성서적으로 정당화한 '원흉'으로 성토하고 있는 실정이다. 그러면 과연 바울은 여성차별주의자였던가?

사실 디모데 전서와 에베소서를 근거로 바울에게 여성차별의 혐의를 씌우는 것은 다소 부당한 것이다. 왜냐하면 앞에서 인용한 디모데 전서와 에베소서는 바울의 친서가 아니라, 바울 사후에 그의 제자들이 교회를 제도화하는 과정에서 바울의 이름으로 기록한 후대문서로, 현대의 성서 비평학은 평가하고 있기 때문이다 (필주. 현대의 바울 연구는 데살로니가 전서, 갈라디아서, 로마서, 고린도 전/후서, 빌립보서, 빌레몬서등 이상의 7권을 바울의 친서로 인정하고 있음). 더욱이 바울은 자신의 갈라디아서 3장 28절에서 "그리스도 안에서 남자와 여자의 차별이 없다"고 분명하게 밝히고 있다. 그렇다면 이로써 여성차별주의자라는 혐의를 바울에게서 지울 수 있게 되는 것인가? 그러나 문제는 그렇게 간단하지 않다. 바울의 친서로 간주되는 고린도 전서 14장 34-35절에서조차 다시 여성차별적인 언급을 발견하게 되기 때문이다. "여자들은 교회에서 잠잠하십시오. 여자에게 말하는 것이 허락되어 있지 않습니다... 배우고 싶은 것이 있으면, 집에서 자기 남편에게 물으십시오. 여자가 교회에서 말하는 것은, 자기에게 부끄러운 일입니다." 이런 결정적인 증거 앞에 다시 바울은 여성차별주의자의 낙인을 받아야 하는 것일까?

스크로스(Robin Scroggs, 1930-2005)는 바울을 남성 우월주의자로 보는 견해를 뒷받침하는 주된 증거들은 모두 제2 바울 서신으로부터 온 것임을 정확하게 지적해 냈다. 그리고 고린도 전서 14장 34절 이하의 본문도 바울 자신의 것이라기 보다는 후대의 삽입이라고 주장한다. 실제로 바울은 다른 곳에서 여자는 교회에서 의견을 말할 수 있는 참여자라고 인정한다 (참조, 고전 11:15). 사실, 바울은 많은 여성들을 자신의 동료(co-worker)로서 인정했으며, 자신의 공동체 안에서 여성들의 주도적 역할을 권장하기를 서슴지 않았다. 예를 들어 빌립보 교회의 설립은 루디아라는 여성을 통하지 않고는 가능하지 않은 것이었다 (참조, 행전 16:11-15). 또한, 바울과 같은 천막 짓기(Tent-making)를 생업으로 삼고 있던 브리스길라는 바울의 선교 활동을 적극적으로 후원한 한 여성이었다. 그녀는 고린도에서 바울을 만나 장차 로마 선교의 교두보를 제공한 인물이었다. 바울이 로마에 있던 '예수공동체'에 서신을 보낼 당시 그녀는 자신의 남편인 아굴라와 함께 로마교회의 중추적인 역할을 했던 인물이었다. 또한, 특기할 만한 사실은 항상 그녀의 이름이 남편의 이름보다 앞서 언급된다는 사실이다. 고대의 가부장적인 관행으로는 남편의 이름이 먼저 언급되는 것이 상식이었다. 그럼에도 불구하고 브리스길라라는 여성의 이름이 항상 남편인 아굴라 보다 먼저 언급되는 이면에는 그녀에 대한 초기 기독교구성원들 대한 존경심을 읽을 수가 있는 것이다.

바울은 로마서 16장에서 브리스길라와 아굴라를 문안하기 이전에 뵈뵈라는 한 여성을 로마교인들에게 천거하고 있는데, 그녀의 직분을 바울은 '겐그레아 교회의 일꾼'이라고 언급한다. 여기서 일꾼에 해당하는 헬라어는 '디아코노스(diakonos)'이란 단어로 영어로 minister (목회자)나 benefactor (후원자)에 해당하는 단어이다. 즉 이러한 사실로부터 우리는 뵈뵈가 단순히 바울의 심부름꾼이 아니라, 겐그레아 교회에서 '목회자'로 중추적인 역할을 하다가 바울의 사명을 받고 로마교회에 파송된 순회 설교자라는 사실을 알게 된다. 이처럼 초기 '예수운동'에서 여성들의 역할은 심대했다. 당시 유대교의 랍비들은 여성들을 율법교육에서 배제시켰다. 예루살렘 성전의 본전 뜰에는 여성들의 출입이 금지되었다. 한편 당시 그레코-로만 사회에서도 여성의 인권이나, 지위는 그야말로 형편없는 것이었다. 여성은 노예와 같이 가부장의 재산목록 중에 하나일 뿐이었다. 이러한 시대 상황 속에서 예수와 바울이 많은 여성들을 자신의 가르침의 주된 청중으로 삼았다는 것은 확실히 당시의 통념으로는 스켄달에 가까운 사건이었다.

주후 4세기 중반경에 쓰여진 것으로 추정되는 『바울과 데클라 행전 The Acts of Paul and Thecla』이라는 외경문서가 있다. 이 문서에서 바울의 행적은 다소 소극적으로 그려지는 반면 테클라라는 여성은 온갖 박해에도 불구하고 순수한 신앙을 지킨 영웅적인 인물로 그려지고 있다. 이는 초기의 예수운동(Jesus movement) 내에서 여성들의 현저한 위치를 반영하는 것이다. 그러나 초기의 예수운동이 카리스마적 지도자를 중심으로 한 종파적 분위기(sectarian movement)에서 점차 제도화(institutionalization)되어 감에 따라 다시 가부장적 질서의 필요성이 대두된다. 이러한 분위기 속에서 교회 내에서의 여성에 관한 급진적인 행태들이 억제되기 시작하면서, 초기에 기록된 바울의 여성에 관한 진보적 견해들이 가부장적으로 채색되기 시작한 것이다. 앞서 언급한 고린도 전서 14장의 후대 '삽입'은 이러한 분위기 속에서 가능한 것이었다. 따라서 바울을 여성차별주의자로 몰아세우는 것은 바람직하지 않다. 본격적인 여성해방 운동이 고작 1970년대에 시작되었던 것을 생각해 보면, 2000년 전의 고대인 바울이 벌써 자신의 공동체 안에서 여성의 평등한 권리를 주장한 것은 얼마나 놀라운 일인가 (갈 3:28)! 한때 보수적 바리새파의 일원이었던 그가 이러한 시대를 앞서가는 통찰을 얻게 된 것은 바로 다마섹에서 만난 그리스도를 인류의 '해방자'라고 깨달은 연유가 아니었을까?

토론주제 ⑩

01.

바울의 '칭의론'이 지닌 현대적 의미에 대해서 토론해 보자.

02.

바울을 소재로 한 할리우드 영화에는 어떤 것이 있을까?

03.

바울의 사상과 예수의 사상의 차이점은 무엇일까?

참고문헌 … ⑩

1. 정승우, 『새시대의 바울』. 서울: 연세대학교출판문화원, 2023.

2. 게리 윌스/ 김창락 옮김, 『바울은 그렇게 가르치지 않았다』. 서울: 돋을새김, 2007.

3. 톰 라이트/ 박규태 옮김, 『바울평전』. 서울: 비아토르, 2020.

11

사도행전 바울서신

11장

사도행전
바울서신

신약성서에서는 바울의 이름으로 13권의 편지가 남아 있다. 그러나 바울이 직접 쓴 편지는 7편으로 추정된다. 데살로니가 전서, 갈라디아서, 빌립보서, 고린도 전/후서, 빌레몬서, 로마서 등이다. 바울의 편지들은 헬레니즘 세계의 일반적인 편지 양식과 유사하다. 당시의 편지들은 일반적으로 고정된 양식을 지니고 있었는데, 먼저 누가 누가에게 안부 인사를 전한다는 형식으로 편지의 저자를 밝히며 시작한다. 그리고 본문이 등장하고, 용건과 작별인사로 보통 마감한다. 그러나 바울은 그레코-로만사회의 일반적인 편지 양식을 준용하고 있지만, 예수에 관한 복음을 전파하기 위해 그 형태를 적절하게 변형시킨다. 가령, 그는 안부 인사가 끝난 후에 예수에 관한 신학/신앙적 의미를 밝힌 후, 윤리적 권면을 전하고 있다. 바울의 편지들은 각개 수신자 교회들이 직면해 있던 다양한 문제들을 해결하려는 목적으로 쓰여졌다. 이 말은 바울의 편지들이 무시간적인 기독교 교리서가 아니라는 의미이다. 즉 바울의 문건은 상황적이다. 그때 교회들이 직면한 신앙적 문제, 윤리적이고 도덕적인 문제, 그리고 로마 제국과의 관계문제들을 다룬다. 가령, 로마서 13장은 로마 제국의 납세문제를 다루고 있고, 갈라디아서 3장은 유대교의 율법과 할례의 준수문제, 그리고 고린도 전서 8장은 이방 신전에 받쳐진 음식을 먹는 문제 등을 다루고 있다. 바울의 편지들을 행간을 유심히 읽어 보면, 초기 기독교가 당면한 실제적인 문제들과 바울의 실제적 고민 들을 유추할 수 있다. 그럼 바울의 7개의 편지들을 간략하게 살펴보자.

사도행전

사도행전(Acts)은 바울이 쓴 것이 아니라, 그의 선교 동역자 누가가 쓴 것으로 알려져 있다. 그러나 사도행전은 바울의 선교행적을 재구성하는데 매우 중요한 책이다. 사도행전의 절반은 바울의 선교행적에 관한 기록이라 할 수 있다. 이 책은 초기 기독교의 유럽 선교역사를 다루고 있다. 예수가 죽은 후에, 그의 부활을 목격한 제자들이 예루살렘의 작은 다락방에 모인다. 그리고 이들은 놀라운 집단적 종교체험(오순절 성령 강림)을 통해 전세계를 위한 선교의 사명을 깨닫게 된다. 이후 이들은 곳곳으로 흩어져 부활한 예수가 당부한 선교의 사명을 실행한다. "성령이 너희에게 내리시면, 너희는 능력을 받고, 예루살렘과 온 유대와 사마리아에서, 그리고 마침내 땅끝에까지 이르러 내 증인이 될 것이다"(행전 1:8). 결국, 사도행전은 로마에서 복음을 전하다 투옥된 바울의 이야기로 마치게 된다.

사도행전은 독립적인 책이라기보다는, 원래 누가복음과 한 세트로 구성된 책이다. 즉 누가복음은 예수의 선교행적을, 그리고 사도행전은 제목처럼 사도들(제자들)의 선교행적을 다룬 책이다. 이 두 권은 같은 사람, 즉 익명의 로마관료, '데오필로(Theophilo)'에게 헌정된 책이다. 사도행전 1장 1절은 이렇게 시작된다. "데오빌로님, 나는 첫 번째 책에서 예수께서 행하시고, 가르치신 모든 일을 다루었습니다." 여기서 말한 '책 번째 책'은 누가복음을 뜻한다.

사도행전의 저자는 전통적으로 바울의 동료였던 누가(Luke)로 생각하지만, 정확한 실체는 알 수 없다. 왜냐하면 사도행전에 등장하는 바울에 관한 누가의 이야기는 실제 바울의 친필편지와 엇갈리는 정보와 내용이 많기 때문이다. 바울은 자신을 이방인의 사도로 자처하지만, 사도행전은 베드로에 의해 이방선교의 길이 열린 것으로 보도한다. 가령 사도행전 10장에서 베드로가 로마장교, 고넬료를 회심시키는 이야기가 등장한다. 이후 사도행전은 이방인을 위한 선교의 주역을 바울로 설정하고, 그의 3차례 걸친 선교여행을 보도한다. 특이하게 사도행전은 바울의 다마스쿠스 사건을 3차례에 걸쳐 이야기하지만, 바울은 자신의 친필서신에서 이 사건을 명시적으로 언급하지 않는다. 이처럼 사도행전은 예수의 제자들이 어떻게 예루살렘에서 로마까지 복음을 전파하였는가를 기록한 일종의 초기 기독교 선교역사를 기록한 책이라 할 수 있다. 아래 지도는 사도행전에 기록된 바울의 3차례 선교여행을 나타낸 것이다.

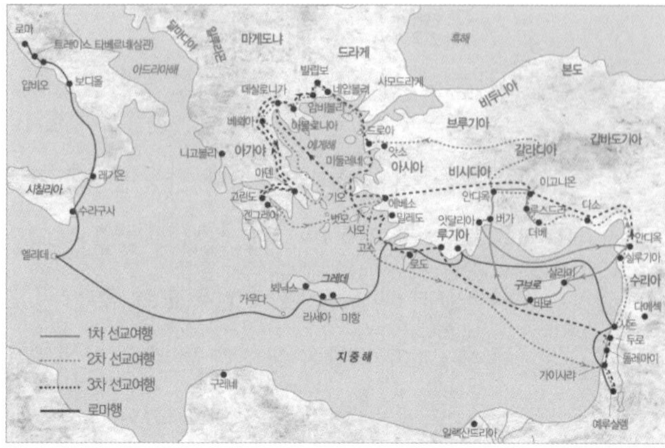

데살로니가 전서

데살로니가 전서(1 Thessalonians)는 바울의 편지 중에서 가장 이른 시기에 작성된 것으로, 주후 49-50년경에 그리스의 남부 항구도시, 고린도에 체류했을 때 쓰여진 편지이다. 이 편지를 보낸 곳은 그리스 북부도시, 데살로니가에 있는 초기 기독교 가정교회이다. 데살로니가는 그리스 북부에 위치한 도시로 당시 교통의 요충지였다. 이곳에는 그리스 북부와 튀르키예의 이스탄불로 이어지는 비아 이그나티아(via egnatia)라는 로마의 도로가 관통하고 있었다. 사도행전 17장 1절은 바울이 빌립보를 떠나 암비볼리와 아볼로니아을 거쳐 데살로니가에 이르는 여정을 기록하고 있다. 데살로니가에서 바울의 그의 동료, 실라와 함께 선교를 하며 가정교회를 설립한 것으로 추정된다. 바울은 데살로니가의 유대교 회당에서 이교도 개종자들을 중심으로 포교활동을 하다가 보수적 유대인들과 갈등이 발생한다. 그는 급하게 그리스 남부의 항구도시, 고린도로 이동하여 이 편지를 저술한 것으로 보인다. 데살로니가 교회가 봉착한 가장 큰 문제는 죽은 자들의 부활에 관한 문제였다. 즉 예수의 재림(Parusia)이 오기 전에 죽은 신도들은 어떻게 되는가 하는 문제였다. 이에 대해 바울은 데살로니가 전서 4장 13절 이하에서 답변하고 있다. 그는 예수의 부활에 기초하여 이미 죽은 사람들도 그리스도와 연합하여 부활할 것이라고 이야기한다. 그리고 바울은 다음과 같은 종말론적 비전을 제시한다. "주님께서 호령과 천사장의 소리와 하나님의 나팔 소리와 함께 친히 하늘로부터 내려오실 것이니, 그리스도 안에서 죽은 사람들이 먼저 일어나고, 그 다음에 살아남아 있는 우리가 그들과 함께 구름 속으로 이끌려 올라가서, 공중에서 주님을 영접할 것입니다"(살전 4:16-17). 이처럼 바울은 유대묵시문학이 보여주는 종말론의 그림 속에서 크리스천들의 부활을 이야기하고 있다. 그러나 바울은 종말의 시기에 대해서는 섣불리 추측하는 것을 금하고 있다. "그 때와 시기를 두고서는 여러분에게 더 쓸 필요가 없겠습니다"(살전 5:10). 바울은 종말이 도적같이 같이, 해산할 여인의 진통같이 뜻 밖의 시기에 올 것이라고 경고한다. 이제 중요한 것은 유비무환의 자세로 종말을 준비하는 것이라고 말한다. 즉 어둠 속에 살지 말고, 깨어서 빛 가운데 살아야 하며, 서로 격려하며 덕을 세우는 삶을 살아야 한다고 바울은 권면한다. 바울은 현재를 마지막 때처럼 간주하며 선하게 사는 것이 중요하다고 가르친다.

고린도 전/후서

고린도 전/후서(1, 2 Corinthians)는 바울이 50년대 초반 소아시아의 에베소 체류하던 시기에, 에게해 건너편에 있는 그리스 남부의 항구도시 고린도에 있는 가정교회들에게 보낸 것이다. 고린도는 그리스 남부에 위치한 항구도시로서, 1세기 그레코-로만 세계에서 가장 번성한 무역항으로 알려져 있다. 이곳에 있는 포세이돈 신전에서는 당시 헬라세계의 올림픽과 버금가는 체육축전이었던, 이스티미아(Isthmia) 경기가 매 2년 마다 개최되어 수많은 사람들이 몰려들었다.

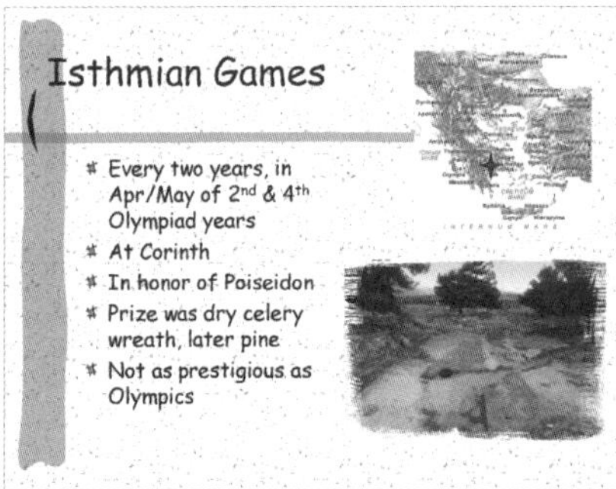

이스미안 게임의 주요 종목들

바울은 50년경 그리스 선교여행 중에 아테네를 거쳐 고린도에 머물면서, 이 곳을 그리스 선교의 거점 도시로 활용했다. 사도행전 18장은 고린도에서의 바울의 활동을 다음과 같이 기록하고 있다.

그 뒤 바울은 아테네를 떠나서, 고린도로 갔다. 거기에서 그는 본도 태생인 아굴라라는 유대사람을 만났다. 아굴라는 글라우디오 황제가 모든 유대 사람에게 로마를 떠나라는 칙령을 내렸기 때문에, 얼마 전에 그의 아내 브리스길라와 함께 이탈리아에서 온 사람이다. 바울은 그들을 찾아갔는데, 생업이 서로 같았으므로, 바울은 그들 집에 묵으면서, 함께 일을 하였다. 그들의 직업은 천막을 만드는 일이었다. 바울은 안식일마다 회당에서 토론을 벌이고, 유대 사람과 그리스 사람을 설득하려 하였다. (행전 18:1-4)

바울이 고린도에서 만난 아굴라와 브리스길라라는 유대인 부부는, 로마 황제 클라우디우스(Claudius, 41-54 CE)가 49년, 로마에서 유대인들을 추방할 당시, 그리스 남부의 고린도로 이주해 온 인물들이다. 고린도에서의 바울의 선교활동은 이들 부부가 중심이 된 가정교회(ekklēsia)에서 시작되었다. 천막

제조업자(skēnopoios)들이었던 바울과 이들 부부의 작업장은 고린도에서의 활동 거점이 되었다. 따라서 그들의 가정교회는 그들과 동일한 업종에 종사하던 상인들과 고객들로 구성되었으며, 천막제조업으로 다른 멤버들에 비해 상대적으로 부유했던 브리스길라와 아굴라는 로마의 크리스천 그룹들의 후원자(patron)으로 활동하였을 것이다. 이들 부부가 클라우디우스의 유대인 추방령을 피하여 고린도에서 정착했을 시기는 갈리오 총독의 통치 시기(50년-51년)를 감안 한다면, 사도행전 18장이 보도하는 바울의 고린도 방문 시점은 바로 이스티미아 경기를 일 년 정도 앞둔 서기 50년 3월경으로 추정된다. 2년마다 열리는 이스티미아 체육축전은 보통 2~3개월씩 지속되었기 때문에, 축제에 몰려든 수만명의 관중과 참가자들을 위해 엄청난 양의 차양과 천막이 필요했다. 이러한 수요를 감당하기 위해 바울과 브리스길라와 아굴라 같은 천막업자들은 수 개월씩 밤낮없이 일을 해야 했다. 그러나 바울은 단순히 경제적인 목적으로 이스티미아 경기로 인한 호황에 편승하지는 않았을 것이다. 선교사 바울로서는 수만명이 몇달씩 한 곳에 모여드는 이스티미아 축제야 말로 자신의 복음을 선전할 호기가 아닐 수 없었다. 바울이 오랫동안 고린도에 체류한 이유는 이러한 당시의 정황을 충분히 고려한 그의 전략적 선택이었을 것이다. 고린도에서의 성공적 선교활동은 역설적이게도 이방신 포세이돈 덕분이었다고 할 수 있다. 그를 기리기 위한 이스티미아 경기가 선교의 기회를 제공했기 때문이다.

따라서 바울이 고린도 교인들에게 보내는 편지 속에서 이스티미아 경기를 준비하는 선수들의 고된 훈련과 경주장에서 최선을 다하는 이들의 모습을, 교인들의 신앙을 독려하는 메타포로 사용하고 있는 것은 결코 우연한 일이 아니다. 고린도 전서 9장 25-26절에서 바울은 이스티미아에서 몇 마일 떨어져 있지 않은 곳에 거주하던 자신의 신자들에게, 육상 선수들과 복싱선수들의 경기 이미지에 빗댄 다음과 말로 신앙을 독려하고 있다.

경기장에서 달리기하는 사람들이 모두 달리지만, 상을 받는 사람은 하나뿐이라는 것을 여러분은 알지 못합니까? 이와 같이 여러분도 상을 받을 수 있도록 달리십시오 (24절). 경기에 나서는 사람은 모든 일에 절제를 합니다. 그런데 그들은 썩어 없어질 월계관을 얻으려고 절제를 하는 것이지만, 우리는 썩지 않을 월계관을 얻으려고 하는 것입니다 (25절). 그러므로 나는 목표 없이 달리듯이 달리기를 하는 것이 아닙니다. 나는 허공을 치듯이 권투를 하는 것이 아닙니다 (26절). 나는 내 몸을 쳐서 굴복시킵니다. 그것은 내가, 남에게 복음을 전하고 나서 도리어 나 스스로는 버림을 받는, 가련한 신세가 되지 않으려는 것입니다. (고전 9:24-27)

24절의 "경기장에서의 달리기하는 사람들"로 번역된 호이 엔 스타디오 트레콘테스(hû en stadiô trekonteis)는 명백하게 당시의 올림픽이나 이스티미아 경기와 같은 그리스 체육축전의 종목 중에 하나인 트랙을 달리는 경주를 나타낸다. 또한, 25절에서 바울은 경기에 나서는 모든 사람들에게 요청되는 덕목으로 절제(erkrâteia, self-control)를 강조한다. 바울은 자신의 편지에서 절제라는 항목을 유난히 강조한다. 고린도 전서 7장 9절에서는 정욕을 제어하기 위한 방편으로 절제를 강조한다. 한편 고린도 전서 9장 25절에 등장하는 절제는 어떠한 환경에서도 적응할 수 있는 능력과 관계되는, 아우타르케이아(autrarkêia), 즉 자족(self-satisfaction)과 밀접한 연관이 있다.

그레코-로만 세계의 운동경기에 수반되는 절제나 인내와 같은 미덕들은 견유학파(Cynic)나 스토익(Stoic) 철학자들의 도덕적 가르침에서도 빈번하게 나타난다. 이들의 가르침 속에서 절제와 자기 연단은 아곤(agôn) 즉, 운동경기나 싸움에서 요청되는 육체적 단련과 유비된다. 원래 아곤이라는 단어의 기원은 원래 회중이나 모임을 의미하는 것으로부터 유래하였다. 그러나 그리스인들은 이 단어를 올림픽과 같은 체육제전이나 전쟁터의 전투 그리고 철학적 토론장을 의미하는 것으로 점차 사용하였다. 우리에게 노예 철학자로 알려진 에픽테투스(Epictetus, 55-135)는 바울처럼 체육 경기의 메타포를 이용하여 다음과 같이 충고한다.

자신의 겉모습에 신경 쓰지 않으려고 훈련하는 사람은 경주장에서 땀 흘리는 진정한 운동선수와 같다. 위대함이란 신성한 과업을 향한 투쟁이다. 그 상급은 왕국, 자유, 평온 그리고 평화이다. 신을 기억하라. 당신을 돕기 위해 부르고 당신의 곁에 있을 것이다...신은 당신에게 말한다. '나에게 증거를 보여 다오. 규칙을 지키려고 애쓰고, 규정된 것을 먹고, 운동을 하고, 너의 트레이너를 따른다는 것을... 이제 신은 너에게 말씀하신다. '이제 경주에 나서서 당신이 무엇을 훈련하고, 어떻게 자신을 단련하였는지를 우리에게 보여라. 얼마나 오랫동안 당신은 홀로 경주할 수 있는가? 이제 당신이 우승할만한 가치가 있는 사람이라는 것을 보일 시간이 되었다. (Epictetus, Discourses 1.24.1-2; 2.18.27-29; 3.10.8; 4.4.30)

바울은 고린도 전서 9장 25절에서 이스티미안 경기에 참여하는 선수들이 추구하는 상은 썩어 없어질 면류관이라고 말한다. 이에 반해 고린도의 크리스천들이 신앙의 경주를 통해 얻을 것은 썩어 없어지지 않는 면류관이다. 바울은 여기서 일종의 말놀이를 전개하는데, 프탈톤 스텝하톤(phtarton stephaton)과 압탈톤 스텝하톤(aphtarton stephaton)의 대조이다. 여기서 압탈톤이라는 말은, 그리스 철학에서 항상 우주에서 영원하게 존속하거나 거주하는 그 무엇을 표현할 때 사용되던 단어였다. 플라톤은 소크라테스의 입을빌어 물질계에 대조되는 신과 영혼의 불멸성, 즉 압탈톤을 주장한다.

이처럼 바울의 고린도 전서의 언어와 내용은 이방 크리스천들을 상정하고 쓰여졌다. 이들은 다양한 그리스 문화와 종교로부터 영향을 받아 상당히 자유로운 행태를 보였고, 이로 인해 가정교회가 분열되고 있었다. 가령 고린도 전서 5-12장에는 당시 고린도 교회가 분열에 직면할 수밖에 없었던 다양한 문제들이 등장한다. 성 윤리, 신자들 사이의 송사, 결혼과 독신의 문제, 우상의 제물로 바쳐진 고기를 먹는 문제, 교회에서의 여성의 리더십 문제, 성만찬의 오용문제 등. 바울은 이러한 문제들로 인해 공동체가 분열되는 것을 방지하기 위해 그리스도 안에서의 화합을 강조한다. 고린도 전서 12장에서 바울은 소위 지체론을 내세우며, 몸의 다양한 지체가 각각의 기능이 다르지만 한 몸임을 강조하며, 그리스도 안에서 하나가 되라고 권고한다. 그리고 13장에서 사랑만이 공동체의 분열을 막을 수 있다며, 아가페적인 사랑으로 하나될 것을 강조한다. "내가 이제 가장 좋은 길을 여러분에게 보여드리겠습니다. 내가 사람의 모든 말과 천사의 말을 할 수 있을지라도, 내게 사랑이 없으면, 울리는 징이나 꽹과리가 될 뿐입니다...사랑은 모든 것을 덮어주며, 모든 것을 믿으며, 모든 것을 바라며, 모든 것을 견딥니다...그러므로 믿음, 소망, 사랑, 이 세 가지는 항상 있을 것인데, 그 가운데 으뜸은 사랑입니다"(고전 13:1-13)

한편, 고린도 후서는 바울이 그리스 북부, 마케도니아에서 55-56년경에 보낸 편지로 추정된다. 바울이 고린도를 떠난 후, 그를 비난하는 자들이 등장하여 고린도 교인들과 바울 사이에 오해가 발생한다. 바울은 이러한 오해를 해결하기 위해 두 개 이상의 편지를 고린도 교회에 보내게 된다. 현재 신약성서에 수록된 고린도 후서는 여러 편지들이 편집된 것이다. 가령, 고린도 후서 10장은 이전 장들과는 어조나 내용이 상당히 다르다. 마치 다른 편지를 읽은 것과 같은 느낌을 준다. 그리고 2장 4절은 고린도 교회에 보낸 또 다른 편지가 있다는 추정을 가능케 한다. "내가 이런 편지를 쓴 것은..."

고린도 후서에서 바울은 자신에 관한 오해와 비난을 해소시키기 위해 많은 지면을 할애한다. 가령 2장부터 5장까지 바울은 진정한 사도에 대해서 역설한다. 그리고 5장 11절부터 7장 4절까지 화해에 대해서 이야기한다. 그리고 고린도 교회가 바울에 대해 오해를 풀었다는 소식에 기뻐한다 (고후 7:5-16). 그리고 바울은 마케도니아에서 시작한 구제 헌금 모금에 동참할 것을 호소한다 (고후 8-9장). 이 헌금은 예루살렘에 있는 가난한 신자들을 위한 것이었다. 바울은 이 일에 상당한 노고를 들였는데, 왜냐하면 사도로서 자신의 위치와 입장을 당시 예수 공동체의 중심이었던 예루살렘 그룹으로부터 인정받아야 했기 때문이다. 바울은 이방인들을 선교하는 과정에서 유대교의 관습과 유산으로부터 자유로운 가르침을 전했기 때문에 예루살렘에 있던 보수적인 유대 크리스천들(Jewish Christians)에게 의혹의 눈초리를 받았다. 고린도 후서 10-13장에서 바울은 자신을 비난하는 사람들을 향해 진정한 사도직에 대해서 항변하고 있다. "바울의 편지는 무게가 있고, 힘이 있지만, 직접 대할 때에는, 그는 약하고, 말주변도 변변치 못하다라고 말하는 사람들이 있습니다." 바울은 자신의 연약함을 비방하는 자들을 향해 당당하게 자신의 약함을 자랑한다. "꼭 자랑을 해야 한다고 하면, 나는 내 약점을 자랑하겠습니다"(고후 11:30). 바울은 그 이유를 다음과 같이 말한다. "내가 약할 그 때에, 오히려 내가 강하기 때문입니다"(고후 12:10). 이러한 바울의 역설은 예수의 십자가의 고난을 상기시킨다. 즉 십자가의 신의 약함을 상징하는 동시에 죽음의 세력으로부터의 궁극적 승리를 의미하기 때문이다.

바울은 고린도 전서에서 공동체의 분열과 갈등을 극복하기 위해 그리스도의 사랑 안에서의 화합을 강조한다. 그리고 고린도 후서에서는 그리스도의 고통에 공감할 것을 촉구한다. 이 왜냐하면 고통은 실패가 아니라, 진정한 사도의 표지이기 때문이다.

갈라디아서

바울은 55년 가을, 그리스 북부의 마케도니아에서 지금의 튀르키예에 중남부에 있는 갈라디아의 가정교회들에 갈라디아서(Galatians)를 보낸다. 갈라디아 지역은 당시 소아시아의 중앙 평원지대에 위치한 지역으로 당시 로마제국의 중요한 거점 도시였던 비시디아 안디옥과 가까운 위치였다. 갈라디아서는 한마디로 자신의 복음을 비판하는 대적자들을 향한 투쟁의 편지라고 할 수 있다. 따라서 대적자들의 주장을 공박하기 위해 칭의론과 율법에 대한 비판 등이 중심적 메시지로 등장한다.

갈라디아서의 간략한 문학적 구조는 다음과 같다. 1장 1-9절은 인사와 소개말, 1장 10절-2장 21절은 놀라움의 표현, 3-4장은 사도권에 대한 변호,

5장-6장 10절은 복음에 대한 변호, 6장 11-18절은 윤리적 실천, 그리고 마지막은 개인적 훈계와 결론으로 끝을 맺는다. 한마디로 갈라디아서는 '거짓복음' 대적자들의 잘못된 가르침에 현혹되는 갈라디아 교인들을 견책하기 위해 집필되었다.

다른 편지와는 달리 갈라디아서는 바울의 격정적인 언사로 가득 차 있다. 가령 1장 6절에서 다음과 같이 갈라디아 교인들을 견책한다. "여러분이 그렇게도 빨리 떠나 다른 복음으로 넘어가는 데는, 나는 놀라지 않을 수 없습니다. 심지어 3장 1절에서는 갈라디아 교인들을 어리석다고 비난한다. 바울이 말하고 있는 거짓복음, 다른 복음은 예수를 메시아로 인정하는 것만으로 부족하고 유대교의 전통인 모세율법, 할례, 안식일법을 엄격히 준수해야만 한다는 주장이다. 또한, 이러한 주장을 하는 이들은 바울의 가르친 복음을 평가절하하며, 그의 사도직 자체를 문제 삼았다. 바울은 이러한 상황 속에서 갈라디아 교인들 가운데 위세를 떨치던 이런 유대 보수화의 흐름을 차단하려고 노력하였다. 바울은 이러한 갈라디아교회에 침투한 대적자들과의 싸움에서 처음으로 자신의 칭의론을 전개하기 시작했다.

갈라디아서 2장에서 바울은 시리아 안디옥에서 예수의 수제자, 베드로와 다툰 일을 언급한다. 예루살렘에서 안디옥교회의 이방 신자들이 급증하였다는 소식을 듣고 격려차 방문한 베드로는 이들과 식탁교제를 나눈다. 그런데 만찬자리에 나타난 보수적인 유대 크리스천들 때문에 베드로는 만찬 도중에 이 자리를 회피하게 된다. 베드로는 이들로부터 자신이 유대교의 정결법을 위반했다고 비판받을 것을 두려워했기 때문이다. 당시 유대율법에 따르면 유대인들은 할례와 정결법을 지키지 않는 이방인과는 식사를 할 수 없었다. 베드로는 여전히 유대교의 율법을 준수했던 보수적인 인사였던 것이다. 바울은 이러한 장면을 보고 베드로를 심하게 비판했다고 주장한다. "당신은 유대 사람인데도 유대 사람처럼 살지 않고 이방 사람처럼 살면서, 어찌하여 이방 사람더러 유대 사람이 되라고 강요합니까?" 이방인의 사도로 자처하던 바울은 이방인들에게 유대인들의 전통을 강요하는 것은 선교의 확장에 막대한 지장을 초래한다는 사실을 경험적으로 알고 있었다. 이 때문에 바울은 갈라디아서 2장 16절에서 소위 칭의론(稱義論, justification by faith)을 설파한다. 칭의론이란 앞에서 살펴보았듯이 "의롭다고 인정받는다"라는 뜻으로, 하나님이 죄가 있음에도 불구하고 (인간을) 의롭다고 인정한다는 것이다. 이 말은 법정에서 죄가 있는 피고인을 판사(하나님)가 죄가 없다고 인정하는 것과 유사하다.

칭의론은 신의 은혜에 포커스가 있다. 즉 인간은 자신의 죄를 사함 받을 아무런 공적이 없음에도 불구하고 하나님이 인간을 의롭다고 인정하기 때문이다. 바울은 다음과 같이 말한다. "사람이 율법을 행하는 행위로 의롭게 되는 것이 아니라, 예수 그리스도를 믿는 믿음으로 의롭게 되는 것임을 알고, 우리도 그리스도 예수를 믿은 것입니다" (갈 2:16). 유일하게 죄인에게 요청되는 것은 그리스도 예수를 믿는 믿음이다. 이 때문에 유대인들이 요구하는 율법의 행위는 무력화된다. 모세율법의 다양한 요구사항, 유대인의 특권적 표지인 할례, 정결법, 안식일법이 이제 더 이상 기독교의 가입요건이 되지 못한다. 이제 그리스도를 믿는 믿음만 있으면 인종적 장벽, 사회적 계급, 성적 차별의 장벽들이 무력화된다. 믿음으로 의롭게 된다는 바울의 칭의론은 신앙에 있어 모든 차별적 요구와 사회적 장벽과 계급적 특권이 불필요하다는 매우 강력한 선언이다.

그러나 지난 시기 서구교회는 바울의 칭의론을 죄로 인한 인간 일반의 실존적 번민에 관한 해결책으로만 간주하여 왔다. 이러한 이해를 대표하는 인물이 어거스틴과 루터였다. 이들에게 바울의 칭의론은 완전히 죄로 번민하는 인간 개인의 내면적이며 실존적인 고민에 대한 답변으로만 이해되어왔다. 즉 칭의론이 설파될 수밖에 없었던 초기 기독교 공동체의 구체적이고 특수한 삶의 정황을 무시했던 것이다. 그러나 바울의 칭의론의 목적은 무시간적이고 추상적인 인간의 번민을 해소하기 위해 작성된 것이 아니다. 갈라디아교회에서 발생한 유대인의 특권의식을 제어하고 이방인들의 종교적 권리를 수호하기 위한 목적으로 등장한 것이다. 이러한 점 때문에 바울은 갈라디아서에서 유대인들의 종교적 특권의식을 구성하는데 중요한 요소였던 율법에 대해서 비판적인 목소리를 남긴다. "율법의 행위에 근거하여 살려고 하는 사람은 누구나 다 저주 아래에 있습니다"(갈 3:10). "율법은 그리스도께서 오실 때까지, 우리에게 개인교사 역할을 하였습니다"(갈 3:24). "율법으로 의롭게 되려고 하는 사람은 그리스도에게서 끊어지고, 은혜에서 떨어져 나간 사람입니다"(갈 5:4). 이처럼 갈라디아서에는 유대적 관습에 얽매여 있는 자들에 대한 바울의 비판적 메시지가 담겨있다. 마치 새 포도는 새 부대에 담아야 한다고 말했던 예수처럼, 바울도 유대교로부터 자유로운 구원의 메시지를 전하고자 하였다.

빌립보서

빌립보서(Philippians)는 60년경 바울이 에베소의 감옥에 투옥되어 있던 시기에 그리스 북부의 요충지, 빌립보에 보낸 편지이다. 빌립보는 원래 알렉산더 대왕의 아버지 빌립(philip) 2세가 기원전 360년경에 Thrace족으로부터 빼앗아 건설된 도시로, 금광 채굴로 부를 축적한 도시였다. 기원전 168년에 로마 제국이 이 도시를 점령하여 특별 식민지(Colonia)로 삼았다. 훗날 옥타비아누스가 악티움 해전(BC 31)에서 승리한 후, 자신의 부하들을 빌립보에 정주시킨 후, 이 곳 거주자들에게 특권을 부여했다. 이 때문인지 빌립보서에는 로마의 정치/군사적 용어가 많이 등장한다 (빌 1:27, 3:12-15, 3:20ff, 4:3). 가령 1장 27절에 언급되는, "여러분이 한 정신으로 굳게 서서, 한 마음으로 복음의 신앙을 위해 함께 싸우며"라는 말은, 당시 그리스와 로마군대의 군사적 명령을 차용한 것이다. 즉 전쟁터에서 물러서지 말고 한마음으로 적을 막아서자는 뜻이다.

사도행전 16장 12-49절에 따르면, 바울은 A. D. 49년쯤, 제2차 선교 여행 중에 소아시아를 떠나 유럽으로 건너가 최초로 세운 교회가 빌립보 교회였다고 보도한다. 사도행전 16장에 따르면, 빌립보에는 유대 회당이 없었다고 한다. 당시 디아스포라 유대인 관습에 따르면 회당 건립은 유대인 남성 10인 있어야 가능했다. 이는 빌립보에는 유대인들 거주자가 거의 없었다는 것을 의미한다. 바울은 우연히 강가에서 자색 옷감 장수, 루아디라라는 여성을 만나게 되고, 그녀의 후원으로 가정교회를 설립하게 된다. 그러나 바울은 로마의 풍속을 해친다는 이유로 고발당했지만, 자신이 로마시민임을 당당히 밝혀 감옥에서 풀려나게 된다.

빌립보서의 기록 목적은 감옥에 갇힌 자신에게 선물을 보내준 빌립보 교인들에게 대한 감사를 전하고(4:10-20), 이들에 대한 염려와 우정을 표현하기 위한 것이다. 빌립보서에는 바울의 유명한 케노시스(kenôsis) 사상이 등장한다. 케노시스라는 말은 '비움'이라는 뜻의 그리스 말이다. 빌립보서 2장 6절 이하에서 바울은 그리스도는 원래 하나님과 동등한 분이었지만 자신을 '비워' 종의 모습을 취하였다고 말한다. 그리고 십자가는 그리스도의 비움의 상징이라고 이야기한다. 다시 말해 십자가는 하나님의 자기비움과 자기희생을 보여주는 사건이라는 것이다. 이러한 그리스도의 자기 비하는 당시 헬라/로마 세계의 영웅상에 대한 비판으로 이해할 수도 있다. 그리스의 신과 황제들은 대다수가 자신의 비하보다는 숭고함을 드러내기 때문이다. 2장 6-11절에 등장하는 케노시스 사상은 빌립보서 전체에 반영되어 있다. 가령, 2장 7절의 '종의 모습'은 3장 10절의 "그분의 죽으심을 본받아"와 상응하고, 2장 8절의 "자기를 낮추시고"는 4장 12절의 "나는 비천하게 살 줄도 알고"와 대응한다. 즉 바울은 그리스도의 낮아지심을 빌립보 교인들의 윤리적 모델로 제시하고 있는 것이다.

한편 바울은 빌립보서를 통해 할례와 같은 유대적 유산을 여전히 신앙의 필수여건으로 주장하는 사람들의 주장에 빌립보 교인들이 동요하지 않을 것을 권고한다 (빌 3:2-3). 바울은 에베소 감옥 속에서 자신의 마지막을 예상하며 빌립보 교인들을 격려한다 (빌 4:12-21). 그리고 바울은 감옥이라는 고난의 환경 속에서도 기뻐할 것을 당부한다. "기뻐하십시오, 다시 말합니다. 기뻐하십시오. 여러분의 관용을 모든 사람에게 알리십시오. 주님께서 가까이 오셨습니다. 아무것도 염려하지 말고, 모든 일을 오직 기도와 간구로 하고, 여러분이 바라는 것을 감사하는 마음으로 하나님께 아뢰십시오"(빌 4:4-6). 빌립보서는 역경 속에서도 굴하지 않고 신앙으로 인해 기뻐할 수 있는 인간정신의 위대함을 보여준다.

빌레몬서

빌레몬서(Philemon)는 바울이 로마, 혹은 에베소의 감옥에 있을 때 빌레몬이라는 개인에게 보낸 사적인 문건이다. 그리스어로 고작 335개의 단어로 된 매우 짧은 편지이다. 저작 시기는 50년 중반에서 60년 초반으로 추정된다. 편지의 내용은 골로새에 거주하던 주인(빌레몬)에게 도망 나온 노예(오네시모)에 관한 변호이다. 당시 로마 제국은 노예제 사회였다. 노예는 로마의 농업생산에서 중요한 부분을 차지하고 있었고, 각 분야에서 노예의 활동은 매우 중요하였다. 당시 그레코-로만 사회의 노예는 주인의 재산으로 간주 되었고, 잔혹하게 처리되는 경우도 비일비재 하였다. 오네시모는 빌레몬의 무언가를 훔치고 주인과 친분이 있는 바울을 찾아와 도움을 요청한다. 바울은 크리스천이었던 빌레몬의 신앙에 호소하여 오네시모를 노예가 아니라 형제로 대하여 달라고 하면서, 그가 끼친 손해를 자신이 갚겠다고 이야기한다. "그대가 나를 동지로 생각하면, 나를 맞이하듯이 그를 맞아 주십시오. 그가 그대에게 잘못한 것이 있거나, 빚진 것이 있거든, 그것을 내 앞으로 달아 놓아주십시오" (몬 1:17-18).

바울은 갈라디아서 3장 27-28절에서, 그리스도로 옷 입은 사람들에게는 유대인이나 그리스 사람이나, 종이나 자유인이나, 남자나 여자나 모두 그리스도 안에서 하나라는 선언했다. 빌레몬서는 이러한 바울의 생각이 삶의 한 복판에서 어떻게 실현되고 있는가를 보여주는 값진 편지라 할 수 있다.

로마서

로마서(Romans)는 바울이 쓴 편지 중에서 가장 길고 내용적으로도 심오한 신학적 주제를 다루고 있다. 바울은 57년경, 고린도에서 로마에 있는 가정교회들에게 이 편지를 집필했다. 로마교회는 바울이 직접 세운 교회가 아니다. 로마서 15장 20, 22절에서 로마교회는 남이 세운 교회이며, 자신이 아직 방문하지 못한 교회라고 이야기한다. 그러나 로마서 16장에서 바울은 여러 사람들에게 안부 인사를 전하는 것으로 보아서 이미 로마에 지인들이 많았던 것으로 보인다. 가령, 고린도에서 함께 동역했던 브리스길라와 아굴라 부부가 로마교회의 구성원이 되어 있었다. 아마도 바울은 이 편지를 쓰고 있는 고린도에서 예루살렘으로, 그리고 로마를 거쳐 스페인까지 가려고 했던 것 같다 (롬 15:26).

바울이 로마서를 집필한 것은 다양한 목적이 있었기 때문이다. 먼저 스페인 선교에 대한 로마교회의 지지와 지원을 얻기 원했다. 동쪽 지역의 선교 즉, 소아시아와 그리스에서의 선교활동을 마감하고, 바울은 로마를 전초기지로 서쪽의 스페인 선교를 시작하고 싶어했다. 둘째, 바울은 로마를 방문하기 전에 마케도니아에서부터 모금한 헌금이 예루살렘 교우들에게 성공적으로 전달되기 위해 로마교회의 후원을 기대했다.

로마서는 상당히 풍부한 신학적 주제를 내포하고 있는데, 먼저 갈라디아서에서 등장하는 칭의론이 다시 나타난다 (롬 1:17, 3:21-31). 그리고 독특하게 로마서에는 구원에 있어 유대인의 우선권이 강조된다. 가령 로마서 1장 17절은 "이 복음은 유대 사람을 비롯하여 그리스 사람에게 이르기까지"라고 하며, 복음의 유대적 기원을 강조한다. 이런 이유 때문인지 바울은 로마서에서 자신의 다른 편지들에서 찾아볼 수 없는 유대적 전망에서 예수를 묘사하고 있다. 가령, 예수는 육으로는 다윗의 자손(롬 1:3; 15:12)이며, 제2의 아담(롬 5:14)으로 아브라함과 야곱과 같은 유대 족장들의 후손이다(롬 9:5). 특별히 바울은 이러한 구절들에서 '카타 사르카'(kata sarka)라는 전치사 어구를 반복적으로 사용함으로써 예수의 유대성(Jewishness)을 강조한다. 또한, 로마서 10장 4절에서 바울은 그리스도는 율법의 텔로스(telos)라고 진술하며, 토라와의 연관성 속에서 그리스도 사건의 의미를 포착하려고 한다. 한편 15장 8절에서 바울은 그리스도를 유대인의 종(diakonos peritomes)이라고 선포하며 다시 한번 예수의 유대적 기원을 로마교회의 청중들에게 강조한다. 예수를 유대적인 전망에서 묘사하는 바울의 의도에는, 49년 이후 클라우디우스 황제의 유대인 추방령으로 야기된 로마교회 내부의 탈유대적 분위기를 환기시키려는 의도가 숨어있다. 특히 로마서 9-11장에서 바울은 자신의 동족, 유대인들의 구원문제를 거론하는데, 이방인의 사도로 자처하던 그에게 이러한 태도는 매우 이례적인 것이다. 이러한 바울의 친유대적 태도는 로마교회의 정황, 즉 이방 크리스천들에게 '믿음이 적은 자들'로 무시당하던 유대 크리스천들의 처지와 관련이 있어 보인다.

이처럼 로마서는 로마의 가정교회들 가운데 발생한 실제적인 문제들을 다룬 편지이다. 따라서 교회에서 발생한 다양한 윤리적인 문제들에 대한 실질적인 권고가 자주 등장한다. 목회자로서의 바울의 관심은 로마 크리스천들의 신앙이 추상적인 영역에 머물지 않고 구체적인 실천으로 확대되기를 기대했다. 바울은 로마서에서 1장부터 11장에 이르는 긴 신학적 담론을 마친 후에 12장부터 15장에서 로마 공동체 내 외부에서 벌어진 문제들에 대한 윤리적 권고를 하고 있다. 특별히 로마서 12장 9절부터 13장 14절까지는 기독교에 대해 호의적이지 않았던 로마 제국의 적대적 환경 속에서 살아가는 신자들의 윤리적 자세를 다루고 있다. 바울은 제국의 수도에 거주하고 하면서 느꼈던 신도들의 불안을 잘 알고 있었다. 12장 12-14절은 로마당국의 핍박과 위협을 암시한다. "소망을 품고 즐거워하며, 환난을 당할 때에 참으며, 기도 를 꾸준히 하십시오... 여러분을 박해하는 사람들을 축복하십시오." 바울은 이러한 환경 속에서도 로마교회가 지역사회로부터 고립되어 분파적인 삶을 사는 것을 원하지 않았다. 세상과 고립된 종파주의의 입장을 취했던 엣세네파와는 달리, 바울의 공동체는 세상과 끊임없이 대화하며 그리스도의 가르침에 적합한 윤리적 생활방식을 찾았다. 바울은 로마서에서 다음과 같이 권고한다. "여러분 쪽에서 할 수 있는 대로 모든 사람과 더불어 화평하게 지내십시오... 그리스도께서는 자기에게 좋을 대로만 하지 않으셨습니다"(롬 12:18, 15:3). 바울은 공동체를 유지하기 위해 사랑(agape)을 강조한다.

12장 9-10절에서 바울은 고린도 전서 13장에서처럼, 공동체의 실현이 사랑 없이는 이루어질 수 없음을 강조한다. "사랑에는 거짓이 없어야 합니다. 악한 것을 미워하고 선한 것을 굳게 잡으십시오. 형제의 사랑으로 서로 다정하게 대하며, 존경하기를 서로 먼저 하십시오." 그리고 바울은 12장 21절에서 악에게 지지 말고, 선으로 악을 이기라고 권고한 후, 13장에서 세상 권력 즉 로마권력에 복종하라고 말한다. 왜냐하면 모든 권세는 하나님으로부터 온 것이기 때문이라는 것이다. 이러한 바울의 말은 지난 기독교 역사 속에서 종종 잘못 이해되어 왔다. 불의한 권력에도 순응하라는 말로 오해되기도 하였다. 그러나 '위에 있는 권세'에 복종하라는 바울의 권고는 모든 시대를 넘어 보편적으로 적용될 수 있는 말이 아니다.

로마서 13장 1-7절은 국가권력에 대한 영구불변한 크리스천들의 순응을 말하고 있지 않다. 당시의 지배적인 로마의 권력 상황에 대해 로마의 크리스천들이 어떻게 처신할 것인가를 바울이 목회적으로 권고한 것일 뿐이다. 따라서 로마서 13장 1-7절의 메시지는 시공을 초월한 영원한 진리라기보다는 로마서가 쓰여지던 당대의 사회, 역사적 맥락에서 이해되어야 할 상황적 메시지의 성격이 강하다. 사실 신약에는 국가권력에 대한 다양한 태도들이 등장한다. 마가복음에서 예수는 카이사르의 것과 하나님의 것을 구별한다 (마가 12:13-17). 사도행전에서 베드로는 사람에게 복종하기보다는 신에게 복종해야 한다고 설교한다(행전 5:29). 한편 요한계시록은 상징적인 묵시문학의 언어로 로마 제국에 대한 철저한 심판을 이야기한다 (계 13:9절 이하). 바울은 국가를 영속적인 존재로 생각하지 않는다. 그리스도의 파루시아를 대망했던 바울은 모든 지상적 권력은 잠시 존재할 수밖에 없는 상대적 질서로 생각했다. 이런 점에서 바울의 국가론은 중간기 윤리의 관점에서 이해되어야 한다. 즉 그리스도의 사건으로 메시아의 시대가 이미 시작되었지만 그 최종적 실현은 아직 오지 않았다는 종말론적 긴장 속에서 국가권력을 고려해야 한다는 것이다. 다시 말해 국가는 신의 뜻을 최종적으로 실현할 수 있는 기관이 아니다. 다만 상대적으로 지상의 질서를 위한 임시방편적 도구에 불과하다.

13장 1절에서 바울은 누구나 위에 있는 권세(exasia)에 복종하라고 권고한다. 여기서 권세를 뜻하는 엑수시아라는 그리스어는 국가라는 추상적인 체제를 의미하기보다는 당시의 로마 제국의 행정 담당자를 뜻한다. 때문에 13장 1절을 모든 국가권력에 대한 무비판적 복종을 의미하는 뜻으로 이해될 수 없다. 바울은 2절에서 권세를 거역하는 사람들은 신이 세워주신 것을 거역하는 것이라고 말한다. 여기서 '세워주신'을 뜻하는 그리스어, 디아타게(diatagē)는 질서보다는 임명이나 설정 등으로 번역해야 한다. 즉 바울은 신이 로마권력을 임시방편의 도구로 임명했다는 뜻으로 디아타게이라는 단어를 사용했던 것이다. 또한, 바울이 3절에서 국가권력을 두려워할 필요가 없다고 말한 이유는 국가의 존재 이유가 선한 일의 보호와 촉진에 있기 때문이다. 즉 국가는 시민적 정의(justitia civilis)의 관점에서 인정되어야 한다는 뜻이다. 4절과 6절에서 바울은 권세를 행사하는 자들(로마의 행정관들)을 신의 일꾼(diaknos)이라고 부른다. 이 말은 권세를 행하는 자들이 신의 질서와 의지 아래에 종속되어 있다는 것을 의미한다. 바울은 5절에서 양심(suneidēsis)을 언급하는데, 이는 로마권력에 복종하는 것은 억압적 힘에 대한 굴종이 아니라,

개인의 신앙적 자유에 근거한 책임적 행동임을 뜻한다. 바울은 13장 1-5절까지 로마 제국에 복종하는 것이 왜 현실적으로 적절한 것인가를 말한 후, 6-7절에서 로마 제국의 납세문제를 꺼내든다. 바울 당시 로마 제국은 시민들에게 두 가지 종류의 세금을 부과하였는데, 7절에 등장하는 간접세(telos)와 직접세(phobos)이다. 우리말 새번역성경은 직접세를 뜻하는 포로스를 조세로, 간접세를 뜻하는 텔로스를 관세로 번역했다. 로마의 역사가 타키투스(Tacitius, 56-117)는 당시 텔로스를 징수하는 로마관리들의 부패가 만연하여 네로 황제가 이를 폐지하는 방안을 고려했다고 기록한다. 로마서는 네로의 세제개혁을 둘러싸고 납세에 대한 시민들의 불만이 점증되던 56-57년경에 쓰여진 서신이다. 바울은 로마교회의 지인들을 통해 자칫 이러한 문제에 교인들이 휩쓸릴 수 있다는 사실을 인지하고 있었다. 바울의 후원자들 중에는 브리스길라와 아굴라와 같이 간접세를 납부하는 상인들이 많이 있었다. 세금에 대한 바울의 권고 뒤에는 이러한 정황들이 존재하고 있었다. 13장 1-7절은 국가권력에 대한 영구불변한 바울의 지침으로 이해될 수 없다. 바울은 모든 권력은 하나님의 선하신 질서를 위해 임시적으로 위임된 것에 불과하다고 생각했다. 모든 권력의 존재 의의는 공공의 이익과 선에 있으며 악을 행사하는 자들을 억제해야 한다고 바울은 생각했다. 세금을 납부해야 한다는 바울의 권고는 이제 막 태동 중인 로마의 가정교회들을 민감한 정치적 환경으로부터 보호하기 위한 현실적인 선택지였던 것이다.

로마서에 등장하는 바울의 윤리적 권고는 현재의 질서를 바꾸는 것보다, 그리스도의 재림이라는 종말론적 사건이 도래할 때를 카이로스적 삶의 태도와 깊은 연관이 있다. 바울은 그리스도의 파루시아가 자신의 생애 동안에 실현될 것이라는 묵시적 비전(apocalyptic vision)에 사로잡혀 있었다. 바울은 자신의 이방선교를 마지막 때를 준비하기 위한 소명으로 간주했다. 로마서에서 스페인 선교에 대한 후원을 간절히 부탁한 것도 이러한 연유였다. 바울은 부당한 인간사의 억압적 제도에 대한 일시적 개혁보다는 그리스도의 파루시아라는 근원적 변혁을 대망하였다. 그렇다고 바울은 자신의 교우들에게 부조리한 현실의 삶을 외면하라고 가르치지 않는다. 바울의 윤리적 권고는 이미(already)와 아직(not yet) 사이에 살고 있는 크리스천들의 '종말론적 긴장'을 반영한다. 또한, 13장 8절에서도 바울은 사랑을 다시 강조한다. "서로 사랑하는 것 외에는, 아무에게도 빚을 지지 마십시오. 남을 사랑하는 사람은 율법을 다 이룬 것입니다." 바울의 윤리는 개인적 차원을 넘어 공동체를 지향한다. 개인의 믿음은 공동체와의 관계 속에서 성숙해질 수 있다고 바울은 생각했다.

로마서 14-15장은 유대교의 음식법과 인식일 준수문제로 갈등하던 로마교회의 정황을 보여준다. 유대교의 음식법 때문에 우상에게 받쳐진 고기를 거부하던 유대 크리스천들은 믿음이 약한 자로 조롱받았다. 한편 신앙적 자유주의자로 자처하며 유대교의 정결법을 개의치 않았고 행동하던 이방 크리스천들은 믿음이 강한 자로 자처했다. 바울은 자칫 이들의 갈등과 대립이 로마교회를 분열로 이끌어 갈 것을 우려했다. 이 때문에 바울은 로마서 14-15장에서도 다음과 같이 권고한다. "그대가 음식 문제로 형제자매의 마음을 상하게 하면, 그것은 이미 사랑을 따라 살지 않는 것입니다. 음식 문제로 사람을 망하게 하지 마십시오." 바울의 이러한 윤리적 권고들은 예수의 가르침을 상기시킨다. 가령 마가복음 7장 15-20절에서 예수는 유대교의 정결법을 다음과 같이 공박한다. "무엇이든지 사람 밖에서 사람 안으로 들어가는 것으로서 그 사람을 더럽히는 것은 아무것도 없다." 예수는 조건 없는 이웃사랑을 강조하며 먹는 음식으로 사람을 배제하고 혐오하는 것을 비판했다. 예수가 행한 하나님 나라의 만찬은 여타의 차별을 넘어 무조건적 환대의 자리였다. 바울은 로마서에서 이러한 예수의 정신을 계승한다.

토론주제 ⑪

01.

에릭 프롬의 『사랑의 기술』에 묘사된
아가페와 고린도 전서 13장의 '사랑의 찬가'를 비교해 보자.

02.

영화 <사랑의 블랙홀 Groundhog Day> 속에서
갈라디아서 6장 7-10절의 주요 메시지를 찾아 보자.

03.

왜 바울은 빌레몬서에서 로마 제국의 노예제도를 비판하지 않았을까?

참고문헌 … ⑪

1. 정승우, 『로마서의 예수와 바울』. 서울: 이레서원, 2005.
2. 실비아 키이즈마트, 브라이언 왈쉬/ 이선숙 옮김, 『로마서를 무장해제 하다』 서울: 새물결플러스, 2024.
3. 클라이브 마쉬, 가이 오르티즈/ 김도훈 옮김, 『영화관에서 만나는 기독교영성』. 서울: 살림, 2007.

12

제2 바울서신 목회서신, 공동서신 요한계시록

12장

제2 바울서신, 목회서신 공동서신, 요한계시록

제2 바울서신이란 바울이 직접 쓴 편지는 아니지만, 바울의 가르침과 전승을 그의 후계자들이 정리하여 바울의 이름으로 발표한 편지들을 말한다. 당시에는 이름난 스승의 이름으로 제자 그룹들이 자신의 저작을 마치 스승의 공로로 돌리는 관습들이 널리 성행했다. 가령, 고대 그리스 철학자, 플라톤은 자신의 저작을 스승, 소크라테스의 이름으로 발표하기도 했다. 바울의 제자 그룹들도 이러한 관습에 따라 당시 전해지던 바울의 정신적 유산을 편지형태로 정리하여 회람용 서신으로 남긴 것으로 추정된다.

데살로니가 후서

데살로니가 후서(2 Thessalonians)는 그리스 북부 도시, 데살로니가에 존재했던 가정교회에 보낸 바울의 두 번째 편지로 간주된다. 그러나 많은 학자들은 이 편지를 바울의 친서로 생각하지 않는다. 왜냐하면 데살로니가전서에서는 임박한 종말에 대한 바울의 다급한 목소리가 들려오는데 비해, 이 편지에서는 종말의 지연의 분위기가 감지되기 때문이다. 데살로니가 후서 2장 1-12절에는 종말에 대한 잘못된 주장을 펼치고 있던 자들에 대한 경고가 등장한다. "여러분은, 영이나 말이나 우리에게서 받았다고 하는 편지에 속아서, 주님의 날이 벌써 왔다고 생각하게 되어, 마음이 쉽게 흔들리거나 당황하는 일이 없도록 하십시오" (살후 2:2). 바울의 목소리를 빌린 익명의 데살로니가 후서 저자는 종말의 시기를 특정하지 않는다. 단지 그 조짐에 대해서 열거한다. 먼저 배교자가 등장할 것이고, '멸망의 자식'이라 불리는 대적자가 출현할 것이며, 이들의 행위를 억제하는 분이 나타날 것이다. 그리고 예수의 재림을 대망하는 자들에게 중요한 것은 게으름을 피우지 않고 교회 일에 열정을 가지고 헌신하는 것이라고 권고한다 (살후 3:6-15). 이처럼 데살로니가 후서는 그리스도의 파루시아(재림)에 대한 잘못된 주장에 동요하는 초기 크리스천들을 진정시키기 위해 쓰여진 문건이라 할 수 있다.

에베소서

에베소서(Ephesians)는 당시 소아시아에서 가장 인구가 많았던 에베소에 보낸 편지이다. 당시 에베소는 지중해 최대의 항구도시로, 무역과 상업, 그리고 종교의 중심지였다. 사도행전 19장에 따르면, 에베소에는 세계 7대 불가사리로 불리우는 거대한 아데미 신전이 있었다고 전해지는데, 바울은 은으로 아데미 여신상을 제작하는 사람들과 시비가 붙어서 곤욕을 치렀다고 한다. 사도행전은 바울의 3차 선교여행 당시에 에베소에 가정교회를 설립한 것으로 기록한다. 훗날 에베소 교회는 소아시아에서 가장 큰 교회로 성장한다. 요한계시록에는 에베소에 보내는 경고가 등장한다 (계 2:1-7). 이 편지는 익명의 저자가 에베소에서 85-95년경에 집필한 것으로 추정된다. 사실 에베소서는 구체적인 수신자 교회를 전제하고 있지 않다. 바울의 편지에 등장하는 대개의 서론에는 감사와 저술 동기, 그리고 수신자 교회들이 처해있는 구체적인 문제와 상황이 드러나는데, 이 편지에는 이러한 것들이 없다. 또한, 외형적으로만 편지의 형태를 보이고 있을 뿐, 비인격적인 논술이다. 에베소서의 유대 크리스천과 이방 크리스천 모두 '그리스도 안에(in christ)' 있다는 사실을 강조하며(엡 1-3장), 그리스도의 몸으로서 교회의 활동을 격려한다 (엡 4-6장). 이러한 가르침들은 특정 교회에만 해당되는 것이 아니라 모든 교회가 따라야 할 규범으로 보편적으로 제시된다. 특기할 만한 점은 에베소와 골로새서가 사상적으로 유사한 부분이 존재한다는 것이다. 가령, 십자가를 우주의 화해로 이해한 점(엡 1:7, 10, 골 1:20), 교회의 머리 되신 그리스도 (엡 1:22, 골 1:18) 등이다. 이러한 유사성은 아마도 바울의 가르침을 이 두 편지가 공유하기 때문일 것이다.

골로새서

골로새는 에베소에서 북쪽으로 125마일 정도 떨어져 있던 소아시아의 도시였다. 골로새에 있던 가정교회는 바울이 설립한 것이 아니라, 그의 동역자, 에바브라(Epaphras)가 세웠다. 골로새 교회는 빌레몬서의 수신자, 빌레몬의 집에서 시작되었고, 그의 노예 오네시모, 아킵보 등이 주요 구성원이었다. 골로새서(Colossians)는 바울이 옥중에서 집필한 것으로 설정되어 있으나, 실제 저자는 알 수 없다. 골로새서 4장 18절에는 "나 바울이 친필로 문안합니다"라는 문구가 있다. 하지만 이러한 언급은 당시 그레코-로만 사회의 관례적인 위조 문헌의 한 방법이다. 즉 익명의 저자는 골로새서가 바울의 순수서신인 것을 보여주려는 의도인 것이다.

골로새서는 바울의 친필서신에서 볼 수 없는 어휘들이 등장한다. 가령, '그의 십자가의 피', '악한 행실', '죄사함' 등이다. 그리고 바울의 중요한 표현, 즉 '율법의 행위', '믿음으로 의롭게 됨' 등과 같은 문장이 나타나지 않는다. 바울의 편지의 문체는 논쟁적 형태를 취하고 있지만 골로새서는 전반적으로 예전적이고 찬양적이다. 또한, 골로새서에는 바울의 친필 편지에서는 볼 수 없는 독특한 신학사상들이 발견된다. 예를 들어, "그 아들은 보이지 않는 하나님의 형상이시오, 모든 피조물보다 먼저 나신 분이십니다"(골 1:15)라는 표현은 바울의 친서에서는 발견되지 않는다. 그리고 골로새서 1장 20절에 등장하는 만물의 화해자로서의 예수라는 표현은 바울의 예수 이해를 더욱 우주적으로 확장시킨 것이라 할 수 있다. 학자들은 이를 우주적 기독론(cosmic Christology)이라 부른다. 골로새서는 바울에게서 보여지는 임박한 종말의 분위기가 사라지고, 종말을 과거화하거나 현재화한다. 이러한 분위기 속에서 종말론적 윤리보다는 현체제를 강화하는 가부장적 윤리를 강조한다. 가령, 골로새서 3장 18-4장 1절에는 당시 스토익 철학에서 시작된 헬라의 도덕규범인, 가정법규가 등장한다. 이러한 흔적은 임박한 종말을 강조하던 바울의 시대가 저물고, 교회의 제도화가 진행되던 속사도시대가 도래했음을 보여준다.

디모데 전/후서, 디도서

디모데 전/후서(1, 2 Timothy)와 디도서(Titus)는 바울이 에베소에 머물고 있던 자신의 동역자요, 제자인 디모데에게 보내는 일종의 목회 지침서라 할 수 있다. 이 때문인지 로마서나 갈라디아서와는 달리 디모데에게 보내는 편지들에는 바울의 중심사상으로 간주하는 칭의론이나 종말론과 같은 깊이 있는 신학적인 주장은 거의 보이지 않는다. 이보다는 교회가 직면한 현실적인 문제들(신화와 족보에 몰두하는 신도들, 금욕주의에 경도되는 자들, 치리를 위해 직분을 세우는 문제 등)을 해결하고 치리하기 위한 구체적인 권고와 지침들이 주된 내용을 이룬다. 이 때문인지 전통적으로 디모데 전/후서는 오랫동안 디도서와 더불어 목회서신(Pastoral Epistles)이란 타이틀로 분류되어 왔다. 디모데 후서 4장의 분위기로 추정해 볼 때, 이 편지들은 사도행전 28장에 기록되어 있듯이 로마 감옥에서 최후를 마감했던 바울의 정황을 상정하고 쓰인 것 같다. “나는 선한 싸움을 싸우고 나의 달려갈 길을 마치고 믿음을 지켰으니 이제 후로는 나를 위하여 의의 면류관이 예비되었으므로”(딤후 4:7-8)라고 말하며, 유언자의 분위기로 편지를 마감하고 있다. 고대 유대교 문헌들에는 유명한 인물들이 일종의 유언처럼 자신의 후계자들에게 전하는 권면의 글을 남기는 전통이 있다. 예를 들어 바울은 사도행전 20장 17-38절에서 에베소에서 온 장로들에게 고별연설을 한다. 또한, 『예레미야의 편지』, 『바룩서』, 그리고 『12족장의 유언서』와 같은 신구약 중간기의 외경문헌들도 일종의 유대교의 유언문학의 전통 속에서 형성된 대표적인 문헌들이라 할 수 있다. 이런 연유로 디모데 전/후서를 바울의 친서로 생각하는 학자들은 이 편지의 장르를 바울의 유언집으로 간주한다. 그러나 디모데 전/후서에는 문체상으로 보나, 사상적 측면으로 보나 바울의 진정한 편지 - 최근의 바울 연구는 바울의 진정한 편지를 데살로니가전서, 갈라디아서, 고린도 전후서, 빌립보서, 빌레몬서, 로마서 등 7개로 한정한다 - 와는 확연히 다르다. 고린도 전서 12장에서 교회를 그리스도의 몸으로 비유한 바울이 디모데 전/후서에서는 감독, 장로, 집사와 같은 제도화된 교회의 직분을 명확하게 구분하여 열거하고 있으며, 디모데에게 이들을 임명하고 관리할 수 있는 자격이 주어진다(딤전 3:8-13). 또한, 고린도 전서에서 성령의 은사(karisma)를 강조하며 그리스도의 몸된 교회의 일치를 호소하고 있던 바울이 디모데 전서에서는 가부장적인 교회의 직제를 통한 위계적 관리를 강조하고 있다.

바울이 자신의 편지에서 사도의 권위와 영적 카리스마에 입각한 지도력을 행사하고 있다면, 디모데 전/후서의 지도력은 제도적 권위에 근거하고 있는 것으로 보인다. 더군다나 데살로니가 전서나 고린도 전서에서 그리스도의 임박한 재림(파루시아, Parousia)을 대망하던 바울의 목소리가 디모데 전/후서에서는 들려오지 않는다. 임박한 종말의 분위기보다는 역사 속에서 지속되어야 할 교회의 관리와 유지를 위한 고뇌들이 디모데 전/후서의 행간에 깔려 있다. 전체적으로 디모데 전/후서에서는 진취적인 바울의 목소리보다는 교회 조직을 방어하려는 수세적인 목소리가 배어 있다. 외형적으로 디모데 전/후서는 디모데에게 보내는 개인적인 편지 형식으로 되어있다. 그러나 이 편지는 사적인 것이 아닌, 특정한 공동체를 겨냥하고 있다는 사실을 발견하게 된다. 더욱이 이 편지의 저자는 자신의 글을 읽는 독자들이 이미 바울의 개인사와 그의 가르침을 잘 알고 있는 것으로 전제한다. 또한, 이 편지는 '선한 양심', '선한 행실', '절제', '자족', '육신의 연단'과 같은 스토아 철학의 덕목들을 빈번히 교회의 윤리로 차용한다. 이는 이 편지의 수신자들이 그리스사상과 문화에 익숙한 기독교인들이라는 것을 보여준다. 특히 디모데후서 3장 2절 이하에 등장하는 소위 '악덕 목록'은 그리스-로마 사회에서 통용되던 윤리와 유사하다. 이 때문에 학자들은 로마 제국의 가정법규(household code)가 디모데 전/후서에 영향을 주었다고 평가한다.

디도서는 크레타 섬에서 목회하였던 바울의 제자 디도(Titus)에게 보낸 편지이다. 디도의 정체에 대해서는 알려진 바 없지만, 사도행전과 갈라디아서 2장, 그리고 고린도 후서 8장에서 그의 이름이 발견된다. 아마도 디도는 디모데처럼 바울의 제자 그룹에 속한 동역자였을 것으로 추정된다. 디도서는 크레타 섬에서 지도해야 할 일과 교회의 지도자로서 역할을 이야기한다. 한편 디도서에는 바울이 친서에 나타나지 않는 교회의 직분, 즉 장로, 감독의 자격이 언급된다. 이러한 사실로 미루어 디도서는 바울의 사후에 그의 이름으로 저작된 속사도 시대의 문헌이라는 사실을 알 수 있다.

히브리서, 야고보서, 베드로 전/후서, 요한1/2/3서, 유다서

이 편지들은 공동서신이라고도 불리는데, 어느 특정한 회중이나 개인에게 보낸 것이 아니라, 교회 일반에게 보낸 것들이다. 가령, 요한 일서(1 John)는 '너희'(요일 1:1-2), 베드로 전서(1 Peter)는 '본도, 갈라디아, 갑바도기아, 아시아와 비두니아에 흩어진 나그네'(벧전 1:1-2), 베드로 후서(2 Peter)와 유다서(Jude)는 특정 독자가 없이 "부르심을 입은 자"(유 1절)를 독자로 상정한다. 이와 같이 공동서신에 포함된 문건들은 전체적인 교회, 모든 교인들이 공동으로 읽을 수 있는 회람용 편지들이다. 공동서신의 제목은 히브리서(Hebrews)를 제외하고는 모두 보내는 사람의 이름을 따랐다. 그러나 저자들은 모두 익명으로 예수의 유명한 제자들의 이름을 채택하고 있다. 이들은 사도들의 전승을 잇기 위해 베드로, 야고보, 요한과 같은 예수의 직계제자들의 이름을 사용한다. 공동서신에 포함된 문서들은 주후 100-140년경에 쓰여진 것으로 초기 기독교의 제도화 과정을 엿볼 수 있는 내용을 포함하고 있다. 가령 지연된 예수의 재림을 신학적으로 합리화하는 모습을 보여준다. 가령, 베드로전서 3장 8절은 이렇게 말한다. "주님께서는 하루가 천 년 같고, 천 년이 하루 같습니다. 어떤 이들이 생각하는 것과 같이, 주님께서는 약속을 더디 지키시는 것이 아닙니다." 즉 인간의 시간과 하나님의 시간이 같지 않다는 것이다.

공동서신들은 당시 그레코-로만 문화에 대한 초기 기독교 공동체들의 다양한 반응양태를 보여준다. 야고보서(James) 3장 6절에 등장하는 '인생의 수레바퀴'라는 표현은, 오르페우스교와 피타고라스 학파에서 주장하는 윤회설로부터 온 개념이다. 고대 그리스 종교와 철학에 따르면, 인간의 영혼은 죽음에 이르렀을 때 다른 몸으로 이동하며, 따라서 인생의 수레바퀴는 계속된다는 것이다. 한편 히브리서는 그리스 사상을 보다 적극적으로 활용하는데, 8장 5절에 등장하는 '모형'과 '그림자'라는 어휘는 영원한 원형(이데아)에 대한 일시적인 지상의 모사물을 가리키는 말로, 플라톤 철학자들이 사용했던 단어들이다. 그렇다고 히브리서가 유대교의 전통을 완전히 벗어난 문서라고 볼 수는 없다. 히브리서 11장은 크리스천들이 본받아야 할 믿음의 모델로 창세기에 등장하는 아브라함, 아브라함, 이삭, 그리고 야곱과 같은 히브리 족장들을 열거하고 있다.

믿음은 바라는 것들의 확신이요, 보이지 않는 것들의 증거입니다. 선조들은 이 믿음으로 살았기 때문에 훌륭한 사람으로 증언되었습니다. 믿음으로 우리는 세상이 하나님의 말씀으로 지어졌다는 것을 깨닫습니다. 보이는 것은 나타나 있는 것에서 된 것이 아닙니다.(히 11:1-3)

이러한 구절들은 히브리서가 당시 그리스 사상의 영향을 받았지만 여전히 히브리 전통과 밀착되어 있었다는 것을 보여준다. 이 때문인지 히브리서는 예수를 영원한 하늘의 대제사장으로 해석한다 (히 4:14). 따라서 학자들은 히브리서의 저자를 헬라화된 유대인으로 추정한다.

한편 야고서와 유다서, 그리고 요한 1/2/3(1/2/3 John)서에서는 영지주의에 관한 비판이 등장한다. 영지주의(Gnosticism)란 2세기 중엽부터 이집트와 로마에서 유행하기 시작한 혼합주의적 신비주의 종교로서, 구원에 이르는 신비한 영적 지식(Gnoosis)에 관한 깨달음을 강조했다. 영지주의는 일관된 조직이나 체계적인 교리가 없는 일종의 사상적 경향을 뜻한다. 2세기 중엽 시노페 출신의 마르시온과 2세기 초엽에 활동했던 발렌티누스 같은 인물들은 기독교에 영지주의를 도입하여 미처 교리가 확립되지 못한 초기 기독교 공동체에 커다란 갈등을 초래했다. 기독교 영지주의자들은 예수의 육체적 부활을 부정하였고, 믿음보다는 영지(靈知 Gnosis)에 대한 깨달음을 강조했다. 이 때문에 초기 기독교 지도자들은 교회에 침투한 영지주의자들을 거세게 비판했다. 가령 요한 1서는 예수의 부활을 환각이라고 부정하는 영지주의자들에게 대해 이렇게 비판한다. "우리가 눈으로 본 것이요, 우리가 지켜본 것이요, 우리가 손으로 만져본 것입니다." 또한, 요한 2서는 영지주의자들이 "예수 그리스도께서 육신을 입고 오셨음을 고백하지 않는다"고 비판한다.

공동서신에 포함된 문서들은 초기 기독교가 2세기에 걸쳐 변화된 모습을 보여준다. 즉 직계 사도들의 순교와 그들이 남긴 전승과 유산을 변화된 시대에 어떻게 적용해야 하는가 하는 문제에 대한 나름의 답변들을 보여준다. 바울과 베드로와 같은 1세대의 카리스마적 리더들이 사라진 이후, 초기 기독교는 독자적인 종교로서 제도적인 조직과 체계적인 사상을 수립해야 했다. 이 과정에 기독교 공동체들은 그리스의 사상과 생산적으로 대화했고, 이방 크리스천들이 수용할 수 있는 독자적인 교리들을 형성해 나갔다. 또한, 교회 내부에 침투한 영지주의와 대결하면서 예수의 죽음과 부활에 관한 실체성을 확보하고자 하였다.

요한계시록

요한계시록(Revelation)만큼 서구역사에서 논란을 야기한 책은 아마도 없을 것이다. 지난 시기 인류 멸망에 관한 종말론적 상상력들은 대개가 요한계시록을 토대로 하고 있다. 또한, 수많은 서구의 문학작품과 회화 그리고 할리우드의 대중영화들이 요한계시록을 주목해 왔다. 가령, 단테 『신곡』에 등장하는 지옥과 연옥 그리고 천국을 묘사하는데, 요한계시록을 많이 차용했고 있다. 독일의 화가, 뒤러(Albrecht Dürer, 1471-1528)는 1498년에 요한계시록에 등장하는 요한의 환상을 소재로 하여 연작 판화 시리즈를 제작하였다. 바티칸의 시스틴 성당에 그려진 미켈란젤로의 <최후의 심판> 또한, 요한계시록에 등장하는 예수의 최후의 심판 이야기를 형상화한 것이다. 그리고 할리우드 영화들 또한, 인류의 종말을 소재로 다루는데 있어, 계시록의 서사와 이미지 그리고 상징들을 심심치 않게 사용한다. 예를 들어, 키아누 리브스의 <콘스탄틴>은 계시록에 등장하는 악마와 천사의 대립 구도를 현대적으로 변용한 것이다. 이렇듯 요한계시록은 심대한 영향을 끼쳐 왔다. 기독교 역사를 통해 수많은 이단 종파들은 이 책에 등장하는 특정한 문장과 단어 그리고 숫자에 근거하여 저마다 독특한 종말론(eschatology, 마지막 때에 일어날 일에 관한 이야기)을 발전시켜 왔다. 천년을 단위로 인류의 역사를 새롭게 설정하려는 태도는 바로 요한계시록에 등장한다는 소위 '천년왕국설'에 근거한다. 이 말은 기독교 내부의 극단적인 종파들이 공유하는 주장으로, 부활한 예수의 재림(second coming) 이전 혹은 이후에 '지복천년'이 도래한다는 것이다. 즉 하나님이 사탄을 천년 간 결박하고 지하에 있던 순교자들이 살아나서 부활한 예수와 더불어 천년을 통치한다는 내용이다. 이러한 왕국을 소위 천년왕국(millenium)이라 하며, 이에 대한 신앙을 천년왕국 사상(Chiliasmus)라고 한다 (chilioi란 헬라어 단어는 천을 의미한다). 역사의 위기와 사회적 혼란의 시기에 이러한 '천년왕국설'은 민중들의 불안 심리와 긴밀히 맞물리면서 현실에서 희망을 찾을 수 없는 사회 불만 세력들에게 큰 호응을 받아왔다.

예를 들어, 16세기 종교개혁가, 마틴 루터보다 근본적인 종교혁명을 주장한 도마스 뮌쳐의 독일 농민운동도 요한계시록으로부터 자극을 받았다. 서구의 급진적 사회운동들 대부분은 요한계시록의 변혁사상에 그 상상력을 근간을 두고 있다. 그러나 계시록의 천년왕국 사상이 부조리한 현실 변혁의 사상적 모체로만 작용한 것은 아니었다. 때로는 기독교인들의 현실 도피를 정당화하는 것으로 오용되기도 했다. 수많은 기독교 단체들이 요한계시록을 자의적으로 해석하여, 특정한 날짜와 장소를 예수재림의 현장으로 선전하였다. 물론 이들의 시도는 모두 실패로 돌아갔고, 신도들은 자신들의 생업과 재산을 탕진하여야만 했다. 그러나 이러한 '종말론적 농담'은 여전히 현재에도 진지한 신앙의 담론으로 행세하며, 그 실패를 되풀이하고 있다. 그렇다면 어떻게 요한계시록을 이해할 것인가? 먼저 이 책이 로마의 황제, 도마티안 치하의 엄혹한 박해의 시기에 쓰여졌다는 사실을 상기해 볼 필요가 있다. 고난의 시대를 이겨내기 위해, 초기 기독교인들에게 희망과 위로의 책이 필요했다. 요한계시록은 현재의 악을 이겨내기 위해 권력자들이 깨닫지 못하는 상징적이고 비의적인 언어로 기록된 문헌이다.

요한계시록은 신약성서의 27권 중에 맨 마지막에 수록되어 있다. 문학적 형식은 소아시아에 위치한 일곱 개의 교회들에게 보내는 편지형식으로 되어 있지만, 장르적으로는 히브리 성서에 등장하는 다니엘과 에스겔과 같은 묵시문학에 속하는 문헌이다. 계시(啓示) 혹은 묵시(默示)로 번역되는 영어, revelation이라는 말은 라틴어 revelatio에서 유래한 것으로, 겉모습 이면에 있는 진실을 드러내 보이는 것을 의미한다. 요한계시록의 저자에 대해서는 논란이 많다. 혹자는 요한복음서의 저자라고 주장하거나, 요한 1, 2서의 요한 장로라고 추정하기도 하지만 정확하지 않다. 대략 95년경에 쓰여진 것으로 추정된다. 요한계시록에는 기독교인들의 순교를 상징적으로 표현한다. "나는 그 여자(로마)가 성도들의 피와 예수 증인들의 피에 취하여 있는 것을 보았습니다" (계 17:6). 이 책의 저자는 60년 중반에 행해진 네로의 기독교 대박해와 90년경에 발생한 도미타아누스의 박해를 생생하게 체험한 인물로 추정된다. 이 때문에 요한계시록에는 로마 제국을 '창녀', '짐승'으로 비유하며, 최후를 예언하고 있다.

요한은 아시아에 있는 일곱 교회에 자신이 본 환상을 전하고 있다. 일곱 교회는 원형으로 연결되어 있으며, 교통의 중심이자, 로마황제 숭배의 중심지들이었다. 성서에서 7이라는 숫자는 완전을 뜻하는 동시에 전체를 의미하기 때문에, 요한묵시록은 전체 교회를 대상으로 한다는 뜻이기도 하다. '묵시'라는 은밀한 언어를 통하여 로마 제국에 의해 현재 고난받고 있는 기독교인들에게 희망과 격려를 들려주고 있다.

요한계시록은 곳곳에서 히브리 성서의 다니엘서와 유사한 내용이 발견된다. 가령 1장 7절의 "보아라, 그가 구름을 타고 오신다"라는 구절은 다니엘서 7장 13절을 인용한 것이다. 다니엘서는 주전 160년경, 안티오커스 에피파네스 4세의 극심한 정치/종교적 박해에 직면한 유대인들에게 임박한 종말의 비전을 보여주는 책이다. 요한계시록은 다니엘서와 유사하게 우상숭배로 부패한 도시를, '창녀'라고 부르며, 로마를 짐승에 비유한다. 그리고 이들을 심판하는 하나님의 대리자 인자(Son of Man)을 이야기한다. 따라서 묵시문학은 악한 세력의 역사 지배로 인한 부조리한 상황에서 발생한 희망의 단절과 절망적 고난에 직면한 공동체에게 현재의 부조리한 역사 현실을 새롭게 이해하려는 시도에서 비롯된 것이다.

요한계시록을 이해하는 가장 중요한 열쇠는 초기 기독교인들이 처한 엄혹한 현실과 이에 대처하려는 독특한 신앙적 역사 이해에 있다. 요한계시록은 로마황제들의 통치에 대해서 극도의 비관적인 입장을 취한다. 현실의 역사는 악의 세력이 장악하고 통치하는 시대로 이해하면서, 역사의 지평에서 희망의 근거를 찾으려 하지 않는다. 요한계시록의 전망에 따르면, 역사의 진행은 발전의 과정이 아니다. 미래의 희망은 오직 역사의 종말에 있다. 묵시문학의 역사이해에 있어서 핵심부분은 '시간적 이원론'인대, 그것은 '현재의 시대'와 '앞으로 올 시대'로 나누는 것이다. 전자는 악의 세력이 장악하고 있는 암흑의 시대요, 후자는 하나님께서 통치하는 의로운 빛의 시대이다. 따라서 '현재의 시대'는 의인이 고난받는 시대요, '미래의 시대'는 의를 지키고 신앙을 사수한 자들만이 참여할 영광의 시대인 것이다. 한편 종말론(eschatology)은 요한계시록에서 가장 중요한 위치를 차지한다. 다시 말해, '새 하늘과 새 땅"으로 상징되는 새 시대는 역사의 연장선상 위에서가 아니라, 현재의 역사가 완전히 종결됨으로써 도래한다. 따라서 요한계시록의 종말론은 '절대적, 혹은 극단적 종말론'(radical eschatology)이다. 그런데 이 종말은 앞으로 요원한 미래에 오는 것이 아니라, 임박한 시기에 도둑같이 임한다. 요한은 자신의 본 환상을 통해 임박한 종말을 경고하는 동시에, 일곱 교회로 상징되는 기독교인들을 준비시키고자 한다.

요한계시록은 유대의 묵시문학의 사상과 분위기를 잘 계승하고 있다. 요한계시록의 저자는 1장에서 자신의 계시를 천사라는 천상적 중개자에 의해 전달받은 것으로 보고한다. 이는 묵시문학의 전형적이 패턴이라 할 수 있다. 묵시가(seer)는 초자연인 존재, 천사에 의해 인도를 받아 꿈이나 환상을 통해 하늘을 하는 도중에, 미래의 일들을 상징적인 이야기나 대화를 통해 전해 받는다. 이러한 일들은 객관적이고 합리적인 언어로 표현되기보다는, 상징적인 이미지와 비의적인 언어를 통해 드라마틱하게 서술된다. 따라서 계시록을 이해하기 위해서는 그 시대 기독교인들의 상징적 우주관을 잘 파악해야만 한다.

요한계시록 4장에서 저자는 나팔소리와 큰 음성을 듣는다. 이것을 신호로 드디어 종말 때에 벌어질 일들을 목격하게 된다. 초기 기독교인들은 이 세상의 종말이 시작될 때, 그 신호로 나팔소리와 신적인 음성이 울릴 것으로 상상했다. 신약성서 중에서 가장 이른 시기에 쓰여진 데살로니가 전서 4장 16절에서 바울은 종말의 시작을 이렇게 표현하고 있다. "주님께서 호령과 천사장의 소리와 하나님의 나팔 소리와 함께 친히 하늘로부터 내려오실 것이니, 그리스도 안에서 죽은 사람들이 먼저 일어나고, 그 다음에 살아남아 있는 우리가 그들과 함께 구름 속으로 이끌려 올라가서, 공중에서 주님과 영접할 것입니다." 바울은 묵시문학에 등장하는 전형적인 언어로 예수의 재림 시 광경을 묘사한다. 계시록의 언어는 이렇듯 당시 초기 기독교인들의 우주관을 공유하고 있다.

요한계시록은 상징 동물들과 숫자들을 빈번하게 사용한다. 가령, 6장에는 7개의 봉인과 4마리의 말이 등장한다. 7이라는 숫자는, 유대인들에게 완전을 의미하는 단어였다. 따라서 요한계시록에는 유독 7이란 숫자가 자주 등장한다. 이 책의 외형적인 형식은 '일곱 교회'에 보내지는 편지형식으로 되어 있으며, '일곱 봉인', '일곱 나팔', '일곱 그릇'등이 자주 등장한다. 한편 4라는 숫자는 동서남북의 4가지 방위를 상징하며, 새로운 창조와 질서를 의미한다. 6장에서는 4마리의 말이 등장한다. 이들은 앞으로 닥칠 재앙을 의미한다. 첫 번째 등장하는 흰 말은 승리를 상징하며, 두 번째인, 붉은 말은 피, 즉 전쟁을 상징한다. 이어 세 번째 말인 검은 말은 기근을 그리고 네 번째 말인 청황색 말은 죽음을 의미한다. 4 마리 말들로 상징되는 고난들은 새로운 창조와 질서를 위해 선행되어야 할 필연적인 과정으로 이해된다. 7장에서도 땅의 4가지 바람과 4 천사들의 환상이 등장하는데, 이것들도 모두 새로운 창조를 위한 고통스러운 과정을 상징한다.

요한계시록에 등장하는 숫자와 관련하여 대중들에게 가장 널리 알려진 숫자는 바로 666이란 숫자일 것이다. 할리우드 영화, <오멘, 1976>을 통해 대중들에게 널리 알려진 계시록에 등장하는 상징적 숫자이다. 계시록 13장 18절은 666의 비밀을 다음과 같이 암시한다. "여기에 지혜가 필요합니다. 지

오멘, 1976

각이 있는 사람은 그 짐승을 상징하는 숫자를 세어 보십시오. 그 수는 어떤 사람을 가리키는데, 그 수는 육백육십육입니다." 저자는 666이라는 숫자가 한 인물과 관련되어 있다고 암시한다. 그런데 그 숫자는 짐승을 상징한다고 한다. 유대의 묵시문학은 이스라엘을 지배하였던 제국을 짐승들에 비유하고 있다. 따라서 여기서 짐승은 현재 유대를 지배하는 로마 제국의 황제를 상징한다.

학자들은 666이라는 숫자와 관련된 로마 황제를, 64년 기독교인들을 로마의 대화재의 주범으로 몰아 가혹하게 처형한 네로(Nero)로 추정한다. 왜냐하면 그리스어로 네로의 공식 명칭이 '네론 카이사르(Neron Kaisar)'인데, 이 단어를 히브리어로 번역하면 nrun qsr가 되고 이 단어에 해당하는 숫자가 666에 해당된다. 그러나 요한계시록 저작 당시에 네로는 이미 죽은 황제였다. 따라서 여기서 666은 역사적 네로가 아닌 되살아난 네로, 즉 도미티안 황제를 상징한다. 계시록 17장 10절에서 저자는 일곱 왕 중 다섯이 죽었고, 여섯째 왕은 아직 살아있다고 지적한다. 이것은 로마의 일곱 황제 중 여섯 번째 황제인 도미티안의 통치 아래 고난받고 있다는 것을 암시한다. 그는 역대 황제 중에서, 가장 황제 숭배를 강요했던 인물이며, 이를 거부한 기독교인들을 박해했던 인물이었다.

그렇다면 계시록은 이러한 상징적인 언어와 숫자로 무엇을 말하고자 했는가? 우선 이 책의 전체 구조를 살펴보면 그 단서를 찾을 수 있다. 계시록은 서론(계 1:1-3:22)을 제외하면, 희망과 절망이 교차 되는 형식으로 전개되고 있다. 절망과 재난은 '바벨론', '짐승'으로 상징되며, 승리와 희망은 예수를 상징하는 '어린양', '생명책' 그리고 '새 예루살렘'으로 나타난다. 요한은 절망이 심화될 때마다 희망의 메시지를 던져준다. 이런 점에서 계시록의 초점은 미래에 있는 것이 아니라 고난받는 현재 시점에 있다고 할 수 있다. 이런 점에서 요한계시록은 로마 제국이라는 외세의 침탈과 지배계급의 수탈 때문에 현실적 희망을 잃고 방황하던 초기 기독교인들의 묵시사상이라고 할 수 있다. 외세의 엄청난 폭력과 박해가 닥칠 때, 이에 대항할 최소한의 물리적 수단조차 없을 때, 민중들은 해방적 상상력을 통해 자신들의 고난을 합리화하고 극복하고자 한다. 그들은 상상의 세계 속에서 외부의 폭력을 상징적으로 형태로 격퇴한다. 이를 통해 민중들의 정체성의 위기는 현실적으로 해결되기보다는 상징 속에서 해소된다. 이러한 점에서 요한계시록은 권력자들을 비판하는 유언비어의 문학이며. 동시에 초기 기독교인들의 저항문학적 성격을 지닌 문서라 할 수 있다.

토론주제 ………………………………… ⑫

01.

에베소서와 골로새서에 나타난 예수 이해는
바울의 편지들과 어떻게 다른가 살펴보자.

02.

교회의 제도화가 가져온 변화들에는 어떤 것이 있는지
목회서신과 공동서신에서 찾아보고 평가해보자.

03.

핵무기에 의한 종말, AI에 의한 종말 등
종말론의 변천사를 영화를 통해 살펴보자.

참고문헌 … ⑫

1. 정승우, 『디모데 전.후서』. 서울: 대한기독교서회, 2014.

2. 브라이언 왈쉬, 실비아 키이즈마트/ 홍병룡 옮김, 『제국과 천국-세상을 뒤집은 골로새서 다시읽기』. 서울: IVP, 2011.

3. 리챠드 보쿰/ 이필찬 옮김, 『요한계시록 신학』. 서울: 한들출판사, 2000.

맺는 말

성서는 특정 종교의 경전을 넘어, 인류의 위대한 고전이다. 앞에서 살펴본 것처럼 서양의 위대한 예술작품들은 성서에 등장하는 이야기와 인물들을 소재로 삼아 왔다. 그리고 위대한 예술가들은 자신들이 몸담고 있던 시대의 정신으로 성서의 이야기와 소재들을 새롭게 해석하며 예술적으로 구현해 왔다. 이는 언어가 주는 한계를 넘어 성서가 예술적 영감의 원천으로 작용할 수 있게 하였다. 즉 성서는 미술과 영화라는 시각적 매체를 통해 더욱 생생하게 인간의 상상력과 창조성을 자극할 수 있었다. 이를 통해 성서는 당대의 대중들과 친밀하게 소통할 수 있었으며, 제도권 교회의 완고한 교리적 해석을 넘어 다양한 역사적, 문화적 컨텍스트 속에서 자유와 구원의 책으로 이해될 수 있었다. 서양의 예술사는 성서를 종교적 텍스트를 넘어, 인간의 다채로운 삶의 모습을 섬세하게 살필 수 있는 인문학의 텍스트로 대할 수 있게 만든다.

인문학적의 전망에서 성서를 읽는다는 것은, 성서에 내재된 다양성과 통일성을 동시에 살피는 것을 의미한다. 신약의 저자들은 예수가 그리스도(구세주)라는 점에서 있어서는 동의한다. 그러나 왜 예수가 자신들에게 그리스도가 되는지에 대해서는 다양한 사상, 은유, 시 그리고 이야기와 같은 형태를 동원하여 표현한다. 마치 바흐의 푸가 기법처럼, 한 가지 주제를 다양하고 풍부하게 변주시키고 있는 것이다. 대체로 복음서 저자들은 이야기라는 문학적 형식을 동원한다. 또한 비유, 예언, 격언, 수난 이야기 등과 같은 다채로운 하부 장르들을 이용하여 자신들의 이야기를 더욱 풍성하게 전개한다. 한편 바울은 편지라는 실용적 양식 속에서 예수에 관한 자신의 생각과 주장들을 수신자 교회들에게 전한다. 요한계시록은 묵시문학이라는 판타지 형태의 이야기를 차용한다. 이제 예수는 미래 심판자의 모습으로 등장한다. 로마 제국의 박해라는 변화된 환경이 새로운 예수 이야기를 요청했던 것이다. 이처럼 신약성서는 예수라는 하나의 주제를 다채롭게 변주한다. 이러한 변주의 이면에는 다양한 초기 기독교 공동체들의 다채로운 삶의 정황이 자리하고 있다. 그들은 힘겨운 역사의 환경 속에서 예수의 삶과 자신들의 삶을 분리시켜 이해하지 않았다. 예수라는 렌즈를 통해 인생의 다양한 의미와 목적을 구성했던 것이다. 다시 말해 신약의 저자들은 다양한 독법으로 예수를 읽었던 것이다. 그들에게 있어 예수는 신의 실재를 투과하는 렌즈였다. 빛을 투과하는 렌즈가 다채로운 색의 향연을 보여주듯, 신약의 저자들은 자신들이 처해있는 다양한 삶의 무늬 속에서 다채로운 예수상을 그려낸다. 그들에게 있어 예수는 사랑하는 친구요, 존경하는 선생이었으며, 고대의 예언자였고, 신의 아들이었다. 이들은 "예수와 함께 하는 삶이란 무엇인가"에 초점을 맞춘다. 신약성서는 이 핵심적 질문에 대해 여러 가지 다양한 음성을 우리에게 들려준다.

그러나 기독교가 로마 제국의 국교가 된 이후 성서가 정경화 과정(政經化, procee of canonization)을 통해 권위를 부여받게 되자, 이제 이 책들은 과거처럼 열린 방식으로 읽혀 질 수 없게 된다. 더욱이 로마의 국교로 부상한 기독교는 자신들의 교권을 합법화하는 교리라는 장치를 통해 구성원들의 성서 독해 방식을 검열한다. 초대 교회 내부에서 자유롭게 유통되던 영지주의 계열의 복음서들은 모두 색출되어 파기되기에 이른다. 이제 교권에 의해서 성서는 다양성보다는 강제된 통일성의 관점에서 읽혀져야만 하였다. 5세기 제롬에 의해 번역된 라틴어 성서, 불가타(Vulgate)는 중세의 고위 성직자들만의 성서로 전락해 버렸다. 라틴어를 읽을 수 없었던 당시 민중들은 교회가 선별적으로 제공한 성서의 이야기와 이미지만을 성당의 스테인드 글라스를 통해 간접적으로 훈육 받았다. 중세교회의 성서 독해에 도전장을 낸 인물이 바로 16세기 종교개혁자, 마틴 루터였다. 그는 바울의 편지에 근거하여 중세교회의 독점적 성서 해석에 균열을 내었다. 특히 그는 신약성서를 당시 독일의 민중 언어로 번역함으로써, 이 책을 교회의 권좌에서 일반 민중들의 책상으로 빼앗아 왔다. 이후 신약성서의 독해 방식은 계몽주의의 시대사조와 호흡을 같이 하며 다양한 개신교 공동체들에 의해 다채롭게 해석되면서, 전 세계의 수많은 기독교 분파로 분화되어 갔다.

이제 현대의 기독교 공동체들은 자신들의 지식과 역사적 정황과 문화적 맥락 속에서 형성된 취향과 기호를 가지고 다양하게 성서를 독해한다. 과거에는 교회의 권력이 성서를 절대화하면서 도그마(교리)의 이름으로 성서의 다양한 메시지를 강제하였다면, 이제 현대의 다원주의 사회는 해석의 자유를 표방하며, 성서를 상대화하기에 이르렀다. 그렇다면 진리의 상대주의가 난무하는 포스트 모던 시대에 모두에게 개연성 있는 성서 해석은 가능한가? 그것은 우선 성서를 특권적인 시각에서 읽는 것을 포기하는 것이다. 역사상 성서만큼 큰 권력과 권위를 누려온 책은 없었다. 2천년 간 성서는 힘 있는 자들의 손에 의해 남용되고 오용되어 왔다. 성서의 본문들은 때로는 남성의 여성 지배에 대한 근거 본문으로 이용되기도 했고, 노예 제도의 종교적 근거를 제공하였으며, 불의한 권력자들이 자신의 권력을 합리화하는 데에 악용하기도 하였다. 이런 점에서 성서는 위험한 책이다. 우리는 성서의 본문을 권력화하려는 일체의 시도에 대해 의심의 눈초리를 보내야 한다.

특정한 교리적 시각에서 벗어나 성서를 읽기 위해서는, 먼저 성서의 역사성을 인정하는 것이다. 성서에 속한 문서들은 역사라는 토양에서 하늘의 빛을 머금고 발아하는 씨알들의 이야기라 할 수 있다. 따라서 토양으로서의 성서의 역사적 배후를 묻는 작업은, 신앙을 판타지로 도피시키는 것을 막아주는 건전한 작업이다. 그리고 성서를 소수의 진리 독점자들에게 남용되고 오용되지 않게 막아준다. 역사적 전망에서 성서를 읽는다는 것은 성서의 본문들을 다양한 삶의 맥락과 소통시키며, 신앙과 이성 사이의 성실한 긴장을 도모하도록 한다. 성서는 모세와 예수 같은 메신저들을 통해 하나님이라는 궁극적 실재를 경험한 고대인들의 반응이다. 따라서 성서의 언어는 당대의 인간 경험을 필연적으로 반영한다. 성서의 문자 자체를 우상화 하거나 자신들만의 교리적 시각으로 성서의 다양한 메시지를 외면한다면, 성서의 본문들이 전해주는 다채로운 신앙적 경험들을 간과하게 될 것이다. 마치 도스또예프스끼의 소설 『카라마조프카의 형제들』에 등장하는 대심문관처럼, 교회 권력에 의해 순치된 예수상만을 재생산하며, 복음서가 보여주는 종교 비판가로서의 예수의 모습은 잃어버리게 되는 것이다. 교회의 뜰 안에 장식용으로 세워진 '금관의 예수'는 더 이상 우리 시대와 호흡할 수 없다. 독일의 여성신학자, 도로테 죌레(Dorothee Soelle, 1929-2003)는 진정한 신앙의 근거에 대해 다음과 같이 이야기한다. "신앙의 근거는 그리스도가 신적인 권위로 말했다는데 있는 것이 아니라, 나사렛의 가난한 청년이 배고픈 자들에게 떡을 나누어 주고 눈먼 자들을 보게 하고 정의를 위하여 살다가 죽었다는데 있는 것이다."

성서는 현세의 욕망을 보장해 주고, 내세의 안락을 약속하는 주술적인 책이 아니다. 히브리 성서가 증언하는 신은 길 잃은 히브리 노예들의 신이었고, '고아와 과부와 나그네'를 편드는 사회적 약자의 신이었다. 이러한 히브리 성서의 신 이해는 예언자들을 통해 예수에게 계승되며 더욱 심화된다. 신약성서는 예수가 소외된 이웃의 고통에 깊이 공감하며, 신의 정의를 실현하기 위해 십자가의 고난을 스스로 선택하였다고 이야기한다. 이처럼 성서가 강조하는 것은 소외된 이웃의 아픔을 함께 나누는 열정(compassion)이 동반된 정의(justice)의 실천이다. 성서가 전하는 메시지는 우리의 안온한 세계관을 전복하고 교란한다. 성서의 저자들이 신을 만난 장소는 성당이나 교회만이 아니었다. 모세는 불붙는 가시나무 속에서, 메마른 광야에서 야웨를 만난다. 예수의 제자들은 빈 무덤 속에서, 낙향하는 길 위에서 부활한 예수를 만난다. 그렇다면 우리가 만날 신은 어디에 있을까? 성서는 이러한 질문에 스스로 답을 찾기 위한 최고의 레퍼런스라 할 수 있다!

참고 문헌

Barrier, Jeremy W. *The Acts of Paul and Thecla : a critical introduction and commentary*. Tübingen : Mohr Siebeck, 2009.

Epictetus. edited by Christopher Gill Translation revised by Robin Hard. *The discourses of Epictetus*. London : J. M. Dent ; Rutland, Vt. : C. E. Tuttle, 1995.

Ouspensky, Léonide. *Theology of the icon*. Crestwood, N. Y. : St. Vladimir's Seminary Press, 1978.

Seneca, L. Anneo. *De brevitate vitae*. Testo latino fronte. Milan: Mondadori, 2010.

Strabo. translated by Duane W. Roller. *The Geography of Strabo*. Cambridge : New York : Cambridge University Press, 2014.

Tillch, Paul. *Systematic Theology* Ⅰ. Chicago: University of Chicago Press, 1951.

————. *Theology of Culture*. New York : Oxford University Press, 1959.

Wessels, Antonie. *Images of Jesus : how Jesus is perceived and portrayed in non-European cultures*. Grand Rapids, Mich. : W.B. Eerdmans Pub. Co., 1990.

Xenophon. Translated and annotated by Amy L. Bonnette. *Memorabilia*. Ithaca : Cornell University Press, 2001, 1994.

괴테, 요한 볼프강 폰/안인희 옮김. 『파우스트』. 파주: 현대지성, 2024.

김선정. 『예수를 바라보는 세 가지 시선』. 서울: 동연, 2019.

김용규. 『데칼로그』. 서울: 바다출판사, 2002.

김용옥. 『기독교의 이해』. 서울: 통나무, 2007.

김현경. 『사람, 장소, 환대』. 서울: 문학과지성사, 2015.

김호경. 『씬(scene)과 함께』. 서울: CBS Books, 2019.

노성두. 『천국을 훔친 화가들』. 서울: 사계절, 2000.

노자/임수무 역해.『도덕경』. 대구: 계명대학교 출판부, 2001.

니그, 발터/윤선아 옮김.『렘브란트: 영원의 화가』. 칠곡: 분도출판사, 2008.

니체, 프리디리히/박찬국 옮김.『안티크리스트』. 서울: 아카넷, 2013.

단테 알리기에리/김운찬 옮김.『신곡』. 파주: 열린 책들, 2022.

데리다, 자크/남수인 옮김.『환대에 대하여』. 서울 : 東文選, 2004.

--------. 진태원 옮김.『법의 힘』. 서울: 문학과 지성사, 2004.

도스토예프스키, 표도르/김연경 옮김.『카라마조프 가의 형제들』. 서울: 민음사, 2019.

라이트, 톰/박규태 옮김.『바울평전』. 서울: 비아토르, 2020.

러스킨, 존/김대웅 옮김.『나중에 온 이 사람에게도』. 서울: 아름다운 날, 2019.

루이스, C. S. /햇살과나무꾼 옮김.『나니아 연대기』. 서울: 시공사, 2005.

마르크스, 카를/김수행 옮김.『자본론 (1-3권)』. 서울: 비봉출판사, 2015.

마쉬, 클라이브. 오르티즈, 가이/김도훈 옮김.『영화관에서 만나는 기독교영성』. 서울: 살림, 2007.

마쉬, 클리브., 모이스, 스티브./이승호 옮김.『복음서의 예수연구 입문』. 서울: 기독교문서선교회, 2017.

문익환.『히브리 민중사』. 서울: 정한책방, 2018.

--------.『꿈을 비는 마음』. 서울: 실천문학사, 1992.

바디우, 알랭/현성환 옮김.『사도 바울』. 서울: 새물결, 2008.

바턴, 존/박규태 옮김.『성서의 역사』. 서울: 비아토르, 2023.

박정세.『기독교 미술의 원형과 토착화』. 서울: 연세대학교 출판부, 2008.

버거, 존/최민 옮김.『다른 방식으로 보기』. 파주: 열화당, 2012.

버낼, 마틴/오흥식 옮김.『블랙 아테나』. 서울: 소나무, 2006.

보컴, 리챠드/이필찬 옮김.『요한계시록 신학』. 서울: 한들출판사, 2000.

본회퍼, 디트리히/김순현 옮김.『나를 따르라』. 서울: 복있는사람, 2016.

--------.『옥중서신: 저항과 복종』. 서울: 복있는사람, 2016.

--------. /정현숙 옮김-.『윤리학』. 서울: 복있는사람, 2022.

브루그만, 월터/조호진 옮김.『시편사색』. 서울: 솔로몬, 2011.

브루지만, W./김쾌상 옮김. 『예언자적 상상력』. 서울: 대한기독교출판사, 1988.

색스, 랍비 조너선/김대옥 옮김. 『랍비가 풀어내는 창세기』. 서울: 한국기독교연구소, 2023.

소로, 헨리 데이비드/강승영 옮김. 『시민의 불복종』. 서울: 은행나무, 2017.

———————. 『월든』. 서울: 은행나무, 2011.

손택, 수전/이재원 옮김. 『은유로서의 질병』. 서울: 이후, 2002.

순더마이어, 테오/채수일 옮김. 『미술과 신학』. 오산: 한신대학교 출판부

시오노 나나미/김석희 옮김. 『로마인 이야기 1~15권』. 서울: 한길사, 1995; 2007.

신준형. 『파노프스키와 뒤러』. 서울: 사회평론, 2013.

싱어, 피터/김성한 옮김. 『동물 해방』. 고양: 연암서가, 2012.

아리스토텔레스/박문재 옮김. 『아리스토텔레스 시학』. 파주: 현대지성, 2021.

아우구스티누스/선한용 옮김. 『성어거스틴의 고백록』. 서울: 대한기독교서회, 2019.

아우어바흐, 에리히/김우창, 유종호 옮김. 『미메시스』. 서울: 민음사, 2012.

안병무. "바울의 전향과 소명." 김재성 엮음. 『바울 새로 보기』. 서울: 한국신학연구소, 2000.

양명수. 『욥이 말하다』. 왜관: 분도출판사, 2011.

양정무. 『미술 이야기. 6, 초기 자본주의와 르네상스의 확산』. 서울: 사회평론, 2020.

어만, 바트/오세원 옮김. 『신약성서-초기 그리스도교 문헌역사 서설』. 서울: 서커스, 2024.

엔도 슈사쿠/이평준 옮김. 『예수의 생애』. 서울: 카톨릭출판사, 2021.

엘륄, 자끄/김치수 옮김. 『존재의 이유: 전도서 묵상』. 서울: 대장간, 2016.

엘리아데, M. /이은봉 옮김. 『성과 속』. 서울: 한길사, 1998.

오택현, 김호경. 『알기 쉬운 성서 묵시문학연구』. 서울: 크리스천 헤럴드, 1999.

위고, 빅토르/베스트트랜스 옮김. 『레 미제라블』. 서울: 더 클래식, 2013.

위고, 빅토르/정기수 옮김. 『레 미제라블. 1-5』. 서울: 민음사, 2012.

윌스, 게리/김창락 옮김. 『바울은 그렇게 가르치지 않았다』. 서울: 돋을새김, 2007.

이덕형. 『비잔티움, 빛의 모자이크』. 서울: 성균관대학교출판부, 2006.

———————. 『이콘과 아방가르드』. 서울: 생각의 나무, 2008.

이택광. 『중세의 가을에서 거닐다』. 파주: 아트 북스, 2008.

일연/김원중 옮김. 『삼국유사』. 서울: 민음사, 2022.

정승우. 『예수, 역사인가 신화인가』. 서울: 책세상, 2005.

________. 『인류의 영원한 고전, 신약성서』. 서울: 아이세움, 2005.

________. 『디모데전.후서』. 서울: 대한기독교서회, 2014.

________. 『로마서의 예수와 바울』. 서울: 이레서원, 2005.

________. 『새시대의 바울』. 서울: 연세대학교출판문화원, 2023.

조지, 헨리/이종인 옮김. 『진보와 빈곤』. 서울: 현대지성, 2019.

조태현, 유승원, 차정식. 『뒤집어 읽는 신약성서』. 서울: 대한기독교서회, 1999.

주원준. 『인류최초의 문명과 이스라엘』. 서울: 서울대학교출판문화원, 2022.

진형준. 『성상 파괴주의와 성상 옹호주의』. 서울: 살림출판사, 2003.

콕스, 하비/오강남 옮김. 『예수 하버드에 오다』. 서울: 문예출판사, 2004.

콜린스, 존 J./박요한 영식 옮김. 『묵시문학적 상상력』. 서울: 카톨릭출판사, 2006.

키이즈마트, 실비아. 왈쉬, 브라이언/이선숙 옮김. 『로마서를 무장해제 하다』. 서울: 새물결 플러스, 2024.

________. 브라이언/홍병룡 옮김. 『제국과 천국 - 세상을 뒤집은 골로새서 다시 읽기』. 서울: IVP, 2011.

톨스토이, 레프 니콜라예비치/홍순미 옮김. 『사람에게는 얼마만큼의 땅이 필요한가?』. 서울: 씨네스트, 2018.

푸코, 미셸/이규현 옮김. 『광기의 역사』. 파주: 나남, 2020.

프로이트, 지크문트/이윤기 옮김. "인간 모세와 유일신교." 『종교의 기원』. 파주: 열린책들, 2020.

프롬, 에리히/차경아 옮김. 『소유냐 존재냐』. 서울: 까치, 2020.

플라톤/박종현, 김영균 옮김. 『(플라톤의) 티마이오스』. 서울: 서광사, 2000.

필로스트라투스/박지호 옮김. 『티아나의 아폴로니우스』. 제천: Suntal Books, 2019.

핸슨, 폴/이무용, 김지은 옮김. 『묵시문학의 기원』. 서울: 크리스챤다이제스트, 1996.

헤셜, 아브라함 요하스/이현주 옮김. 『예언자 1, 2』. 서울: 종로서적, 1992.

홍진경. 『베로니카의 수건』. 서울: 예경, 2001.

찾아보기

ㅇ